Ute Karl (Hrsg.)
Rationalitäten des Übergangs in Erwerbsarbeit

D1730956

Übergangs- und Bewältigungsforschung

Herausgegeben von
Andreas Oehme | Barbara Stauber | Inga Truschkat |
Andreas Walther

Ute Karl (Hrsg.)

Rationalitäten des Übergangs in Erwerbsarbeit

Bibliografische Information der Deutschen Nationalbibliothek

Die Deutsche Nationalbibliothek verzeichnet diese Publikation in der Deutschen Nationalbibliografie; detaillierte bibliografische Daten sind im Internet über http://dnb.d-nb.de abrufbar.

© 2014 Beltz Juventa · Weinheim und Basel
www.beltz.de · www.juventa.de
Druck und Bindung: Beltz Bad Langensalza GmbH, Bad Langensalza
Printed in Germany

ISBN 978-3-7799-1937-7

Vorwort

Dieses Buch entstand im Rahmen eines Workshops, der im November 2012 an der Universität Luxemburg stattfand. In diesem Workshop haben wir nicht nur die einzelnen Beiträge, sondern auch kontrovers über die Reichweite und Relevanz der Analyse von Rationalitäten diskutiert. In den Debatten haben wir versucht auszuloten, welchen Beitrag unterschiedliche empirische Zugänge zu einer Rekonstruktion der Rationalitäten leisten können. Mein Dank gilt allen Autorinnen und Autoren, die sich auf dieses Unternehmen eingelassen haben.

Danken möchte ich auch der Universität Luxemburg, die den Workshop und damit meinen Übergang an die Universität Luxemburg großzügig unterstützt hat.

Mit ihrem genauen Blick hat Lisa Rupp, Studentin im *Bachelor en Sciences Sociales et Éducatives*, die redaktionelle Arbeit an diesem Buch wesentlich unterstützt – vielen Dank dafür!

Luxemburg, im Sommer 2013
Ute Karl

Inhalt

Ute Karl

Rationalitäten des Übergangs als Rahmenkonzept

Diskursive Verortungen und Erkenntnisinteresse

L'ontologie critique de nous-mêmes, […] il faut la concevoir comme une attitude, un êthos, une vie philosophique où la critique de ce que nous sommes est à la fois analyse historique des limites qui nous sont posées et épreuve de leur franchissement possible.
Michel Foucault in: Qu'est-ce que les Lumières?

1. Theoretische Verortungen

Aus sozialwissenschaftlicher Perspektive nimmt der Begriff der ‚Rationalität' bzw. der ‚Rationalitäten' historisch wie gegenwärtig einen zentralen Stellenwert ein (Maurer/Schimank 2011; Bode et al. 2012) und umfasst dabei eine Vielfalt von Bedeutungen:

Rationales Handeln wird einerseits als vernünftiges Handeln verstanden und damit die Vorstellung impliziert, dass auf der Ebene der Gesellschaft eine rationale Gestaltung des menschlichen Zusammenlebens möglich und wünschenswert ist. An diesem akteursbezogenen Verständnis knüpft auch die Vorstellung zweckrationalen Handelns (Weber) an, das sich an der Ausrichtung an Zielen und Zwecken bemisst. Unterstellt werden dabei Akteure, die zielgerichtet und absichtsvoll handeln. „Dies unterstellt den Willen und die Fähigkeit der Individuen, die Welt im Lichte ihrer Intentionen wahrnehmen und in Erträge übersetzen zu können; es bedeutet freilich nicht, dass dies immer im vollen Umfang gelingen oder dass dies auch immer bewusst erfolgen muss" (Maurer 2011, S. 27). Aber selbst wenn rationales Handeln und die Vorstellung rationaler Akteure nicht im Zentrum der Theoriebildung stehen, so werden häufig implizite Rationalitätsannahmen in Vorstellungen über Akteure und Kommunikationen zugrunde gelegt (ebd.).

Andererseits kann eine (postmoderne) Rationalitätsskepsis festgestellt werden, die die moderne, vernunftbasierte Fortschrittsgläubigkeit in Frage stellt (ähnlich zu dieser Polarität: Maurer/Schimank 2011, S. 7). Aus der Perspektive der reflexiven Modernisierung wird diese Krise der Rationalität bzw. der Rationalitätssemantik aufgezeigt: „Handlungen und Entscheidungen lassen sich nicht mehr ohne Weiteres legitimieren, da selbst bei noch so rationaler Planung mit unerwünschten und unvorhersehbaren Nebenfolgen zu rechnen ist" (Hofer 2009, S. 143). Allerdings ist die Rationalitätskritik vielfach gerade in Ansprüchen an Rationalität begründet, da sie vor allem vom Standpunkt faktisch nicht verwirklichter Ansprüche an Rationalität aus argumentiert (Brosziewski 1998, S. 2).

Weitergetrieben wird die Kritik dann in solchen Ansätzen, die die Unsicherheit und Ungewissheit des Handelns ins Zentrum rücken. Die hier angesprochene Dezentrierung der Rationalität wird vor allem in systemtheoretischen, neo-institutionalistischen und poststrukturalistischen Theorieperspektiven zugespitzt[1], die die Bedeutung und Strukturierung dessen in den Blick nehmen, was *als* rational gilt.

Entscheidend ist aus systemtheoretischer Perspektive, dass Rationalität nicht mehr als Eigenschaft der Handelnden auf der Ebene des individuellen Bewusstseins verortet, sondern auf die Ebene des sozialen Systems verlagert wird. Eine solche Systemrationalität entsteht dadurch, dass in Kommunikationen sinnhafte Verweisungszusammenhänge produziert werden, um Komplexität zu reduzieren (Luhmann 1973, S. 14). Die Systemrationalität ist aber den Akteuren selbst nicht direkt zugänglich (Lichtblau 1999, S. 245 ff.). Vielmehr fungiert sie als ein *modus operandi*, der die Abgrenzung gegenüber der Umwelt sichert und die Art und Weise steuert, wie das System auf Umwelteinflüsse reagiert.

Auch im Neo-Institutionalismus ist mit Rationalität „kein exaktes individuelles Handlungskalkül angesprochen, sondern eine kollektive Vorstellung, ein Glauben, dem aus Gründen der Legitimität zumindest auf der Ebene der Darstellung entsprochen werden muss" (Tacke 2006, S. 90). Rationalität bedeutet dabei so etwas wie „‚soziale Intelligenz', die den Regeln, Routinen, Verfahren und Konventionen innewohnt" (ebd., S. 93). Rationalität in diesem Sinne bedeutet, Handlungen und Entscheidungen (nachträglich) zu legitimieren und zwar entsprechend kollektiv verbindlicher Regeln oder doch zumindest in einer Weise, die für kollektiv geltende Sinndeutungen anschlussfähig ist. Dabei stellen Institutionen die Voraussetzungen des Handelns und seiner sinnhaften Einbettung bereit. Denn institutionelle Kontexte bestehen aus *„Regeln angemessenen Handelns*, Routinen und Symbolen" (ebd., S. 92). Organisationen kommt dann die Rolle zu, von Unsicherheiten

---

1   Gerade im Bereich der Organisationsforschung überlagern sich vielfach diese unterschiedlichen Theoriestränge.

zu entlasten, „indem sie Entscheidungslasten zerkleinern [...] und Entscheider in strukturierte Entscheidungsumwelten setzen" (Tacke 2006, S. 92). Tacke (2006) beschreibt diese in Anlehnung an James G. March formulierte Perspektive als eine, die sich dem Rationalitätsproblem „von unten" nähert, also ausgehend von den handlungsbezogenen Prämissen. Demgegenüber beschreibt sie mit Rekurs auf John W. Meyer eine zweite Annäherung, die von „einer (welt-)kulturellen Verankerung von Rationalitätsvorstellungen aus[geht], die sich in einer Vielzahl institutionalisierter Rationalitätsmythen niederschlagen, die Organisationen in zeremonieller Weise adaptieren" (Tacke 2006, S. 90). *Institutional frameworks* (Scott) definieren dabei die Grenzen der Interessen, die verfolgt werden. Dabei ist es feldspezifisch und sektoriell bestimmt, was als rational angesehen wird (Tacke 2006, S. 99 f.).

Beiden Theoriebezügen – der systemtheoretischen und der neo-institutionalistischen – ist gemeinsam, dass sie keinen absoluten Maßstab rationalen Handelns zugrunde legen, an dem sich Rationalität überhaupt bemessen lassen würde. Vielmehr geht es sowohl in Bezug auf die Handlungs- als auch die Systemrationalität um je historisch-situierte Rationalitäten und Rationalisierungen, um Formen der Herstellung von Legitimierungen und Begründungen des Handelns und um die Erzeugung von Sinn bzw. Sinnhaftigkeit.

Die empirische Frage, die sich allerdings nicht nur auf soziale Systeme, Institutionen und Organisationen bezieht, sondern auch auf Individuen ausgeweitet werden kann, lautet so gesehen: Wie wird in einer je konkreten Situation und spezifischen Konstellation, im Rahmen spezifischer gesellschaftlicher Felder, die durch Institutionen geregelt sind und in denen gesellschaftliche Problemkonstellationen organisationsförmig bearbeitet werden, Legitimität, Wahrheit und Sinnhaftigkeit hergestellt, und wie erscheint Handeln *als* vernünftiges, rationales, legitimes und damit anerkanntes Handeln.

Damit verschiebt sich der Blick hin zur Analyse sozialer Praktiken und die in ihnen zum Ausdruck kommenden Wissensformationen und praktischen Zwecke, die etwas *als* legitim, wahr und sinnhaft erscheinen lassen.

Im Folgenden soll nun diese hier angedeutete praxistheoretische Perspektive in Anlehnung an Foucault[2] weiter ausgeführt werden. Eine besondere Bedeutung haben dabei Macht-/Wissensformationen und damit die Berücksichtigung von Machtverhältnissen. In Wissensformationen wird eine machtförmige Unterscheidung getroffen, nicht nur zwischen dem Legitimen und Illegitimen, sondern auch zwischen dem Sagbaren und dem Unsagbaren bzw. dem, was anschlussfähig ist und gehört wird, und dem, was als das Andere zwar markiert ist, aber letztlich nicht genannt wird.

---

2 Diese Perspektive wird hier in der Tendenz dem Poststrukturalismus zugeordnet (vgl. Raab 1998).

Zentral ist dabei die Annahme, dass das, was in einer Situation als richtig/wahr, sinnhaft, vernünftig oder legitim gilt bzw. sich auf der Ebene der Strukturen der Wissensformationen zeigt, immer Anderes ausschließt bzw. dem Bereich des nicht Vernünftigen und Illegitimen zugeordnet wird. Das Rationale wird also relational verstanden (Lemke 1997, S. 146; Foucault 2005, S. 33).

Die Frage ist somit nicht nur: Wie wird in einer spezifischen Situation Sinnhaftigkeit hergestellt und mit welchen praktischen Funktionen und Konsequenzen? Sondern auch: Welche Deutung wird dadurch transportiert und wie werden dadurch andere Deutungen marginalisiert oder ausgeschlossen?

Eine solche re- und dekonstruierende, praxistheoretische Perspektive ist insofern nicht jenseits der modernen Idee von Vernunft, weil sich damit ein philosophisches *Ethos* verbindet „in dem die Kritik dessen, was wir sind, zugleich die historische Analyse der uns gegebenen Grenzen ist und ein Experiment der Möglichkeit ihrer Überschreitung" (Foucault 1990, S. 53). Argumentation und Analyse erfolgen somit nicht von einem Außen. Sie stehen weder außerhalb des Strebens nach Aufklärung noch jenseits von Macht-Wissensformationen. Das bedeutet, dass die Analyse der Rationalitäten zwar als Arbeit an den Grenzen betrachtet werden kann, weil Grenzziehungen herausgearbeitet und damit auch dekonstruiert werden. Gleichzeitig erzeugt aber die Rekonstruktion sozialer Praktiken selbst neue Rationalitäten, nicht zuletzt weil ein spezifischer Zugang zur Wirklichkeit gewählt wird.

2. Eine praxistheoretische Skizze zur Analyse von Rationalitäten

Ein praxistheoretisches Verständnis von Rationalitäten und die damit verbundene analytische Perspektive geht davon aus, dass Techniken des Selbst bzw. Selbstpraktiken ebenso soziale Praktiken darstellen wie Diskurse bzw. diskursive Praktiken oder organisationale Praktiken (Reckwitz 2003, S. 298). Denn ein Diskurs interessiert nicht als Zeichensystem an sich, sondern „in einem bestimmten sozialen *Gebrauch,* als ein Aussagesystem, das in bestimmten Kontexten rezipiert und produziert wird" (ebd.).

Aus einer gouvernementalitätstheoretischen Perspektive stellen die Praktiken der „Rationalitäts(re)produktion" (Kessl 2011, S. 32) nicht eine besondere Ebene von Praktiken dar oder werden gar auf diskursive Praktiken im Sinne von textuellen, sprachlichen Praktiken reduziert und einer nicht-diskursiven Materialität gegenüber gestellt. Vielmehr soll damit ein spezifischer, analytischer Fokus auf Praktiken eingenommen werden, nämlich die Analyse der den Praktiken immanenten Rationalitäten.

Das weite Verständnis von Gouvernementalität bei Foucault fasst genau diesen Zusammenhang und versucht so, macht- und diskursanalytische Zugänge zu verbinden (vgl. zu den folgenden Ausführungen Karl 2010). Regieren (*gouverner*) wird dabei als die „Gesamtheit der Institutionen und Praktiken, mittels derer man die Menschen lenkt, von der Verwaltung bis zur Erziehung" (Foucault 1996, S. 118) verstanden und bedeutet, „das Feld eventuellen Handelns der anderen zu strukturieren" (Foucault 1987, S. 255). Regieren bleibt also nicht auf die institutionalisierten staatlichen Instanzen der Führung und Lenkung beschränkt, sondern umfasst beispielsweise auch die Art wie man eine Organisation leitet oder Kinder erzieht (Kessl 2007; Maurer/Weber 2006, S. 10; Foucault 1985, S. 26f.; Lemke/Krasmann/Bröckling 2000, S. 8; Lemke 1997, S. 31).

Die Regierung der Individuen, wie Foucault sie versteht, verläuft vor allem über die *Produktion von Wahrheit*, das heißt, über das komplexe Netz von Macht und Wissen (Pieper/Gutiérrez Rodríguez 2003, S. 10). Machtanalysen in der Perspektive der Gouvernementalität richten sich deshalb auf Macht-Wissens-Komplexe bzw. auf das in Praktiken immanente Wissen (Maurer/Weber 2006, S. 11). Machtanalysen zielen in diesem Sinne auf die Rekonstruktion der Geschichte der Verfahren der Objektivierung, „durch die in unserer Kultur Menschen zu Subjekten gemacht werden" (Foucault 1987, S. 243) bzw. der gegenseitigen Konstitution und Veränderung von Subjekt und Objekt im Rahmen eines spezifischen Wahrheitsspiels (Karl 2008).

Für die Analyse der Rationalitäten ist entscheidend, dass Rationalitäten je historisch konkret und kontextualisiert untersucht werden müssen:

„Analysen der Rationalisierungspraktiken stellen Kartierungen der Infrastruktur der Sagbar- und Sichtbar-Machung dar, und damit geht es ihnen um die Offenlegung der historisch-spezifischen Regelmäßigkeitsmuster der (Re)Produktionsprozesse kultureller, sozialer und politisch-ökonomischer Ordnung zu einem bestimmten historischen Zeitpunkt" (Kessl 2011, S. 38).

Die Praktiken der Bedeutungszuweisung, der Unterscheidungen und Begrenzungen sowie der (Re-)Produktion der Denkweisen (ebd., S. 37), können dabei auf unterschiedlichen Ebenen und damit auch anhand unterschiedlicher Daten und mit unterschiedlichen Methoden analysiert werden[3]:

---

3 Kessl (2011) beschreibt ähnliche Formen der Rationalisierungspraktiken. Allerdings wird hier die Organisation in besonderer Weise hervorgehoben, weil die organisati-

Ebene der Institutionen

Auf der Ebene der Institutionen geht es um „stabilisierte Normalisierungsmuster" im Sinne von „geronnene[n] Regulierungs- und Gestaltungsmuster[n]" (Kessl 2011, S. 39). Institutionen im Sinne sozialer Regeln stellen „erst die rechtlichen und normativen, vor allem aber die kognitiven Orientierungen bereit [...], auf deren Grundlage Akteure handeln können" (Engels 2011, S. 116). Institutionen beeinflussen das organisationale, aber auch das soziale Geschehen, längerfristig, verbindlich und maßgeblich (Senge/Hellmann 2006, S. 17f.).[4] Allerdings ist die Art und Weise, wie Akteure ihr Handeln daran ausrichten, nicht durch institutionelle Strukturen determiniert, sondern nur reguliert. Denn in *Interaktionen* werden Regeln angeeignet, teilweise verschoben bzw. mit neuem Sinn aufgeladen und zwar je situativ (Klatetzki 2012). Sie sind also eingebunden in Prozesse des *Sense Making*. Selbst Regelverstöße können so bis zu einem gewissen Grad situativ noch als konform dargestellt werden. Vor diesem Hintergrund kommt der Analyse der Interaktionen und Kommunikationen, insbesondere der institutionellen Kommunikation (Drew/Heritage 1992), eine besondere Bedeutung zu. In ihnen werden institutionelle Rollen und damit Identitäten immer wieder hervorgebracht und aktualisiert. Häufig sind sie mit einer „hierarchischen Interaktionsordnung" (Klatetzki 2012, S. 106) verbunden, die für Handlungsspielräume aber auch Wohlbefinden bedeutsam ist.

Ebene der Individuen: Praktiken der Selbstkonstituierung und Subjektivierung

Auf dieser Ebene geht es nicht um die Frage, ob z. B. individuelle Entscheidungen oder Handlungen unter den gegebenen Bedingungen rational oder irrational sind. Vielmehr geht es um die Analyse der Subjektivierungsweisen als Prozesse der gleichzeitigen Subjektwerdung und Unterwerfung (Butler 2001, S. 101 ff.) und des dabei relevanten Wissens, durch das eine Grenze zwischen dem Rationalen und Irrationalen, zwischen dem Legitimen und Illegitimen, zwischen Sagbarem und Unsagbarem gezogen wird:

---

onsförmige Ordnung der Wirklichkeit, sowie deren vergesellschaftenden Dimensionen in der Gegenwart besondere Bedeutung zukommt.

4   *„Eine soziale Regel ist dann eine Institution, wenn sie maßgeblich für ein empirisches Phänomen ist, wenn sie in sozialer Hinsicht für einen oder mehrere Akteure verbindlich ist und wenn sie zeitlich von langer Dauer ist"* (Senge 2006: 44; kursiv i.O.).

„Subjektivierung kann nur innerhalb historisch-spezifischer Kräfteverhältnisse realisiert werden, weshalb das werdende Subjekt nur unter diesen Bedingungen der vorherrschenden Normen und Anforderungsstrukturen zu einem solchen werden kann – bzw. genauer: sich als solches permanent (re)produzieren, das heißt: sich rationalisieren kann." (Kessl 2011, S. 39).

Im Fokus sind somit vor allem die Rekonstruktion der Deutungs- und Handlungsstrukturen der Subjekte und die damit verbundenen Wissensordnungen, durch die die Individuen kontextbezogen immer wieder Sinn herstellen und durch die kollektive Formen des Verstehens und Bedeutens erst möglich werden (Reckwitz 2003, S. 287).

Ebene der Organisation

Organisation kann in Anlehnung an Türk, Lemke und Bruch (2006, S. 10) als ein modernes Phänomen verstanden werden, das ein „zentrales Strukturmoment für die Konstitution, Etablierung und Reproduktion der dominanten gesellschaftlichen Verhältnisse" darstellt. Denn durch Organisation und Organisationen werden gesellschaftliche Verhältnisse produziert und reproduziert.

Organisationen sind so gesehen soziale Orte, die „besonderen Rationalitätszumutungen ausgesetzt sind" (ebd., S. 12). Faktisch geht es dabei um Interessen, Macht, divergente Motive, um Unterwerfungen und Überordnungen (ebd.). Die Analyse der organisationalen Praktiken getrennt von der Analyse der Institutionen in den Blick zu nehmen, ermöglicht es, der organisationsförmigen Ordnung der Wirklichkeit und den Rationalitäten organisationaler Praktiken Rechnung zu tragen.

Blickt man beispielsweise auf die Übergänge in Erwerbsarbeit so zeigt sich, dass Übergänge nicht nur durch Organisationen gerahmt werden, sondern dass sich gegenwärtige Gesellschaften weitgehend auf Organisationen verlassen: der Beratung, der Hilfe, des *career guidance* und Trainings, der Begleitung, Bildung und Lebensbewältigung. Diese Organisationsförmigkeit spiegelt sich in der Forschung wider, in der Organisationen implizit oder explizit als Bezugsgrößen zugrunde gelegt werden. Aber nicht nur das: Die organisationsförmige Rahmung der Übergänge folgt spezifischen Rationalitäten wie sie beispielsweise in Vorstellungen von Kooperation, Regionalisierung und Netzwerkarbeit deutlich werden und als Anforderung formuliert sind. Dabei geht es um eine an die Vernunft appellierende Strukturierung sozialer Beziehungen (ebd., S. 21), im Sinne einer zweckgerichteten Rationalität, die Effektivität und Produktivität verspricht.

Selbst stark bürokratisch organisierte, soziale personenbezogene Dienstleistungsorganisationen sind hinsichtlich ihrer Kernaktivitäten eher *lose gekoppelte Systeme* (Weick 2009). Nimmt man z.B. die Agentur für Arbeit, so hat der Verlauf eines Vermittlungsgesprächs nur wenig bis gar nichts mit einem anderen Vermittlungsgespräch zu tun und die Art und Weise, wie diese Gespräche ablaufen, sind kaum standardisierbar. Organisationen der öffentlichen Wohlfahrtsproduktion stehen unter Druck, ihre Angemessenheit immer wieder zu beweisen, und sie sind auf Legitimität in ihrer Umwelt angewiesen. Legitimatorische Erfordernisse der Umwelt werden durch die Organisationen, aber auch durch die Individuen aufgegriffen (Engels 2011, S. 123). In den Blick rücken deshalb verstärkt Prozesse des *Sense Making*, der Sinnerzeugung und Rechtfertigung, also jene Prozesse, die die Rationalität des Handelns im Sinne eines vernünftigen, nutzenorientierten und damit angesichts knapper Güter zweckmäßigen Handelns immer wieder kommunikativ herstellen und Handeln als rationales legitimieren und erscheinen lassen.

Ebene der Programmatiken und Diskurse

Programme und Programmatiken stellen eine spezifische Form „gesellschaftlicher Problematisierungsinstrumente" (Kessl 2011, S. 39) dar. Sie stellen spezifische Problemdefinitionen, Zielvorgaben und wünschenswerte Bearbeitungsformen der Probleme bereit. Dadurch werden spezifische Denkweisen artikuliert während andere unartikuliert bleiben, bestimmte Ordnungen der Wirklichkeit vorgeschlagen und damit letztlich das Handeln der Akteure beeinflusst und in diesem Sinne Macht ausgeübt. Programmatiken können sich auf unterschiedliche Bereiche beziehen, z.B. organisationale Felder, Nationalstaaten oder auch suprastaatliche Programmatiken, wie sie sich regelmäßig im Bereich der Bildungs- und Beschäftigungspolitik auf der Ebene der Europäischen Union finden lassen. Programmatiken sind insbesondere bedeutsam für Legitimierungsprozesse von Organisationen und beeinflussen die Herausbildung von institutionellen Ordnungen. Programmatiken sind Teil gesellschaftlicher Diskurse. Gleichzeitig sind aber Diskurse weit mehr als Programmatiken. Sie sind „situierte *bedeutungskonstituierende Ereignisse* bzw. *Praktiken* des Sprach- und Zeichengebrauchs durch gesellschaftliche Akteure" (Keller 2004, S. 62; kursiv i.O.) und „Formen ‚institutionellen Sprachgebrauchs'", „Aussagenkomplexe, die Behauptungen über Phänomenbereiche aufstellen und mit mehr oder weniger formalisierten/formalisierbaren Geltungsansprüchen versehen sind" (ebd., S. 63), wie beispielsweise wissenschaftliche Diskurse.

Alle vier hier beschriebenen Ebenen stehen in einem engen Wechselverhältnis zueinander, und so handelt es sich bei den vier Schwerpunktsetzungen dieses Buches teilweise eher um eine analytisch vorgenommene Zuordnung, die nicht immer so eindeutig ist, wie sie es vorgibt zu sein. Gleichwohl gehen sie nicht ineinander auf. Vielmehr ist von vielfältigen Brüchen und Widersprüchen auszugehen, die sich in den unterschiedlichen Praktiken zeigen.

Der weiter oben bereits aufgespannte Fragehorizont der Analyse der Rationalitäten (nach der Erzeugung von Sinnhaftigkeit, Legitimität und anerkanntem Handeln bei gleichzeitiger Marginalisierung anderer Deutungen) zielt also darauf, zu analysieren,

- wie Menschen Ordnung herstellen, wie sie situationsspezifisch Entscheidungen treffen für eine bestimmte Sinndeutung (und damit andere nicht thematisieren),
- wie dadurch Menschen in spezifischer Weise adressiert und damit kategorisiert werden,
- wie durch Rechtfertigungen Situationen rational begründet werden und dadurch als rational erscheinen,
- und wie Bilder einer größeren Landkarte, das heißt einer größeren Ordnung hergestellt werden, durch die einzelne Handlungen in einen größeren Sinnzusammenhang eingebunden werden ("rationalizations of action") (Weick 2001, S. 11),
- wie in konkreten Praktiken Grenzziehungen und Relationierungen hervorgebracht, bearbeitet und verschoben werden und dadurch Rationalitäten in Bewegung gehalten werden,
- und welche Reibungen und Konflikte in der Bearbeitung von Grenzen, die durch Prozesse der Normierung und Normalisierung entstanden sind, sichtbar werden (vgl. zur Grenzbearbeitung: Kessl/Maurer 2009; 2010)

In diesem Sinne geht es um die analytische Frage, welche Ordnungen des Handelns und Wissens – wobei beides untrennbar verschränkt ist – wie hergestellt und wie diese verschoben werden. Die Analyse der Rationalitäten bedeutet so gesehen die Rekonstruktion von Deutungs- und Handlungsstrukturen (Keller 2005, S. 49; Keller 2004, S. 59) auf der Ebene der Subjekte, der Institutionen, Organisationen und Programmatiken bzw. Diskurse und zwar hinsichtlich der Frage, wie in Praktiken Handeln *als* vernünftiges, rationales, legitimes und damit anerkanntes Handeln erscheint.

3. Übergänge als Rationalität

Gegenwärtig ist die Untersuchung von Übergängen – *transitions* – im Bildungssystem, aber auch aus der Heimerziehung in das Erwachsenenleben und aus dem Bildungssystem in Erwerbsarbeit oder Beschäftigung sowie von Beschäftigung in Beschäftigung *en vogue*. Im Kontext sozialer und ökonomisch differenzierter Gesellschaften sind damit vor allem organisationsförmig gerahmte, institutionalisierte Ereignisse gemeint (Helsper 2013, S. 21). Obwohl Übergänge aus unterschiedlichen theoretischen Perspektiven betrachtet werden (vgl. den Überblick in Helsper 2013), ist diesen Perspektiven doch gemeinsam, dass damit Prozesse im Lebensverlauf bezeichnet werden, die mit Veränderungen von sozialen Positionierungen und Rollen in sozialen Räumen und sozialen Beziehungen verbunden sind und in engem Zusammenhang mit Organisationen und sozialstrukturellen Bedingungen stehen. Lebenszusammenhänge, so die Annahme, erfahren in Übergängen eine Umstrukturierung (Welzer 1993, S. 37). Und Transitionen erfordern von den Einzelnen Aneignungs- und Gestaltungsleistungen, mithin Sinngebungsprozesse.

Bestimmte Prozesse als Übergänge zu bezeichnen, ist jedoch nur *eine*, wenn auch machtvolle Bedeutungszuweisung, die die Lebenssituation von Menschen – metaphorisch – beschreibt, und damit andere mögliche Deutungen unsichtbar macht. So suggeriert die Rede von den ‚Übergängen in Erwerbsarbeit‘, dass ein Status als Erwerbstätige/-r angestrebt wird und in irgendeiner Weise auch erreichbar ist. Diese grundlegende und machtvolle Vorstellung, die politische Programmatiken ebenso wie die Praxis der Sozialen Arbeit prägt, wird im Prinzip auch in der Forschung reproduziert, wenn die Rationalität des Übergangskonzepts selbst nicht in Frage gestellt wird.

Mit dem Nachdenken über die ‚Rationalitäten des Übergangs‘ sind deshalb zwei Richtungen des Nachdenkens verbunden: Zum einen setzen sich die Beiträge auf unterschiedliche Weise und mit Bezug auf eine Vielfalt von Empirien mit dem Rationalitätskonzept auseinander. Zum anderen kann die Analyse der Rationalitäten sowie ihrer Brüchigkeiten und Widersprüchlichkeiten gleichzeitig den Begriff der Übergänge dezentrieren, indem von den Praktiken her untersucht wird, inwiefern und auf welche Art und Weise sich die Akteure überhaupt an der machtvollen Vorstellung des Übergangs orientieren oder eben auch nicht und inwiefern die untersuchten sozialen Praktiken auch etwas anderes zeigen als Übergänge in Erwerbsarbeit oder Beschäftigung. Vor diesem Hintergrund werden ‚Rationalitäten des Übergangs‘ hier als ein Konzept verstanden, das die Rekonstruktion und Dekonstruktion von Rationalitäten anregt, ohne dabei alles darunter zu subsumieren, und gleichzeitig durch die Empirien die konzeptionellen Begrenzungen im Blick behält.

4. Zu den Kapiteln im Einzelnen

Die Buchpublikation ist Ergebnis eines gemeinsamen Diskussionsprozesses im Rahmen eines interdisziplinären Workshops. Ziel des Workshops war es, das Konzept der Rationalitäten als Anregung für die Diskussion zu nutzen und empirisches Material diesbezüglich zu untersuchen. Eine Frage war, inwiefern unterschiedliche Rationalitäten in eine ähnliche Richtung weisen, inwiefern sich Differenzen und Brüche abzeichnen und wie unterschiedliche Rationalitäten in Beziehung zu Kontexten und Akteuren stehen.

Die in dem Band versammelten Beiträge beziehen sich alle auf Rationalitäten der Übergänge vor allem (aber nicht nur) junger Menschen in Erwerbsarbeit und Beschäftigung, sowie die damit verbundenen Institutionen, Subjektivierungsweisen, organisationalen Praktiken und Diskurse. Sie untersuchen dabei empirisches Datenmaterial (Interview- und Gesprächsaufzeichnungen, Dokumente, etc.) hinsichtlich der in unterschiedlichen Ländern (Deutschland, Luxemburg, Österreich, Schweiz) und aus unterschiedlichen Perspektiven rekonstruierbaren Rationalitäten.

Gerade durch die Unterschiedlichkeit der Zugänge kann der Frage nachgegangen werden, in welchen Kontexten und in welchen Praktiken welche Rationalitäten deutlich werden (im Vordergrund stehen oder auch durchschimmern), wie möglicherweise widersprüchliche Rationalitäten miteinander konkurrieren oder nebeneinander bestehen. Deutlich werden kann dadurch möglicherweise auch, dass es zwar supranationale oder nationale Programmatiken gibt, die eine gewisse Einheitlichkeit suggerieren (z.B. Pädagogisierung des Übergangs, Aktivierung, *Workfare-Regime*, etc.), dass aber in unterschiedlichen Kontexten durchaus andere Rationalitäten im Vordergrund stehen können, die sehr viel brüchiger sind, weil sie sich an unterschiedlichen Wissensordnungen orientieren.

Das Buch gliedert sich in Anlehnung an die vier eingeführten Ebenen in vier Hauptteile.

Teil I befasst sich mit der Ebene der *institutionellen Praktiken:* Trotz der unterschiedlichen institutionellen und nationalstaatlichen Kontexte, die diesen Beiträgen zugrunde liegen, wird doch in allen deutlich, wie die Vertreter/-innen der Institutionen sich an den Zielen der je spezifischen Institution orientieren und mit den damit verbundenen Spannungsfeldern und Handlungsherausforderungen so umgehen, dass sie eher auf die Fallsituation und den nächsten zu bewältigenden Übergang – einen Anschluss – blicken als auf die gesellschaftlich bedingten Lebenslagen oder eine längerfristige Perspektive.

Eva Nadai geht mit Hilfe der *institutional ethnography* der Frage nach, inwiefern sich im Handeln und Deuten der Akteure vor Ort im Kontext der Arbeitslosenversicherung, der Sozialhilfe und in Integrationsprogrammen in der *Schweiz* eine Investitionsrationalität zeigt, die auf Selektionen und Kategorisierungen der Klientinnen, genauer von (alleinerziehenden) Müttern basiert. Sie rekonstruiert, wie sich in den Interaktionen ein primär arbeitsmarktbezogener Blick durchsetzt, und andere, für die Klientinnen auch zutreffende Kategorisierungen in den Hintergrund geschoben werden. Das Sozialinvestitionsparadigma zeichnet sich auch dann ab, wenn die soziale Integration vor der beruflichen Eingliederung steht, denn diese bleibt letztlich der Zielpunkt.

Auch der Beitrag von *Dorothee Schaffner* bezieht sich auf ein Beispiel aus der Schweiz, namentlich auf ein Sonderschulheim (Verbindung von Sonderschule und sozialpädagogischem Wohnen). Sie rekonstruiert, wie Professionelle die Übergänge in die Berufsausbildung gestalten und deuten. Auf der Basis von Gruppendiskussionen mit pädagogischen Fachkräften und mit Hilfe der dokumentarischen Methode rekonstruiert sie das handlungsleitende Wissen der Akteure, ihren Orientierungsrahmen. Deutlich wird dabei, dass sich das professionelle Handeln aufgrund der schwierigen Verhältnisse am Arbeitsmarkt vor allem am Ziel der nächsten Anschlusslösung orientiert.

Ebenfalls mit Hilfe der dokumentarischen Methode untersucht *Wolfgang Ludwig-Mayerhofer* die Perspektiven der Fachkräfte in deutschen Jobcentern, die mit jungen Menschen unter 25 Jahren arbeiten. Er geht der Frage nach, wie sich in ihrem Handlungswissen die im Gesetz begründete Orientierung an ‚schnellen Übergängen' tatsächlich zeigt und woran sie sich in ihrem Handeln eigentlich orientieren. Er rekonstruiert, wie die persönlichen Ansprechpartner/-innen Probleme wahrnehmen, welcher Pädagogiken sie sich in ihrem Handeln bedienen und welche Rolle dabei Sanktionen spielen.

Auch der Beitrag von *Ute Karl* untersucht die Praxis in den Jobcentern im Bereich der unter 25-Jährigen. Sie untersucht die Interaktionen zwischen den Vertreter/-innen der Institution und den Klient/-inn/-en mit Hilfe der Konversationsanalyse und der *Membership Categorization Analysis*. Sie verdeutlicht dabei, dass es zunächst unterschiedliche Rationalitäten gibt: erzieherische, die auf die Verhaltensänderung der Klient/-inn/-en zielen, organisational-administrative und juristisch-administrative. Deutlich wird anhand der Interaktionen, wie sich vor allem die Professionellen, aber auch die Klient/-inn/-en daran orientieren, in und am Fall trotz Schwierigkeiten handlungsfähig zu bleiben.

Daniela Böhringer analysiert ebenfalls Interaktionen. Anhand von Videoaufzeichnungen und ihren Transkriptionen geht sie der Frage nach, wie in der Berufsberatung in Deutschland, also einer Beratung am Übergang in Erwerbsarbeit, Übergänge im Gespräch gestaltet werden und welcher Rationalität diese Themenübergänge folgen. Sie arbeitet heraus, dass die Platzierung eines neuen Themas im Gespräch einer spezifischen interaktiven Bearbeitung bedarf und welche Rolle dabei der Computer spielt.

Teil II fokussiert auf die *Subjektivierungsweisen und ihre Rationalitäten:* Die im zweiten Teil versammelten Beiträge machen deutlich, wie sich junge Menschen mit den Schwierigkeiten am Arbeitsmarkt und den aus institutionellen Arrangements resultierenden Zumutungen auseinandersetzen, dabei teilweise herrschende Vorstellungen und Deutungsweisen und die damit verbundenen Rationaliäten übernehmen, um immer wieder Handlungsfähigkeit herstellen zu können, aber sich auch gegenüber diesen abgrenzen. Gleichzeitig kommen aber auch Ausschlüsse und erlebte Abwertungen zur Artikulation, die gleichsam auf das in den herrschenden Rationalisierungsweisen Ausgeschlossene hinweisen.

Andreas Walther analysiert auf der Basis von Interviews mit Berufseinstiegsbegleitern und mit den jungen Menschen, die an diesem bundesdeutschen Programm teilnehmen, wie sich die Herstellung ‚realistischer Berufsperspektiven' und die damit verbunden Prozesse des *Cooling Out* jeweils darstellen. Diese Prozesse beschreibt er als gesellschaftlichen Kampf um Anerkennung.

Aus intersektionaler Perspektive analysiert *Angela Rein* anhand biografischer Daten, wie sich Subjektivierung in Machtverhältnissen vollzieht und wie sich Übergänge in Erwerbsarbeit im Spannungsfeld von Normalitätsvorstellungen und im Kontext von mehrfachen Zuschreibungen im Migrationskontext zeigen. Anhand eines Beispiels aus der Schweiz wird deutlich, wie Schule, Heimerziehung und Beschäftigungsförderung ineinander greifen und wie institutionelle und biographische Übergänge verschränkt sind.

Ebenfalls auf der Basis von Biographien untersucht *Gilles Reckinger* die Sinnstrukturen junger Menschen in Österreich, die Schul-, Ausbildungs- oder Berufsabbrüche hinter sich haben. Mit Bezug auf Bourdieus Praxeologie und das Konzept der Gouvernementalität rekonstruiert er, wie die Jugendlichen selbst Anpassungsprozesse ihrer beruflichen Orientierung vornehmen und wie sie Werte wie das unternehmerische Selbst und die Selbstmobilisierung verinnerlicht haben und in eigener Weise deuten.

Teil III beschäftigt sich mit den Rationalitäten *organisationaler Übergangspraktiken:* In beiden Beiträgen wird dabei eine Perspektive eingenommen, die nicht spezifische, einzelne Organisationen fokussiert, sondern eher die Vernetzung unterschiedlicher Akteure und das organisationale Feld selbst.

Der Beitrag von *Claude Haas* untersucht aus neo-institutionalistischer Perspektive den Wandel des Feldes der beruflichen Eingliederung in Luxemburg. Aus historischer Perspektive wird so deutlich, wie sich das Feld der Hilfen der beruflichen Eingliederung nicht nur ausweitet, sondern wie die Orientierung an dieser Eingliederung auch zu einer Denk- und Handlungslogik wird, die transversal zu unterschiedlichen Handlungsfeldern (der Sozialen Arbeit) ist.

Der Beitrag von *Dirk Kratz* und *Andreas Oehme* untersucht Übergangsstrukturen einer spezifischen Region in Deutschland und berücksichtigt dabei den regional-historischen Kontext. Deutlich werden in den Analysen, wie junge Menschen eingeteilt und wie je nach Segment andere Übergangsperspektiven als passend dargestellt werden und wie aus der Perspektive der Verantwortlichen ,Region' je nach Bezugspunkt unterschiedlich konstruiert wird. Grundlage der Analyse sind leitfadengestützte Interviews mit Verantwortlichen der Übergangsgestaltung.

In Teil IV stehen die *Rationalisierungen im Diskurs* im Zentrum.

Die beiden hier zusammengeführten Beiträge beschäftigen sich auf je unterschiedliche Weise mit Übergängen von Erwerbsarbeit in Erwerbsarbeit und den damit verbundenen Diskursen.

Der Beitrag von *Ann-Kathrin Beckmann*, *Ilona Ebbers* und *Alexander Langanka* untersucht mit Hilfe der wissenssoziologischen Diskursanalyse wissenschaftliche Publikationen zum Thema der innerbetrieblichen Übergänge. Sie rekonstruieren dabei aus einer *genderbezogenen* Perspektive, wie das Normalarbeitsverhältnis männlich geprägt ist und als implizite Folie in den Publikationen mitläuft und wie prekäre Beschäftigungsverhältnisse begründet und legitimiert werden.

Der Beitrag von *Luisa Peters*, *Inga Truschkat* und *Andreas Herz* beschäftigt sich ebenfalls mit Übergängen von Erwerbsarbeit in Erwerbsarbeit. Er rekonstruiert aus historischer Perspektive, wie sich das Instrument der Transfergesellschaften parallel zur deutschen Arbeitsmarktpolitik entwickelt. Dadurch werden die Rationalitäten der politischen Gestaltung und Regulierung von Übergängen deutlich und sichtbar, wie sich Sozialpolitik von einer fürsorgenden zu einer aktiven bis hin zu einer aktivierenden Programmatik verschiebt.

Literatur

Bode, I./Marthaler, T./Bastian, P./ Schrödter, M. (2012) (Hrsg.): Rationalitäten des Kinderschutzes. Wiesbaden: VS Verlag für Sozialwissenschaften.

Brosziewski, A. (1998): Rationalität, Unsicherheit und Organisation – Zu einer Revision organisationssoziologischer Annahmen in der Professionssoziologie. In: Brosziewski, A./Maeder, Ch. (Hrsg.) (1998): Organisation und Profession. Dokumentation des 2. Workshops des Arbeitskreises „Professionelles Handeln" vom 24. bis 25. Oktober 1997 in Rorschach. Rorschach-St. Gallen: Höhere Fachhochschule Ostschweiz/ Universität St. Gallen, S. 1–15 www.sozialarbeit.ch/dokumente/organisation_profession.pdf (Abruf 18.12.2012).

Butler, J. (2001): Psyche der Macht. Das Subjekt der Unterwerfung. Frankfurt am Main: Suhrkamp.

Drew, P./Heritage, J. (1992): Analyzing talk at work: An introduction. In: Drew, P./ Heritage, J. (Hrsg.): Talk at work. Interaction in institutional settings Cambridge: Cambridge University Press, S. 3–65.

Engels, A. (2011): Wirtschaft und Rationalität im Neo-Institutionalismus. In: Maurer, A./Schimank, U. (Hrsg.): Rationalitäten des Sozialen. Wiesbaden: VS Verlag für Sozialwissenschaften, S. 113–133.

Foucault, M. (1985): Freiheit und Selbstsorge. Gespräch mit Michel Foucault am 20. Januar 1984. In: Becker, H. et al. (Hrsg.): Freiheit und Selbstsorge. Frankfurt am Main: Materialis, S. 9–28.

Foucault, M. (1987): Das Subjekt und die Macht (Nachwort von Michel Foucault): Dreyfus, H. L./Rabinow, P.: Michel Foucault. Jenseits von Strukturalismus und Hermeneutik. Frankfurt am Main: Athenäum.

Foucault, M. (1990): Was ist Aufklärung? In: Erdmann, E./Forst, R./Honneth, A. (Hrsg.): Ethos der Moderne. Foucaults Kritik der Aufklärung. Frankfurt am Main: Campus, S. 35–54.

Foucault, M. (1996): Der Mensch ist ein Erfahrungstier. Frankfurt am Main: Suhrkamp.

Foucault, M. (2005): Diskussion vom 20. Mai 1978. Wiederabdruck in: Foucault, Michel: Dits et Ecrits. Schriften IV. Frankfurt am Main: Suhrkamp, S. 25– 43.

Helsper, W. (2013): Die Bedeutung von Übergängen im Bildungsverlauf. Einleitender Beitrag. In: Siebholz, S./Schneider, E./Busse, S./Sandring, S./Schippling, A. (2013): Prozesse sozialer Ungleichheit. Bildung im Diskurs. Wiesbaden: VS Verlag für Sozialwissenschaften, S. 21–28.

Hofer, H. (2009): Handlung und Legitimation im Zuge reflexiver Modernisierung. In: Böhle, F./Weihrich, M. (Hrsg.) (2009): Handeln unter Unsicherheit. Wiesbaden: VS Verlag für Sozialwissenschaften, S. 139–147.

Karl, U. (2008): Agency, Gouvernementalität und Soziale Arbeit. In: Homfeldt, H. G./Schröer, W./Schweppe, C. (Hrsg.) (2008): Vom Adressaten zum Akteur. Soziale Arbeit und Agency. Opladen und Farmington Hills: Barbara Budrich, S. 59–80.

Karl, U. (2010): Geschäftige Körper: Biomacht und kulturelle Standardisierungsprozesse. In: Klein, R./Dungs, S. (Hrsg.): Standardisierung der Bildung. Zwischen Subjekt und Kultur. Wiesbaden: VS Verlag für Sozialwissenschaften, S. 85–104.

Keller, R. (2004): Diskursforschung. Eine Einführung für SozialwissenschaftlerInnen. 2. Auflage. Wiesbaden: VS Verlag für Sozialwissenschaften.

Keller, R. (2005): Wissenssoziologische Diskursanalyse als interpretative Analytik. In: Keller, R./Hirseland, A./Schneider, W./Viehöver, W. (Hrsg.): Die diskursive Konstruktion von Wirklichkeit. Konstanz: UVK, S. 49–75.

Kessl, F. (2007): Wozu Studien zur Gouvernementalität in der Sozialen Arbeit? Von der Etablierung einer Forschungsperspektive. In: Anhorn, R./Bettinger, F./Stehr, J. (Hrsg.): Foucaults Machtanalytik und Soziale Arbeit. Eine kritische Einführung und Bestandsaufnahme. Wiesbaden: VS Verlag für Sozialwissenschaften, S. 203–225.

Kessl, F. (2011): Die Analyse von Rationalisierungspraktiken als Perspektive sozialpädagogischer Forschung. In: Dollinger, B./Schabdach, M. (Hrsg.): Zugänge zur Geschichte der Sozialpädagogik und Sozialarbeit. Siegen: Universitätsverlag, S. 31–43.

Kessl, F./Maurer, S. (2009): Die ‚Sicherheit' der Oppositionsposition aufgeben. Kritische Soziale Arbeit als ‚Grenzbearbeitung'. In: Kurswechsel 3, S. 91–100.

Kessl, F./Maurer, S. (2010): Praktiken der Differenzierung als Praktiken der Grenzbearbeitung. Überlegungen zur Bestimmung Sozialer Arbeit als Grenzbearbeiterin. In: Kessl, F./Plößer, M. (Hrsg.): Differenzierung, Normalisierung, Andersheit. Wiesbaden: VS Verlag für Sozialwissenschaften, S. 154–169.

Klatetzki, T. (2012): Regeln, Emotionen und Macht: Eine interaktionistische Skizze. In: Duschek, St./Gaitanides, M./Matiaske, W./Ortmann, G. (Hrsg.): Organisationen regeln. Die Wirkmacht korporativer Akteure. Wiesbaden: VS Verlag für Sozialwissenschaften, S. 95–110.

Lemke, T. (1997): Eine Kritik der politischen Vernunft. Foucaults Analyse der modernen Gouvernementalität. Berlin und Hamburg: Argument.

Lemke, T./Krasmann, S./Bröckling, U. (2000): Gouvernementalität, Neoliberalismus und Selbsttechnologien. Eine Einleitung. In: Bröckling, U./Krasmann, S./Lemke, T. (Hrsg.): Gouvernementalität der Gegenwart. Studien zur Ökonomisierung des Sozialen. Frankfurt am Main: Suhrkamp, S. 7–40.

Lichtblau, K. (1999): Das Zeitalter der Entzweiung. Studien zur politischen Ideengeschichte des 19. Und 20. Jahrhunderts. Berlin: Philo.

Luhmann, N. (1973): Zweckbegriff und Systemrationalität. Frankfurt am Main: Suhrkamp.

Maurer, A. (2011): Individuelle Rationalität und soziale Rationalitäten. In: Maurer, A./Schimank, U. (Hrsg.): Rationalitäten des Sozialen. Wiesbaden: VS, S. 17–42.

Maurer, A./Schimank, U. (2011): Die Soziologie – zwischen Rationalitätsverhaftung und Rationalitätsskepsis? In: Maurer, A./Schimank, U. (Hrsg.): Rationalitäten des Sozialen. Wiesbaden: VS Verlag für Sozialwissenschaften, S. 7–13.

Maurer, S./Weber, S. M. (2006): Die Kunst, nicht dermaßen regiert zu werden. Gouvernementalität als Perspektive für die Erziehungswissenschaft. In: Weber, S./Maurer, S. (Hrsg.): Gouvernementalität und Erziehungswissenschaft. Wissen – Macht – Transformation. Wiesbaden: VS Verlag für Sozialwissenschaften, S. 9–36.

Pieper, M./Gutiérrez Rodríguez, E. (2003): Einleitung. In: Pieper, M./Gutiérrez Rodríguez, E. (Hrsg.): Gouvernementalität. Ein sozialwissenschaftliches Konzept in Anschluss an Foucault. Frankfurt am Main und New York: Campus, S. 7–21.

Raab, H. (1998): Foucault und der feministische Poststrukturalismus, Dortmund: Ed. Ebersbach.

Reckwitz, A. (2003): Grundelemente einer Theorie sozialer Praktiken. Eine sozialtheoretische Perspektive. In: Zeitschrift für Soziologie 32, H. 4, S. 282–301.

Senge, K. (2006): Zum Begriff der Institution im Neo-Institutionalismus. In: Senge, K./Hellmann, K.-U. (Hrsg.): Einführung in den Neo-Institutionalismus. Wiesbaden: VS Verlag für Sozialwissenschaften, S. 35–47.

Senge, K./Hellmann, K.-U. (2006): Einleitung. In: Senge, K./Hellmann, K.-U. (Hrsg.): Einführung in den Neo-Institutionalismus. Wiesbaden: VS Verlag für Sozialwissenschaften, S. 7–31.

Tacke, V. (2006): Rationalität im Neo-Institutionalismus. Vom exakten Kalkül zum Mythos. In: Senge, K./Hellmann, K.-U. (Hrsg.): Einführung in den Neo-Institutionalismus. Wiesbaden: VS Verlag für Sozialwissenschaften, S. 89–101.

Türk, K./Lemke, T./Bruch, M. (2006): Organisation in der modernen Gesellschaft. Eine historische Einführung. 2. Auflage. Wiesbaden: VS Verlag für Sozialwissenschaften.

Welzer, H. (1993): Transitionen. Zur Sozialpsychologie biographischer Wandlungsprozesse. Tübingen: edition discord.

Weick, K. E. (2001): Making Sense of the organization. Malden, Oxford und Victoria: Blackwell Publishing.

Weick, K. E. (2009): Bildungsorganisation als lose gekoppelte Systeme. In: Koch, S./Schemmann, M. (Hrsg.): Neo-Institutionalismus in der Erziehungswissenschaft. Grundlegende Texte und empirische Studien. Wiesbaden: VS Verlag für Sozialwissenschaften, S. 85–109.

Teil I
Institutionelle Praktiken und ihre Rationalitäten

Eva Nadai

Mutter, alleinerziehend, auf Stellensuche

Kategorisierungen und die Rationalität von Sozialinvestitionen

1. Einleitung

Die Förderung von Beschäftigung und Wirtschaftswachstum durch die umfassende Inklusion der Bevölkerung in den Arbeitsmarkt steht im Zentrum des Sozialinvestitionsparadigmas, das seit den 1990er Jahren die Sozialpolitik postindustrieller Gesellschaften prägt.[1] Mit Investitionen in Humankapital sollen produktive Gesellschaftsmitglieder geformt werden, die sich den Anforderungen flexibler Arbeitsmärkte anpassen können und in der Lage sind, ihr Leben eigenverantwortlich zu meistern (Lessenich 2004). Im Hinblick auf die Ausschöpfung gegenwärtiger und die Formung zukünftiger Arbeitskräftepotenziale kommen „Frauen und Kinder zuerst" (Ostner 2004). Investitionen in Bildung, Familie und Gleichstellung sollen den Frauen den Zugang zum Arbeitsmarkt erleichtern und frühzeitig die Weichen für eine gedeihliche Entwicklung von Kindern und Jugendlichen stellen. Für die Verlierer und Überflüssigen des Arbeitsmarkts äußert sich die neue Akzentsetzung in der Programmatik der Aktivierung. Sogenannte passive finanzielle Sozialtransfers werden reduziert und (verpflichtende) Maßnahmen zur Förderung von ‚Beschäftigungsfähigkeit' ausgebaut. Das Sozialinvestitionsparadigma impliziert mithin einen Perspektivenwechsel von „Verteilung auf Teilhabe" (Gronbach 2009): von der Umverteilung von Ressourcen auf die Herstellung von Chancengleichheit durch die Förderung der Leistungsfähigkeit des Individuums, das für die Realisierung seiner

---

1 Unter einem sozialpolitischen Paradigma verstehe ich mit Peter Hall (in Béland 2005, S. 5): "a framework of ideas and standards that specifies not only the goals of policy and kind of instruments that can be used to attain them, but also the very nature of the problems they are meant to be addressing."

Potenziale dann selbst verantwortlich ist. Und das Paradigma impliziert das Leitbild der universalen Erwerbsbürgerschaft, d. h. die Arbeitsmarktpartizipation für alle arbeitsfähigen Erwachsenen ungeachtet von Geschlecht und Familiensituation (Jenson 2009; Lewis 2002; Orloff 2006).

Es lässt sich leicht nachweisen, dass die Investitionsmetapher Eingang gefunden hat in sozialpolitische Diskurse oder dass die skizzierten Leitlinien von Humankapitalbildung und Beschäftigungsförderung die Arbeitsmarkt-, Sozial-, Familien- und Bildungspolitik prägen (Bothfeld/Sesselmeier/ Bogedan 2009; Olk 2009; Taylor-Gooby 2008). Die Umschichtung von konsumtiven auf produktive Sozialausgaben hat sich als Aktivierung von Sozialtransferbeziehenden international flächendeckend durchgesetzt (Betzelt/ Bothfeld 2011; Handler 2003; Lødemel/Trickey 2001), so auch in der Schweiz, wo die Systeme der sozialen Sicherung seit Mitte der 1990er sukzessive auf die Förderung von Beschäftigungsfähigkeit und das Primat von Arbeitsmarktintegration ausgerichtet wurden (Magnin 2005; Nadai 2009; Wyss 2005).

Empirisch scheint mir jedoch noch zu wenig geklärt, in welcher Form sich das Paradigma der Sozialinvestitionen effektiv im Handeln sozialstaatlicher Agenturen niederschlägt. Wie Michael Lipsky schon vor 30 Jahren nachwies, agieren „street-level bureaucracies", d. h. Verwaltungsstellen mit direktem Kontakt zur Bevölkerung, aufgrund strukturell gegebener organisationaler und individueller Handlungsspielräume unweigerlich selbst als *policy makers* mit erheblicher Gestaltungsmacht (Lipsky 1980). Die Reichweite des Sozialinvestitionsparadigmas entscheidet sich deshalb auch in den Niederungen der alltäglichen Praxis konkreter Institutionen.

In meinem Beitrag fokussiere ich die Sozialinvestitionspraxis im Feld der Aktivierung von Erwerbslosen und frage danach, inwiefern sich darin eine Investitionsrationalität manifestiert, die sich deutlich von „negativer Aktivierung" (Taylor-Gooby 2008, S. 20) unterscheidet.[2] Aus der Perspektive der ethnomethodologisch inspirierten *institutional ethnography*, die ich hier einnehme, sind ideelle Formationen (Diskurse, Paradigmen) nicht jenseits von Handeln in einer gleichsam transzendenten Sphäre angesiedelt, sondern existieren nur als „doings in that they happen at actual times and in particular local settings and are performed by particular people" (Smith 2005, S. 76). Auch ein makrosoziales Phänomen wie das Sozialinvestitionsparadigma muss also über die Beschreibung konkreten Handelns in einem spezifischen Kontext erschlossen werden. Eine solche Beschreibung zielt auf

---

2   Mit negativer Aktivierung bezeichnet Taylor-Gooby eine Politik, die primär auf Deregulierung von Arbeitsmarkten, Abbau von ‚passiven' Sozialleistungen und gezielten Eingliederungsmaßnahmen für Risikogruppen basiert.

die Rekonstruktion der Handlungs- und Deutungsstrukturen im untersuchten Kontext und auf die institutionellen und ideellen Strukturbedingungen der beobachteten Praxis.[3] Diese Strukturen manifestieren sich in Texten, welche das Handeln im untersuchten Feld koordinieren, legitimieren und an eine translokale institutionelle Ordnung anschließen (z. B. Gesetze, Verordnungen, organisationale Formulare u. ä.) und im Umgang der Akteure mit diesen Strukturierungen. Meine These lautet, dass das Sozialinvestitionsparadigma im Kern auf einer *Logik von Selektionen* basiert und sich empirisch deshalb am besten an den Selektionen von Adressaten und Maßnahmen, sowie den Legitimationen für diese Selektionen dingfest machen lässt. Selektionen gestalten sich als situative und kontextgebundene Prozesse des Kategorisierens, die ich am Beispiel der Kategorisierung von (alleinerziehenden) Müttern nachzeichne. Der Umgang der Institutionen mit erwerbslosen Müttern ist insofern aufschlussreich, als diese Gruppe die Erwerbszentrierung des Investitionsparadigmas irritiert. In dem Maße wie Arbeitsmarktteilnahme ins Zentrum von Sozialpolitik rückt, werden ‚maternalistische' Sonderregelungen aufgehoben, die Mütter von der Arbeitspflicht ausnahmen (Orloff 2006), ohne dass diese aber von *Care*-Arbeit entlastet werden. Zugleich haben Mütter als Erzieherinnen eine wichtige Funktion bezüglich der Humankapitalbildung. Diese Widersprüche generieren Handlungsprobleme für die Betroffenen selbst und für die Institutionen, welche den Übergang von Müttern in den Arbeitsmarkt fördern sollen.

Die empirische Basis dieses Beitrags bildet eine ethnographische Studie der Sozialinvestitionspraxis in der Arbeitslosenversicherung, der Sozialhilfe und in Integrationsprogrammen für Erwerbslose in der Schweiz.[4] Die Arbeitslosenversicherung (ALV) und die Sozialhilfe fungieren als Institutionen, die gewissermaßen Investitionsentscheide fällen (d.h. darüber befinden, welche Erwerbslosen welche Maßnahmen erhalten), welche dann in den Integra-

---

3 Smith (2005) bezeichnet diese Strukturierungen als „ruling relations". Gemeint sind die textbasierten und textvermittelten Systeme von Kommunikation, Wissen und Kontrolle, die moderne Gesellschaften koordinieren und regulieren.

4 Die Forschung wurde vom Schweizerischen Nationalfonds im Rahmen des NFP60 „Gleichstellung der Geschlechter" gefördert. Die Studie analysierte, inwiefern die Praktiken der untersuchten Institutionen die Verwirklichungschancen von Erwerbslosen erweitern können, mit einem speziellen Fokus auf der Situation von unqualifizierten Frauen. Es wurden ethnographische Fallstudien in einem Regionalen Arbeitsvermittlungszentrum (RAV), einem städtischen Sozialamt und vier Integrationsprogrammen durchgeführt. Die Datenbasis umfasst Beobachtungsprotokolle, Interviews mit insgesamt 24 Mitarbeitenden bzw. Expert/-innen und 22 Klient/-inn/-en sowie organisationsinterne bzw. -übergreifende Dokumente. Neben der Autorin waren Gisela Hauss, Alan Canonica und Loredana Monte am Projekt beteiligt. Für einen Überblick vgl.: Nadai/Hauss/Canonica 2013.

tionsprogrammen umgesetzt werden. Die Programme arbeiten mit Leistungsaufträgen der ALV oder der Sozialhilfe und sind damit Teil der „Industrie' von spezialisierten [...] Dienstleistern" (Knuth 2009, S. 68), die den entsprechenden Regimes der sozialen Sicherung zuarbeiten, deren rechtlichen Vorgaben sie unterworfen sind. Programme für Arbeitslose mit Anspruch auf Arbeitslosentaggelder respektive für Sozialhilfebeziehende sind in der Regel getrennt, da die Arbeitslosenversicherung und die Sozialhilfe über unterschiedliche Anspruchsberechtigungen und Maßnahmen verfügen.

2. Die Selektion lohnender Investitionsobjekte

In ökonomischen Termini ist eine Investition der Einsatz von finanziellen Mitteln, um damit neue oder höhere Geldgewinne zu erzielen. Investitionen sind immer riskante Entscheidungen mit offenem Ausgang, da sie auf Prognosen über zukünftige Entwicklungen basieren und eine Wahl zwischen verschiedenen gewinnträchtigen Alternativen erfordern. Überträgt man das Investitionskonzept von der Sphäre der Wirtschaft auf die Sozialpolitik, dann ist zwar zunächst keineswegs klar, welcher Art hier die Investitionen oder Gewinne sein könnten und wer einen allfälligen Gewinn einstreichen darf. Man muss jedoch von der Arbeitshypothese ausgehen, dass auch Sozialinvestitionen mit Blick auf einen wie auch immer gearteten Mehrertrag getätigt werden: Investiert wird da, wo es sich lohnt. Folglich impliziert eine sozialpolitische Rationalität von Investitionen notwendigerweise *Selektivität*. Im Handlungsfeld der Aktivierung von Erwerbslosen werden in einem komplexen mehrstufigen und institutionenübergreifenden Prozess Zielgruppen und Maßnahmen definiert und selektioniert. Definitionen und Selektionen werden zum einen abstrakt und dekontextualisiert vorgenommen, indem z.B. im Arbeitslosenversicherungsgesetz festgelegt wird, welche Erwerbslosen Anspruch auf Bildungs- oder Beschäftigungsmaßnahmen haben. Zum anderen werden konkrete Erwerbslose in spezifischen Situationen mit Bezug auf diese institutionellen Vorgaben *kategorisiert*.

Allerdings werden in diesem Prozess nicht einfach Personen in bestehende Kategorien einsortiert, im Sinne eines Abgleichens von Eigenschaften der Person mit den Vorgaben eines formalen Schemas. Wie die auf Harvey Sacks (1972) zurückgehende ethnomethodologische *membership categorization analysis* (MCA) betont, ist der Kategorisierungsprozess immer eine kontextuelle und situative Leistung.[5] Kategorien existieren nicht

---

5   Die Grundfrage der MCA lautet, wie Akteure angesichts einer immer vieldeutigen Realität kompetente Beschreibungen vornehmen und verstehen. Eine zentrale Eth-

a priori, sondern nur als „categories-in-context" (Hester/Eglin 1997, S. 27), wobei der Kontext weder die Bedeutung der Kategorie determiniert, noch unabhängig von bzw. außerhalb der Kategorien existiert. Kontext und Kategorie bedingen sich vielmehr gegenseitig: „[T]he meaning or sense of a category is constituted through the use of features of the context, and the contextual features are themselves constituted through the sense of the category" (ebd.). Wichtig ist, dass Mitgliedschaftskategorien nicht lediglich desinteressierte *Be*schreibungen sind, sondern *Zu*schreibungen mit normativem Charakter, die ganze Cluster von Attribuierungen und Verhaltenserwartungen implizieren (Lepper 2000, S. 34). Sie fungieren deshalb als „store house and (...) filing system for common-sense knowledge" (Schegloff 2007, S. 469) und stellen gerade in institutionellen Kontexten auch Anleitungen zur Bewältigung von kontextgebundenen Handlungsproblemen zur Verfügung (Karl 2011).

‚Jeder sollte, aber nicht alle können' – so könnte man in Abwandlung der treffenden Charakterisierung des unternehmerischen Selbst von Bröckling (2002) das vordringliche Handlungsproblem der Institutionen im Umgang mit Erwerbslosen beschreiben. Grundsätzlich ‚sollen' heute möglichst alle Sozialleistungsbeziehenden ungeachtet ihrer individuellen Problemlagen in den Arbeitsmarkt eingegliedert werden. Nicht alle sind indes tatsächlich beschäftigungsfähig, sei es, dass sie aus verschiedenen Gründen nicht *arbeits*fähig sind oder dass sie zwar medizinisch gesehen arbeits-, aber nicht entsprechend den Anforderungen des Arbeitsmarkts *leistungs*fähig sind.[6] Um diejenigen herauszufiltern, die mit einiger Wahrscheinlichkeit ‚können', verorten die Sozialarbeitenden und RAV-Personalberater/-innen die Erwerbslosen in einer Matrix von *Verfügbarkeit für den Arbeitsmarkt, Verwertbarkeit des Arbeitsvermögens im Arbeitsmarkt* und *Verhalten*.

Die *Verfügbarkeit* wird einerseits an der Intaktheit bzw. Versehrtheit des Körpers festgemacht: Inwiefern ist die erwerbslose Person physisch, psychisch und kognitiv arbeitsfähig?[7] Arbeitsfähigkeit als Voraussetzung für Verfügbarkeit ist kein objektiver Tatbestand, sondern wird interaktiv zwischen Klientin und Sozialarbeiterin ausgehandelt, je nach Umständen unter Zuhilfenahme von Arztzeugnissen als objektivierte medizinische Expertise.

---

nomethode besteht darin, Kategorien, die auf bestimmte Weise ‚zusammengehören', zu Kollektionen zu gruppieren und als Teil dieser Kollektion zu behandeln. Kollektionen bilden zusammen mit einer Reihe von Anwendungsregeln eine „membership categorization device": einen Apparat, der unser Alltagswissen strukturiert (Karl 2011; Lepper 2000; Silverman 2001; ten Have 2002).

6 Zur Differenz von Beschäftigungsfähigkeit und Leistung vgl. Nadai/Maeder 2008.
7 Zum Körper als Ungleichheitsdimension qua Gesundheit, Arbeitsfähigkeit, Attraktivität etc. vgl. Winker/Degele 2009.

Andererseits wird Verfügbarkeit mit Bezug auf familiäre Konstellationen bestimmt. Bei Frauen gelten Kinder als „Klotz am Bein", so eine RAV-Beraterin, wohingegen Männer auch als Väter dennoch „immer das Arbeitstier" bleiben und entsprechend uneingeschränkt für den Arbeitsmarkt verfügbar sind.

Die *Verwertbarkeit* wird nicht nur aus direkt arbeitsmarktrelevanten Indikatoren wie formalen Qualifikationen oder beruflicher Erfahrung abgeleitet, sondern auch aus dem Alter einer Person. ‚Jungen' Erwerbslosen werden bessere Chancen im Arbeitsmarkt eingeräumt als ‚Älteren', wobei diese Kategorien gleich wie die Arbeitsfähigkeit soziale Konstruktionen sind.

Schließlich wird das *Verhalten* der Erwerblosen gegenüber der Institution als Prognose über deren Verhalten bei der Stellensuche bzw. im Arbeitsmarkt interpretiert. Dabei werden Aspekte wie Motivation, Demonstration von Arbeitswille oder ‚Sozialkompetenz' beobachtet und kategorisiert.[8]

Die Einschätzungen zu Verfügbarkeit, Verwertbarkeit und Verhalten der Erwerbslosen münden in eine Diagnose der *Notwendigkeit* von arbeitsmarktlichen Maßnahmen und eine Prognose zu den mutmaßlichen Erfolgsaussichten, mithin zur *Rentabilität* von Investitionen. So schätzt man z.B. im untersuchten RAV, dass rund 20 Prozent der Arbeitslosen als „Selbstläufer" auch ohne Unterstützung eine Stelle finden werden – in diesen Fällen erübrigen sich Maßnahmen. Werden eine gewisse Notwendigkeit für Unterstützung bei der Arbeitsmarktintegration diganostiziert und gleichzeitig Erfolgsaussichten prognostiziert, werden im nächsten Schritt konkrete Maßnahmen aus dem Spektrum des verfügbaren und einer Person institutionell zugänglichen Angebots selektioniert. Entgegen einer strikt gewinnorientierten Investitionslogik werden auch Personen mit geringen Aussichten auf berufliche Eingliederung in Maßnahmen geschickt: in manchen Fällen zu Kontroll- und Disziplinierungszwecken, in anderen zwecks ‚sozialer Integration' ohne die Erwartung, dass die betreffenden Erwerbslosen durch die Maßnahme tatsächlich den Zugang zum Arbeitsmarkt finden. Bereits in diesem Selektionsprozess finden sich also Brüche der Investitionsrationalität.

Was hier analytisch auseinanderdividiert wurde, vollzieht sich in der Praxis in holistischer Weise über Mitgliedschaftskategorisierungen und die damit verknüpften Anwendungsregeln. So ist etwa nach der Ökonomieregel eine einzige Kategorie oft ausreichend zur Verortung einer Person. Und insofern Kategorien mit Attribuierungen von Eigenschaften und Verhalten verknüpft sind, erlaubt eine einzige Kategorisierung bereits komplexe

---

8 Migrantinnen und Migranten wird oft stereotyp eine kulturelle Distanz zu den Verhaltenserwartungen im schweizerischen Arbeitsmarkt unterstellt (fehlende Arbeitsdisziplin, Pünktlichkeit u.ä.).

Schlüsse bezüglich des Handelns dieser Person und gibt damit auch Hinweise auf die Wahl der passenden Maßnahme. Die Kategorisierung als Migrantin impliziert z.B. gleichzeitig ein Praxiswissen über geringe arbeitsmarktliche Verwertbarkeit (mangelnde Sprachkenntnisse, fehlende Qualifikationen) und problematisches Verhalten (kulturelle Distanz), somit also geringe Erfolgsaussichten von allfälligen Maßnahmen. Der Kategorisierungsprozess ist zum einen interaktiv. Die Selbstdarstellung der Erwerbslosen in der Interaktion mit dem Beratungspersonal hat einen Einfluss auf die Zuordnungen. Zum anderen hat der Prozess eine „interobjektive" Struktur (Reckwitz 2003, S. 292), indem das Personal Kategorisierungen auch in der Auseinandersetzung mit in Formularen objektivierten institutionellen Kategorien vornimmt.[9] Am Beispiel von alleinerziehenden Müttern wird im Folgenden gezeigt, wie Kategorisierungen situativ und kontextgebunden zustande kommen.

3. Mütter als irritierende Kategorie

Mütter stellen für das Sozialinvestitionsparadigma in mehrfacher Hinsicht eine Herausforderung dar. Als potenzielle Arbeitskräfte sollen sie mit geeigneten Rahmenbedingungen und Anreizen zur Arbeitsmarktteilnahme bewegt werden, denn „the iconic family in the social investment state (is) the working family" (Simon-Kumar 2011, S. 450). Mütter werden insbesondere in der Sozialhilfe, die den Haushalt als Unterstützungseinheit behandelt, als mitverantwortlich für die Erzielung eines existenzsichernden Familieneinkommens betrachtet. Zugleich gilt die Familie als zentraler Ort der Humankapitalproduktion, womit die Funktion der Mutter als (Haupt)Verantwortliche für das Wohl der Kinder in den Fokus rückt. Der Widerspruch zwischen der Ernährerinnen- und der Erzieherinnenfunktion spitzt sich insbesondere bei Alleinerziehenden zu (Kull/Riedmüller 2007; Skevik 2005). So erhalten Alleinerziehende, die aufgrund von Betreuungsaufgaben nicht erwerbstätig sind, in der Sozialhilfe eine Integrationszulage, werden also für *Care*-Arbeit (symbolisch) honoriert. Gleichzeitig soll auch bei ihnen die berufliche Integration „möglichst früh" thematisiert und konkrete Maßnahmen „spätestens für den Zeitpunkt vorgesehen werden, wenn das jüngs-

---

9   In den untersuchten Institutionen gibt es nur relativ vage formale Kategorien, z. B. im Sozialdienst ein Schema mit vier Segmenten von Klient/-inn/-en mit unterschiedlichem Betreuungs- und Förderungsaufwand. Allerdings erfordern auch elaboriertere Profiling-Schemata, wie sie etwa in der deutschen Arbeitsverwaltung im Gebrauch sind (Ludwig-Mayerhofer/Behrend/Sondermann 2009), Interpretationsleistungen seitens des Personals.

te Kind das dritte Lebensjahr vollendet hat" (SKOS 2011, C.I.3). In den meisten Fällen sind erwerbstätige Alleinerziehende indes weiterhin auf Sozialhilfe angewiesen, weil sie wegen der Kinder nur einer Teilzeitarbeit nachgehen.[10] Für die Institutionen stellt sich also die Frage, ob sie eher in die Erziehungs- oder in die Erwerbsfunktion von Müttern investieren sollen.

Der folgende Ausschnitt aus einem Erstgespräch im Arbeitslosenprogramm *Jobcast*[11] illustriert die praktischen Schwierigkeiten der Einordnung von Müttern als Voraussetzung für das weitere Handeln der Institution. Es handelt sich um die Eröffnungssequenz aus dem Gespräch zwischen der Beraterin (B) und der Klientin (K).[12] Die Klientin wurde dem Forschungsteam auf einer Liste möglicher Beobachtungstermine folgendermaßen vorgestellt: „Profil: Pflegeassistentin, Mutter von 2 Kindern, nahe am Burnout, möchte zurück in die Pflege". Anlässlich der konkreten Terminvereinbarung per E-Mail wurde sie so beschrieben: „33-jährig, Pflege-Wiedereinstieg, 50%, schulpflichtige Kinder".

B (mit Blick auf das Überweisungsformular und den Lebenslauf der Klientin, die beide offen auf ihrem Pult liegen): „Herr B. [RAV-Berater] hat Sie angemeldet. Sie sind seit einem Jahr arbeitslos, Sie sind Mutter, Sie wollen in der Pflege arbeiten." Sie fragt, ob die Klientin in dieser Zeit schon andere Maßnahmen oder Kurse absolviert habe.
K verneint. Sie habe zwischendurch „drei Monate nichts gemacht", weil sie in Therapie war. Jetzt suche sie 40 Prozent „wegen der Kinder", aber das sei „ein Ding der Unmöglichkeit". Deshalb habe sie beim RAV angegeben dass sie 50 Prozent suche.
K: „Es kommt mir aber komisch vor, dass ich arbeiten muss, wenn mein Sohn noch nicht im Kindergarten ist und ich allein bin."
B: „Sie sind alleinerziehend?"
K bejaht und doppelt nach. Sie habe gehört, dass man erst suchen müsse, wenn das jüngste Kind im Kindergarten sei. „Ich habe das Recht, zu Hause zu bleiben." Das habe ihr die Beraterin der Sozialhilfe bestätigt, sie aber doch zum RAV geschickt[13].

---

10 Gemäß den Daten des Bundesamts für Statistik sind rund 86 Prozent der alleinerziehenden erwerbstätigen Sozialhilfebeziehenden teilzeitlich beschäftigt (Bundesamt für Statistik 2011).
11 Die Bezeichnungen der Programme in diesem Text sind Pseudonyme. Jobcast vermittelt Arbeitslose für dreimonatige unbezahlte Arbeitseinsätze im ersten Arbeitsmarkt. Die Arbeitslosen sollen damit berufliche Erfahrung sammeln und ein aktuelles Arbeitszeugnis erhalten. Sie beziehen während des Einsatzes weiterhin Taggelder der ALV, erhalten aber weder Lohn noch Integrationszulagen.
12 Die Szene basiert auf Auszügen aus den Feldnotizen; die als Zitate gekennzeichneten Dialoge sind also erinnerte, nicht technisch aufgezeichnete Passagen.
13 Die Sozialhilfe überweist arbeitsfähige Klientinnen und Klienten ans RAV, um abzuklaren, ob sie Ansprüche auf ALV-Taggelder haben und im Hinblick auf Unterstützung bei der Stellensuche. Grundsätzlich können auch Personen, die keine fi-

B: „Eine verworrene Geschichte." (…) Sie fragt, ob es der Klientin abgesehen vom Müssen auch „ein Anliegen" sei wieder zu arbeiten.

K: „Ja, auch ein bisschen." Das Geld sei einfach sehr knapp.

B: „Sie erwarten sich, dass Sie mehr Geld haben. Sie wissen, dass Sie bei uns kein Geld verdienen." Der Einsatz könne aber „ein Türöffner" sein. Sie habe dadurch Kontakte und könne „sich präsentieren". „Wenn Sie nur 20 bis 40 Prozent arbeiten, ist das aber etwas schwierig. 50 Prozent sind schon das Minimum, um in der Pflege ein Praktikum zu finden."

Die lediglich aus Stichworten bestehenden Kategorisierungen in den E-Mails von Jobcast an die Forscherin bringen die institutionellen Relevanzen bereits deutlich zum Ausdruck. Die Klientin wird hier schon recht präzise in der oben beschriebenen Matrix von Verfügbarkeit, Verwertbarkeit und Verhalten verortet (vgl. 2.). Die Nennung eines Berufs sowie des noch jungen Alters charakterisieren sie als Person mit relativ guten Arbeitsmarktchancen, wohingegen der Hinweis auf die Kinder und die gesundheitliche Belastung in der ersten E-Mail auf Einschränkungen der Verfügbarkeit verweisen. Die zweite E-Mail konturiert diese Befunde weiter: Insofern die Kinder „schulpflichtig" sind, kann eine Erwerbstätigkeit erwartet und gefordert werden, die aber auf „50 Prozent" begrenzt wird. Mit dem Begriff des „Wiedereinstiegs" wird ein Spezialfall von Erwerbslosigkeit evoziert, nämlich eine längere familienbedingte Erwerbsunterbrechung, die die Verwertbarkeit des Arbeitsvermögens beeinträchtigen kann. Dass die Klientin wieder arbeiten „möchte" und zwar im erlernten Beruf kann bezüglich der Dimension Verhalten als Ausdruck von Motivation und eigener beruflicher Planung gelesen werden. Insgesamt wird die Klientin primär als Stellensuchende porträtiert, die gewisse Hindernisse zu überwinden hat, aber ein lohnendes Investitionsobjekt darstellt.

In der Gesprächseröffnung adressiert die Beraterin die Klientin entsprechend. Diese relativiert jedoch umgehend ihre Zugehörigkeit zur Kategorie der Stellensuchenden: Sie habe zeitweise „nichts gemacht" und beim RAV eine höhere Arbeitsbereitschaft angegeben, als sie tatsächlich habe. Sie rekurriert vielmehr auf den Status der Mutter, den sie in Opposition zum Arbeiten-Müssen stellt und unterstreicht dies noch mit dem Allein-Sein. Ohne dass die Klientin es selbst explizit ausspricht, hört die Beraterin offensichtlich problemlos die Selbstcharakterisierung als alleinerziehende Mutter heraus. Mit ihrem nächsten Redezug bestätigt die Klientin ihre Forderung, nicht als Arbeitslose betrachtet zu werden, sondern nur als Mutter, die ent-

---

nanziellen Ansprüche an die ALV haben, Beratungsleistungen des RAV in Anspruch nehmen.

sprechende Privilegien in Anspruch nehmen darf. Sie nutzt dafür die *membership categorization device* der Ökonomieregel und gleichzeitig die Regel der standardisierten Beziehungspaare *(standardized relational pairs)*. Dabei handelt es sich um Kollektionen von Kategorien, die durch spezifische Rechte und Pflichten miteinander verbunden sind. Konkret bezieht sie sich auf das Paar Mutter-Kind, das der Mutter die Pflicht zuschreibt, für ihre Kinder zu sorgen, diese aber im Kontext von Erwerbslosigkeit auch von der Pflicht entbindet, einer außerhäuslichen Arbeit nachzugehen. Die Beraterin verweigert der Klientin jedoch die Ratifizierung des Status als Mutter, indem sie nur kurz das inkonsistente Handeln der Sozialarbeiterin kommentiert („verworrene Geschichte"), dann aber zur Kategorisierung als stellensuchend zurückkehrt. Mit der Opposition von Müssen und „Anliegen" nimmt sie eine moralische Attribuierung vor, die für sie als Beraterin gleichzeitig handlungspraktisch relevant ist. Motivation und persönliches Engagement der Erwerbslosen werden in den Institutionen der Arbeitsmarktintegration als zentrale Voraussetzungen für erfolgreiche Stellensuche betrachtet. Fehlt es den Klient/-inn/-en an ‚echtem' Interesse, lohnt sich auch das Engagement der Berater/-innen nicht und die investierte Arbeitszeit ist gleichsam verschwendet. Die Klientin scheint die moralische Dimension der Arbeitsbereitschaft, die in der Formulierung „ein Anliegen" steckt, wahrzunehmen und signalisiert eine halbherzige Zustimmung, die sie allerdings mit Rekurs auf ihre extrinsische Motivation sogleich relativiert. Die Beraterin kühlt daraufhin die Erwartung auf ein höheres Einkommen ab und lenkt dann das Gespräch definitiv in die institutionell angemessene Richtung, nämlich auf die Möglichkeiten und Modalitäten eines Arbeitseinsatzes im Rahmen von Jobcast. Die Frage, ob die Klientin überhaupt arbeiten muss, wird im weiteren Gesprächsverlauf nur noch am Rande gestreift, indem die Beraterin anbietet, die geltende Regelung abzuklären – dies jedoch erst nachdem schon konkrete Einsatzplätze und -zeiten besprochen wurden.[14] Die institutionelle Kategorisierung als stellensuchende Erwerbslose setzt sich schließlich gegen die Selbstbeschreibung der Klientin durch. Die alleinerziehende Mutter muss bei Jobcast also eine *arbeitende Mutter* sein, wenngleich mit beschränktem Beschäftigungsumfang. Ihre Kapazität als Mutter wird hingegen ausgeblendet.

---

14 Interessant ist überdies, dass keine der beiden Parteien die Kategorisierung als krank aufgreift, die in der E-Mail mit dem Stichwort Burnout eingeführt wurde. Denn diese Kategorisierung wäre ein alternativer Weg, um der Arbeitspflicht zu entgehen, was sowohl die Klientin wie die Beraterin entlasten würde. Dazu wäre allerdings ein ärztliches Attest erforderlich.

Aus Platzgründen kann hier nur kurz skizziert, aber nicht am Material hergeleitet werden, wie die Kategorie der (alleinerziehenden) Mütter in zwei anderen Untersuchungskontexten hergestellt und behandelt wird. Das Programm *Inizia* wurde für das Zielpublikum der sozialhilfebeziehenden „jungen Mütter ohne Erstausbildung" konzipiert. Inspiration für die Konzipierung des Programms bildete die sogenannte Sportlehre, die Jugendlichen die Möglichkeit bietet, eine Lehre mit speziellen, auf die Bedürfnisse von Leistungssportlern abgestimmten Zeitstrukturen zu absolvieren. Junge alleinerziehende Mütter, so die Überlegung von Inizia, seien ebenfalls mit zeitlichen Einschränkungen konfrontiert und bräuchten deshalb eine spezifische Unterstützungsstruktur für den Übergang in die Arbeitswelt. Insofern es sich bei den Absolvent/-inn/-en der Sportlehre um ,*junge Erwachsene in Ausbildung'* handelt, können nun auch die Teilnehmerinnen von Inizia zuerst als Mitglieder dieser Kategorie gesehen werden (Konsistenzregel der MCA). Während die arbeitende Mutter bei Jobcast einfach eine Stelle suchen muss, soll die junge Erwachsene bei Inizia deshalb einen Ausbildungsplatz finden. Mutterschaft wird in diesem Kontext nur als akzidentelles Attribut behandelt (Schegloff 2007, S. 477 ff.), während das jugendliche Alter für das Programm die primär handlungsrelevante Mitgliedschaft konstituiert. Die von der Normalbiografie abweichende frühe Mutterschaft vor Abschluss einer Berufsausbildung markiert die Klientinnen indes auch als *zu* junge Mütter. Und diese moralisch zweifelhafte Charakterisierung wird zu einem zweiten Ansatzpunkt für Interventionen, die nun nicht auf Arbeitsmarktintegration, sondern auf die Mutterrolle zielen (z.B. Erziehungsberatung). Investiert wird in diesem Programm also in *junge Mütter als auszubildende zukünftige Arbeitskräfte*, die noch ein langes Arbeitsleben vor sich haben, und zugleich in *Mütter als Erzieherinnen* von Kindern, deren Entwicklung durch die Armutslage und die Familiensituation strukturell gefährdet ist.

Noch einmal anders erscheinen erwerbslose Mütter im Programm *Artigiana*, einem Beschäftigungsprogramm für Sozialhilfeklientinnen, dessen Teilnehmerinnen mehrheitlich ebenfalls alleinerziehende Mütter sind (Nadai, im Erscheinen). Die zentrale Kategorisierung bezieht sich hier jedoch auf den Status als *Migrantin*, die meist längere Zeit wegen der Kinder nicht erwerbstätig war oder noch gar nie in der Schweiz gearbeitet hat. Die Absenz vom Arbeitsmarkt wird vom Personal als Ausdruck einer kulturell bedingten übermäßigen Familienzentrierung betrachtet. Die Klientinnen werden als unterdrückte Frauen wahrgenommen, die aus ihrer patriarchalen Herkunftskultur befreit werden müssen, wohingegen die Erwerbslosigkeit nur ein sekundäres Problem darstellt. Folglich fokussiert das Programm die soziokulturelle Integration, die der Arbeitsmarktintegration vorausgehen muss, und versteht Arbeitsmarktteilnahme als Motor der Modernisierung der Frauenrolle. Die Klientinnen sollen sich aus ihrer starken Familienzentrierung lösen und zur *modernen erwerbstätigen Mutter* werden. Die Interventionen von Artigiana richten sich mithin auf die berufliche Integration von Müttern als Arbeitskräfte und zugleich auf die kulturelle Integration von Migrantinnen – die Dimension der Erziehungsfunktion spielt hier hingegen keine Rolle.

4. Investitionsrationalitäten

Das Leitbild der universalen Erwerbsbürgerschaft des Sozialinvestitionsparadigmas setzt *Arbeitsmarktteilnahme als Norm*, die nur in eng definierten Ausnahmefällen außer Kraft gesetzt werden kann (so z.B. bei medizinisch belegter Arbeitsunfähigkeit, jedoch nicht mehr bei Mutterschaft). Die angestrebte generalisierte Inklusion in den Arbeitsmarkt verheißt individuelle und gesellschaftliche Wohlfahrt gleichermaßen: soziale Integration des Einzelnen und gesellschaftliche Kohäsion, die Wettbewerbsfähigkeit der individuellen Arbeitsbürger/-innen und der nationalen Volkswirtschaft. Die im vorliegenden Beitrag thematisierten Übergänge von Erwerbslosen in den Arbeitsmarkt stellen sich vor diesem Hintergrund sowohl den Betroffenen wie den Institutionen der Beschäftigungsförderung gleichsam als *Herstellung von Normalität* dar. Selbst für Institutionen mit einer sehr arbeitsmarktfernen Klientel ist das Ziel ihrer Arbeit, wie etwa die Leiterin von Artigiana erklärt, „grundsätzlich erster Arbeitsmarkt, ganz klar, das muss es sein". Damit sein kann, was sein muss, propagiert das Sozialinvestitionsparadigma Bildungs- und Beschäftigungsmaßnahmen als Investitionen in das Humankapital von Erwerbslosen. Wenn die Sozialpolitik Konzepte aus der Ökonomie entlehnt, handelt sie sich damit auch die ökonomische Rationalität des gezielten Einsatzes knapper Mittel zwecks Maximierung von Erträgen ein. Selektivität ist folglich ein zentrales Charakteristikum einer Sozialinvestitionsrationalität, denn um die Mittel des Sozialstaats produktiv einzusetzen, müssen lohnende „Investitionsgüter" (Lessenich 2004, S. 474) identifiziert werden. Wie gezeigt, werden die Erwerbslosen nach Maßgabe ihrer Verfügbarkeit für den Arbeitsmarkt, Verwertbarkeit ihres Arbeitsvermögens und Konformität ihres Verhaltens als mehr oder weniger gewinnträchtige Investitionsgüter eingestuft und entsprechend behandelt.

Diese Selektion der Adressatinnen und Adressaten von Beschäftigungsförderung vollzieht sich über Mitgliedschaftskategorisierungen, die Attribuierungen, Verhaltenserwartungen, Kompetenzen, Berechtigungen, Pflichten und Weiteres mehr transportieren (Hester/Eglin 1997, S. 5). Kategorisierungen werden kontextspezifisch und situativ vorgenommen – was beispielsweise eine erwerbslose Mutter ‚ist', kann nicht unabhängig von einem konkreten Kontext bestimmt werden. In institutionellen Kontexten wie den hier beschriebenen sozialstaatlichen Agenturen zur beruflichen Eingliederung von Erwerbslosen werden *Kategorisierungen mit Blick auf die Bewältigung von Handlungsproblemen* vorgenommen. In den Be- und Zuschreibungen sind die daraus folgenden Interventionen immer schon mitgedacht: Wie die Klientin ist und sich mutmaßlich verhalten wird, gibt der Sozialarbeiterin Hinweise darauf, wie mit ihr zu verfahren ist. Zuschreibungen und Handlungsentwurf stehen dabei in einem reflexiven Verhältnis zueinander. Kompetentes Handeln erfordert die Auswahl der situationsangemessenen und legitimen Kategorien aus dem Spektrum möglicher Beschreibungen. Im Feld der beruflichen Eingliederung von Erwerbslosen strukturiert der institutionelle Rahmen des jeweiligen Regimes der sozialen Sicherung wesentlich mit, was die Mitarbeitenden der untersuchten Institutionen *wahrnehmen können und bearbeiten dürfen.*[15] So darf die Beraterin von Jobcast ihre Klientin nicht, wie von dieser gewünscht, als Mutter behandeln, denn im Regime der ALV als Auftraggeberin von Jobcast stellt die Verfügbarkeit für den Arbeitsmarkt eine zentrale Anspruchsvoraussetzung dar. In ihrer Eigenschaft als Mutter, die sich vorrangig ihren Kindern widmen will, wäre die Klientin nicht verfügbar, ergo auch nicht arbeitslos im Sinne des Gesetzes. Die Beraterin ist natürlich nicht so blind, dass sie die Klientin nicht als beides wahrnehmen kann: als Arbeitslose *und* als Mutter. Im Prozess des Kategorisierens werden jedoch *Interdependenzen seziert*, um die institutionell zugelassenen Charakteristika herauspräparieren und dann auch bearbeiten zu können. Wie in einem Kaleidoskop treten situativ andere Kategorisierungen in den Vordergrund und werden zu Ansatzpunkten für Interventionen, während andere im Hintergrund latent gehalten werden. Dabei bilden je nach Handlungskontext eine oder mehrere Mitgliedschaftskategorien einen Anker, der Kategorien im Hintergrund einfärbt. So werden etwa bei Inizia die Klientinnen primär als lehrstellensuchende junge Mütter und nicht z.B. als Opfer häuslicher Gewalt oder überschuldete Jugendliche kategorisiert, als die sie von den Mitarbeiterinnen auch beschrieben werden. Denn das Mandat des Programms besteht darin, die Klientinnen an eine berufliche Ausbildung heranzuführen, und das Spezifische an dieser Klientel im Unterschied zu jugendlichen Erwerbslosen allgemein liegt im zusätzlichen Arbeitsmarkthindernis der Mutterschaft.

---

15 Ein Regime wie die Arbeitslosenversicherung oder die Sozialhilfe konstituiert sich u.a. durch eigene Problemdefinitionen, Anspruchsgrundlagen, Systeme von Rechten und Pflichten im Verhältnis von Institution und Klient/-in, spezifische Rechtfertigungslogiken bezüglich der Angemessenheit von Leistungen etc. (Knuth 2009, S. 66–68).

Das Sozialinvestitionsparadigma erzwingt einen primär arbeitsmarktbezogenen Blick auf die Erwerbslosen. Allerdings zeigt sich, dass die Praxis der sozialstaatlichen Institutionen nicht einer strikt ökonomischen Investitionsrationalität folgt. Vielmehr steht sie *im Schnittpunkt sich überlagernder Diskurse und Programmatiken* und ist *geprägt durch historisch gewachsene regimespezifische Rationalitäten*. So situiert sich beispielsweise das Programm Artigiana gleichzeitig im Migrationsdiskurs der Assimilation des Fremden und in einem Gleichstellungsdiskurs der weiblichen Emanzipation durch Defamilialisierung, ohne sich völlig vom Sozialinvestitionsdiskurs zu lösen. Insofern das Programm der Sozialhilfe zuarbeitet, kann es sich deren doppelten Auftrag der materiellen *und* immateriellen Hilfe in Notlagen zunutze machen und bis zu einem gewissen Grad einer Logik der ,sozialen Integration' folgen, die weitgehend abgekoppelt ist von einer Investitionsrationalität mit Renditekalkulationen. Selbst eine solche Praxis legitimiert sich indes mit Bezug auf den Sozialinvestitionsdiskurs: So kann (und muss) jede Form der Beratung und Begleitung als notwendige Vorstufe der beruflichen Eingliederung dargestellt werden, gewissermaßen als unumgänglicher Umweg in den Arbeitsmarkt für eine Klientel mit komplexen Problemlagen. Hier wird zwar der Investitionshorizont zeitlich ausgedehnt, aber nichtsdestotrotz zeichnet sich am Horizont der Übergang in Erwerbsarbeit ab. Das Sozialinvestitionsparadigma hat sich so gesehen durchgesetzt, indem es Legitimationen liefert für Praktiken, die nur partiell einer Investitionsrationalität entsprechen.

Literatur

Béland, D. (2005): Ideas and Social Policy: An Institutionalist Perspective. In: Social Policy & Administration 39, S. 1–18.

Betzelt, S./Bothfeld, S. (Hrsg.) (2011): Activation and Labour Market Reforms in Europe. Basingstoke: Palgrave Macmillan.

Bothfeld, S./Sesselmeier, W./Bogedan, C. (Hrsg.) (2009): Arbeitsmarktpolitik in der sozialen Marktwirtschaft. Wiesbaden: VS Verlag für Sozialwissenschaften.

Bröckling, U. (2002): Jeder könnte, aber nicht alle können. In: Mittelweg 36, H. 4, S. 6–25.

Bundesamt für Statistik (2011): Sozialhilfestatistik 2011. www.bfs.admin.ch//bfs/portal/de/index/themen/13/03/03/dos/04.html (Abruf 30.1.2013).

Gronbach, S. (2009): Soziale Gerechtigkeitsbilder in der Arbeitsmarktpolitik – von der Verteilung zur Teilhabe. In: Bothfeld, S./Sesselmeier, W./Bogedan, C. (Hrsg.): Arbeitsmarktpolitik in der sozialen Marktwirtschaft. Wiesbaden: VS Verlag für Sozialwissenschaften, S. 35–48.

Handler, J. F. (2003): Social Citizenship and Workfare in the US and Western Europe: From Status to Contract. In: Journal of European Social Policy 13, S. 229–243.

Have, P. ten (2002): The Notion of Member is the Heart of the Matter: On the Role of Membership Knowledge in Ethnomethodological Inquiry [53 paragraphs]. In: Forum Qualitative Sozialforschung / Forum: Qualitative Social Research 3, Art. 21.

Hester, S./Eglin, P. (1997): Membership Categorization Analysis: An Introduction. In: Hester, S./Eglin, P. (Hrsg.): Culture in Action. Studies in Membership Categorization Analysis. Washington D.C.: International Institute for Ethnomethodology and Conversation Analysis, S. 1–23.

Jenson, J. (2009): Lost in Translation: The Social Investment Perspective and Gender Equality. In: Social Politics 16, S. 446–483.

Karl, U. (2011): Vergeschlechtlichte Kategorien im Umgang mit institutionellen Handlungsherausforderungen am Beispiel von Gesprächen in Jobcentern [143 Absätze]. In: Forum Qualitative Sozialforschung/Forum: Qualitative Social Research 13, Art. 29.

Knuth, M. (2009): Grundsicherung für „Arbeitsuchende": ein hybrides Regime sozialer Sicherung auf der Suche nach seiner Governance. In: Bothfeld, S./Sesselmeier, W./Bogedan, C. (Hrsg.): Arbeitsmarktpolitik in der sozialen Marktwirtschaft. Wiesbaden: VS Verlag für Sozialwissenschaften, S. 61–75.

Kull, S./Riedmüller, K. (2007): Auf dem Weg zur Arbeitsmarktbürgerin? Neue Konzepte der Arbeitsmarktpolitik am Beispiel allein erziehender Frauen. Berlin: edition sigma.

Lepper, G. (2000): Categories in Text and Talk. A Practical Introduction to Categorization Analysis. London/Thousand Oaks/New Delhi: Sage.

Lessenich, S. (2004): Ökonomismus zum Wohlfühlen. Gøsta Esping-Andersen und die neue Architektur des Wohlfahrtsstaats. In: PROKLA 34, S. 469–476.

Lewis, J. (2002): Gender and Welfare State Change. In: European Societies 4, S. 331–357.

Lipsky, M. (1980): Street-Level Bureaucracies. Dilemma of the Individual in Public Services. New York: Russel Sage.

Lødemel, I./Trickey, H. (2001): An Offer You Can't Refuse – Workfare in International Perspective. Bristol: Policy Press.

Ludwig-Mayerhofer, W./Behrend, O./Sondermann, A. (2009): Auf der Suche nach der verlorenen Arbeit. Arbeitslose und Arbeitsvermittler im neuen Arbeitsmarktregime. Konstanz: UVK.

Magnin, C. (2005): Beratung und Kontrolle. Widersprüche in der staatlichen Bearbeitung von Arbeitslosigkeit. Zürich: Seismo.

Nadai, E. (2009): Das Problem der Bodensatzrosinen. Interinstitutionelle Kooperation und die forcierte Inklusion von Erwerbslosen In: Sozialer Sinn. Zeitschrift für hermeneutische Sozialforschung 10, S. 55–71.

Nadai, E. (im Erscheinen): Investieren in Ungleichheit. In: Bonvin, J.-M./Dahmen, S. (Hrsg.): Investir dans la protection sociale? Chances et limites d'un Etat d'investissement social en Suisse. Zürich: Seismo.

Nadai, E./Maeder, C. (2008): Messen, klassieren, sortieren. „Leistung" und „Beschäftigungsfähigkeit" in Unternehmen und Arbeitslosenprogrammen. In: Dröge, K./Marrs, K./Menz, W. (Hrsg.): Rückkehr der Leistungsfrage. Leistung in Arbeit, Unternehmen und Gesellschaft. Berlin: Edition Sigma, S. 177–195.

Nadai, E./Hauss, G./Canonica, A. (2013): Lohnende Investitionen? Zum Gleichstellungspotenzial von Sozialinvestitionen und Aktivierung. Schlussbericht. Olten: Fachhochschule Nordwestschweiz.

Olk, T. (2009): Transformationen im deutschen Sozialstaatsmodell. Der „Sozialinvestitionsstaat" und seine Auswirkungen auf die Soziale Arbeit. In: Kessl, F./Otto, H.-U.

(Hrsg.): Soziale Arbeit ohne Wohlfahrtsstaat? Zeitdiagnosen, Problematisierungen und Perspektiven. Weinheim/München: Juventa, S. 23–34.

Orloff, A. S. (2006): From Maternalism to "Employment for All": State Policies to Promote Women's Employment across the Affluent Democracies. In: Levy, J. D. (Hrsg.): The State after Statism. New State Activities in the Age of Liberalization. Cambridge/London: Harvard University Press, S. 230–268.

Ostner, I. (2004): Frauen und Kinder zuerst!? Ein Review-Essay. In: Zeitschrift für Sozialreform 50, S. 211–217.

Reckwitz, A. (2003): Grundelemente einer Theorie sozialer Praktiken. Eine sozialtheoretische Perspektive. In: Zeitschrift für Soziologie 32, S. 282–301.

Schegloff, E. A. (2007): A tutorial on membership categorization. In: Journal of Pragmatics 39, S. 462–482.

Sacks, H. (1972): On the Analysability of Stories by Children. In: Gumperz, J. J./Hymes, D. (Hrsg.): Directions in Sociolinguistics: The Ethnography of Communication. New York: Holt, Rinehart & Winston, S. 216–270.

Skevik, A. (2005): Women's Citizenship in the Time of Activation: The Case of Lone Mothers in "Needs-Based" Welfare States. In: Social Politics 12, S. 42–66.

Silverman, D. (2001): Interpreting Qualitative Data. Methods for Analysing Talk, Text and Interaction. London/Thousand Oaks/New Delhi: Sage.

Simon-Kumar, R. (2011): The Analytics of "Gendering" the Post-Neoliberal State. In: Social Politics 18, S. 441–468.

SKOS (Schweizerische Konferenz für Sozialhilfe) (2011): Richtlinien zur Bemessung der Sozialhilfe. www.skos.ch/store/pdf_d/richtlinien/richtlinien/RL_deutsch_2012.pdf (Abruf 10.1.2013).

Smith, D. E. (2005): Institutional Ethnography. A Sociology for People. Lanham: Alta-Mira Press.

Taylor-Gooby, P. (2008): The New Welfare Settlement in in Europe. In: European Societies 10, S. 3–24.

Winker, G./Degele, N. (2009): Intersektionalität: zur Analyse sozialer Ungleichheiten. Bielefeld: transcript.

Wyss, K. (2005): Workfare in der Sozialhilfereform. Die Revision der SKOS-Richtlinien in der Schweiz. In: Widerspruch 25, H. 49, S. 73–84.

Dorothee Schaffner

Erziehung zur Anpassung und Unterordnung

Berufsintegration im Sonderschulheim

1. Zur Programmatik ‚Kein Abschluss ohne Anschluss‘

Die erhöhten Schwierigkeiten der Jugendlichen und jungen Erwachsenen beim Zugang zu Ausbildungsplätzen und Erwerbsarbeit bestimmen seit Mitte der 1990er Jahren auch in der Schweiz die bildungs-, sozial- und arbeitsmarktpolitischen Diskurse. Insbesondere von bildungspolitischer Seite wurden Strukturanpassungen im Berufsbildungs- und Übergangssystem sowie neue Strategien des Übergangsmanagements und der -begleitung erforderlich. Unter anderem konnten mit dem neuen Berufsbildungsgesetz von 2004 wichtige Grundlagen für die Reform der Berufsbildung und Übergangsbegleitung geschaffen werden. Darüber hinaus wurde die hohe Bedeutung der Berufsintegration durch die Lancierung des ‚Bundesprogramms zur Optimierung der Nahtstellen zwischen Schule und Berufsbildung‘ bekräftigt (Erziehungsdirektoren Konferenz EDK 2011). In diesem Rahmen wurde das Ziel für 2015 formuliert, dass 95% der Schulabgängerinnen und -abgänger spätestens bis zum Erreichen des 25. Altersjahrs einen Berufsabschluss realisieren sollen. Zur Lösung der Integrationsprobleme von Jugendlichen im Übergang in die Erwerbsarbeit wurde damit die nachobligatorische Bildung zur sozialen Norm erklärt (Schaffner 2007). So orientieren sich unterschiedliche Diskursformationen bei der Ausgestaltung der Maßnahmen und Programme an der Formel ‚Kein Abschluss ohne Anschluss‘. Eine vergleichende Untersuchung zu Erfolgsverständnis und Zielvereinbarungen von Auftraggebern der Bildungs-, Arbeitsmarkt- sowie Sozialbehörden zeigt dazu, dass sich Leistungsziele weitgehend auf die Vermittlungs- oder Anschlussquoten im Berufsbildungssystem beschränken (Grieder 2013). Förderziele, die sich auf soziale, persönliche und schulische Kompetenzen beziehen, werden als Nebenziele formuliert, die der Berufsintegration dienen sollen (ebd. S. 51f.). Hierbei scheinen sich die Ziele der Arbeitsmarkt-, Bildungs- und Sozialbehörden kaum zu unterscheiden.

Vor diesem Hintergrund ist zu fragen, wie Professionelle die Übergänge in die Berufsbildung der Jugendlichen in je spezifischen Kontexten pädagogisch gestalten und wie sie ihr professionelles Handeln legitimieren. Von besonderem Interesse sind dabei Kontexte, die Jugendliche unter erschwerten Bedingungen begleiten, wie bspw. in spezifischen sonder- und sozialpädagogischen Förderangeboten. Vergleichbar mit Deutschland und Österreich gilt in der Schweiz die Schulpflicht auch für Kinder und Jugendliche mit Lernbehinderungen und/oder Verhaltensauffälligkeiten. Damit verbunden bestehen Erwartungen an eine erfolgreiche Integration im nachobligatorischen Ausbildungssystem. In der Deutschschweiz sind zur Bezeichnung von Angebotstypen, die sonderschulische Förderangebote (Sonderschule) und sozialpädagogisches Wohnen (Internat) verbinden, die Begriffe Schulheim und Sonderschulheim verbreitet (Blülle 1996, S. 70).

2. Forschungskontext und -zugang

Gegenwärtig fehlen Studien zu Deutungs- und Handlungsmustern von Professionellen, welche Adressatinnen und Adressaten von Sonderschulheimen auf den Übergang in die Berufsbildung und das Wohnen vorbereiten. Die mehrperspektivische Studie „Wie gelingt Integration? Jugendliche der internen Sonderschule des Sonderpädagogischen Zentrums für Verhalten und Sprache im Übergang von der Schule in Ausbildung und selbständige Lebensführung" leistet dazu einen Beitrag (Forschungsbericht 2011; Schaffner/ Rein 2013). Neben den Bildungsverläufen von ehemaligen Adressatinnen und Adressaten eines Sonderschulheims wurden auch die unterschiedlichen Komponenten der pädagogischen Praxen in den Blick genommen. Eine Analyse von Gruppendiskussionen[1] mit unterschiedlichen Fach- und Lehrpersonen befasste sich mit deren Wirklichkeitskonstruktionen und fragte nach Gelingensbedingungen in Bezug auf die persönliche, soziale und berufliche Integration. Die Ergebnisse zeigen, wie insbesondere die Vorbereitung auf die berufliche Integration programmatisch und konzeptionell die Handlungspraxen in unterschiedlichen Bereichen bestimmen (Forschungsbericht 2011, S. 40, 61, 256). Die Ergebnisse der Studie sowie die Gelegenheit, die Praxen der Übergangsbegleitung im Rahmen des Workshops „Rationalitäten des Übergang in Erwerbsarbeit" (Luxembourg, Nov. 2012) zu diskutieren,

---

[1] Die Auswertung der Gruppendiskussionen mit den sozialpädagogischen Fach- und den Lehrpersonen sowie mit aktuell im Heim untergebrachten Jugendlichen erfolgte federführend durch Heinz Messmer, siehe dazu Kapitel 2 „Perspektiven von Fachpersonen und Jugendlichen" im Forschungsbericht (2011, S. 19–63).

gaben daher Anlass dazu, die Gruppendiskussionen mit den sozial- und sonderpädagogischen Fachpersonen der Einrichtung einer Sekundäranalyse zu unterziehen.[2] Hier interessierten zum einen (wie bereits in der ersten Analyse) die handlungsleitenden Deutungs- und Handlungsmuster der beiden Fachpersonengruppen; zum andern war von Interesse, wie implizite und explizite Rationalitätsannahmen die Vorbereitung auf die Berufsintegration und Prozessbegleitung strukturieren und legitimieren. Unter dieser Fragestellung konnten wichtige Ergebnisse der ersten Analyse – insbesondere die überragende Stellung des Vollzugs der formalen Berufsintegration im Aufgabenverständnis der Fachpersonen – bestätigt und durch weitere „Wirklichkeitssplitter" angereichert werden (Schaffner/Rein 2013, S. 20).

Folgt man systemtheoretischen Argumentationen ebenso wie neoinstitutionalistischen Ansätzen, wie sie im Eingangskapitel dieses Bandes – unter Bezugnahme auf Luhmann (1973) und Tacke (2006) – dargestellt wurden, sind Rationalitäten keine individuellen, sondern kollektive, auf der Ebene des Systems hervorgebrachte Wirklichkeitskonstruktionen. Danach wird auf organisationaler Ebene im Rahmen sozialer bzw. kommunikativer Prozesse Systemrationalität hergestellt (Karl, in diesem Band). Diese Systemrationalität dient den Handelnden in einer Organisation, um sich gegenüber der Umwelt abzugrenzen, Orientierung und Sicherheit in komplexen Handlungssituationen zu gewinnen und das Handeln zu legitimieren.

Reckwitz (2003, S. 282) folgend stellen Individuen in diskursiver Auseinandersetzung kontextbezogen immer wieder Sinn her, welcher der gemeinsamen Verständigung dient. Zur Annäherung an Rationalitäten eignet sich daher die Rekonstruktion von Deutungs- und Handlungsmustern, die in kommunikativen Praxen hervorgebracht werden. Eine geeignete Analysemethode zur Untersuchung von Rationalitäten des Handelns wurde in der dokumentarischen Methode gesehen (Bohnsack/Pfaff 2010; Przyborski/ Wohlrab-Sahr 2008). Die dokumentarische Methode basiert auf der Tradition der Wissenssoziologie von Mannheim und eröffnet Möglichkeiten zur Rekonstruktion des habitualisierten Orientierungswissens von Akteuren, das in sozialen Praxen hervorgebracht wird. Differenziert wird zwischen zwei Sinnebenen: einer wörtlichen bzw. expliziten („intentionaler Ausdruckssinn") und einer impliziten Sinnebene („Dokumentsinn") (Nohl 2005). Nach Nohl drückt sich im Dokumentsinn einer Handlung oder eines Textes seine Herstellungsweise bzw. der Orientierungsrahmen aus, welcher

---

2 Nach Medjedović und Witzel (2010) eignen sich qualitative Sekundäranalyen für die Vertiefung weiterer Fragestellungen, den Vergleich von ähnlichen Studien sowie unter besonderen Bedingungen auch für Querschnitt- und Längsschnittstudien (Medjedović/Witzel 2010).

eine bestimmte Handlung oder Problemstellung strukturiert (ebd.). Während Handelnde Zugang zum explizit Gesprochen haben, ist der Zugang zur zweiten Sinnebene oft nicht bewusstseinsfähig. Nach Bohnsack und Pfaff ermöglicht die dokumentarische Methode „einen Zugang nicht nur zum reflexiven oder theoretischen, sondern auch zum handlungsleitenden Wissen der Akteure und somit zur Handlungspraxis. Die Rekonstruktion der Handlungspraxis zielt insbesondere auf das dieser Praxis zugrundeliegende habitualisierte und zum Teil inkorporierte Orientierungswissen, welches das Handeln relativ unabhängig vom subjektiv gemeinten Sinn strukturiert" (Bohnsack/Pfaff 2010, S. 2).

Nachfolgend werden ausgewählte Ergebnisse der beiden Gruppendiskussionen mit sozialpädagogischen und sonderpädagogischen Fachpersonen vorgestellt. Aus vergleichender Perspektive ist ferner von Interesse, ob die beiden Fachgruppen ähnliche oder abweichende Rationalitätsannahmen treffen und wie die unterschiedlichen Diskurskontexte sich wechselseitig beeinflussen.

3. Annäherungen an Rationalitäten des Handelns in einem Sonderschulheim

3.1 Untersuchungsgruppen

Die beiden Fachpersonengruppen begleiten Jugendliche zwar unter denselben konzeptionellen und programmatischen Vorgaben, aber in unterschiedlicher Funktion und vor dem Hintergrund unterschiedlicher Professionszugehörigkeit. Als Leistungserbringer im Auftrag des Kantons verpflichtet sich die Einrichtung, die vom Kanton bestimmten Kernaufgaben zu erfüllen: Gemäß Leitbild der Einrichtung besteht die Aufgabe darin, Kindern und Jugendlichen, die Beeinträchtigungen im Lernen, Verhalten und im sprachlichen Bereich aufweisen, Betreuung, Schulung und therapeutische Behandlung sowie berufliche Eingliederung zu ermöglichen.

Ziel ist die Unterstützung der *persönlichen, sozialen und gesellschaftlichen Integration* (Forschungsbericht 2011, S. 7). Das Leistungsangebot wird im Sinne einer professionellen Funktionalisierung von unterschiedlichen Fachpersonen erbracht. Leitend ist die Idee eines Kompetenzzentrums. Unter anderem sind die *sonderpädagogischen Fachpersonen* für die Schulung und die berufliche Eingliederung im Rahmen der internen Schule zuständig. Sie begleiten auch die berufliche Orientierung und Ausbildungsplatzsuche und bereiten auf die Anforderungen der Berufsschule vor. Eine Sozialarbeiterin des internen Sozialen Dienstes unterstützt die Lehrpersonen und Jugendlichen im Berufsintegrationsprozess. Die *sozialpädagogi-*

schen Fachkräfte sind im Rahmen der Wohngruppen für die Erziehung und Betreuung der Kinder und Jugendlichen zuständig. Ziel ist die Begleitung der sozialen, kognitiven, affektiven und physischen Entwicklung der Kinder und Jugendlichen. Die Begleitung der Jugendlichen bei der Bewältigung von Herausforderungen, welche sich im Berufswahlprozess stellen, gehört dazu. Im Rahmen der Gruppendiskussionen zeigte sich, dass die Fachpersonen sich ihrer je eigenen Funktion bewusst sind. So betonten bspw. die Lehrpersonen an mehreren Stellen in der Diskussion, dass sie ihr Selbst- und Aufgabenverständnis aus einer „Schulbrille" (LP_643) heraus diskutierten. Ausgehend davon kann von je eigenen professionsbezogenen Diskursformationen bzw. Deutungs- und Handlungsmustern ausgegangen werden.

3.2 Ergebnisse der Gruppendiskussion mit den Lehrpersonen[3]

Wahrnehmung der Zielgruppe

Die Lehrpersonen gehen in ihrer Arbeit von einem Typus von Jugendlichen aus, der durch individuelle Belastungen und schwierige biografische (Schul-) Erfahrungen beeinträchtigt ist. Bei vielen zeigten sich *„keine regulären Verläufe"* (LP_665), sie haben häufig *„Brüche in der Schulkarriere"* erfahren (LP_587), viele zeigen *„Verhaltens- und/oder Lern- und Leistungsprobleme"* und sind in ihrer *„Entwicklung verzögert"*, eine zunehmende Zahl zeigt *„vielfältige Störungsbilder"* und häufig können sie *„nicht differenziert denken"* (LP_548). Die vielfältigen Belastungen führten bei fast allen zu verzögerter Entwicklung, was sich nachteilig auf den Berufswahlprozess auswirke. Insgesamt gehen die Lehrpersonen von einem sehr belasteten, defizitären und bedürftigen Bild der Jugendlichen aus.

Orientierung an der normalbiografischen Berufs- und Erwerbsintegration

Die Diskussion der Lehrpersonen (mit einer Sozialarbeiterin) verweist durch zahlreiche Homologien auf die zentrale Orientierung an einem nor-

---

3   An der Gruppendiskussion der Lehrpersonen nahmen vier Sonderpädagog/-inn/-en und eine Sozialarbeiterin des einrichtungsinternen Sozialdienstes teil. Da die Sozialarbeiterin die Lehrpersonen in ihrer Arbeit im Schulkontext unterstützt, wurde davon ausgegangen, dass sie die Handlungsorientierung der Lehrpersonen weitgehend teilt. Zwei Lehrpersonen verfügen über 25-jährige Erfahrung in der Einrichtung, zwei weitere sind seit 11 und 2,5 Jahre dabei.

malbiografischen Übergang von der Schule in die Erwerbsarbeit. Erwerbsarbeit wird als die zentrale Voraussetzung gelingender Integration und
Teilhabe beurteilt. Die in der Einrichtung betonten weiteren Aspekte der
Integration – die persönliche, soziale und gesellschaftliche Integration –
werden weitgehend ausgeblendet.

Integration ist gelungen, wenn sie einen Ausbildungsplatz bekommen, eine Erstausbildung, diese durchstehen und abschließen können – allenfalls mit weiteren unterstüt-
zenden Maßnahmen (bspw. im Wohnen) zurechtkommen – und schließlich im erlernten Bereich arbeiten können (LP_397 f.).

Orientiert daran, stellt die Suche nach einer Anschlusslösung – nach Möglichkeit im freien Berufsbildungsmarkt – sowohl konzeptionell wie auch in
der Handlungsorientierung der Lehrpersonen ein zentrales Teilziel auf dem
Weg in die Erwerbsarbeit dar. Den Fachpersonen ist es ein hohes Anliegen,
den Jugendlichen hierzu Chancen zu eröffnen.

Mit dem Blick auf die Frage nach langfristigen (beruflichen und gesellschaftlichen) Integrationschancen der Jugendlichen wird deutlich, dass die
Fachpersonen auf unterschiedlichen Ebenen Umsetzungsprobleme erwarten. So ist ihnen bewusst, dass ihre Jugendlichen mit großer Wahrscheinlichkeit auch nach dem Heimaustritt mit Benachteiligungen zu kämpfen
haben. Erwartet werden bei einigen *„keine regulären Verläufe"* und *„wahn-
sinnige Herausforderungen"* (GD_LP_665). In einer langfristigen Perspektive auf Integration wird die Orientierung ‚berufliche Integration' brüchig.
Diskutiert wird ein von der Norm abweichendes ‚minimales' Verständnis
von sozialer Integration: *„Einen Platz in der Gesellschaft haben und Wertschätzung erfahren"*, *„eine gute Richtung"* gehen und Möglichkeiten zur
Übernahme einer gewissen *„Selbständigkeit und Selbstverantwortung"*
(LP_471 f.). Zur Bewältigung eines allfälligen Orientierungsdilemmas fokussieren die Lehrpersonen stark auf das Teilziel der beruflichen Integration,
die erste Berufswahl. Mit dem latenten Ausblenden der weiteren Bedingungen der Integration gelingt es ihnen, an der zentralen Orientierung ‚berufliche Integration' festzuhalten und Handlungssicherheit zu gewinnen. Diese
Zielsetzung macht aus ihrer Perspektive Sinn, da die Zielerreichung gesellschaftlich hoch erwünscht und legitimiert ist. Zudem nehmen sie die Zielerreichung zu einem großen Teil als etwas wahr, das sie beeinflussen können.

Rationalität des Handelns – strukturierter Abkühlungsprozess

Die starke Orientierung der Lehrpersonen an einer (beruflichen) Anschlusslösung bestimmt die Rationalität des Handelns maßgeblich. Die Begleitung
der Berufsorientierung und Ausbildungsplatzsuche werden als zentrale

Aufgaben der Lehrpersonen ab der 7. Klasse der Sekundarstufe I bestimmt (vgl. unten), was „viel Platz wegnimmt". Dafür werden auch Allgemeinwissen und Sachunterricht „geopfert" (LP_446).

Da die Berufswünsche der Jugendlichen häufig als unrealistisch und ihre Chancen auf eine Berufswahl nach eigenen Vorstellungen insgesamt sehr begrenzt eingeschätzt werden, stellt die Begleitung für die Fachpersonen eine große Herausforderung dar. Für die Jugendlichen sei es ein „riesen Prozess". Als zentrale Herausforderung für die Jugendlichen und Lehrpersonen wird das „Herunterbrechen (der Visionen) zur Realität" diskutiert, das „Runterzukommen", „ganz auf die Basis am Schluss", „von den Wunschträumen zum Machbaren" (LP_318). Dieser Ernüchterungsprozess wird angeregt durch Konfrontation mit der „Realität", an deren Ende die Jugendlichen bereit sein sollen zu einer „sachlicheren Diskussion" (LP_175). Am Beispiel eines Schülers wird gezeigt, wie er vom „Pilot (…) bei der Attestlehre[4] gelandet" sei – vom Traumberuf bei einer Ausbildung auf tiefstem anerkanntem Ausbildungsniveau ohne inhaltlichem Anspruch. Im Kern der Herausforderung geht es darum, die Jugendlichen beim Abkühlungsprozess (hierzu auch Walther in diesem Band) ihrer Ausbildungsaspirationen zu begleiten. Dieser Abkühlungsprozess löst bei den Jugendlichen Druck, Unsicherheit und Ängste aus. Gleichzeitig stellt dieser Ernüchterungsprozess aus Sicht der Lehrpersonen die Voraussetzung für eine „sachlichere Diskussion" und die Zielerreichung dar.

Rollen- und Aufgabenverständnis

Aus Sicht der Fachpersonen ist dazu „sehr viel Führung und Unterstützung (1) auch Zuversicht" (LP_381) erforderlich. Im Verständnis der Lehrpersonen müssen „die Jugendlichen gepfadet" werden (LP_846), d.h. ihnen müssen Wege vorausgeplant, vorstrukturiert und Entscheidungen abgenommen werden. Die Fachpersonen orientieren sich dabei an einem hochstrukturierten, arbeitsteiligen, enggeführten Prozessmodell, das sich am Berufswahlprozess der Regelschule orientiert. Der Prozess wird über drei Jahre arbeitsteilig von unterschiedlichen Lehrpersonen und einer Sozialarbeiterin begleitet. Üblicherweise sind dabei die im Lehrplan für die Sekundarstufe I formulierten Schwerpunkte zur Berufsorientierung und Ausbildungsplatzsuche, sowie die dazu bestehenden Lehrmittel handlungsleitend (Schellenberg/Hofmann

---

4   Eine „Attestlehre" stellt in der Schweiz eine zweijährige Berufsausbildung mit Grundansprüchen dar, die mit einem eidgenössischen Berufsattest (EBA-Ausbildung) abschließt. EBA-Ausbildungen sind Anschlussfähig an die drei- bis vierjährige Berufsausbildungen mit eidgenössischem Fähigkeitszeugnis (EFZ-Ausbildung).

2012). Zusätzlich wird das Timing des Prozesses durch die strukturellen Rahmenbedingungen des Berufsbildungsmarktes (Bewerbungsphase) sowie die strukturellen Übergänge im Heim bestimmt (Klassenwechsel im letzten Schuljahr, Heimaustritt nach Beendigung der obligatorischen Schulzeit). Diese Orientierung am normalbiografischen Berufsintegrationsprozess hinsichtlich Inhalten, Ablauf, Timing und Übergängen führt in Bezug auf die Jugendlichen der Einrichtung mit zunehmendem Alter zu erhöhtem Druck (s. unten). Erschwerend kommt aus Sicht der Lehrpersonen hinzu, dass viele Jugendliche Entwicklungsverzögerungen zeigen, der Berufsintegrationsprozess sich aber nach dem offiziellen Timing richtet. Je näher der Austritt aus dem Schulheim rückt, desto stärker müssten daher die Jugendlichen geführt werden, um das Ziel zu erreichen. Die Prozessbegleitung wird von den Fachpersonen als Kampf bezeichnet. Dies erfordere, dass die Jugendlichen *„gezogen"* und *„gestoßen"* (LP_96) werden. Aus Sicht der Jugendlichen wird die Fremdbestimmung ebenfalls wahrgenommen – *„alle Entscheidungen werden dir vor die Füße gelegt"* (I_J_C45) – und sie fühlen sich bei wichtigen Entscheiden unter Druck gesetzt (Forschungsbericht 2011, S. 117).

Hierbei arbeiten die Sozialpädagog/-inn/-en der Wohngruppen sowie die Lehrpersonen arbeitsteilig, aber eng zusammen und versuchen gemeinsam, die Jugendlichen im Anpassungs- und Abkühlungsprozess zu begleiten. Gemäß der Einschätzung der Lehrpersonen ermöglicht der Heimkontext, eine gemeinsame *„Grundhaltung"* und *„nahe"* und *„hartnäckig dran zu bleiben"* (LP_283f.). Erkennbar wird eine starke, machtvolle Strukturierung der Bildungs- und Sozialisationsprozesse, die den Jugendlichen kaum Spielraum lassen für eigene Erfahrungen und Entscheidungen.

Erziehungs- und Lernziele, Handlungsansätze

Orientiert am Aufgabenverständnis und der damit verbundenen Handlungsrationalität – Abkühlungs- und Anpassungsprozess – werden folgende Lernziele als zentral erachtet: Regellernen, Anpassung an Strukturen, Organisation des Schulalltags, Auseinandersetzung mit der Berufswahl, Aneignung eines Grundstocks an Rechen- und Deutschkompetenzen zur Vorbereitung auf die Berufsschule. Deutlich wird die Zuspitzung der Lerngelegenheiten und -ziele auf die Auseinandersetzung mit zugewiesenen Möglichkeiten und auf die Ausbildungsbewährung.

Da viele Jugendliche in der Einrichtung als sehr unruhig und wenig strukturiert wahrgenommen werden und durch ihr Verhalten auffallen, wird dem Lernen von Verhaltensregeln und der Anpassung an Strukturen hohe Bedeutung beigemessen. Handlungsleitend ist hierbei eine breit geteilte pädagogische Überzeugung, wonach äußere Ordnung zur inneren Ordnung[5] führt, womit die Anpassung an Regeln legitimiert wird (Forschungsbericht 2011, S. 26, 36). Danach erwerben die Jugendlichen durch die Mitorganisation des Schul- oder des Gruppenalltags sowie durch die Anpassung an interne Verhaltensregeln Orientierung und innere Strukturiertheit. Es entsteht der Eindruck, dass die Regeln ausschließlich durch die Einrichtung festgelegt werden und die Jugendlichen geringe Mitgestaltungsmöglichkeiten erhalten. Bestätigt wird dies auch durch die Befragung der Jugendlichen im Forschungsprojekt (Forschungsbericht 2011, S. 121). Die wahrgenommene eingeschränkte Denkfähigkeit vieler Jugendlichen legitimiert gemäß den Lehrpersonen, dass man Verhaltensregeln *„einfach ein bisschen konditioniert"* (LP_13/545f.). Die Anpassung an *„Ordnungen und Struktur"* (LP_502) wird zusätzlich durch die Orientierung an der ‚beruflichen Integration' legitimiert. So wird argumentiert, dass das Arbeitsmarktsegment in dem die Jugendlichen arbeiten werden, Anpassung und Unterordnung verlangt (Forschungsbericht 2011, S. 34, 37, 61).

… muss ich sagen, die da in X, die lernen auch vor allem auch Anpassungsprozesse, in der Gesellschaft ((Bejahen im Hintergrund)) oder, und das geht vielen Jugendlichen ab, in der heutigen Gesellschaft, oder, einfach dass man sich einfach in, in eine Ordnung in eine Struktur reingeben muss, wo die Institution da gibt, die ganz klar Grenzen setzt und sagt, bis da, und, einfach nicht weiter, oder und das ist ja eigentlich das, was im Beruf sehr, äh, eigentlich immer wieder gefordert wird, oder man redet zwar immer wieder davon, wie flexible, man sein muss, damit einfach dieser äh, Gesellschaft in dieser Wirtschaft drin, in der globalisierten, bestehen kann, oder, aber viele Sachen sind einfach in diesem, äh, Abschnitt, Berufsausschnitt, in dem unsere Schüler arbeiten gehen, dort müssen sie sich an Ordnungen halten, sie müssen Pünktlichkeit lernen, sie müssen Anstand lernen und so weiter, und da haben sie, wenn sie bei uns raus kommen, klar die besseren Voraussetzungen (LP_12/499ff.).

Gemäß den Lehrpersonen bietet die heiminterne Sozialisation die optimale Vorbereitung auf die vom Arbeitsmarkt erwarteten Arbeitsmarkttugenden wie *„Pünktlichkeit, Anstand, den Mund halten"* (ebd.). Damit die Vorbereitung auf die Arbeitsmarktsozialisation gelingt, ist genügend Zeit erforderlich. Den Lehrpersonen ist bewusst, dass oftmals Entwicklungsverzögerun-

---

5 Die in Erziehungskontexten oft verwendete Formel, wonach äußere Ordnung zur inneren Ordnung führt, wird häufig verkürzt verwendet, um die einseitige Anpassung der Kinder und Jugendlichen an vorstrukturierte Kontexte zu legitimieren. Dagegen zielt eine gut durchstrukturierte Umgebung mit einer bestimmten Ordnung bspw. bei Montessori darauf ab, dem Kind Sicherheit und Orientierung zu bieten und es gleichzeitig zur Selbsttätigkeit und Entdeckung seiner inneren Kräfte anzuregen. Hierbei steht nicht die Anpassung im Vordergrund.

gen, persönliche Bewältigungsprobleme und Verhaltensweisen die Arbeit am Berufswahlprozess behindern und vorrangig bearbeitet werden müssen. Hierbei entsteht der Eindruck, dass nicht primär Unterstützung für die Persönlichkeitsentwicklung und die Bearbeitung der Bewältigungsthemen geboten wird, sondern dass sehr einseitig auf das angepasste Verhalten eingewirkt wird, um Störungen im Prozess zu vermeiden.

Zur Erreichung der Ziele wird ferner den Arbeitserfahrungen ein hoher Stellenwert beigemessen. Konkrete Erfahrungen in Arbeitsbezügen – bspw. im Rahmen von Arbeitseinsätzen innerhalb der Einrichtung sowie Praxiserfahrungen in Betrieben – ermöglichen eine Konfrontation mit eigenen Fähigkeiten, Möglichkeiten und insbesondere Grenzen. Diese Erfahrungen dienen dem Ziel einer ‚realistischen' Selbsteinschätzung bzw. dem Ernüchterungsprozess. Im Rahmen der Diskussion werden an keiner Stelle Ressourcen thematisiert, sondern nur zu kompensierende Defizite.

Grenzen in der Begleitung der Jugendlichen werden auf unterschiedlichen Ebenen gesehen. So wird die Einmischung, aber auch die Beteiligung der Eltern zuweilen als Störfaktor wahrgenommen (Forschungsbericht 2011, S. 30). Ebenso wird als schwierig beurteilt, wenn die Jugendlichen zu spät in die Einrichtung eintreten. Jugendliche, die entwicklungs- oder persönlichkeitsbedingt Widerstand gegen die Verhaltenserwartungen leisten, können aus Sicht der Lehrpersonen in der verfügbaren Zeit meist nicht in gewünschtem Maß auf den Berufswahlprozess und die Praxen im Heim vorbereitet werden. In diesen Fällen ist es *„nicht einfach, den Weg mit ihnen festzulegen"* (LP_679).

3.3 Ergebnisse der Gruppendiskussion mit Sozialpädagoginnen und -pädagogen[6]

Wahrnehmung der Zielgruppe

Aus Sicht der Sozialpädagoginnen und -pädagogen werden die Jugendlichen grundsätzlich als „normale Jugendliche" beschrieben, die durch kognitive Beeinträchtigungen, fehlende Kompetenzen, fehlende soziale Ressourcen und/oder ungünstige Aufwachsbedingungen erhöhte biografische Anforderungen, Benachteiligungen und häufig Entwicklungsverzögerungen zu bewältigen haben. Um diese zusätzlichen Herausforderungen bearbeiten zu

---

6 An der Gruppendiskussion nahmen fünf Sozialpädagoginnen und drei Sozialpädagogen teil, die zwischen einem und 35 Jahren in der untersuchten Einrichtung tätig sind. Die Gruppe teilt kollektive Erfahrungen in der Einrichtung von teilweise bis zu 10 Jahren.

können, sind die Jugendlichen auf Hilfe angewiesen, was den Aufenthalt in der Einrichtung begründet.

Wahrnehmung und Umdeutung der dominanten Orientierung „berufliche Integration"

Für die sozialpädagogischen Fachpersonen stellt das programmatische und konzeptionelle Leitziel der ‚persönlichen, sozialen und gesellschaftlichen Integration' eine zentrale Orientierung dar. Damit verbunden kommt der beruflichen Integration eine hohe Bedeutung zu.

Also für mich ist sicher mal, wenn sie die Lehrstelle behalten ((lacht)), diese zu Ende bringen, so als äußeres, messbares Merkmal, und äh ja, einfach (.) wenn es ihnen auch sonst gut geht, wenn sie Pläne haben fürs Leben, wenn sie Freude haben an dem, was sie geleistet haben … (SP_154 ff.).

Die Erwartungen an die Jugendlichen in Bezug auf die Integration ins Berufsleben, ins Erwachsenenleben und der Prozess sind vergleichbar mit Jugendlichen der Regelschule, aber die Voraussetzungen sind teilweise ungleich (paraphrasiert, SP_192 ff.).

Dem Ziel einer beruflichen Integration können sie sich nicht entziehen. In ihrer Arbeit verspüren sie dies als Druck, denn in ihrer Alltagspraxis erkennen sie die Grenzen der Umsetzbarkeit dieser Orientierung. So erreicht ein Teil der Jugendlichen das Ziel der beruflichen Integration nicht, weil sie die Anforderungen nicht erfüllen können. Aus Sicht der Fachpersonen steht „die Gesellschaft dem im Weg" (SP_870). Thematisiert wird ein doppelter Begründungszusammenhang für das Risiko des Scheiterns (Subjekte und gesellschaftliche Strukturen). Ambivalenz entsteht durch das Bewusstsein, dass es nicht reiche, am Individuum anzusetzen, die gesellschaftlichen Strukturen aber außerhalb ihrer Handlungsmacht liegen. Immer wieder wird die zentrale Orientierung in der Diskussion aufgegriffen und an Beispielen gezeigt, wo sich strukturelle und individuelle Grenzen zeigen. Gezweifelt wird an der Integrationsfähigkeit der Gesellschaft: *Ich weiß nicht, ob die Gesellschaft, die ein gutes Produkt will und alles verrechnet, unsere Jugendlichen dann will und ihnen Möglichkeiten bietet – wir können mit dem Kind auf den Weg gehen, aber es braucht noch andere Dinge* (paraphrasiert: SP_867 ff.). Die mangelnde Passung zwischen den Voraussetzungen der Jugendlichen und den gesellschaftlichen Bedingungen führt bei den Fachpersonen zu Handlungsunsicherheit.

Rationalität des Handelns – Konzentration auf einen funktionierenden Heimalltag

Um mit der Paradoxie umgehen zu können, die darin besteht, ein kaum zu erreichendes Ziel zu verfolgen, nehmen sie eine andere Gewichtung der leitenden Orientierung ,berufliche und soziale Integration' vor als die Lehrpersonen und betonen die ,soziale Integration und die Verselbständigung'. Gleichzeitig bleibt die Hoffnung, die Jugendlichen auf individuellen (Um-)Wegen (*„Schlaufen"*) doch noch an das Ziel der ,beruflichen Integration' heranzuführen.

Wie die Jugendlichen auf die soziale Integration und Verselbständigung vorzubereiten sind, bleibt auf der expliziten Ebene allerdings insgesamt unklar. In der Diskussion zeichnen sich implizit aber zwei handlungsleitende Rationalitäten ab. Zum einen lässt sich eine starke Fokussierung auf einen funktionierenden Heimalltag erkennen. Im Zentrum steht hier die Einordnung in die Heimstrukturen und Organisation des Heimalltags (Innenorientierung). Die dadurch erworbenen Kompetenzen dienen nach Ansicht der Fachpersonen in einem zweiten Schritt auch der späteren selbständigen Lebensführung und gesellschaftlichen Anpassung, insbesondere in der Berufsbildung (Zukunftsorientierung). Erkennbar wird auch hier, die Überzeugung, dass die Heimjugendlichen sich anpassen und unterordnen müssen, um sich gesellschaftlich integrieren zu können (Forschungsbericht 2011, S. 59, 62).

Aufgabenverständnis – „das Pferd zum Wasser führen"

Ihre erzieherische Aufgabe sehen die Sozialpädagoginnen und -pädagogen in der individuellen Begleitung der Jugendlichen bei der Persönlichkeitsentwicklung. Hierbei nehmen sie den Einfluss ihres erzieherischen Handelns insgesamt als begrenzt war. Begrenzend wirken aus ihrer Sicht gesellschaftliche und strukturelle Bedingungen der Einrichtung sowie das soziale Umfeld und die Voraussetzungen der Jugendlichen. Letztlich würden die Jugendlichen bestimmen, was sie an Hilfen annehmen wollen oder können. Vor diesem Hintergrund wird ihre Handlungsorientierung in der folgenden Fokussierungsmetapher zum Ausdruck gebracht, die nochmals die Orientierung am Individuum bzw. Einzelfall betont: *Wir können das Pferd nehmen und können es zum Wasser führen, trinken muss es aber selber* (SP_784ff.).

Zum einen steht hinter dem Bild *„das Pferd nehmen und führen"* (ebd.) eine klare, enge Führung am Zügel, die dem Pferd wenig Spielraum lässt: Es wird trainiert. Das Ziel besteht in der erzieherischen Begleitung und Vorbereitung auf die Verselbständigung und soziale Integration, die dann erreicht ist, wenn es dem Pferd gelingt, selbständig zum Wasser zu finden und zu trinken. In der Metapher „*den Rucksack voll machen*" wird ferner zum Ausdruck gebracht, dass es darum geht, die Persönlichkeit der Jugendlichen zu stärken und ihre Handlungskompetenzen zu erweitern. Als wichtige Voraussetzung für die gelingende Einflussnahme werden die Beziehungen, Zeit und Geduld genannt. Unklar bleibt im Aufgabenverständnis vorerst, welche Entwicklungsschritte und Lernanlässe diesem späteren Ziel dienen. Vielmehr entsteht der Eindruck, dass mit den Pferden Trainingsrunden im begrenzten Innenraum der Einrichtung gedreht werden, die unklar mit dem späteren Ziel der Verselbständigung und dem Zurechtkommen draußen zusammenhängen.

Förderziele beziehen sich auf „alltags- bzw. lebenspraktische Sachen"

Vor dem Hintergrund der konzeptionellen und professionellen Handlungsorientierung ‚soziale Integration und Verselbständigung' nannten die sozialpädagogischen Fachpersonen insbesondere Fähigkeiten wie Anstands- und Umgangsformen, die geübt werden müssen. In ihrem Verständnis besteht die Grundarbeit im Heim im Regellernen. Ähnlich wie in der Schule stehen Regeln im Vordergrund, die den Alltag strukturieren und das Zusammenleben auf der Gruppe ermöglichen: Sie betreffen das Einhalten von Zeiten, Verhaltensweisen rund ums Essen, Wohnen und die Freizeit sowie Umgangsformen. Auch hier gewinnt man den Eindruck, dass der funktionierende Heimalltag zentral ist und eine starke Fremdbestimmung über Raum und Zeit besteht. Darüber hinaus reichende Anlässe für soziales Lernen und Persönlichkeitsentwicklung werden kaum angesprochen.

Ein anderer Fokus liegt auf dem Erlernen von alltags- und lebenspraktischen Fähigkeiten. Zur Exemplifizierung werden von unterschiedlichen Fachpersonen Fähigkeiten und Kompetenzen zur Selbstversorgung – „*alltags- bzw. lebenspraktische Sachen*" – genannt, die sich auf das Leben in der Wohngruppe (Betten machen, putzen, waschen, einkaufen, kochen) und das Sozialverhalten beziehen (SP_530ff.). Dagegen werden kaum Förderziele thematisiert, die die Bewältigung von jugendtypischen Herausforderungen – wie bspw. Umgang mit Konsum, Medien, Geld, Umgang mit Gleichaltrigen, Liebesbeziehungen, Erkunden der sozialräumlichen Umgebung etc. – betreffen. Freiräume für pädagogisch nicht gestaltete Erfahrungen scheinen kaum zu bestehen. Die Möglichkeit Erfahrungen von außerhalb produktiv einzubeziehen, wird konzeptionell nicht explizit genutzt (Forschungsbericht 2011, S. 38).

Kritischer Gegenhorizont – Orientierung an Jugendkonzept, Öffnung nach außen

Im Bewusst-Werden der dominanten Handlungsorientierung ‚Trainieren des Pferdes in guten Umgangsformen und der Alltagsversorgung' wurden in der Diskussion latent kritische Äußerungen zur Rationalität des Handelns in der Einrichtung geäußert (kritischer Gegenhorizont):

Wir haben hier optimale Strukturen für die Kinder, aber für die Jugendlich, um gerade Jugendliche 15- bis 17-Jährige vorzubereiten, da hab ich das Gefühl, da haben wir nichts Spezielles im Konzept oder in den Strukturen im Heim angelegt, da bin ich auf mich gestellt. (..) Aus meiner Sicht ist es nicht vorgesehen jugendlich zu sein hier drin, also jetzt vielleicht extrem ausgedrückt (SP_246 ff.).

Kritisch stellen zwei Fachpersonen in der Diskussion fest, dass ein Konzept für die Begleitung von Jugendlichen fehlt. Die Jugendlichen würden bislang zu stark fixiert auf das Leben in der Einrichtung. Ebenfalls kritisch wird bemerkt, dass der Spielraum für eigene Entscheidungen (bspw. zu Bett gehen, Taschengeld) sehr eng sei und nicht jugendtypisch. Von ihnen wird der Raum für jugendtypische und zukunftsbezogene Lernerfahrungen zu eng eingeschätzt. Gleichzeitig wird am Beispiel ‚Umgang mit Geld' deutlich, dass Unsicherheiten darüber bestehen, was ein alterstypischer Umgang wäre (Forschungsbericht 2011, S. 38). Ein befragter Jugendlicher meinte dazu bilanzierend: *„frech gesagt, sie halten uns nicht artgerecht"* (ebd., S. 37). Vor diesem kritischen Gegenhorizont werden der zu enge institutionelle Rahmen und das Festhalten an Altbewährtem in der Einrichtung diskutiert. Konformitätsdruck und Angst vor Diskussionen scheinen die Mitarbeitenden daran zu hindern, die institutionelle Handlungsrationalität zur Disposition zu stellen. Sie sind darauf bedacht, nicht *„plötzlich irgendwie im Clinch mit der Institution"* zu stehen (LP_542 f.). Während der Diskussion wurden die kritischen Einwände auch relativiert oder durch Themenwechsel dethematisiert.

4. Wirkmächtige Rationalitäten im Übergang

Die Ergebnisse verdeutlichen, wie die gesellschaftliche Rationalität im Übergang – die in der programmatischen Formel ‚kein Anschluss ohne Abschluss' zum Ausdruck kommt – sich in der konzeptionellen Ausrichtung der Einrichtung niederschlägt. Die Programmatik erscheint trotz der erfahrenen Umsetzungsschwierigkeiten vernünftig und gesellschaftlich legitim. Ferner konnte gezeigt werden, wie unter dieser Programmatik in der Ein richtung gemeinsame Sinnhorizonte entstanden. Arbeitsteilig wird auf der Basis des jeweiligen Aufgaben- und Professionsverständnisses der Fachpersonen am zentralen Ziel der ‚beruflichen und sozialen Integration' gearbeitet. In Bezug auf die Handlungsorientierung und Problemlösung zeigen sich professionsspezifische Differenzen aber auch ein hohes Maß an Übereinstimmung. Den beiden Professionsgruppen ist letztlich bewusst, dass die berufliche Integration ihrer Jugendlichen maßgeblich von gesellschaftlichen Bedingungen abhängig ist, auf die sie wenig Einfluss haben. Wie die quantitativen Auswertungen zu den Verläufen der ehemaligen Jugendlichen aus dem Schulheim zeigen, gelingt ca. der Hälfte der Jugendlichen der Übergang in die Erwerbsarbeit relativ problemlos, die andere Hälfte hat Herausforderungen im Zusammenhang mit einer prekären Arbeitsintegration zu bewältigen (Schaffner/Rein 2013).

Um mit dem wahrgenommenen Dilemma umgehen zu können, zeigen die Professionsgruppen unterschiedliche Strategien. Die Lehrpersonen konzentrieren sich ausschließlich auf die Anschlusslösung nach dem Heimaustritt – als ‚erreichbares' Etappenziel auf dem Weg in die Erwerbsarbeit (Zielorientierung). Mögliche Probleme bei der späteren Arbeitsintegration werden weitgehend ausgeblendet. Dabei verstehen die Lehrpersonen ihre Arbeit primär als Begleitung des Abkühlungsprozesses beruflicher Aspirationen, wie dies auch in anderen Studien gezeigt wurde (Clark 1973; Schumann 1991 beide zitiert in Haeberlin/Imdorf/Kronig 2005). Erkennbar wird die Begleitung eines Selektions- und Sozialisationsprozesses für das unterste Arbeitsmarktsegment. Durch eine hoch strukturierte, arbeitsteilige Prozessgestaltung wird versucht, die Passungsprobleme zu kompensieren, die sich zwischen den realen Bedingungen des Berufsbildungsmarktes und den eingeschränkten Möglichkeiten der Jugendlichen ergeben. Dazu müssen die Jugendlichen entsprechend „gepfadet" werden. Die damit verbundenen Prozesse der Entpersonalisierung, Abwertung und hochgradigen Fremdbestimmung werden durch die Defizite der Jugendlichen und die ‚Platzierungserfolge' legitimiert. Tatsächlich gelingt es durch dieses Vorgehen, einem Großteil der Jugendlichen eine berufliche Anschlusslösung zu vermitteln. Durch die Fokussierung auf das perspektivisch nahe Ziel einer Anschlusslösung und das tendenzielle Ausblenden der Voraussetzungen der Jugendlichen gewinnen die Lehrpersonen Handlungssicherheit.

Während die Handlungsorientierung der Lehrpersonen sehr klar zu sein scheint, ist jene der sozialpädagogischen Fachpersonen viel stärker durch Ambivalenzen geprägt. Sie nehmen sowohl auf Seiten der Subjekte wie auf Seiten der Gesellschaft Umsetzungsprobleme wahr (doppelter Begründungszusammenhang), was zu latenten Orientierungsproblemen und Handlungsunsicherheiten beiträgt. Die Auflösung der Dilemmata suchen die Fachpersonen zum einen in der Fokussierung auf die ‚soziale Integration und Verselbständigung' der Jugendlichen (Einzelfallorientierung). Hierbei zeigt sich allerdings, dass konzeptionell unklar ist, wie im Heimkontext auf die soziale Integration draußen vorbereitet werden soll. Die Fachpersonen fühlen sich hierbei allein und von der Einrichtung wenig unterstützt. Erkennbar wird in der Handlungsrationalität eine starke Innenorientierung und Fokussierung auf den funktionierenden Heimalltag. Zum anderen orientieren sich die sozialpädagogischen Fachpersonen auch an der dominanten Orientierung ‚berufliche Integration' bzw. ‚berufliche Anschlusslösung'. Dies ermöglicht, ein klares Ziel vor Augen zu haben und das Lernen von Regeln, Tugenden und die Organisation des Heimalltags zu legitimieren und Handlungssicherheit zu gewinnen. Interessant ist, dass die sozialpädagogischen Fachpersonen im Vergleich zu den Lehrpersonen letztlich keine gegenteilige oder modifizierte Handlungsorientierung zum Ausdruck bringen. So scheint die ungenügende Verständigung über eine sozialpädagogische Handlungsorientierung angesichts wahrgenommener Ambivalenzen die Orientierung an der Funktionslogik der Schule[7] zu begünstigen. Unterberücksichtigt bleiben dadurch andere Schwerpunkte wie bspw. die Begleitung der Persönlichkeitsentwicklung oder die Vorbereitung auf künftige Herausforderungen im Zusammenhang mit Risiken in den Übergängen in die Selbständigkeit und Erwerbsarbeit.

Insgesamt eröffnet die Untersuchung von Rationalitäten des Handelns Möglichkeiten, die Handlungsorientierungen der unterschiedlichen Professionen in der Einrichtung zu reflektieren. Dies ermöglicht eine konzeptionelle Entwicklung in der Einrichtung, die Diskussion des Verhältnisses von Schule und Wohnheim sowie die Stärkung der sozialpädagogischen Fachpersonen in ihrem Selbst- und Aufgabenverständnis.

Literatur

Blülle, S. (1996): Ausserfamiliäre Plazierung. Ein Leitfaden für zuweisende und plazierungsbegleitende Fachleute. Zürich: Schweizerischer Fachverband für Sozial- und Heilpädagogik. SVE.

Bohnsack, R./Pfaff, N. (2010): Die dokumentarische Methode: Interpretation von Gruppendiskussionen und Interviews. In: Enzyklopädie Erziehungswissenschaft Online (EEO), Fachgebiet: Methoden der empirischen erziehungswissenschaftlichen Forschung.

Clark, B.R. (1973): Die „Abkühlungsfunktion" in den Institutionen höherer Bildung. In: Steinert, H. (Hrsg.): Symbolische Interaktion. Arbeiten zu einer reflexiven Soziologie. Stuttgart: Ernst Klett, S. 111–125.

---

7 Nach Fend übernimmt die Schule eine Qualifikations-, Selektions- und eine Sozialisationsfunktion bzw. Integrations- und Legitimationsfunktion (Fend 1981).

Erziehungsdirektoren Konferenz EDK (2011): Projekt Nahtstelle – Schlussbericht. Bern: EDK. edudoc.ch/record/88692/files/Nahtstelle_EndJanuar2011_d.pdf (Abruf 9.4.2013).

Fend, H. (1981): Theorie der Schule. 2., durchges. Aufl. München, Wien, Baltimore: Urban und Schwarzenberg.

Forschungsbericht (2011): „Wie gelingt Integration? Jugendliche der internen Sonderschule des Sonderpädagogischen Zentrums für Verhalten und Sprache im Übergang von der Schule in Ausbildung und selbständige Lebensführung". Erstellt durch: D. Schaffner, S. Schnurr, A. Korthaus, H. Messmer, A. Rein und M. Schmid unter Mitarbeit von E. Maud Piller, B. Galliker Schrott und M. Hirtz (Unveröffentlichter Forschungsbericht). Basel: Hochschule für Soziale Arbeit FHNW.

Grieder, D. (2013): Erfolgsverständnisse und Erfolgsindikatoren im Handlungsfeld des Übergangs der Schul- in die Berufsbildung. Eine Analyse aus der Perspektive der strukturgebenden Rahmenbedingungen und der Praxis sowie aus fachlicher Sicht. Hochschule für Soziale Arbeit FHNW. Master These. Basel.

Haeberlin, U./Imdorf, C./Kronig, W. (2005): Verzerrte Chancen auf dem Lehrstellenmarkt. Untersuchungen zu Benachteiligungen von ausländischen und von weiblichen Jugendlichen bei der Suche nach beruflichen Ausbildungsplätzen in der Schweiz. In: Zeitschrift für Pädagogik 51, H. 1, S. 116–134.

Luhmann, N. (1973): Zweckbegriff und Systemrationalität. Frankfurt am Main: Suhrkamp.

Medjedović, I./Witzel, A. (2010): Wiederverwendung qualitativer Daten. Archivierung und Sekundärnutzung qualitativer Interviewtranskripte. Wiesbaden: VS Verlag für Sozialwissenschaften.

Nohl, A.-M.(2005): Dokumentarische Interpretation narrativer Interviews. In: Bildungsforschung 2, Ausgabe 2. URL: www.bildungsforschung.org/index.php/bildungsforschung/ article/view/13/11 (Abruf: 15.06.2012).

Przyborski, M./Wohlrab-Sahr, M. (2008): Qualitative Sozialforschung. Ein Arbeitsbuch. München: Oldenbourg Verlag.

Reckwitz, A. (2003): Grundelemente einer Theorie sozialer Praktiken. Eine sozialtheoretische Perspektive. In: Zeitschrift für Soziologie 32, H. 4, S. 282–301.

Schaffner, D. (2007): Junge Erwachsene zwischen Sozialhilfe und Arbeitsmarkt - Biographische Bewältigung von diskontinuierlichen Bildungs- und Erwerbsverläufen. Bern: h.e.p. Verlag.

Schaffner, D./Rein, A. (2013): Jugendliche aus einem Sonderschulheim auf dem Weg in die Selbstständigkeit – Übergänge und Verläufe – Anregungen für die Heimpraxis aus der Perspektive von Adressat/innen. In: Piller, E. M./Schnurr, S. (Hrsg.): Kinder- und Jugendhilfe in der Schweiz. Forschung und Diskurse. Wiesbaden: Springer VS Verlag für Sozialwissenschaften, S. 53–78.

Schellenberg, C./Hofmann, C. (2012): Berufsorientierung in der Schule bei Jugendlichen mit Behinderungen: Zwischen Traumberuf und realen beruflichen Möglichkeiten. In: Schweizerische Zeitschrift für Heilpädagogik 18, H. 10/12, S. 12–18.

Schumann, K. F./Gerken, J./Seus, L. (1991): „Ich wusst' ja selber, dass ich nicht grad der Beste bin …". Zur Abkühlungsproblematik bei Misserfolg im schulischen und beruflichen Bildungssystem. Arbeitsprojekt Nr. 12. Teilprojekt A3. Selektionsprozesse im Berufsbildungssystem und abweichendes Verhalten. o.O.: o.V.

Tacke, V. (2006): Rationalität im Neo-Institutionalismus. Vom exakten Kalkül zum Mythos. In: Senge, K./Hellmann, K.-U. (Hrsg.): Einführung in den Neo-Institutionalismus. Wiesbaden: VS Verlag für Sozialwissenschaften, S. 89–101.

Wolfgang Ludwig-Mayerhofer

Schwierige Übergänge: Mitarbeiter der Arbeitsverwaltung und ihre jungen Klienten und Klientinnen im SGB II

1. Schnelle Übergänge? Das Aktivierungsprinzip und junge Arbeitslose im SGB II

Zahlreiche junge Menschen in Deutschland beziehen Leistungen der Grundsicherung für Arbeitsuchende nach dem Sozialgesetzbuch (SGB) II, weil entweder sie selbst oder Personen (typischerweise ihre Eltern), mit denen sie in einer sog. „Bedarfsgemeinschaft" leben, zum Kreis der „erwerbsfähigen Leistungsberechtigten" gehören (§ 1 Abs. 1 SGB II; bis März 2011 wurden diese Personen als „erwerbsfähige Hilfebedürftige" bezeichnet). Mit anderen Worten: Die jungen Menschen selbst oder ihre Angehörigen haben kein oder nur ein geringes Erwerbseinkommen, aber auch keine oder nur geringe Ansprüche auf das Arbeitslosengeld nach dem SGB III (oder andere Sozialleistungen). Im November 2012 (dies ist der letzte Zeitpunkt, für den beim Verfassen dieses Artikels Zahlen vorlagen) gab es in der Bundesrepublik etwa 730.000 „erwerbsfähige Leistungsberechtigte" im Alter von 15 bis unter 25 Jahren (Statistik der Bundesagentur für Arbeit 2013, S. 3).

Junge Menschen sind aus verschiedenen Gründen so zahlreich unter den Leistungsbezieher/-innen vertreten. Wie schon angedeutet, kann dies ‚akzessorisch' (wie die Juristen sich ausdrücken) der Fall sein, wenn sie im Haushalt der Eltern leben und ein unzureichendes elterliches Einkommen durch Grundsicherungsleistungen aufgestockt werden muss. Aber auch die Lebensverläufe der jungen Menschen selbst machen sie ‚anfällig' für Leistungsbezug nach dem SGB II, weil sie häufig noch kein Anrecht auf die Leistungen nach dem SGB III erworben haben, welche die Zahlung von Versicherungsbeiträgen über eine gewisse Dauer hinweg zur Voraussetzung haben.

Dem SGB II (wie der in den Jahren 2002 bis 2004 grundlegend reformierten Arbeitsmarktpolitik insgesamt) liegt bekanntlich das Prinzip der Aktivierung (Barbier/Ludwig-Mayerhofer 2004) zugrunde. Dieses findet im Gesetz seinen Ausdruck einmal im „Grundsatz des Forderns", etwa in § 2 Abs. 1 Satz 1 SGB II: „Erwerbsfähige Leistungsberechtigte und die mit ihnen in einer Bedarfsgemeinschaft lebenden Personen müssen alle Möglichkeiten zur Beendigung oder Verringerung ihrer Hilfebedürftigkeit ausschöpfen." Mit anderen Worten: Die Betroffenen müssen selbst daran arbeiten, die Hilfebedürftigkeit so schnell wie möglich zu überwinden, was primär durch Aufnahme einer Erwerbstätigkeit geschehen soll (§ 2 Abs. 1 Satz 2 SGB II). Des Weiteren sind auch die (dem Grundsatz des „Förderns" zugerechneten) Leistungen der Grundsicherung selbst – Dienstleistungen wie Geldleistungen – an den Zielen der Überwindung oder Verringerung der Hilfebedürftigkeit und der Unterstützung bei der Aufnahme einer Erwerbsarbeit auszurichten (siehe insgesamt den Text von §§ 1 und 2 SGB II).

Junge Klient/-inn/-en unter 25 Jahren haben im SGB II eine besondere Stellung (siehe zum Folgenden auch Zahradnik/Schreyer/Götz 2012)[1]: Von zentraler Bedeutung ist zunächst, dass diese Gruppe (im Folgenden: „junge Arbeitslose" oder „junge Klient/-inn/-en") „unverzüglich nach Antragstellung auf Leistungen" (§ 3 Abs. 2 Satz 1 SGB II) „in eine Ausbildung oder Arbeit" (bis März 2011 hieß es noch: „in eine Arbeit, eine Ausbildung oder eine Arbeitsgelegenheit") (ebd.) zu vermitteln ist; bei jungen Arbeitslosen ohne Berufsabschluss, die nicht in eine Ausbildung vermittelt werden können, soll die Arbeit (früher auch: eine Arbeitsgelegenheit) „auch zur Verbesserung ihrer beruflichen Kenntnisse und Fähigkeiten" beitragen (§ 3 Abs. 2 Satz 2 SGB II). Mit dieser Regelung werden die jungen Klient/-inn/-en gegenüber jenen im Alter von 25 oder mehr zumindest auf dem Papier deutlich privilegiert, haben letztere doch keinerlei vergleichbaren Rechtsanspruch. Zwar hat sich in der Auslegung der zitierten Normen offenbar die Auffassung durchgesetzt, dass es sich dabei nicht um ein (einklagbares) subjektives Recht der Betroffenen auf Ausbildung oder Arbeit handele, sondern nur um einen allgemeinen „Programmsatz" (Berlit 2011a, S. 62); dennoch entfaltet auch dieser Programmsatz eine Wirkung dahingehend, dass die Grundsicherungsträger (die Jobcenter, wie sie seit 2011 offiziell durchgängig heißen) gehalten sind, entsprechende Leistungen anzubieten.

---

1 Zu diesen zählt auch die Regelung, dass die unter 25-jährigen Leistungsbezieher/-innen, die im elterlichen Haushalt leben, typischerweise keinen eigenen Haushalt gründen dürfen. Auf diese wie andere Regelungen kann ich hier nicht näher eingehen, da sie nicht unmittelbar zum Thema der vorliegenden Arbeit gehören.

Im Gegenzug zu dieser Privilegierung, die man unter Bezugnahme auf die der neuen Arbeitsmarktpolitik zugrunde liegende Maxime des „Förderns und Forderns" sicher dem „Fördern" zurechnen muss, gelten für die Jüngeren jedoch auch mit Blick auf das „Fordern" besondere Regelungen: Sanktionen bei Regelverstößen, also Kürzungen der Grundsicherungsleistung (des ALG II), fallen teilweise deutlich stärker aus als bei den Älteren. Kleinere Verstöße wie sogenannte Meldeversäumnisse – also das Nicht-Erscheinen zu Gesprächsterminen in der Arbeitsverwaltung – werden zwar bei beiden Gruppen gleich, nämlich mit einer zehnprozentigen Kürzung bestraft. Wird jedoch eine angebotene Arbeit, Ausbildung oder Arbeitsgelegenheit von einem jungen Arbeitslosen abgelehnt oder nimmt er bzw. sie nicht regelmäßig daran teil, kann die Grundsicherungsleistung für drei Monate komplett gestrichen werden, während bei den Älteren nur eine 30-prozentige Kürzung der Leistungen eintritt. Lebensmittelgutscheine können allerdings auf Antrag bezogen werden. Im Falle wiederholter schwerer Verstöße werden den jungen Arbeitslosen zusätzlich zur Streichung der Grundsicherungsleistung auch keine Kosten für die Unterkunft (im Jargon: KdU), also für Miete, Strom und Heizung, mehr gezahlt[2]. Daten der Bundesagentur für Arbeit zeigen, dass die jüngeren Arbeitslosen ungefähr dreimal so oft sanktioniert werden wie die älteren; in absoluten Zahlen ausgedrückt, wurden bspw. zwischen Januar 2007 und August 2010 knapp 200.000 Sanktionen wegen Pflichtverletzungen gegen sie verhängt (Schreyer et al. 2012). Die sog. Totalsanktionen, also die Streichung der Leistungen einschließlich der ‚KdU‘, machten in den Jahren 2008/2009 beinahe 20 Prozent aller Sanktionen in der jüngeren Gruppe aus (Götz/Ludwig-Mayerhofer/Schreyer 2010). Die Auffassung eines führenden juristischen Kommentators, dass die betreffenden Regelungen „nichtig" seien (Berlit 2011b, S. 126), wird von der Praxis offenbar nicht geteilt. Die einzige Möglichkeit, die Jüngeren milder zu behandeln, besteht darin, bei Wohlverhalten den Sanktionszeitraum auf sechs Wochen zu verkürzen oder im Falle einer Totalsanktion zumindest die Leistung für Unterkunft und Heizung vor Ablauf der Drei-Monatsfrist wieder zu erbringen.

Diese besonders intensive „Aktivierung" der jungen Arbeitslosen (im positiven Sinn durch rasche Angebote, im negativen durch härtere Sanktionen) wird damit begründet, dass der Einstieg in die Erwerbstätigkeit große Prägekraft für den weiteren Erwerbsverlauf besitzt und ein misslingender Einstieg spätere Probleme (Arbeitslosigkeit oder zumindest prekäre Beschäftigung) quasi vorprogrammiert. Es sei daher, so wird argumentiert,

---

2 Diese und weitere Sanktionsregeln werden ausführlicher bei Schreyer/Zahradnik/Götz (2012) dargelegt.

besonders wichtig, sich intensiv um junge Menschen am Beginn des Ausbildungs- und Berufslebens zu kümmern, um auf diese Weise durch schnelle Übergänge aus der Hilfebedürftigkeit in Ausbildung oder Arbeit möglichen späteren „Arbeitslosen-Karrieren" einen Riegel vorzuschieben (Berlit 2011a).

Im SGB II soll Aktivierung des Weiteren auch durch intensivere Betreuung der Arbeitslosen erreicht werden: Für jeden „erwerbsfähigen Leistungsberechtigten" und die mit ihm oder ihr in Bedarfsgemeinschaft lebenden Personen ist laut Gesetz ein persönlicher Ansprechpartner zu benennen – im internen Jargon als „pAp" bezeichnet –, der eine kontinuierliche Betreuung der Klient/-inn/-en gewährleisten soll. In vielen Grundsicherungsträgern ist das Betreuungspersonal darüber hinaus organisatorisch und in der Regel auch funktional differenziert dergestalt, dass spezielle Personen oder Organisationseinheiten („Teams") für Arbeitslose unter 25 zuständig sind; vermutlich sind für diese Gruppe auch häufiger als in den Teams für die älteren Klient/-inn/-en (und in der Betreuung von Klient/-inn/-en nach dem SGB III in den Agenturen für Arbeit) (sozial-)pädagogisch qualifizierte Mitarbeiter/-innen tätig (vor allem, weil in den Jobcentern auch kommunale Mitarbeiter/-innen tätig sind, die teilweise schon vor Inkrafttreten des SGBII [und damit der Konstitution der Grundsicherungsträger] in Sozialbehörden und in diesem Zusammenhang häufig schon mit jungen Menschen gearbeitet hatten). Der Betreuungsschlüssel ist bei den jungen Klient/-inn/-en kleiner (1:91 im Vergleich zu 1:173 bei den Älteren; Durchschnitt ohne Optionskommunen; Dezember 2008; Kumpmann 2009, S. 238). Zu erwähnen ist schließlich, dass viele Grundsicherungsträger beanspruchen, die Arbeitslosen oder zumindest diejenigen unter ihnen, die gravierende Probleme aufweisen, per Fallmanagement zu betreuen (Bundesagentur für Arbeit 2005).

Fasst man all dies, Gesetzestext wie auch die organisatorischen und personellen Maßnahmen zusammen, so kommt hierin eine Orientierung auf *schnelle Übergänge* zum Ausdruck, die schon für das Aktivierungsprinzip generell gilt, bei den Arbeitslosen unter 25 jedoch durch die programmatische Verpflichtung auf rasche Ausbildungs- oder Arbeitsangebote noch verstärkt wird. Ziel der folgenden Ausführungen ist es, die Rationalitäten dieser Orientierung zu prüfen, und zwar vor allem mit Blick auf die Praxis der Arbeitsverwaltung, wie sie sich aus allgemein zugänglichen Informationen, aber auch und vor allem aus qualitativen Interviews mit Mitarbeiter/-innen der Jobcenter rekonstruieren lässt. Es wird sich zeigen, dass diese Praxis zwar die Maxime der ‚schnellen Übergänge' teilt, sie jedoch in einer gänzlich anderen Art und Weise realisiert.

Empirische Grundlage dieser Rekonstruktion der Praxis sind qualitative (leitfadengestützte) Interviews, die im Rahmen eines von Franziska Schreyer geleiteten Projekts des Instituts für Arbeitsmarkt- und Berufsforschung (IAB) „Sanktionen im SGB II – Perspektiven von Fachkräften und jungen KlientInnen" durchgeführt wurden.[3] Insgesamt wurden 26 Fachkräfte befragt, die entweder in ARGEn oder in Optionskommunen für die Betreuung junger Klient/-inn/-en nach dem SGB II zuständig waren. Die Interviews wurden in verschiedenen Bezirken der Bundesagentur für Arbeit durchgeführt, die sich in den Quoten der Sanktionierung junger Klient/-inn/-en (zum Teil deutlich) unterschieden. Aus diesem Datenmaterial wurden für den vorliegenden Beitrag zehn Interviews aus unterschiedlichen Bezirken für eine eingehende Analyse ausgewählt, die nach einer ersten Durchsicht eine große Bandbreite an Deutungen sowohl hinsichtlich der Wahrnehmung der Klient/-inn/-en als auch der eigenen Aufgaben und der Art und Weise, wie diese Aufgaben bewältigt werden (sollten), repräsentieren.

Bei der Auswertung der Interviews habe ich mich der dokumentarischen Methode der Interpretation nach Bohnsack (2000) bedient (zur Anwendung auf Interviews siehe auch Nohl 2008); ich habe also in den Interviews relevante Textstellen (vor allem nach ihrer thematischen Einschlägigkeit) identifiziert und zunächst einer formulierenden und dann einer reflektierenden Interpretation unterzogen. Der Einsatz der dokumentarischen Methode der Interpretation bedeutet zweierlei: Erstens habe ich mich bei der Auswertung maßgeblich von einer Kontrastierung der Fälle leiten lassen (zur Bedeutung der Kontrastierung siehe Bohnsack 2000, S. 101; Nohl 2012, S. 158 ff.). Zweitens zielt die Analyse vor allem auf das handlungspraktisch erworbene und relevante, nicht oder zumindest weniger explizierbare „konjunktive Wissen" der Akteure oder deren *Orientierungsrahmen* (im Gegensatz zum „kommunikativen Wissen" bzw. den Orientierungsschemata, die vor allem der Begründung und Rechtfertigung von Handeln dienen) (Bohnsack 2012, S. 120 ff.). Die Unterscheidung zwischen den beiden Wissensarten ist im vorliegenden Fall freilich noch mehr als sonst bestenfalls eine analytische, da semi-professionelle Akteure, um die es sich hier zweifelsohne handelt, kaum anders können, als ihr Handeln beständig zu begründen und zu reflektieren, wie überhaupt die Praktiken der Akteure in der Sozialverwaltung eingelagert sind in ein dichtes diskursives Arrangement. Anders gesagt: Unhintergehbare, habitualisierte Selbstverständlichkeiten der Akteure sind kaum zu trennen von der Präsentation von Argumentationen, mit denen das eigene Handeln dargestellt und begründet wird.

---

3   Franziska Schreyer und der Projektmitarbeiterin Susanne Götz danke ich auch für Hinweise zum SGB II, zum Thema Sanktionen und für kritische Kommentare zu diesem Text.

2. Rationalitäten der Praxis

Es gehört zu den Grundeinsichten der Sozialwissenschaften (wenngleich es sich auch andernorts herumgesprochen hat), dass die Umsetzung politisch beschlossener Maßnahmen in die Praxis im Regelfall nicht glatt und problemlos verläuft. Das gesetzgeberische Gebot, dass junge Arbeitslose im SGB II rasch Angebote erhalten sollen, scheint jedoch vergleichsweise zügig umgesetzt worden zu sein. So berichteten in einer knapp ein Jahr nach Einführung des SGB II durchgeführten Befragung nur 30 Prozent der Befragten, dass ihnen von ihrem persönlichen Ansprechpartner (pAp) noch kein Angebot gemacht worden sei. Gemessen an den Einführungsschwierigkeiten, die sich in vielen anderen Hinsichten ergaben, ist dies ein bemerkenswerter Befund, der gegen die Vermutung eines Implementationsdefizits spricht, zumindest eines Defizits erheblicher Natur. Interessanter sind jedoch die Ergebnisse mit Blick darauf, *was* den jungen Menschen angeboten wurde: In 14 Prozent der Fälle handelte sich um eine Ausbildung und 16 Prozent hatten ein Stellenangebot erhalten. 40 Prozent der Befragten hatten dagegen eine spezielle Maßnahme für junge Arbeitslose („U25") angeboten bekommen, fast 50 Prozent eine sonstige Maßnahme (Koch/Kupka/Steinke 2009, S. 181; es waren Mehrfachnennungen möglich).

Diese Ergebnisse, die sich mit den Angaben der von uns befragten pAp in den qualitativen Interviews decken, lassen erkennen, dass offenbar eine ,*institutionelle Pädagogisierung*' des Übergangs in Ausbildung und Arbeitsmarkt stattgefunden hat: Anstatt dass die Jugendlichen eine Ausbildungsmöglichkeit oder einen Arbeitsplatz erhalten, wird ihnen eine Maßnahme angeboten, die sie dem Ziel der Ausbildung oder der Erwerbstätigkeit erst einmal näher bringen soll. Wie die ausgewerteten Interviews zeigen, wird dies von den untersuchten pAp tatsächlich in der Regel damit gerechtfertigt, dass die betroffenen jungen Klient/-inn/-en zunächst einmal in die Lage versetzt werden müssen, überhaupt einer Ausbildung oder einer regelmäßigen Erwerbstätigkeit nachzugehen. Allerdings entsteht gerade hieraus sogleich weiterer pädagogischer Handlungsbedarf, den ich als ,*individuelle Pädagogisierung*' bezeichnen möchte. Ihren Ausgangspunkt nimmt diese bei der von den pAp durchgängig berichteten Erfahrung, dass – wie der Gesetzgeber mit den harten Sanktionsvorschriften schon antizipiert hat – viele der jungen Arbeitslosen das institutionelle Angebot nicht ohne weiteres annehmen: Die Klient/-inn/-en erscheinen nicht zu den festgesetzten Beratungsterminen, sie verweigern sich den Angeboten entweder von vornherein oder sie nehmen nicht mit der geforderten Regelmäßigkeit an den Maßnahmen teil. Doch im Gegensatz zum Gesetzgeber, der als Reaktion hierauf ausschließlich Sanktionen vorgesehen hat, spielen für die meisten der befragten pAp, wie diese in den Interviews berichten, Sanktionen eine sehr nachgeordnete Rolle. Wenn auch die oben angeführten Zahlen zeigen, dass von einem besonders sparsamen Einsatz von Sanktionen keine Rede sein kann, so legen die meisten Befragten überzeugend dar, dass sie Sanktionen vor allem dann verhängen, wenn ihnen durch anhaltende Kooperationsverweigerung der Klient/-inn/-en keine andere Möglichkeit mehr bleibt.[4] Soweit möglich reagieren sie auf das nicht-konforme Verhalten der Klient/-inn/-en zunächst mit Beratung, Ermahnungen, Informationen – kurz, mit Pädagogik, die sich jetzt auf die oder den einzelnen Arbeitslose/-n richtet und versucht, diese/-n zu Konformität mit den Anforderungen des SGB II zu bewegen (die auch die Anforderungen einer (Aus-)Bildungs- und Arbeitsgesellschaft sind). Nur wenige der befragten pAp – diese stammen aus Arbeitsagenturbezirken, die tatsächlich weit über dem Durchschnitt liegende Sanktionsquoten aufweisen – gaben an, dass Sanktionen für sie das bevorzugte Instrument im Umgang mit nicht-kooperativen Klient/-inn/-en seien. Insgesamt finden wir also eine *doppelte Pädagogisierung* der Übergänge junger SGB-II-Klient/-inn/-en (die die postulierten Übergänge in Ausbildung oder Arbeit entsprechend doppelt konterkariert): Zunächst reagieren die Jobcenter auf einen Mangel an Ausbildungs- und Arbeitsplätzen[5] mit *Maßnahmen*; hieran schließen sich *personenbezogene Interventionen* an, mittels derer die betroffenen Jugendlichen dazu gebracht werden, am institutionalisierten Angebot von Maßnahmen auch tatsächlich teilzunehmen.

Hinter der öffentlich propagierten Rationalität der Aktivierung (schnelle Übergänge in Arbeit oder Ausbildung) findet sich also eine zweite Rationalität, die Rationalität der Praxis, die hauptsächlich auf Pädagogik abstellt, also die Arbeit mit und an den Klient/-inn/-en mit dem Ziel, sie überhaupt erst einmal ausbildungs- bzw. beschäftigungsfähig zu machen. Auch für diese zweite Rationalität gilt allerdings: Schnelle Übergänge sind unabdingbar, nur dass es eben nicht um den Übergang in Ausbildung und Arbeits-

---

4 Vgl. auch Karl/Müller/Wolff (2011), die auf der Basis von Gesprächsanalysen in Jobcentern zeigen, dass Sanktionen eher vermieden als gesucht werden, auch wenn das Thema in den Gesprächen häufig präsent ist.

5 Die regelmäßig im Herbst von der Bundesagentur für Arbeit und den Spitzenverbänden der Wirtschaft herausgegebenen Meldungen von einer weitgehend oder gänzlich geschlossenen „Lehrstellenlücke" legen nahe, dass es genügend Ausbildungsplätze gibt. Dabei handelt es sich jedoch um ein institutionell hergestelltes Schein-Gleichgewicht, denn alljährlich werden zahlreiche Jugendliche von der Bundesagentur für Arbeit als „nicht ausbildungsreif" und damit auch nicht als Bewerber für Ausbildungsplätze eingestuft. Aber auch die „Bewerber" haben keineswegs alle eine Ausbildung, sondern teilweise nur eine Maßnahme oder eine andere Alternative zu einer Ausbildung gefunden. Eine genauere Darstellung dazu findet sich beispielsweise bei Dietrich et al. 2009, v.a. Abschnitt 3.

markt geht, sondern in eine Maßnahme oder zumindest in die pädagogische Betreuung. Anders gesagt: Die befragten pAp sind durchgängig der Meinung, dass man im Interesse der jungen Menschen keine Zeit verlieren dürfe, dass die pädagogische Arbeit mit den Klient/-inn/-en und die dadurch ausgelöste Arbeit der Klient/-inn/-en an sich selbst unverzüglich beginnen müsse, sobald diese die Schule verlassen haben – ja, nach Möglichkeit schon vorher, sobald das Ende der Schulzeit absehbar ist –, und dass auch kein Nachlassen der Bemühungen eintreten dürfe. Alles andere würde das Ziel gefährden, die Jugendlichen an Ausbildung und/oder Erwerbsarbeit heranzuführen.

Diese grundlegende, von allen pAp geteilte Auffassung wird nun freilich mit unterschiedlichen Inhalten gefüllt. Den Auswertungen unseres Materials zufolge können wir vier verschiedene Orientierungsrahmen unterscheiden, die ich der Einfachheit halber auch als vier Typen bezeichnen möchte, obwohl eine soziogenetische Verortung dieser Typen nicht geleistet werden konnte.[6] Zwei dieser Typen lassen sich als (semi-)professionalisierte Pädagogiken rekonstruieren, bei denen auch eine Orientierung der Klient/-inn/-en in Richtung Ausbildung gegenüber dem Eintritt in Erwerbsarbeit priorisiert wird (oft auch dann, wenn die Klient/-inn/-en selbst lieber sofort Geld verdienen wollen); ein dritter Typus weist eine durch eine einfache Arbeitsethik motivierte Alltagspädagogik auf. Gemeinsam ist diesen drei Typen, dass sie bei ihren Klient/-inn/-en Defizite wahrnehmen, zu deren Behebung sie personenbezogene Interventionen einsetzen. Ein vierter Typus definiert die Arbeit mit den Klient/-inn/-en nicht (oder jedenfalls nicht vorrangig) als pädagogische Arbeit an Defiziten, sondern als mal mehr, mal weniger verzweifelten Kampf gegen eine Klientel, die Sozialleistungen ohne Gegenleistung beziehen möchte und sich zwar häufig als ‚willig‘ präsentiert, sich

---

6 Diese ist u.a. wegen der heterogenen beruflichen Hintergründe der Befragten schwierig, die durch die Rekrutierungspraktiken des Personals für die Grundsicherungsträger zu erklären ist. Zwar haben, wie bereits betont, die Mitarbeiter/-innen der Grundsicherungsträger im Bereich der unter 25-Jährigen (und dies gilt auch für die Interviewpartner dieser Untersuchung) häufig einen (sozial-)pädagogischen Hintergrund, dieser ist jedoch recht weit gespannt und umfasst (in unserem Datenmaterial) bspw. auch ehemalige Lehrer oder Personen, die eine pädagogische Ausbildung abgebrochen haben und erst viel später wieder zu pädagogischer Arbeit zurückgekehrt sind. Hinzu dürfte auch eine Prägung der Orientierungsrahmen der Befragten durch ihr jeweiliges organisationales Umfeld bzw. insgesamt die Historie der berufsorientierenden Jugendarbeit in der jeweiligen Gemeinde kommen. All dies differenziert aufzuhellen bedürfte umfangreicheren Datenmaterials, nicht nur im Sinne höherer Fallzahlen, sondern vor allem hinsichtlich der in den Interviews angesprochenen Themen, bzw. weiterer Daten wie etwa ethnographischer Zugänge vor Ort.

faktisch aber den Verpflichtungen so umfassend wie möglich entziehen möchte.

Im Folgenden versuche ich, diese vier Typen kurz zu charakterisieren; dabei unterstütze ich die Aussagen durch Zitate aus den Interviews, die die Schlüsse, die ich aus dem Material ziehe, möglichst plastisch belegen können (auch wenn, um dies zu wiederholen, dahinter immer auch Rekonstruktionen der Orientierungsrahmen aus dem Material stehen, die sich nicht in einer Oberflächenanalyse des manifesten Inhalts erschöpfen). Ich frage vor allem (a) nach der ,Problemwahrnehmung' der pAp, also danach, welche Gründe und Ursachen sie dafür angeben, dass die Klient/-inn/-en nicht umstandslos in Ausbildung oder Arbeit gebracht werden können, ferner (b) nach ihren ,Pädagogiken', also nach ihrer Vorgehensweise, um die geschilderten Probleme zu beheben, und gehe dabei (c) auch auf die Rolle von Sanktionen ein, die ja gleichsam die ,offizielle' Pädagogik des SGB II repräsentieren.[7] Es sollte klar sein (und wird im Lauf der Analysen punktuell auch am Material deutlich werden), dass sich die Typen – zumindest gilt das für die ersten drei von ihnen – nicht in jedem Einzelfall in diesen zentralen Facetten scharf voneinander abtrennen lassen; dennoch scheinen die Unterschiede in den meisten Fällen prägnant genug, um sie in Form der Typenbildung hervorzuheben.

Typ 1: Tiefer liegende Probleme bearbeiten

Die erste Gruppe von pAp sieht bei den betreuten jungen Arbeitslosen individuelle (wenngleich nicht zwingend individuell bedingte) *Problemlagen*, die eine gelingende Beteiligung am Arbeits- oder Ausbildungsmarkt unwahrscheinlich oder unmöglich machen: „Das Arbeitsmarktproblem steht ganz häufig ganz weit hinten", formuliert etwa Frau Nagel; Herr Döring spricht davon, dass die Klient/-inn/-en „ihren Kopf nicht frei haben, sich wirklich um Arbeit zu kümmern". In dieser Deutung können also die betreuten jungen Arbeitslosen deshalb nicht umstandslos in Arbeit oder Aus-

---

7   Ob die Sanktionen tatsächlich vorrangig als (strafende) ,Pädagogik' gedacht sind, also Verhaltensänderungen zum Ziel haben, ist freilich nicht ganz einfach zu sagen. Die Begründung der Sanktionen im offiziellen Diskurs folgt vielfach auch einer Logik der Reziprozität, wonach Leistungen des SGB II nicht ohne Gegenleistung bezogen werden dürfen (einer Logik, der sich im Übrigen auch die befragen pAp nicht verschließen, wie wir noch sehen werden). Dennoch sind pädagogische Elemente nicht von der Hand zu weisen, wenn etwa die Statistik der Bundesagentur für Arbeit (2007, S. 6) davon spricht, dass Sanktionen „der Disziplinierung und Motivierung der Leistungsempfänger" dienten.

bildung vermittelt werden, weil bei ihnen persönliche bzw. soziale Probleme vorliegen, die erst bearbeitet werden müssen, bevor an aktive Arbeits- oder Ausbildungsteilhabe zu denken ist. Diese Sicht findet sich vor allem, aber nicht ausschließlich, bei solchen pAp, die nicht nur dem Namen nach Fallmanager sind, sondern die explizit die Aufgabe haben, sich vorrangig um Klient/-inn/-en mit „multiplen Hemmnissen" zu kümmern, wie es im Jargon der Bundesagentur für Arbeit heißt. Die Klient/-inn/-en dieser Fallmanager „die sind häufig wohnungslos, leben in der Pension, sind hochverschuldet, Drogenproblematik ... oder Haftentlassene ... meistens ist es ein ganzes Bündel von Problemen" (Frau Nagel). Aber auch ,gewöhnliche' pAp, die nicht auf besonders schwierige Fälle angesetzt sind, sondern das ganze Spektrum von Klient/-inn/-en betreuen, kann man dieser Sichtweise zuordnen. Frau Diehl, die zu letzterer Gruppe gehört, beobachtet vor allem Phänomene, die für die Adoleszenz charakteristisch, bei ihren Klient/-inn/-en jedoch überdurchschnittlich stark ausgeprägt sind[8]:

„familiäre Probleme, dass die einfach rausgeschmissen werden oder Stress zu Hause haben (...). Also ('') meistens sind's so (''') ich würde nicht sagen Null-Bock-Stimmung, die haben aber auch kein Durchhaltevermögen und dann zieht sich so diese Die-Welt-geht-unter-Laune zieht sich so durchwegs durch und die können manchmal selber gar nicht sagen, was ihr Problem ist."

Auch für diese jungen Menschen gilt, dass man sie nicht einfach in Arbeit oder Ausbildung vermitteln kann, denn Frau Diehl strebt an, „wenn's Probleme gibt, die erst mal 'n bisschen aus 'm Weg zu räumen, weil wenn ich jemand zwanghaft versuche in Arbeit zu bringen und da steckt 'n ganzer Mensch voller Probleme dahinter, sehe ich da Probleme, dass er das durchhält".

Kennzeichnend für diese Gruppe ist dann weiter, dass sie die Interventionen, mit denen sie die geschilderten Probleme zu beheben versuchen, in pädagogischen oder sozialpädagogischen Begriffen schildern, auch wenn diese Schilderungen eine beträchtliche Bandbreite hinsichtlich der professionellen Artikulation aufweisen: Ihnen geht es häufig darum, eine „Beziehung" (Frau Diehl) oder ein „Arbeitsbündnis" (Herr Döring) mit den Klient/-inn/-en aufzubauen, auf deren Grundlage sie dann mit diesen arbeiten

---

8 Die nachfolgenden Interviewexzerpte stellen wörtliche Transkripte der Interviews dar, die nur sehr behutsam in Richtung Schriftsprache geglättet wurden; Interjektionen der Interviewer („hmm", „ja") wurden getilgt. Hochkommata in Klammern repräsentieren längere Pausen, wobei die Zahl der Kommata in etwa der Dauer der Pause in Sekunden entspricht. Auslassungen innerhalb der Zitate werden durch (...) markiert. Die Namen der pAp sind selbstverständlich Pseudonyme.

können. Frau Nagel beschreibt, wie sie versucht, Klient/-inn/-en überhaupt erst einmal ‚alltagstauglich' zu machen:

„(…) in der Regel, also eigentlich aus meiner Arbeit ist es so, dass das bespreche ich mit den jungen Leuten so, dass das in Schritte aufgespalten ist, dass das die jungen Leute schaffen können. Also, dass das jetzt nicht irgendwelche Unternehmungen sind, die ihnen völlig über den Kopf wachsen, was sie überhaupt nicht können, sondern dass das so kleine Schrittchen sind. Manchmal geht es nur darum es zu schaffen, eine Woche lang rechtzeitig aufzustehen. Also, dass sie sich in der Frühe den Wecker stellen und dass sie dann tatsächlich aus dem Bett gehen und so."

Für die pAp, die man diesem Typus zurechnen kann, sind dann auch „Pflichtverletzungen" der Arbeitslosen nicht unbedingt ein Grund für Sanktionen, sondern zunächst ein Auslöser, die dahinter liegenden Probleme zu ergründen. Die eben zitierte Frau Nagel schildert als weiteres Beispiel eines „kleinen Schrittchens" die Aufgabe für einen Jugendlichen, sich ein abhanden gekommenes Zeugnis wieder zu beschaffen, und

„wenn jetzt da jemand dieses Zeugnis nicht mitbringt, dann muss man sich halt überlegen, wieso hat der das jetzt nicht hingekriegt, dieses Zeugnis zu beschaffen. Kann der nicht schreiben, weiß er nicht wie es mit dem Telefonieren geht oder was auch immer … Also das ist jetzt kein Grund, Sanktionen auszusprechen."

Insgesamt sind die Vertreter dieses Typs ziemlich skeptisch hinsichtlich Sanktionen, weil sie häufig negative Folgen beobachten. Herr Döring ist eine Ausnahme, denn er lehnt Sanktionen als Mittel für den Umgang mit jungen Arbeitslosen nicht weitgehend ab; er begründet sie aber im pädagogischen Bezugsrahmen: Seiner Meinung nach gehört es zur Entwicklung junger Menschen, zu erfahren, dass ihr Handeln Konsequenzen haben kann. Doch auch er versucht primär Sanktionen zu vermeiden, indem er mit den jungen Arbeitslosen von vornherein Aufgaben vereinbart, die sie auch erfüllen können und wollen. Und ganz im Sinne seines pädagogischen Blicks auf Sanktionen begrüßt er die Möglichkeit, Sanktionen auf sechs Wochen zu verkürzen, und lehnt auf der anderen Seite die „Totalsanktionen" (den Wegfall der Kosten der Unterkunft) ab, weil dies den Klient/-inn/-en nur zusätzliche Schwierigkeiten einbringt.

Allerdings gibt es für die Vertreter dieses Typus eine Grenze, jenseits derer sie Sanktionen ohne weiteres einsetzen und teilweise sogar befürworten, nämlich dann, wenn die Klient/-inn/-en jegliche Kooperation mit dem Jobcenter, vertreten durch die persönlichen Ansprechpartner/-innen, verweigern (siehe dazu auch Ludwig-Mayerhofer 2012). Denn zum pädagogischen Bezugsrahmen gehört auch die Maxime: Man darf nicht nicht kooperieren. Junge Arbeitslose, die überhaupt nicht mit ihrem pAp zusammenarbeiten bzw. jegliches Angebot ausschlagen (sei es, dass sie dies explizit formulieren, sei es, dass sie einfach nicht in der Maßnahme erscheinen), verletzen diese Maxime. Frau Nagel führt als Beispiel für eine solche Konstellation ein „unglaublich passives" junges Paar an; die beiden hätten

> „sich damit arrangiert und sind überhaupt nicht interessiert daran, aus dem Haus zu gehen und irgendwas zu unternehmen, um sich ihren eigenen Lebensunterhalt zu verdienen. Und da ist es dann schon so, dass ich denke, (…) das muss man jetzt nicht unendlich unterstützen, so eine passive Haltung."

Ähnlich ärgert sich Frau Diehl über einen Klienten, der seit zwei Jahren nicht zu ihr kommt; für einen solchen Fall sieht sie es „als Problem an, dass dieser, dass es [die Grundsicherungsleistung] nicht einfach *erlischt* irgendwann", sondern nach Ablauf der dreimonatigen Sanktion automatisch wieder eine Leistungsberechtigung (bis zur nächsten Sanktion) eintritt.

Typ 2: Schrittweise Befähigung der Klient/-inn-/en durch Maßnahmen

Eine zweite Gruppe von persönlichen Ansprechpartner/-innen sieht bei den betreuten Klient/-inn/-en häufig ebenfalls Schwierigkeiten, rasch einen Ausbildungs- oder Arbeitsplatz zu erhalten. Die Ursachen hierfür werden allerdings nicht so sehr in tiefer liegenden persönlichen oder sozialen Problemlagen gesehen, die intensive Interventionen erfordern; die Mehrzahl der jungen Arbeitslosen sind „Leute, wo ich … gemerkt habe, dass die was wollen, für sich, ein Mindestmaß an Zusammenarbeit mit mir, muss nicht immer glatt laufen, gerade bei jungen Leuten und wo das sich vorwärts bewegt", so Herr Manhold. Die Probleme werden vielmehr vor allem in unzulänglicher Befähigung der Klient/-inn/-en gesehen. Oft konstatieren sie, dass es den jungen Menschen an Orientierung gebricht – auf jeden Fall an beruflicher Orientierung, manchmal auch an Orientierung in Fragen der Alltagsorganisation. Herr Kowalski beispielsweise spricht davon, dass ihm das Thema „zielgerichtetes Handeln" besonders am Herzen liegt und dass es ihm wichtig ist,

> „wenn die Jugendlichen die ersten Male bei uns dann auch versuchen diesen Aspekt so genau wie möglich zu betrachten. Inwiefern das Ideen gibt, Vorstellungen, die auch realistisch und auch umsetzbar sind gegenüber der Gegenseite des Tisches, was jetzt die berufliche Orientierung und die Planung angeht. Das is halt bei ganz, ganz vielen Jugendlichen so gut wie überhaupt nicht ausgeprägt."

Hinzu kommt, dass bei vielen Klient/-inn/-en grundlegende Verhaltensweisen und Eigenschaften wie Pünktlichkeit, Zuverlässigkeit oder Durchhaltevermögen nicht ausreichend vorliegen. Kurz: Viele Klient/-inn/-en „wollen", aber sie „können" nicht. Daneben wird auch hier eine kleine Gruppe von jungen Arbeitslosen mit gravierenden Problemen gesehen; doch bei diesen handelt es sich entweder um schwer Kranke („Professionell gesehen, sind das Leute, die über kurz oder lang zum ärztlichen Dienst, zum psychologischen Dienst der Agentur gehören", so Herr Manhold) oder aber wiederum um solche, die jegliche Kooperation verweigern.

Auf die typischerweise vorfindbaren Defizite reagieren die pAp, die man diesem Muster zuordnen kann, vor allem durch ein differenziertes Maßnahmenangebot („Es gibt in Stadt XY eine große Trägerlandschaft, wir haben sehr viele verschiedene Angebote. (…) wer sagt, dass er will (" ") kann von uns so viele Angebote bekommen, dass fast alles möglich ist im Rahmen dessen, was jemand kann", so Frau Koch). Tatsächlich beschreibt Frau Koch ihre Aufgabe als

„(") Management (…), also sprich, meine Aufgabe ist es, festzustellen, ("") in was soll vermittelt werden, Arbeit oder Ausbildung? Gibt es Hemmnisse, die dem im Wege stehen und wenn ja, wie können diese Hemmnisse aus dem Weg geräumt werden und welcher Fachdienst kann das leisten? Und dann entsprechend dafür zu sorgen, dass der Fachdienst eingeschaltet wird und dass der Kunde auch dahingeht, wo er hingehen soll."

Auch wenn die persönlichen Ansprechpartner/-innen, die man hier verorten kann, tendenziell eine technokratische Auffassung von ihrer Tätigkeit haben – die richtige ‚Diagnose' stellen, den richtigen Fachdienst finden, den ‚Kunden' dorthin schicken, wo er „hingehen soll" –, verstehen sie ihr Handeln als pädagogisch. Auch Frau Koch, die diese technokratisch-managerielle Sichtweise am klarsten verkörpert und dabei durchaus autoritäre Elemente aufweist, die sie in die Nähe des dritten Orientierungsrahmens bringen, hebt hervor: „Sozialarbeit ist immer Beziehungsarbeit, individuelle Arbeit". Die Fallspezifik, die einen wesentlichen Kern pädagogischen Handelns ausmacht, wird hier vor allem dadurch hergestellt, dass für jede/-n Klient/-in/-en die passende Maßnahme zu finden versucht wird, oder besser: die passende Maßnahmenkette, denn in vielen Fällen muss mit sehr elementaren (‚niedrigschwelligen') Angeboten angefangen werden, an die sich eine Stufenfolge von immer betriebsnäheren Maßnahmen anschließt:

„Basics sind die, die mit den niedrigschwelligen Angeboten gemacht werden, wie z. B. mit [Bezeichnung der Maßnahme], wo es auch um Schulabschluss geht, aber wie gesagt auch um ganz andere grundsätzliche Dinge, ja. Dann haben wir darüber Angebote, die direkt bei einem Träger sind [zählt zahlreiche Angebote auf] wo es darum geht

Praxiserfahrung zu sammeln, in einem bestimmten Bereich (…). Darüber hinaus gibt's als nächste Stufe Angebote wo es auch ganz konkret darum geht, während dieser Maßnahme auch ein Praktikum in einem Betrieb zu machen. (…) Darüber hinaus oder die Stufe drüber wäre direkt ein betriebliches Praktikum, was auch von uns organisiert und begleitet wird." (Herr Kowalski)

Eine große „Angebotspalette" (so Herr Kowalski) ist freilich auch eine Gefahrenquelle für die Klient/-inn/-en, denn eine Ablehnung der Angebote oder eine nicht ausreichende Teilnahme an der Maßnahme muss ja dem Gesetz zufolge mit einer Sanktion geahndet werden.[9] Allerdings sind auch die Vertreter dieses Typs eher skeptisch, was die Wirkung von Sanktionen angeht; die Defizite, die sie den Klient/-inn/-en zuschreiben („Nicht-Können" statt „Nicht-Wollen"), stellen gleichzeitig eine Rechtfertigung dar, von Sanktionen abzusehen („Bei meinen Jugendlichen, da neige ich vielleicht schon, glaube ich, beide Augen zu schließen, das erste Mal zumindest. Die sind noch teilweise furchtbar dumm, die 17-jährigen sowieso. Und da sage ich also da gleich sanktionieren, tue ich nicht", so Herr Manhold). Auch die passende Auswahl der Maßnahme und die intensive Betreuung während derselben führen dazu, dass Sanktionen von diesen pAp nicht allzu häufig eingesetzt werden müssen:

„Es finden einfach, *bevor* ich eine Sanktion ausspreche, schon Maßnahmen statt, um Sanktionen noch mal zu verhindern. Ja, und ich denke auch, die gute Abklärung *vorher* des Ziels und *bevor* wir die EV [Eingliederungsvereinbarung] abschließen, um so was zu verhindern." (Frau Koch)

Vor diesem Hintergrund scheut sich Frau Koch wie die anderen pAp dieses Typus aber auch nicht, Sanktionen zu verhängen, wenn sie merkt, „dass jemand (") grundsätzlich nicht mitwirken will". Sie begründet dies vor allem mit dem reichhaltigen und guten Angebot an Maßnahmen, jungen Menschen einer Ausbildung näher zu bringen, so dass sie im Gegenzug auch erwartet, dass diese etwas aus dem Angebot annehmen:

„Ich habe wirklich viele Möglichkeiten, viel im Angebot. Und dieses … *immer* in erster Linie, wir gucken *soweit* das geht, dass es sich um Ausbildung dreht. Also wirklich ein *qualitativ hochwertiges* Angebot. Und wenn jemand (") sagt, ,Ich bin abhängig von staatlichen Leistungen und kann es mir leisten, solche Angebote abzulehnen', da sehe ich ganz klar einen Konflikt und den trage ich dann eben auch auf der Sanktionsebene aus."

---

9 Tatsächlich wird allgemein vermutet, dass die im Vergleich zu den Älteren deutlich höhere Sanktionsquote der unter 25-Jährigen vor allem darauf zurückgeht, dass sie im Gegensatz zu jenen so viele Angebote erhalten.

Typ 3: Stringente Führung

Diesem Typus entspricht in dem vorliegenden Datenmaterial nur ein einziger Fall. Aufgrund früherer Analysen zu Arbeitsvermittlern im Bereich der über 25-Jährigen (Behrend/Ludwig-Mayerhofer 2008, S. 50 ff.; Ludwig-Mayerhofer/Behrend/Sondermann 2009, v. a. S. 113 ff.) kann man aber vermuten, dass es sich hier nicht nur um eine Ausnahmeerscheinung handelt, selbst wenn persönliche Ansprechpartner/-innen, die man diesem Typus zuordnen kann, im Bereich der unter-25-Jährigen vielleicht seltener vertreten sind. Dieser Fall stellt den einen Pol einer Bandbreite pädagogischer Haltungen dar, an deren anderem Pol man persönliche Ansprechpartner/-innen wie Frau Diehl oder Frau Nagel verorten kann (ausführlicher hierzu: Ludwig-Mayerhofer 2012).

Auch Herr Falter tritt dafür ein, seine jungen Klient/-inn/-en umgehend zu aktivieren („wenn die nur eine Woche zu Hause sind, das finde ich schon verwerflich in dem Alter, ja, weil man dann Geld bekommt, ohne dass man dafür was getan hat"). Da er aber „zu viele" kennt, die „dann sagen, du brauchst nichts tun, du bekommst Geld vom Staat", und da er zudem oftmals ein Fehlen grundlegender Tugenden des Arbeitsbürgers wie regelmäßiges Aufstehen und Erscheinen am Arbeitsplatz wahrnimmt, spricht er sich für eine Pädagogik der „stringenten Führung" aus. Persönliche Probleme oder geringe Qualifikation der Klient/-inn/-en sind für ihn zwar auch „Hemmnisse" (in diese Vokabel kleiden die standardisierten Profilinginstrumente der Bundesagentur für Arbeit alle Schwierigkeiten, die einer unmittelbaren Arbeitsaufnahme entgegenstehen), die er zur Kenntnis nehmen muss, aber der Kern der Arbeit besteht in der Disziplinierung seiner Klient/-inn/-en durch strikte Vorgaben. Vorbild sind für ihn eigene Lehrer, die vorher als Ingenieure in der „freien Wirtschaft" gearbeitet hatten und wussten, wie „dort gearbeitet wird, was dort wichtig ist"; dementsprechend „war da ein ganz anderer Unterricht. Da sagte er, es war erst mal still, da ging das zur Sache, ja, und da musste man was für tun."

Seinem vor allem disziplinierenden Einwirken auf die Klient/-inn/-en entspricht auch, dass Herr Falter Sanktionen (deren mögliche negative Folgen er herunterspielt) keineswegs ablehnt, ganz im Gegenteil:

> „die Sanktionen sind sehr sehr sehr wichtig, ja, denn wenn einer die Schule geschwänzt hat, nicht zur Arbeitsgelegenheit erscheint, keine Trainingsmaßnahme aufnimmt, das sind ja die überwiegenden Sanktionen, die wir vergeben, mit ganz großem Abstand, ja, dann muss ja eine Folge eintreten."

Sanktionen sind also gar nicht einmal mit Blick auf ihre möglicherweise disziplinierenden Wirkungen bedeutsam; vielmehr ist eine Pädagogik der

Stringenz ohne Sanktionen einfach nicht denkbar. PAp, die sich eher den ersten beiden skizzierten Typen zuordnen lassen, sprechen sich zwar gelegentlich auch dafür aus, durch Sanktionen oder zumindest deren Androhung den Arbeitslosen zu verdeutlichen, dass Nicht-Befolgen von Vorgaben negative Konsequenzen haben kann, doch setzen sie Sanktionen insgesamt relativ zurückhaltend und nur als ein Instrument ihres pädagogischen Arsenals neben vielen anderen ein. Herr Falter kennt solche Zurückhaltung nicht.

Typ 4: Kampf gegen unwillige Klient/-inn/-en

Die pAp, die man diesem Typ zuordnen kann, haben eine gänzlich andere Sicht auf ihre Klient/-inn/-en als die bisher verhandelten Typen, die ihre Hauptaufgabe darin sehen, auf die Klient/-inn/-en einzuwirken mit dem Ziel, persönliche Probleme, Defizite oder unzureichende Arbeitsdisziplin zu beseitigen. Die pAp, um die es jetzt geht, erleben die Arbeitslosen vorrangig als „Unwillige", die sozialstaatliche Leistungen beziehen wollen, ohne die geforderten Gegenleistungen in Form von aktiver Beteiligung an der Suche nach Ausbildung oder Arbeit oder zumindest an deren pädagogischen Substituten zu erbringen. Als der Interviewer bspw. Frau Kaspar bittet, die typischen Probleme ihrer Klient/-inn/-en zu beschreiben und dies dann so zusammenfasst, „sie [die Klient/-inn/-en] kommen wegen, weil sie arbeitslos sind, weil sie die Stelle suchen", korrigiert ihn Frau Kaspar: „Ja also, weil sie suchen nicht unbedingt, sondern weil sie müssen". Und Frau Kanter beschreibt die Probleme ihrer Klient/-inn/-en so:

„Die sind in der Schule faul, deswegen haben sie keinen Abschluss. Die haben es nicht in der Familie, nicht in der Schule gelernt Schwierigkeiten bewältigen, sie haben es nicht gelernt, dass es ein Wort ‚Ich muss' gibt. Es geht ja nur immer um das, was ich will, was mir Spaß macht."

Frau Kanter kann ihre Aussage noch dadurch relativieren, dass sie sie als „krass formuliert" bezeichnet, und später konstatiert sie, die „meisten sind doch noch mehr oder weniger vernünftig und wollen auch was", wenngleich viele darunter seien, „die wollen, aber nicht können". Dennoch fügt sie auch hier gleich hinzu: „Aber ich betone es immer wieder, es gibt leider viel zu viele, die nix wollen", und für diese gilt: „Ja (") unsere Kundschaft versucht uns sehr oft, sehr sehr oft (") zu belügen."

Aufgrund der moralischen Abwertung der Klient/-inn/-en ist von pädagogischer Arbeit in den Interviews mit diesen pAp recht wenig die Rede (obwohl die beiden Fälle, die diesen Typus besonders gut verkörpern, eine sozialpädagogische Ausbildung abgeschlossen haben). Natürlich können auch sie ihren Klient/-inn/-en Maßnahmen anbieten und tun dies auch, und Frau Kanter spricht auch von „Vertrauen gewinnen" als einem Erfolg, den sie („ab und zu" und „sehr schwer erarbeitet") bei ihrer Arbeit hat. Doch lebendig werden die Interviews in diesen Fällen, wenn man auf das Thema Sanktionen zu sprechen kommt. Vor allem für Frau Kaspar scheinen diese die wesentliche Handlungsoption darzustellen – auch wenn sie hinsichtlich einer möglichen Wirkung von Sanktionen eher skeptisch ist: Sanktionen

„(…) find' ich gut, weil es fast das Einzigste ist, was man überhaupt noch machen kann. Ich mein' die tanzen einem auf der Nase herum und das Einzigste was man machen kann, ist die wirklich sanktionieren. Und ob man sie damit immer kriegt, ist noch die zweite Frage. Aber viel andere Möglichkeiten hat man eben nicht, außer dieses Druckmittel, dass sie eben kein Geld bekommen. Ob sie's jetzt stört oder nicht."

Auch Frau Kanter gibt auf die Frage, was sie von den Sanktionsregeln für ihre Klientel halte, ohne Umschweife zu: „Ich finde sie okay, ich finde sie nicht zu streng." Zwar kann sie von Klient/-inn/-en berichten, bei denen sie Pflichtverstöße nicht sanktioniert, weil sie die betreffenden Personen als krank einstuft. Aber mit Blick auf den typischen Arbeitslosen bestätigt sie noch einmal, dass sie Sanktionen richtig findet:

„Wissen Sie, warum, weil es ungerecht ist, er will nix, er tut nix und soll auch noch Geld kriegen? Ist das gerecht? Es ist hart und es bringt auch bei manchen nix, aber sie sollen dafür kein Geld kriegen, weil sie nichts tun wollen."

Dieses Begründungsmuster der Reziprozität – keine staatliche Leistung ohne Gegenleistung in Form von Kooperation – teilen zwar viele der befragten pAp, doch stellt es für die meisten eine Gedankenfigur dar, die für die kleine Gruppe jener Klient/-inn/-en angemessen ist, welche sich jeglicher Kooperation entziehen. Die pAp, die wir diesem Typus zurechnen, tendieren dagegen dazu, jede einzelne ‚Pflichtverletzung' als Ausdruck des „Nicht-Wollens" und in diesem Sinne als Verweigerung der Reziprozität zu interpretieren und zu sanktionieren.

3. Fazit

Die Analysen zeigen, dass wir im SGB II zwei ganz unterschiedliche Zugänge zu jungen Menschen festmachen können: Gesetzestext und offizielle Programmatik des SGB II legen nahe, dass (a) die allgemeine Aktivierungsprogrammatik für die jungen Klient/-inn/-en durch mehr und schnellere Angebote wie durch härtere Sanktionen in besonderer Intensität geltend gemacht wird. Hinzu kommt (b), dass bei dieser Gruppe nicht nur Übergänge in Erwerbsarbeit, sondern (soweit erforderlich) an deren Stelle auch Übergänge in Ausbildung möglich und erwünscht sind. Dies entspricht auch der ‚Logik' des bundesdeutschen Systems der Erwerbsarbeit, das auf eine starke Prägung der Lebensverläufe durch Ausbildung und den sich daran anschließenden Arbeitsmarkteintritt setzt. Mit anderen Worten: Die allgemeine Orientierung des SGB II (wie auch des SGB III) auf die Arbeitsgesellschaft wird im Falle junger Menschen ergänzt durch eine Orientierung auf die (Aus-)Bildungsgesellschaft. Die Praxis der Arbeit mit jungen SGB II-Bezieher/-innen, wie sie hier aus den Interviews mit den persönlichen Ansprechpartner/-innen rekonstruiert wurde, ergibt nun ein ganz anderes Bild: Weder ist von schnellen Übergängen die Rede noch von Übergängen in Ausbildung. Zwar ist sofort zu ergänzen, dass Ausbildung gleichsam als Fluchtpunkt des Handelns der pAp fast immer präsent ist; doch der Kern des Handelns der pAp besteht in pädagogischer Arbeit, die die jungen Klient/-inn/-en überhaupt erst für eine Ausbildung befähigen soll. Die Bildungsgesellschaft ist also bei den Klient/-inn/-en noch gar nicht angekommen; das liegt allerdings in der Sicht der pAp nicht an der Bildungsgesellschaft bzw. der Arbeitsgesellschaft, die ja ihrerseits den Fluchtpunkt darstellt, auf den hin Bildung (zumindest im SGB II, faktisch sicher aber auch für die meisten der jungen Arbeitslosen) orientiert ist, sondern an den Klient/-inn/-en, die für die Bildungsgesellschaft nicht die nötigen Voraussetzungen mitbringen.

Die pädagogische Rationalität, die hier zum Ausdruck kommt, scheint nun gleichzeitig einen gewissen Schutz davor zu bieten, dass der Aspekt des „Forderns", der die strafende Seite des aktivierenden Staats beschreibt, sich ungehemmt durchsetzt. Wir finden in unserem Material zwar tatsächlich Fälle – sie gehören zum dritten und vierten der oben umrissenen Typen von Orientierungsrahmen –, die sich diese strafende Seite selbst zu eigen gemacht haben, entweder als pädagogisches Prinzip oder weil sie sich von einer Vielzahl „unwilliger" Klient/-inn/-en umgeben sehen, denen auf andere Weise nicht beizukommen ist. Diejenigen pAp dagegen, deren Handeln man als (nicht-strafend) pädagogisch verstehen kann – also: als personenbezogene Intervention, die von Empathie geprägt ist und versucht, fallspezifisch auf die Probleme der Klient/-inn/-en einzugehen und diese zu beheben – zeigen eine deutliche Reserviertheit gegenüber Sanktionen und sehen häufig, dass deren exkludierende Wirkungen mögliche ‚günstige' Effekte im Sinne einer Disziplinierung überwiegen (siehe auch Götz/Ludwig-Mayerhofer/Schreyer 2010). Das heißt allerdings nicht, dass sie Sanktionen überhaupt nicht einsetzen oder sich grundsätzlich von Sanktionen distanzieren. Sanktionen sind für sie ‚nur' eine Reaktion auf Klient/-inn/-en, die überhaupt nicht mit ihnen als Vertreter des Grundsicherungsträgers zusammenarbeiten wollen. Dass sie damit dennoch meist Sanktionsquoten erzeugen, die über denen älterer Arbeitsloser liegen, ist freilich auch kein Anlass für sie, zu überlegen, was denn die Ursachen für die beobachtete Kooperationsverweigerung sind und ob es nicht doch andere Modi des Umgangs damit geben könnte. Insofern teilen auch sie die grundlegende Rationalität der Aktivierungspolitik: Mitmachen ist alles.

Literatur

Barbier, J.-C./Ludwig-Mayerhofer, W. (2004): Introduction: The many worlds of activation. In: European Societies 6, S. 423–436.

Behrend, O./Ludwig-Mayerhofer, W. (2008): Sisyphos motivieren. Der Umgang von Arbeitsvermittlern mit Chancenlosigkeit. In: Zeitschrift für Sozialreform 54, S. 37–55.

Berlit, U. (2011a): Die besondere Rechtsstellung der unter 25-Jährigen im SGB II (Teil 1). In: info also, S. 59–68.

Berlit, U. (2011b): Die besondere Rechtsstellung der unter 25-Jährigen im SGB II (Teil 2). In: info also, S. 124–127.

Bohnsack, R. (2000): Rekonstruktive Sozialforschung. Einführung in Methodologie und Praxis qualitativer Forschung. 4. Auflage. Opladen: Leske + Budrich.

Bohnsack, R. (2012): Orientierungsschemata, Orientierungsrahmen und Habitus. Elementare Kategorien der Dokumentarischen Methode mit Beispielen aus der Bildungsmilieuforschung. In: Schittenhelm, K. (Hrsg.): Qualitative Bildungs- und Arbeitsmarktforschung. Grundlagen, Perspektiven, Methoden. Wiesbaden: Springer VS Verlag für Sozialwissenschaften, S. 119–153.

Bundesagentur für Arbeit (2005): Handlungsempfehlung 4/2005: Einführung des Fachkonzeptes „Beschäftigungsorientiertes Fallmanagement" und Eckpunktepapier zur Einbettung des Fachkonzeptes in die Steuerungslogik des Kundenzentrums. Nürnberg: Bundesagentur für Arbeit.

Dietrich, H./Dressel, K./Janik, F./Ludwig-Mayerhofer, W. (2009): Ausbildung im dualen System und Maßnahmen der Berufsvorbereitung. In: Möller, J./Walwei, U. (Hrsg.): Handbuch Arbeitsmarkt 2009. Bielefeld: W. Bertelsmann, S. 317–357.

Götz, S./Ludwig-Mayerhofer, W./Schreyer, F. (2010): Sanktionen im SGB II: Unter dem Existenzminimum (IAB-Kurzbericht 10/2010). Nürnberg: Institut für Arbeitsmarkt- und Berufsforschung.

Karl, U./Müller, H./Wolff, S. (2011): Gekonnte Strenge im Sozialstaat. Praktiken der (Nicht-)Sanktionierung in Jobcentern. In: Zeitschrift für Rechtssoziologie 32, S. 101–128.

Koch, S./Kupka, P./Steinke, J. (2009): Aktivierung, Erwerbstätigkeit und Teilhabe. Vier Jahre Grundsicherung für Arbeitsuchende (IAB-Bibliothek 315). Bielefeld: W. Bertelsmann.

Kumpmann, Ingmar (2009): Im Fokus: Sanktionen gegen Hartz-IV-Empfänger: Zielgenaue Disziplinierung oder allgemeine Drohkulisse? In: Wirtschaft im Wandel [ohne Jahrgangs-Nr.], S. 236–239.

Ludwig-Mayerhofer, W. (2012): Der kooperative Sozialstaat als Form der Governance: Deutungsmuster von Fallmanagern in der Arbeitsverwaltung. In: Bora, A./Münte, P.(Hrsg.): Mikrostrukturen der Governance. Beiträge zur materialen Rekonstruktion von Erscheinungsformen neuer Staatlichkeit. Baden-Baden: Nomos, S. 137–161.

Ludwig-Mayerhofer, W./Behrend, O./Sondermann, A. (2009): Auf der Suche nach der verlorenen Arbeit. Arbeitslose und Arbeitsvermittler im neuen Arbeitsmarktregime. Konstanz: UVK.

Nohl, A.-M. (2008): Interview und dokumentarische Methode. Anleitungen für die Forschungspraxis. 2. Auflage. Wiesbaden: VS Verlag für Sozialwissenschaften.

Nohl, A.-M. (2012): Dokumentarische Methode in der qualitativen Bildungs- und Arbeitsforschung. Von der soziogenetischen zur relationalen Typenbildung. In: Schittenhelm, K. (Hrsg.): Qualitative Bildungs- und Arbeitsmarktforschung. Grundlagen, Perspektiven, Methoden. Wiesbaden: Springer VS Verlag für Sozialwissenschaften, S. 155–182.

Schreyer, F./Zahradnik, F./Götz, S. (2012): Lebensbedingungen und Teilhabe von jungen sanktionierten Arbeitslosen im SGB II. In: Sozialer Fortschritt 61, S. 213–220.

Statistik der Bundesagentur für Arbeit (2007): Grundsicherung für Arbeitsuchende. Sanktionen gegenüber erwerbsfähigen Hilfebedürftigen (Bericht der Statistik der BA, April 2007). Nürnberg.

Statistik der Bundesagentur für Arbeit (2013): Analyse der Grundsicherung für Arbeitsuchende März 2013. Nürnberg.

Zahradnik, F./Schreyer, F./Götz, S. (2012): „Und dann haben sie mir alles gesperrt". Sanktionierender Wohlfahrtsstaat und Lebensläufe junger Arbeitsloser. In: Mansel, J./Speck, K.(Hrsg.): Jugend und Arbeit. Empirische Bestandsaufnahmen und Analysen. Weinheim und Basel: Beltz Juventa, S. 157–191.

Ute Karl

Rationalitäten der Gesprächspraktiken im Jobcenter/ „U 25"

1. Aktivierende, investive Sozialpolitik und das Handeln vor Ort

Die so genannten Hartz-Reformen hatten die Einführung moderner Dienstleistungen am Arbeitsmarkt zum Ziel. Diese Reformen hatten sowohl für den Rechtskreis des SGB III (Arbeitsförderung) als auch für das zum 1. Januar 2005 in Kraft getretene SGB II (Grundsicherung für Arbeitsuchende; auch als Hartz IV bekannt) weitreichende Folgen. Für die Jobcenter, die als gemeinsame Einrichtung (nach § 44b SGB II) zwischen Agentur für Arbeit und Kommune geführt werden, sind dabei die *organisationalen* und *steuerungspolitischen* Vorgaben der Bundesagentur direkt bedeutsam, aber auch die optierenden Kommunen (§ 6a SGB II) müssen gewisse Vorgaben der Bundesagentur für Arbeit vor allem hinsichtlich der Datenerfassung im Blick auf Wirkungsforschung und Leistungsvergleiche erfüllen.

Auf der einen Seite orientieren sich die organisationalen Reformen an Steuerungsformen des *New Public Management*, die quantifizierbare Ziele und ergebnisorientierte Steuerung anstreben (Bode 2011, S. 324; Burghardt 2005). Diese organisationalen Neuerungen stehen aber auf der anderen Seite – insbesondere im Rechtskreis des SGB II – in einem Spannungsverhältnis zu anderen Facetten der sog. „modernen Dienstleistungen am Arbeitsmarkt", wie sie in Methoden von Fallmanagement (Genz/Werner 2008; Autorenteam o.J.) und Beratung (Bundesagentur für Arbeit 2011) zum Ausdruck kommen sollen, die vor allem auf der persönlichen Beziehung aufbauen und an der Perspektive der Nutzer/-innen ansetzen sollen. Ein vergleichbares Spannungsverhältnis zeigt sich auch zwischen Aktivierungslogik und sozialwissenschaftlicher, an Ko-Produktion orientierter Dienstleistungslogik, denn die „Aktivierungslogik macht Arbeitssuchende zum Objekt ihrer Eingliederung – an der sie dann ‚aktiv mitwirken' sollen" (Bartelheimer 2008, S. 16). Die gesetzlich geregelte Eingliederungsvereinbarung gleicht deshalb auch eher einem „sanktionsbewerte[n] Kontrahierungszwang" (Baethge-Kinsky et al. 2008, S. 23) bei einseitigem Sanktionsrisiko und ist dabei genauso wie der die existierenden Macht- und Abhängigkeitsverhältnisse verschleiernde Kundenbegriff eher rhetorisch zu verstehen (Hielscher/Ochs 2012). Auf der programmatischen Ebene werden diese Spannungsverhältnisse jedoch nicht thematisch bzw. unsichtbar und scheinen sich bruchlos in die „innere Ökonomisierung" (Ludwig-Mayerhofer/ Sondermann/Behrend 2007, S. 369) des organisationalen Umbaus zu fügen.

Die Bearbeitung dieser Spannungsverhältnisse wird so in die Situationen vor Ort, vor allem in die Interaktionen zwischen Professionellen und Klienten verlagert, für die sie weiterhin spürbar sind. Diese sind aufgefordert, trotz und in diesen widersprüchlichen institutionellen Vorgaben, angesichts von organisationalen Erfordernissen und mit Blick auf die je spezifische Situation im und am Fall handlungsfähig zu bleiben. Bisherige Studien zeigen, dass die Gespräche dabei weder einem einheitlichen Ablauf noch einem einheitlichem Format (Beratung, Verwaltung, Sanktionierungsgespräch) folgen und dass die Art und Weise der Gestaltung der Arbeitsbeziehung durchaus variiert (Baethge-Kinsky et al. 2007, S. 62 f.; Göckler 2010; Ludwig-Mayerhofer/Behrend/Sondermann 2008, 2009; Hielscher/Ochs 2009, 2012; Schütz et al. 2011; Böhringer et al. 2012).

Im Folgenden steht nun die Frage im Vordergrund, welche Rationalitäten sich anhand der Interaktionen bzw. der Gespräche zwischen den Vertreter/-innen der Institution und den Klient/-inn/-en rekonstruieren lassen bzw. welchen Rationalitäten die Gesprächspraktiken vor Ort folgen. Dadurch lassen sich Rückschlüsse ziehen, mit welchen institutionalisierten Strukturproblemen und Spannungsfeldern es die *gatekeeper* vor Ort zu tun haben (Kjørstad 2005). Deutlich werden dadurch die Regelmäßigkeiten des Handelns und Be-Deutens, die sich angesichts dieser Spannungsfelder herausbilden, sowie die damit verbundenen Orientierungsmuster (Kessl 2011; s. Einleitung zu diesem Band).[1]

2. Datenbasis und Methode

Die hier verwendeten Daten wurden im Rahmen der DFG-Forschungsprojekte „Gesprächspraktiken in Jobcentern im Rechtskreis des SGB II (Bereich der unter 25-Jährigen) – eine konversationsanalytische Studie" (Laufzeit: 2008–2010; Universität Hildesheim), sowie im Rahmen des Folgeprojekts „Jugend in der institutionellen Kommunikation: Gesprächspraktiken im Jobcenter/U 25 und in der Berufsberatung" (Laufzeit: 2010–2011;

---

1 Die hier zugrunde gelegte theoretische Perspektive schließt an der Einleitung zu diesem Band an und zwar an der in Anlehnung an Foucault formulierten Denkweise.

Universität Hildesheim) erhoben bzw. analysiert (Böhringer et al. 2012).[2] Bezogen auf die Jobcenter[3] (um die es im Weiteren gehen soll) haben wir an drei unterschiedlichen Standorten Gespräche zwischen ‚persönlichen Ansprechpartner/-innen' und ‚Kunden'/‚Kundinnen'[4] im Bereich der unter 25-Jährigen (‚U25') aufgezeichnet. Die Auswahl der Standorte folgte der Strategie der maximalen Unterschiedlichkeit in Bezug auf die regionalen Arbeitsmarktsituationen.

Die Datenbasis im ersten Projekt umfasste 52 Gespräche, die ganz oder teilweise nach dem Gesprächsanalytischen Transkriptionssystem (Selting et al. 1998)[5] transkribiert wurden, sowie 15 Interviews mit persönlichen Ansprechpartner/-innen bzw. Abteilungsleiter/-innen im Bereich U25. Für die Datenerhebung lag das Aufnahmegerät während der Gespräche auf dem Tisch, der zwischen den persönlichen Ansprechpartner/-innen und den Kund/-inn/-en stand.[6] Teilweise war auch eine/-r der Projektmitarbeiter/-innen anwesend, um non-verbale Gesprächsanteile sowie den Umgang mit technischen Geräten zu beobachten.

---

2 An der Forschung waren neben der Autorin dieses Textes Daniela Böhringer, Bettina Holdreich, Hermann Müller, Julia Schröder, Wolfgang Schröer und Stephan Wolff beteiligt.

3 Der Begriff ‚Jobcenter' wird hier als Überbegriff für jene Einrichtungen verwendet, die in gemeinsamer Trägerschaft von Kommunen und lokalen Agenturen für Arbeit gemäß dem SGB II geführt werden, auch wenn sie nicht in jedem Fall vor Ort auch so genannt wurden. Inzwischen ist diese Bezeichnung in § 6d SGB II geregelt; sie umfasst nun auch die optierenden Kommunen.

4 Die Begriffe ‚persönliche/-r Ansprechpartner/-in', ‚Fallmanager/-in' und ‚Kundin'/‚Kunde' sind Begriffe des Feldes, die hier verwendet werden, obwohl es äußerst fraglich ist, ob die Leistungsbeziehenden jemals die Rechte und Möglichkeiten von ‚Kunden'/‚Kundinnen' haben oder die Vertreter/-innen der Institutionen wirklich ‚persönliche Ansprechpartner/-innen' oder ‚Fallmanager/-innen' sind, wie sie im Konzept des beschäftigungsorientierten Fallmanagements vorgesehen werden. Becker-Lenz (2005) weist beispielsweise entschieden darauf hin, dass durch die Kundenrhetorik das Dilemma von Hilfe und Kontrolle geleugnet werde. Diese und andere Begriffe des Feldes aber durch eigene Begriffe zu ersetzen, wäre ebenso problematisch. Insofern werden sie hier übernommen. Um die Lesbarkeit zu vereinfachen, werden sie nicht jedes Mal in Anführungszeichen gesetzt, sondern nur bei deren Einführung, um die Distanzierung zu markieren. Zudem wird der Begriff ‚Fallmanager/-in' nicht verwendet, sondern nur der gesetzlich verankerte, allgemeine Begriff ‚persönliche/-r Ansprechpartner/-in', weil in unseren Daten kein prinzipieller Unterschied in den Gesprächspraktiken festzustellen ist. Aus ethnomethodologischer Perspektive müsste freilich an jeder Stelle gezeigt werden, ob und inwiefern sich die Sprecher/-innen selbst in diesen Begriffen verstehen.

5 Vergleiche hierzu den Anhang.

6 Selbstverständlich wurde vorher von beiden Seiten der Datenerhebung zugestimmt. Die Daten sind anonymisiert.

Die folgenden Ausführungen beruhen auf der einen Seite auf Ergebnissen aus dem genannten Projektzusammenhang, die im Team erarbeitet wurden. Auf der anderen Seite versuche ich im Anschluss an diese Ergebnisse die Perspektive auf die Rationalitäten weiter auszubauen und nehme so eine Perspektivenverschiebung vor. Rationalitäten bzw. Rationalisierungspraktiken standen so nicht im Zentrum des Projekts.

Ziel des Projekts bzw. der Projekte war es zu untersuchen, wie sich der gesetzlich vorgesehene Anspruch junger Menschen unter 25 Jahren auf unverzügliche Vermittlung in Arbeit, Ausbildung oder Arbeitsgelegenheit in der Beratungskommunikation niederschlägt und welche Handlungsoptionen und Handlungseinschränkungen sich für die Beteiligten daraus ergeben – gerade angesichts der verstärkten Sanktionen für diese Gruppe.

‚Gesprächspraktiken' haben wir dabei als ein heuristisches Konzept verstanden, das jene praktischen Lösungen meint, die Gesprächsteilnehmer/ -innen als Antwort auf die in der institutionellen Kommunikation entstehenden Probleme entwickeln. Praktiken bringen das praktische Wissen, auf dem sie basieren und das die Akteure inkorporiert haben, zum Ausdruck (Reckwitz 2003). Die Analyse der Gesprächspraktiken gibt somit Aufschluss darüber, mit welchen interaktiv zu bewältigenden Anforderungen und Strukturproblemen man es in dieser spezifischen institutionellen Kommunikation zu tun hat.

Die Gesprächstranskripte wurden mithilfe der ethnomethodologischen Konversationsanalyse und der *membership categorization analysis (MCA)* analysiert, die beide den Fokus auf die Art und Weise des situativen Sprechens richten (Silverman 1998; Hutchby/Wooffitt 1998; Housley/Fitzgerald 2002, 2009; Karl 2011; Böhringer et al. 2012).

Die Ethnomethodologie interessiert sich in erster Linie für das Handeln der Akteure. Sie fragt danach, wie Akteure ihr Handeln sinnhaft strukturieren, welchen formalen Prinzipien sie folgen und welche situierten Techniken sie dabei verwenden. Dadurch wird sichtbar, wie die Interagierenden sinnhaft geordnet handeln (alltäglich wie institutionell). Dementsprechend betrachtet die ethnomethodologische Konversationsanalyse das interaktive Geschehen als prinzipiell geordnetes. Zu rekonstruieren sind jene Regeln und Methoden, mit deren Hilfe die Gesprächsteilnehmer/-innen ihre praktischen Probleme Zug um Zug lösen (Schegloff 1987; Deppermann 1999).

Anhand der Rekonstruktion der Redezüge, Bedeutungskonstruktionen und Interpretationen der interagierenden Sprecher/-innen muss sich aufzeigen lassen, wie sich die Sprecher/-innen am institutionalisierten Rahmen der Gesprächsaktivitäten orientieren (Schegloff 1997).

Kategorisierung im Sinne der *MCA* ist ein grundlegender Vorgang, durch den Mitglieder einer Gesellschaft soziale Ordnung hervorbringen (McIlvenny 2002, S. 19).

84

Kategorisierungen sind in Abgrenzung zu einer bloßen Etikettierung mit Handlungsweisen (*category bound activities, CBAs*) und Attributen verknüpft. Das bedeutet, dass Kategorisierungen mit (moralisch) erwartbaren Aktivitäten verbunden sind bzw. werden, z.b. dass sich Eltern um ihre Kindern kümmern. Andersherum können bestimmte Aktivitäten genannt werden, die durch die Zuhörer/-innen mit bestimmten Mitgliedschaftskategorien verknüpft werden (Silverman 1998, S. 83).

Zentrales Anliegen der *MCA* ist es, den normativen Charakter von Kategorisierungen bzw. die Herstellung von Normen in der Interaktion (*norm-in-action*) zu rekonstruieren (Housley/Fitzgerald 2002, S. 65ff.; Housley/Fitzgerald 2009; Jayyusi 1984)[7].

3. Multiple Rationalitäten und ambivalente Anforderungen

Im Sozialgesetzbuch II/SGB II wurden zum 1. Januar 2005 die frühere Sozialhilfe für ‚erwerbsfähige Leistungsberechtigte' (bis März 2011: ‚erwerbsfähige Hilfebedürftige') und ihre Angehörigen und die Arbeitslosenhilfe zusammengeführt. Anders als das Arbeitslosengeld I, das eine Versicherungsleistung auf der Basis des früheren Erwerbseinkommens darstellt, unterliegt das Arbeitslosengeld II einer Bedürftigkeitsprüfung. Für junge Menschen unter 25 Jahren beinhaltet das Gesetz spezielle Regelungen (ausführlich: Schreyer/Zahradnik/Götz 2012; Ludwig-Mayerhofer in diesem Band):

- Sie müssen unverzüglich nach Antragstellung auf Leistungen in eine Ausbildung oder Arbeit vermittelt werden (früher, das heißt auch zum Zeitpunkt unserer Datenerhebung, auch: Arbeitsgelegenheit). Falls Leistungsberechtigte ohne Berufsabschluss nicht in eine Ausbildung vermittelt werden können, soll die Arbeit auch zur Verbesserung der beruflichen Kenntnisse und Fähigkeiten beitragen (§ 3 Abs. 2 SGB II). Es ist also nicht vorgesehen, dass sie Geld erhalten und z.B. ‚nur' nach einer Arbeit suchen.
- Bei Pflichtverletzungen nach § 31 SGB II – also Nicht-Erscheinen bei einer Arbeitsstelle, Nicht-Erfüllen der Eingliederungsvereinbarung –

---

7   „The methods and configurations through which such normative regulation is interactionally accomplished include specific forms of category configuration that are recognizable resources for members in their attempts to constitute opinion, make evaluations, promote specific world views, assess practices and thereby constitute local configurations of moral organization and sense" (Housley/Fitzgerald 2009, S. 346).

gelten härtere Sanktionen für die Unter-25-Jährigen bis hin zur Streichung sämtlicher Leistungen bei einer wiederholten Pflichtverletzung.

- Nach § 22 Abs. 5 SGB II gilt zudem: Sofern Personen umziehen, die das 25. Lebensjahr noch nicht vollendet haben, werden Bedarfe für Unterkunft und Heizung für die Zeit nach einem Umzug bis zur Vollendung des 25. Lebensjahres nur anerkannt, wenn der kommunale Träger dies vor Abschluss des Vertrages über die Unterkunft zugesichert hat.

Die damit verbundene Idee ist, dass die jungen Menschen an ihrer Beschäftigungsfähigkeit ‚arbeiten‘ und sich nicht im Hilfebezug einrichten sollen. Ludwig-Mayerhofer (in diesem Band) spricht diesbezüglich auch von der Orientierung an schnellen Übergängen.

Angesichts dieser spezifischen Ausprägung (verstärktes Fördern und Fordern) der spannungsreichen, vielfach unvereinbaren Handlungsanforderungen von therapeutisch-sozialer Ausrichtung am Einzelfall, Orientierung am juristisch geregelten Allgemeinwohl, bürokratischer Verwaltungslogik (Ludwig-Mayerhofer/Behrend/Sondermann 2009, S. 291) und den managerialen Steuerungslogiken des *New Public Management* bilden sich im Handeln spezifische Rationalitäten heraus. Anhand des Materials wurden drei herausgearbeitet, die sich wiederholt zeigten und die hier anhand einzelner Ausschnitte verdeutlicht werden sollen: erzieherisch-pädagogische Rationalitäten, organisational-administrative Rationalitäten und juristisch-administrative Rationalisierungspraktiken.

3.1 Rationalitäten des Erzieherischen

In ihrer Studie zu den Deutungsmustern der Arbeitsvermittler/-innen (Arbeitnehmervermittler/-innen, persönliche Ansprechpartner/-innen, Fallmanager/-innen) im SGB II und III und den Arbeitsuchenden weisen Ludwig-Mayerhofer, Behrend und Sondermann (2009, S. 121ff.) auf die „naturwüchsige Pädagogik" als Ausprägung eines aktivierenden Deutungsmusters hin (vgl. zur Pädagogisierung auch Ludwig-Mayerhofer in diesem Band). Im Folgenden sollen zwei Ausprägungen pädagogisch-erzieherischer Rationalitäten, wie sie sich in den Interaktionen zeigen, genauer beleuchtet werden, die typisch für diesen Kontext sind und die die Logik und Ambivalenz des Erzieherischen verdeutlichen. Mit dem Erzieherischen sollen hier Gesprächspraktiken gekennzeichnet werden, die interaktiv auf eine Veränderung des Verhaltens der Kund/-inn/-en ‚zielen‘ (wobei damit nicht suggeriert werden soll, dass das intentional oder reflektiert erfolgt). Die Vorgabe bzw. Anregung zur Verhaltensänderung geht dabei von den Fachkräften aus, die damit im Prinzip vorgeben zu wissen, was zielführendes Verhalten ist. Mit diesem Verständnis wird an eine Perspektive angeknüpft wie sie beispielsweise bei Proske (2001) formuliert ist, der mit dem Pädagogisierungsbegriff „reflektiert, daß eine pädagogische Kommunikationsform in die Deutung eines Problems Einzug hält und es auf diese Weise pädagogisch konstruiert" (ebd., S. 25), wodurch gesellschaftliche Probleme in subjektive Anpassungsleistungen umgedeutet und damit individualisiert werden (Münchmeier 1981).

Erziehung als Hilfe

Im folgenden Beispiel kritisiert die persönliche Ansprechpartnerin (P) den Kunden (K), zu wenig Verantwortung für die nächsten Schritte in Richtung einer beruflichen Ausbildung zu übernehmen. Gleichzeitig bringt der Kunde seine Unzufriedenheit zum Ausdruck, noch bei der Mutter zuhause zu wohnen. Diese Aussage nimmt die persönliche Ansprechpartnerin zum Anlass zu folgendem Anschluss:

[Schäfer_5]
P: vielleicht stört es sie (--) genauso wie es mich so=n bisschen stört dass sie so ZIEllos (- in=nen) tag reinleben. (---) in ihrem alter (.) sollte man nicht mehr ziellos sein [Auslassung]
K: mhhm.
P: (4) wir WÜRden ihnen ja gerne helfen (.) ein bisschen mehr lebens oder berufsreife zu bekommen (--) (hier) sie müssen sich nur auch mal helfen lassen. (--) wir probieren=s (hier oft) viele leute haben schon probiert; (4) ich denke mal wir sollten da wirklich richtig kleinschrittig drangehen? (--) .hh indem ich ihnen als hausaufgabe in anführungsstrichen aufgebe bis zum nächsten termin diese sache durchzulesen die ich ihnen gegeben habe. (--) wir REden dann drüber und dann merk ich ob se=se gelesen haben (--) weil ich hab se gelesen.

In dieser Sequenz zeigen sich Elemente von Aktivierung, von Fördern und Fordern. P etabliert einen erzieherischen Kontext, indem sie ihre Kritik damit begründet, dass das Verhalten des Kunden für eine bestimmte Alterskategorie unangemessen ist. P soll zeigen, dass er gewillt ist, diese Differenz zu überwinden und „lebens oder berufsreife" zu erlangen. Über die relationale Einordnung in die Alterskollektion, in der spezifische Lebensalter mit erwartbaren Fähigkeiten verknüpft werden, rechtfertigt P die Kritik. Gleichzeitig bietet sie Hilfe an, um diese Differenz zu überwinden. Sie solidarisiert sich zudem mit der Mutter, also einer Erziehungsperson und etabliert die Metaphorik der Schule, in der Schüler Hausaufgaben bekommen und die Lehrer/-innen merken, ob sie diese gemacht haben. Die markierten Anführungszeichen, die deutlich machen, dass P die Differenz zur Schule im Prinzip im Blick hat, ändern an der Entfaltung des Erzieherischen jedoch nichts.

Das Erzieherische als Hilfe zu etablieren, wie es hier geschieht, ist jedoch voraussetzungsvoll: Erstens muss unterstellt werden, dass der zu Erziehende fähig ist, sich zu verändern. Zweitens muss dieser veränderungsbereit sein. Drittens muss die Hilfe genau an dieser Bereitschaft ansetzen, damit sie wirkungsvoll ist. In der Sequenz geht es dann vor allem auch darum, Veränderungsbereitschaft herzustellen, indem an die Vernunft von K appelliert wird, sich helfen zu lassen. Wenn K Einsicht zeige, so das implizite Versprechen, dann kann die Hilfe effektiv sein. Als rational im Jobcenter gilt so gesehen der Wille bzw. der glaubwürdig durch Handeln bewiesene Wille, sich zu verändern, sich also als erziehungsfähig zu erweisen, und die darin begründete Gewährung von Hilfe. Nicht rational im Sinne der Organisation wäre dagegen die Akzeptanz und Demonstration einer Haltung, die suggeriert, dass man nicht an sich arbeiten wolle. Innerhalb der Organisation Jobcenter ist das Erzieherische so gesehen eine zweckgerichtete Rationalität, die an die Vernunft appelliert und mit der bestimmte Erwartungen an Effektivität verknüpft sind und zwar sowohl hinsichtlich der implementierten Hilfe als auch in Bezug auf die Konstituierung als beschäftigungsfähiges Subjekt. Unterstellt wird, dass es gemeinsame Ziele gibt, die es zu verfolgen gilt und die dadurch erreicht werden können, dass sich der Kunde der Fallführung durch die persönliche Ansprechpartnerin unterwirft. Obwohl P zielorientiertes Handeln von K fordert, gibt sie gleichzeitig „kleinschrittig" vor, was zu tun ist und zwar in Bezug auf ein vordefiniertes Ziel.

Diese pädagogische Rationalität schließt paradoxerweise den Status von K als Erwachsenen aus. Er wird als Kind bzw. Schüler adressiert, der noch Lernen muss, obwohl von ihm erwartet wird, dass er sich wie ein Erwachsener verhält, und dieses durch Ziele im Leben und selbstverantwortetes, zielgerichtetes Handeln beweist. Der Wunsch von K, eine eigene Wohnung zu beziehen (Autonomiegewinn im Alltag), wurde in diesem Gespräch ad acta gelegt.

Das Erzieherische der Sanktionierungsoption

Sanktionen im Kontext des SGB II zielen im Prinzip darauf, gesetzeskonformes und institutionenadäquates Verhalten zu bewirken bzw. durch die Androhung von Sanktionen zu Verhaltensänderungen beizutragen. Die gesetzlich geregelte Sanktionierungsmöglichkeit unterstellt im Prinzip, dass die Entscheidungen und Handlungsweisen der Kund/-inn/-en nicht immer der Überwindung der Arbeitslosigkeit dienlich sind und damit gleichzeitig, dass konkret benennbare Verhaltensweisen förderlicher wären – wobei es häufig um Primärtugenden geht wie Pünktlichkeit, Zuverlässigkeit etc.

Im folgenden Beispiel droht K formal eine Sanktionierung, weil er in einer Arbeitsgelegenheit gekündigt worden war. Er legt dar, dass er seine

Krankmeldung dort lediglich verspätet nachgereicht habe. P akzeptiert seine Entschuldigung. Gleichwohl bleibt der institutionelle Sanktionierungskontext unangetastet (vgl. zu diesem Beispiel ausführlicher: Karl/Müller/Wolff 2011).

[Schäfer_2]
P: sagen wir maL so: hätten sie an der sozialwerkstatt weiter teilgenommen (---) wäre es ein etwas anderes umfeld gewesen
K: mhm
P: (5.0) die arbeit hat sie also nicht weiter gestört.
K: ja
P: nur die leute
K: die leute ja (--) echt
P: also (2.0) wenn sie sich bis ende nächster woche um nen praktikums oder bis zum fünften um nen praktikumsplatz gekümmert haben (0.5) seh ich von ner sanktionierung wegen ageha kündigung ab
K: mhm
P: ne? (3.0) machen wir das einfach so (-)
K: ja
P: wenns nicht klappt (-) greift die sanktion is ganz klar dann kann ich auch nichts mehr machen (-)
K: mhm
P: ich kann immer nur eine sache anbieten (-) für etwas das nicht erledigt wurde (-) verstehen sie
K: mhm
P: zum nachbessern praktisch (--) und dann werden wir mal weitersehen.
K: ah:

P zeigt hier zunächst Verständnis dafür, dass K die anderen Menschen in der Maßnahme als für sich unpassendes Umfeld erlebt. Sie hält fest, dass K im Prinzip bereit ist zu arbeiten, also arbeitswillig ist („die arbeit hat sie also nicht weiter gestört"). An diese Feststellung schließt allerdings nicht eine offene Frage an wie „Was würden Sie denn lieber machen?", sondern nach einer zweisekündigen Pause ein Vorschlag von P, der gegenüber dem institutionellen Sanktionierungsmechanismus („greift die Sanktion") als persönliches Angebot („ich kann immer nur eine Sache anbieten") erscheint. K hat dadurch zwar die Möglichkeit, den Praktikumsplatz selbst zu bestimmen. Gleichzeitig ist aber die Richtung des adäquaten Verhaltens vorgegeben, denn K muss einen Praktikumsplatz finden, um nicht sanktioniert zu werden. Die prinzipielle Sanktionierungsmöglichkeit wird hier im Prinzip zur Aktivierung genutzt, obwohl P sie gleichzeitig für den Moment aussetzt (also von einer strikten und bürokratischen Handhabung der Sanktion absieht), weil sie keine prinzipielle Arbeitsunwilligkeit unterstellt. K wird aber gleichzeitig dafür verantwortlich gemacht, erfolgreich einen Praktikumsplatz zu finden. Ausgeblendet bleiben dabei mögliche Hürden und begrenzte Möglichkeiten auf dem Arbeits- bzw. Praktikumsmarkt (begrenzte Praktikumsstellen, Vorurteile der Arbeitgeber/-innen etc.).

Beiden pädagogischen Rationalisierungspraktiken ist gemeinsam, dass sie mit einer „Subjektivierung von Arbeitslosigkeit" (Ludwig-Mayerhofer/ Behrend/Sondermann 2009, S. 120) und einer Individualisierung ihrer Überwindung verbunden sind, einmal, indem K Ziellosigkeit attestiert wird, das andere Mal, indem die Sanktionierung nur durch eine individuell zu erfüllende Bewährungsauflage abgewendet werden kann. Zudem wird in beiden Beispielen deutlich, dass P die Vorschläge einbringt, wie es im jeweiligen Fall weitergehen soll. Diese bevormundende, elternähnliche Haltung schränkt die Selbst- und Mitbestimmungsmöglichkeiten der Kund/-inn/-en erheblich ein.

3.2 Organisational-administrative Rationalitäten

In den Jobcentern werden in Bezug auf die Vergabe von Plätzen in überbetrieblichen Berufsausbildungen und Maßnahmen bestimmte Kriterien und Verfahren etabliert, um daran teilnehmen zu können. Als entpersonalisierte passen diese nicht unbedingt zu den Erfordernissen der individuellen Situation und Fallkonstellation. Gerade dann, wenn die individuellen Fallverläufe nicht zu diesen vorgesehenen Pfaden passen, müssen die Gesprächsteilnehmer/-innen interaktive Arbeit leisten, um dennoch eine Passung zu den organisational-administrativen Vorgaben herstellen zu können.

Ein Teil dieser interaktiven Arbeit besteht darin, passende Kategorisierungen zu etablieren oder aufrechtzuhalten bzw. ‚Umkategorisierungen' vorzunehmen (Ludwig-Mayerhofer/Sondermann/Behrend 2007, S. 376 ff.; Behrend 2007). Im folgenden Beispiel möchte eine Frau mit einem kleinen Kind ein Praktikum zur Vorbereitung auf eine Ausbildung machen und hat sich auch schon einen Praktikumsplatz gesucht. In dem Gespräch wird K zunächst von P als Altbewerberin kategorisiert. Dennoch müsste sie bis zum September mit dem Beginn des Einstiegsqualifizierungsjahres (EQJ) warten:

[Theissen_2]
P: ab erste neunte kann es frühestens losgehen bei ihnen-
   ähm ich würde äh vorschlagen dass sie dann ähm so lange die kün kinderbetreu-
   ung noch machen,
K: ja;
P: ne also dass [(wir se) noch als nichtaktiviert äh laufen lassen-
K: [also wie bisher

P: und dass sie ((K räuspert sich)) dann ähm ab erste neunte das praktikum machen
können=

=dann haben wir september oktober november dezember- (---) januar- (-)

K: also äh das heißt soll ich jetzt noch kein pra denn er will ja dass ich jetzt schon so
nebenbei machen geh also ((K räuspert sich)) übernächste woche oder
[anfang ( )-]

P: [das heißt er] äh spricht nicht vom eqj sondern er möchte ganz gern dass sie jetzt
schon loslegen [(also) ( )

K: [ja oder bis dahin vielleicht bis er eben wenn diese äh erste neunte
losgehen dann (unverständlich)

P: .hh h ja das äh wäre möglich dann müssten wir sie aber über die arbeitsgelegenheit laufen lassen- da äh [sind aber aktuell keine plätze frei-

K: [(es sind ja erst noch?)

P: da müsst ich sie dann (--) äh anrufen-

Deutlich wird in dieser Sequenz, dass die Idee bzw. der Plan von K ein
Praktikum „so nebenbei machen" zu gehen, im Rahmen der Institution
Jobcenter nicht einfach umzusetzen ist. Die Kategorisierung als Mutter
eines Kindes unter drei Jahren wird von P zunächst so genutzt, dass der
Status „nicht-aktiviert" etabliert wird („als nichtaktiviert äh laufen lassen").
K ist irritiert, weil ihr Anliegen war, möglichst schnell mit dem Praktikum
zu beginnen und nicht noch mehrere Monate zu warten. Ein Praktikum
kann in diesem Kontext aber auch nicht einfach etabliert werden, sondern
muss als Arbeitsgelegenheit durch die Sozialwerkstatt gerahmt werden
(„über die arbeitgelegenheit laufen lassen"). Organisational scheint es also
nicht möglich zu sein, sich selbst ein Praktikum zu suchen und einfach
,loszulegen'. Dieses muss eingepasst werden in organisationale Vorgaben
und Abläufe, um als legitimes Praktikum zu gelten und weiterverfolgt werden zu können. P setzt dafür – das zeigt sich dann im weiteren Verlauf des
Gesprächs – alle Hebel in Bewegung. Das Erfordernis, das Praktikum durch
die Sozialwerkstatt zu rahmen, begründet P damit, dass K vor der Ausnut-
zung als billige Arbeitskraft geschützt werden und tatsächlich umfassend
das Arbeitsfeld kennen lernen soll.

Rechtlicher Hintergrund dieser Kategorisierungsarbeit ist, dass unter
25-Jährige – wenn sie nicht Schüler in einer Bedarfsgemeinschaft sind –
eine den Erhalt von Geldleistungen legitimierende Kategorisierung vorwei-
sen müssen. Im Prinzip ist dies nur dann keine besondere Herausforderung,
wenn sich die Kund/-inn/-en den Vorschlägen der persönlichen Ansprech-
partner/-innen (notgedrungen) fügen bzw. diese tatsächlich für sinnvoll
halten. Demgegenüber bedarf (unterstellte) fehlende Bereitschaft sich zu
fügen ebenso einer besonderen interaktiven Bearbeitung wie Eigeninitiative
und -aktivität.

3.3 Juristisch-administrative Rationalitäten

Die persönlichen Ansprechpartner/-innen müssen unterschiedliche recht-
lich-administrative Vorgaben erfüllen, z.B. sollen nach § 16 SGB II Einglie-
derungsvereinbarungen geschlossen werden. Solche Eingliederungsverein-
barungen sind regelmäßig mit Rechtsfolgenbelehrungen verbunden (Böh-
ringer/Holdreich 2012). Je nach situativem Kontext und Fallverlauf können
diese im Gesprächsverlauf als mehr oder weniger störend erlebt werden.
Problematisch erscheinen Belehrungen insbesondere dann, wenn sich eine
Vertrauensbeziehung entwickelt hat und die schriftliche Fixierung der Ab-
sprachen mit Rechtsfolgenbelehrung bezüglich der Sanktionierungsmög-
lichkeiten letztlich ein prinzipielles Misstrauen gegenüber den Kund/-en/-
innen zum Ausdruck bringt.

Im folgenden Beispiel wird dies in spezifischer Weise deutlich, denn die
Interaktionspartnerinnen arbeiten interaktiv daran, sich ihre gegenseitige
Vertrauensbeziehung zu versichern:

[Nagel_2]
P: [Auslassung] OH (2) da bin ich in verzug=wir müssen ganz schnell ne evau machen-
K: ne evau?
P: ne eingliederungsvereinbar[ung
K: [.h ah:-
P: die letzte is am JULi letztes jahr-
K: JULI
P: ja: .h ((Papierblättern setzt ein)) wir ham nämlich keine weil des war nämlich das
   wo ich dachte wenn sie jetzt da nich HINgehn zu Maßnahme (1) ((lächelnd, sin-
   gend)) kann ich nich
   mal sanktionieren (-) aber sie warn ja ganz brav ((Papierblättern endet)) ((anderes
   Papierrascheln geht weiter)) .h das heißt=
K: =ich bin IMMer ganz [bra:v
P: [ja genau ja genau ((smiling voice))
K: [Frau Nagel]
P: [ich hatte auch keine sonst hätt ich sie nämlich hierher
   geordert-
K: ich bin [immer ganz bra:v
P: [wenn ich da Zweifel hätte ne? .h ok ich muss nichts desto   trotz, (-) meine auf-
   gabe is es hier regelmäßig halbjährlich evaus [z
K: [versteh: ich doch
   [schreiben sie ich unterschreib-
P: [genau,<auflachend>> genau ha-
K: <lachend>> ich kenns doch schon-

P merkt während der Aktenführung am Computer, dass sie schon längst eine Eingliederungsvereinbarung hätte schließen müssen. Dieses Versäumnis hätte folgenreich sein können, weil ihr die Sanktionierungsgrundlage gefehlt hätte. Diesen Verweis auf Sanktionen markiert P im Prinzip aber für den konkreten Fall leicht ironisierend als irrelevant („aber sie warn ja ganz brav"), eine Einlassung, die K dann auch bestätigt. Nach einer anknüpfenden Bestätigung durch P verweist diese dann auch darauf, dass sie sonst auch Wege und Mittel gehabt hätte, ihrer Verpflichtung schon früher nachzukommen. Und sie markiert die Verpflichtung, eine Eingliederungsvereinbarung abzuschließen, als institutionellen Zwang. Im Prinzip leisten beide in dieser Sequenz eine Entdramatisierungsarbeit und versichern sich dadurch gegenseitig, dass die rechtlichen Vorgaben letztlich ihre Beziehung – innerhalb der auch eine leichte Ironie gegenüber der Institution möglich ist – unberührt lassen und sie damit weiter wie bisher arbeiten können. Dadurch wird indirekt auch das delikate der Belehrung bestätigt (ausführlicher: Karl/Müller/Wolff 2011, S. 109f.). Der Abschluss einer Eingliederungsvereinbarung und die damit verbundenen Rechtsfolgenbelehrungen stehen im Prinzip im Widerspruch zur Logik der psychosozialen Beratung, die Freiwilligkeit zugrunde legt und damit im Prinzip eine solche Vereinbarung überflüssig machen würde. Das wird dann besonders deutlich, wenn sich die Kund/-inn/-en offensichtlich auf die Beratungsbeziehung eingelassen haben.

4. Den Fall bearbeitbar halten – Rationalisierungspraktiken im Jobcenter

Die Programmatik des aktivierenden Staates, das ‚Fördern' und ‚Fordern', findet sich auf unterschiedliche Weise in den Rationalitäten des institutionellen Handelns. Diese Rationalitäten bilden sich in der Arbeit am und im Fall am Schnittpunkt von institutionellen, fallspezifischen, interaktiven und organisationalen Erfordernissen heraus. Angesichts der widersprüchlichen therapeutisch-sozialpädagogischen, bürokratisch-organisationalen und juristischen Vorgaben versuchen die persönlichen Ansprechpartner/-innen – zum Teil auch die Klient/-inn/-en – im Einzelfall handlungsfähig zu bleiben, obwohl die Bedingungen dem oft entgegenstehen. Dabei legen die persönlichen Ansprechpartner/-innen durchaus rechtliche Vorgaben flexibel aus, um so die Grenzen des rechtlich Möglichen auszuweiten.

Mit dieser Orientierung an fallbezogener Handlungsfähigkeit sind aber auch spezifische Teilungspraktiken und Grenzziehungen verbunden zwischen dem Rationalen und Irrationalen: Widerspruch gegen die Verfahrensweisen, Gegenrede gegen Entscheidungen der Vertreter/-innen der Institution, offene Nachfragen von P und K, wie Vorschläge eingeschätzt werden, oder eine offene Kritik an institutionellen und organisationalen Vorgaben von beiden Parteien scheinen dispräferiert (wenn auch nicht unmöglich) und damit als nicht rational angesichts der Orientierung an einer möglichst reibungslosen Fallprozessierung, deren Scheitern auf der Seite der Klient/-inn/-en durchaus auch mit der Gefahr einer existentiellen Notlage verbunden sein kann, wenn ihnen die Schuld für dieses Scheitern gegeben wird (Schreyer/Zahradnki/Götz 2012).

Dieser Ausschluss des Dissonanten ist folgenreich für Hilfesuchende: Aktivierung setzt auf Aktivität und Bewegung, insbesondere bei jungen Menschen ist Innehalten nicht vorgesehen. Die institutionelle Logik der Fallprozessierung schränkt ihren Akteursstatus eher ein, als dass er unterstützt wird. Gleichzeitig bleiben durch die Orientierung an einer reibungslosen Prozessierung des Einzelfalls bzw. an der fallspezifischen Handlungsfähigkeit gesellschaftliche Bedingungen von Erwerbsarbeit ausgeblendet und Arbeitslosigkeit wird individualisiert. Ebenso werden die in den rechtlichen und organisationalen Rahmenbedingungen angelegten Paradoxien nicht explizit oder als solche Gegenstand von Kritik. Vielmehr bleiben sie implizit und werden je situativ auf der Ebene der Interaktionen bearbeitet.

Wenn nun Hielscher und Ochs (2009, 2012) für den Rechtskreis des *SGB III* feststellen, dass die Varianz der Bedarfe angesichts von Standardroutinen eher „Umwege" bezogen auf die Gesprächsführung und „Hemmnisse" bezogen auf den Integrationserfolg darstellen (Hielscher/Ochs 2012, S. 255) und dass eine dem Einzelfall zugewandte Auslegung des Gesprächs „eher ‚gegen' Prozessstandards realisiert werden" muss, „als dass sie von diesen unterstützt wird" (ebd. 2012, S. 256), so muss dem hier einerseits zugestimmt werden. Und auch das Ergebnis der Studie von Göckler scheint in eine ähnliche Richtung zu weisen: Es überwiege der Typ der Integrationsgespräche, die auf „rasche und überwiegend direktive Erledigung der anfallenden Aufgabe" (Göckler 2010, S. 138) abzielen.

Andererseits verdeutlicht die Analyse der Rationalisierungspraktiken und der damit verbundenen Grenzziehungen, dass die Orientierung an der Bearbeitbarkeit des Falls in den rechtlich-institutionellen und organisationalen Rahmenbedingungen verankert ist und deshalb auch nicht durch eine noch so gute Gesprächsführung oder eine adressatenorientierte Beratungshaltung aufgehoben werden kann.

Eine solche Haltung und Qualifizierung könnte zwar zu mehr Transparenz, einer Entschärfung der hierarchischen Beziehung und unter den gegebenen Bedingungen und Vorgaben zu einer größtmöglichen Adressatenorientierung führen (hier gibt es durchaus Handlungs- und Entscheidungsspielräume), aber nicht zu einer unter fachlichen Gesichtspunkten voll professionalisierten Beratung. Diese würde nämlich organisationale und institutionell verankerte, *professionelle* Handlungsspielräume voraussetzen (ähnlich: Bartelheimer 2008, S. 28), angesichts derer die Professionellen mit Blick auf die Bedürfnisse und Möglichkeiten der Klient/-inn/-en unter fachlichen Gesichtspunkten eine Entscheidung treffen können – gerade angesichts professioneller Spannungsfelder und Paradoxien (Schütze 2000). Vor diesem Hintergrund ist Ludwig-Mayerhofer, Behrend und Sondermann (2009, S. 289) zuzustimmen, dass angesichts der gegenwärtigen rechtlichen, aber auch organisationalen Vorgaben – und dies gilt insbesondere für den Bereich der Unter-25-Jährigen, die unverzüglich nach Antragstellung vermittelt werden müssen – nur eine halbherzige Variante der Realisierung von Autonomie möglich ist. Für eine veränderte Praxis bedarf es deshalb auch veränderter organisationaler Vorgaben und Praktiken, die eine fallspezifische, reflexive Praxis auch im Blick auf die gesellschaftlichen Verhältnisse systematisch ermöglichen und letztlich auch ein Gesetz, das ‚Fördern' eher als einen *Anspruch auf im Einzelfall passende Hilfe* definiert.

Anhang

Transkriptionszeichen nach dem Gesprächsanalytischen Transkriptionssystem (vgl. Selting et al. 1998):

[ ]	Überlappungen und Simultansprechen
=	schneller, unmittelbarer Anschluss
(-)	Pausen, je nach Länge auch in Sek.
:, ::	Dehnungen, je nach Länge
akZENT	Primär- bzw. Hauptakzent
?	hoch steigende Intonation
,	mittel steigend
-	gleich bleibend
;	mittel fallend
.	tief fallend
((hustet))	para- und außersprachliche Handlungen und Ereignisse
<<hustend>>	sprachbegleitende para- und außersprachliche Handlungen und Ereignisse mit Reichweite
.h, .hh	hörbares Einatmen je nach Länge
h, hh	hörbares Ausatmen je nach Länge

Literatur

Autorenteam (o.J.): Fachkonzept „Beschäftigungsorientiertes Fallmanagement im SGB II". Göckler, R. (Hrsg.): Abschlussfassung des Arbeitskreises. Nürnberg: Bundesagentur für Arbeit. www.arbeitsagentur.de/zentraler-Content/A03-Berufsberatung/A033-Erwerbspersonen/Publikationen/pdf/Fallmanagement-Fachkonzept.pdf (Abruf 10.1.2013).

Baethge-Kinsky, V./Bartelheimer, P./Henke, J./Wolf, A./Land, R./Willisch, A./Kupka, P. (2007): Neue Soziale Dienstleistungen nach SGB II. IAB Forschungsbericht 15. Nürnberg: Bundesagentur für Arbeit.

Baethge-Kinsky, V./Bartelheimer, P./Wagner, A./Aust, J./Müller-Schoell, T. (2008): Arbeitsmarktpolitik: Nachsteuern oder neu orientieren? Anstöße zu einer überfälligen Debatte. OBS-Arbeitsheft 55. Frankfurt am Main/Düsseldorf: Otto Brenner Stiftung und Hans-Böckler-Stiftung.

Bartelheimer, P. (2008): Wie man an seiner Eingliederung mitwirkt. Arbeitsmarktdienstleistungen nach SGB II zwischen institutionellem und persönlichem Auftrag. Zeitschrift für Sozialreform 54, H. 1, S. 11–36.

Becker-Lenz, R. (2005): Das Arbeitsbündnis als Fundament professionellen Handelns. Aspekte des Strukturdilemmas von Hilfe und Kontrolle in der Sozialen Arbeit. In: Pfadenhauer, M. (Hrsg.): Professionelles Handeln. Wiesbaden: VS Verlag für Sozialwissenschaften, S. 87–104.

Behrend, O. (2007): „… das geht zu Lasten eigener Emotionalität" – Instrumente zur Kundensteuerung in Arbeitsverwaltungen aus Sicht von Arbeitsvermittlern. In: Ludwig-Mayerhofer, W./Behrend, O./Sondermann, A. (Hrsg.): Fallverstehen und Deutungsmacht. Akteure in der Sozialverwaltung und ihre Klienten. Opladen und Farmington Hills: Barbara Budrich, S. 97–117.

Bode, I. (2011): Soziale Dienstleistungen am Arbeitsmarkt. In: Evers, A./Heinze, R. G./Olk, T. (Hrsg.): Handbuch Soziale Dienste. Wiesbaden: VS Verlag für Sozialwissenschaften, S. 317–332.

Böhringer, D./Karl, U./Müller, H./Schröer, W./Wolff, S. (2012): Den Fall bearbeitbar halten. Gespräche in Jobcentern mit jungen Menschen. Opladen, Berlin und Toronto: Barbara Budrich.

Böhringer, D./Holdreich, B. (2012): Die Eingliederungsvereinbarung. In: Böhringer, D./Karl, U./Müller, H./Schröer, W./Wolff, S. (2012): Den Fall bearbeitbar halten. Gespräche in Jobcentern mit jungen Menschen. Opladen, Berlin und Toronto: Barbara Budrich, S. 141–153.

Bundesagentur für Arbeit (2011): Beratungskonzeption der Bundesagentur für Arbeit – Grundlagen. Nürnberg: Bundesagentur für Arbeit.

Burghardt, H. (2005): Arbeitsfürsorge, Hilfe zur Arbeit und „moderne Dienstleistungen am Arbeitsmarkt". Stationen einer Chronologie. In: Burghardt, H./Enggruber, R. (Hrsg.): Soziale Dienstleistungen am Arbeitsmarkt. Soziale Arbeit zwischen Arbeitsmarkt- und Sozialpolitik. Weinheim und München: Juventa, S. 15–45.

Deppermann, A. (1999): Gespräche analysieren. Opladen: Leske+Budrich.

Genz, H./Werner, W. (2008): Job-Center und Fallmanagement. Herzstücke der Arbeitsmarktreformen. In: Egle, F./Nagy, M. (Hrsg.): Arbeitsmarktintegration. Grundsicherung – Fallmanagement – Zeitarbeit – Arbeitsvermittlung. 2., überarb. und erw. Auflage. Wiesbaden: Gabler, S. 173–258.

Göckler, R. (2010): Beratung im Sanktionskontext. In: Bender, G./Ertelt, B. J. (Hrsg.): Forschungsprojekte, Forschungskonzepte, Entwicklungsarbeiten – Werkstattberichte aus der HdBA. HdBA-Bericht No. 3. Nürnberg: Bundesagentur für Arbeit, S. 127–141.

Hielscher, V./Ochs, P. (2009): Arbeitslose als Kunden? Beratungsgespräche in der Arbeitsvermittlung zwischen Druck und Dialog. Berlin: Sigma.

Hielscher, V./Ochs, P. (2012): Das prekäre Dienstleistungsversprechen der öffentlichen Arbeitsverwaltung. In: Bothfeld, S./Sesselmeier, W./Bogedan, C. (Hrsg.): Arbeitsmarktpolitik in der sozialen Marktwirtschaft. Vom Arbeitsförderungsgesetz zum Sozialgesetzbuch II und III. 2. Auflage. Wiesbaden: Springer VS Verlag für Sozialwissenschaften, S. 248–259.

Housley, W./Fitzgerald, R. (2002): The reconsidered model of membership categorization analysis. In: Qualitative Research 2, H. 1, S. 59–83.

Housley, W./Fitzgerald, R. (2009): Membership categorization, culture and norms in action. In: Discourse & Society 20, H. 3, S. 345–362.

Hutchby, I./Wooffitt, R. (1998): Conversation analysis. Principles, practices and applications. Cambridge: Polity Press.

Jayyusi, L. (1984): Categorization and the moral order. Boston: Routledge & Kegan Paul.

Karl, U. (2011): Vergeschlechtlichte Kategorisierungen im Umgang mit institutionellen Handlungsherausforderungen am Beispiel von Gesprächen in Jobcentern' [143 Absätze]. In: Forum Qualitative Sozialforschung / Forum: Qualitative Social Research [Online Journal] 13, 1, Art. 29.

Karl, U./Müller, H./Wolff, S. (2011): Gekonnte Strenge im Sozialstaat. Praktiken der (Nicht-)Sanktionierung in Jobcentern. In: Zeitschrift für Rechtssoziologie 32, H. 1, S. 101–128.

Kessl, F. (2011): Die Analyse von Rationalisierungspraktiken als Perspektive sozialpädagogischer Forschung. In: Dollinger, B./Schabdach, M. (Hrsg.): Zugänge zur Geschichte der Sozialpädagogik und Sozialarbeit. Siegen: Universitätsverlag, S. 31–43.

Kjørstad, M. (2005): Between professional ethics and bureaucratic rationality: the challenging ethical position of social workers who are faced with implementing a workfare policy. European Journal for Social Work 8, H. 4, S. 381–398.

Ludwig-Mayerhofer, W./Sondermann, A./Behrend, O. (2007): „Jedes starre Konzept ist schlecht und passt net' in diese Welt". Nutzen und Nachteil der Standardisierung der Beratungs- und Vermittlungstätigkeit in der Arbeitsvermittlung. PROKLA. Zeitschrift für kritische Sozialwissenschaft 37, H. 148, S. 369–381.

Ludwig-Mayerhofer, W./Behrend, O./Sondermann, A. (2008): Disziplinieren und Motivieren: Zur Praxis der neuen Arbeitsmarktpolitik. In: Evers, A./Heinz, R. G. (Hrsg.): Sozialpolitik. Ökonomisierung und Entgrenzung. Wiesbaden: VS Verlag für Sozialwissenschaften, S. 276–300.

Ludwig-Mayerhofer, W./Behrend, O./Sondermann, A. (2009): Auf der Suche nach der verlorenen Arbeit. Arbeitslose und Arbeitsvermittler im neuen Arbeitsmarktregime. Konstanz: UVK.

McIlvenny, P. (2002): Introduction. Researching talk, gender and sexuality. In: McIlvenny, P. (Hrsg.) (2002): Talking gender and sexuality. Amsterdam: John Benjamins Publishing Company, S.1–48.

Münchmeier, R. (1981): Zugänge zur Geschichte der Sozialarbeit. München: Juventa.

Proske, M. (2001): Pädagogik und Dritte Welt. Eine Fallstudie zur Pädagogisierung sozialer Probleme. Frankfurt am Main: Fachbereich Erziehungswissenschaften der Johann Wolfgang-Goethe-Universität.

Reckwitz, A. (2003): Grundelemente einer Theorie sozialer Praktiken. Eine sozialtheoretische Perspektive. In: Zeitschrift für Soziologie 32, H. 4, S. 282–301.

Schegloff, E. A. (1987): Between macro and micro: Contexts and other connections. In: Alexander. J. C./Giesen, B./Münch, R./Smelser, N. J. (Hrsg.): The micro-macro-link. Berkeley, CA: University of California Press, S. 207–234.

Schegloff, E. A. (1997): Whose text? Whose context? In: Discourse & Society 8, H. 2, S. 165–187.

Schütz, H./Steinwede, J./Schröder, H./Kaltenborn, B./Wielage, N./Christe, G./Kupka, P. (2011): Vermittlung und Beratung in der Praxis. Eine Analyse von Dienstleistungsprozessen am Arbeitsmarkt. Bielefeld: Bertelsmann.

Schütze, F. (2000): Schwierigkeiten bei der Arbeit und Paradoxien des professionellen Handelns. Ein grundlagentheoretischer Aufriß. In: Zeitschrift für qualitative Bildungs-, Beratungs- und Sozialforschung 1, H. 1, S. 49–96.

Schreyer, F./Zahradnik, F./Götz, S. (2012): Lebensbedingungen und Teilhabe von jungen sanktionierten Arbeitslosen im SGB II. In: Sozialer Fortschritt 61, H. 9, S. 213–220.

Selting, M./Auer, P./Barden, B./Bergmann, J./Couper-Kuhlen, E./Günthner, S./Meier, C./Quasthoff, U./Schlobinski, P./Uhmann, S. (1998): Gesprächsanalytisches Transkriptionssystem (GAT). In: Linguistische Berichte 173, S. 91–122.

Silverman, D. (1998): Harvey Sacks. Social science and conversation analysis. New York: Oxford University Press.

Daniela Böhringer

Zur Rationalität von Themenübergängen in der Berufsberatung

1. Einleitung

Wenn es um die Studien- und Berufswahl junger Menschen geht, ist das Berufsberatungsangebot der Bundesagentur für Arbeit (BA) noch immer von großer Bedeutung. Und so haben viele junge (und ältere) Menschen damit ihre Erfahrungen gemacht bzw. machen sie noch heute. Krämer (2001) gibt einen Überblick über die lange Geschichte der Berufsberatung in Deutschland, die entscheidende Gründungsimpulse durch die Frauenbewegung im Kaiserreich erhielt. Obwohl Berufsberatung (und Bildungsberatung) heute in Deutschland nicht mehr nur von der Bundesagentur für Arbeit angeboten wird, ist sie nach wie vor die größte Anbieterin auf diesem Beratungsmarkt. Im SGB III ist ihr Auftrag diesbezüglich festgehalten. Die Beratungsarbeit ist von hoher Bedeutung, weil heute nur „einem Teil der Jugendlichen ein unmittelbarer und nahtloser Übergang von der Schule in eine berufliche Ausbildung" (Mansel/Speck 2012, S. 21) gelingt. Und auch Stauber und Walter (2011, S. 1704) betonen, dass „im Übergang zwischen Schule und Ausbildung [...] die Berufsberatung der Arbeitsverwaltung" eine zentrale Rolle einnimmt.

Allerdings ist die Berufsberatung der Bundesagentur für Arbeit auch in die Kritik geraten. Vor allem die Untersuchung von Ostendorf (2005; 2011) weist auf das Problem hin, dass sich die Berufsberatung innerhalb der BA zu einer „autonomen Organisation" entwickelt habe, die „fernab demokratischer Kontrolle" agiere (Ostendorf 2011, S. 47). Das wirke sich vor allem dahingehend aus, dass Chancen, vielfältig und differenzorientiert zu beraten, nicht genutzt werden und eine „Überwindung des geschlechtsspezifischen Ausbildungsstellenmarktes" durch die Berufsberatung nicht erfolge (Ostendorf 2011, S. 47).

Zudem ist von der Neuorganisation der BA mit Blick auf Effizienzsteigerung auch die Berufsberatung (seit 2005) betroffen. So hält Ostendorf (2011, S. 53) fest: „Angelegt ist damit die Zentralität der Vermittlung, die vordem im Rahmen eines umfassenderen Verständnisses beruflicher Beratung nur einen Ausschnitt darstellte". Und auch der ländervergleichende OECD-Bericht zur Berufsberatung stellt für Deutschland die Tendenz der Bundesanstalt fest, „die Beratungsdienste der Stellenvermittlung unterzuordnen" (OECD-Gutachten 2002, S. 2688). Die Bilanz der Berufsberatung, die die BA jährlich vorlegt, macht ebenfalls nur diesen Aspekt der Arbeit transparent. Ein Einblick in die Tätigkeit von Berufsberater/-innen insgesamt ist anhand der vorgelegten Jahresbilanz nicht möglich (Bundesagentur für Arbeit 2012).

2. Fragestellung

Untersuchungen wie die von Ostendorf (2005) gehen davon aus, dass politische Institutionen wie die Berufsberatung der BA ein eigener Akteur sind. Ostendorf (2005, S. 133) betont die „Steuerungsmacht der Institution (als Organisation) gegenüber ihren Mitgliedern". Diese Steuerungsmacht resultiert ihrer Ansicht nach aus dem Monopol insbesondere dieser Institution, die Wissensbestände ihrer Mitglieder zu regulieren und zu prägen – durch bereitgestellte Informationen, Materialien und nicht zuletzt Computerprogramme. Letztere greifen ihrer Ansicht nach direkt in die Praxis der Beratung ein und steuern die Handlungsmöglichkeiten von Beratenden und Klient/-inn/-en.[1]

Damit klingt eine Debatte an, die in der Sozialen Arbeit ebenfalls geführt wird. Im deutschsprachigen Raum haben sich vor allem Ley (2010) und Ley und Seelmeyer (2008; 2011) mit dem Zusammenhang von Technisierung und professionellem Handeln auseinander gesetzt. Sie skizzieren zwei Positionen, die das Verhältnis von Profession und Computer(anwendungen) kennzeichnen: zum einen „technical determinism" und zum anderen „social determinism" (Ley/Seelmeyer 2008, S. 11). Die erste Position gehe davon aus, dass die soziale Arbeit stärker durch Technik bestimmt wird als durch professionelle Methoden bzw. den professionellen Habitus, während die zweite Position dieses Verhältnis genau umgekehrt sehe und den technischen Kontext des Arbeitens gegenüber professionellen Handlungsmaximen eher für nachrangig erachte. Die Autoren schlagen vor, zunächst die Ebene des Arbeitens selbst im Rahmen von empirischen Studien zu analysieren und diesen Prozess als einen der Vermittlung zwischen „mensch-

---

1 Diesbezüglich kritisiert Ostendorf (2011, S. 54) beispielsweise die „Verdichtung von Problemlagen in computerverarbeitbare Items", die in der Berufsberatung gang und gäbe sei bzw. durch computerunterstützte Beratung verursacht werde.

lichen und nicht-menschlichen Akteuren" (ebd.) zu verstehen. Damit rücken sie den Prozess der alltäglichen Interaktion in den Mittelpunkt.

Auch im vorliegenden Text soll vom Blickwinkel der Totalen, also dem Blick auf die Institution, auf die alltägliche Praxis der Berufsberatung herunter gezoomt werden. Dabei wird die reichhaltige Interaktionsumgebung, wie beispielsweise der Computer, in der Analyse mit berücksichtigt. Damit wird letztlich ‚*technical determinism*‘ ebenso vermieden wie ‚*social determinism*‘, denn die Einbindung von Geräten und ihrer Handhabungsmöglichkeiten in ein Beratungsgespräch ist zunächst vor allem eine Handlungsaufgabe für die Teilnehmenden, der sie manchmal nachkommen und manchmal auch nicht (Böhringer/Wolff 2010). Die Tatsache, dass der PC bzw. darauf laufende Anwendungen die Interaktion bzw. die Beratung ‚determinieren‘ ist aus diesem Blickwinkel nichts, was sich von außen feststellen ließe, sondern muss von den Handelnden selbst als solches sichtbar gemacht werden.

Ich beziehe damit einen ethnomethodologischen Standpunkt und betrachte die Frage, was das Handeln von Menschen steuert bzw. beeinflusst oder was wiederum dadurch beeinflusst wird, als eine empirische (für die Analyse) und eine praktische (für die Handelnden). Die Frage, was Handeln und Interaktion reguliert, lässt sich aus ethnomethodologischer Sicht nicht vom praktischen Handeln selbst ablösen. Denn reguliert wird Interaktion vor allem durch die permanente wechselseitige Vergewisserung, was gerade der Fall ist und wie es weiter gehen kann. Das bedeutet nun gerade nicht, dass permanent darüber geredet wird, was gerade getan wird oder was das, was man gerade gesagt hat, bedeutet. Ganz im Gegenteil lebt praktisches Handeln davon, dass es sich selbst erklärt – indexikalisch ist – und sich im Tun als ein So-Sein manifestiert. Nur in diesem Tun wird es für andere sichtbar und verstehbar. Und so besteht der ethnomethodologische Kunstgriff darin, alles als ein sich selbst sichtbar machendes Tun zu begreifen, auch beispielsweise rein ‚kognitive‘ Vorgänge wie Kopfrechnen (Lynch 2006) oder das ganz Normal-Sein (Sacks 1984). Diese Programmatik, dass jegliches soziales Phänomen auf einer interaktiven Basis ruht bzw. dort generiert werden muss, ist Kernelement aller ethnomethodologischen (und konversationsanalytischen) Studien, so auch im vorliegenden Text. Denn ohne die Interaktionsordnung, an der sich Gesellschaftsmitglieder orientieren („interaction order"), könnten Institutionen, wie die Berufsberatung, gar nicht funktionieren (Heritage 2008, S. 313). Vor diesem Hintergrund soll es hier vor allem darum gehen, die Beratungsarbeit als ein Interaktionsgeschehen zu betrachten. Das soll am Beispiel von Themenübergängen im Gespräch erläutert werden.

3. Die Organisation von Übergängen im Gespräch

Die Kritik von Ostendorf an der Beratungspraxis der Berufsberatung der BA und ihrer fehlenden Berücksichtigung von Genderaspekten in der Berufswahl impliziert ja auch, dass dieses Thema (und andere Themen) in der Beratung nicht „richtig" zur Sprache kommt bzw. dort dann nicht richtig bearbeitet wird. Sie impliziert auch, dass durch die Materialien, die für den Berufsfindungsprozess zur Verfügung gestellt werden (wie beispielsweise Datenbanken), eine genderspezifische Voreinstellung der Handelnden stattfindet. Aufgrund ihrer Daten kann sie allerdings nichts dazu sagen, *wie* die Teilnehmenden in der Interaktion beispielsweise Themen einführen und dann weiter bearbeiten und welche Rationalität sie dabei zum Ausdruck bringen. Diesbezüglich bieten konversationsanalytische Studien zur thematischen Strukturierung von Gesprächen bzw. die Bearbeitung von Themen im Gespräch zahlreiche Hinweise. So hat die frühe Studie von Schegloff und Sacks (1973) bezogen auf alltägliche Gespräche deutlich gemacht, wie leichthändig es Handelnden gelingt, Übergänge im Gespräch und in der Interaktion zu meistern. Mit minimalem Einsatz abgestimmter Signale wird ad hoc und in der jeweiligen Situation angezeigt und ausgemacht, wer als nächstes spricht, welche Themen in welcher Reihenfolge zur Sprache kommen und wann und wie ein Gespräch beendet wird. Dies geschieht nachvollziehbar und deutlich sichtbar für alle Beteiligten. Mit Respekt vor der Herstellungsleistung der Handelnden wurde in zahlreichen konversationsanalytischen Studien nachgezeichnet, wie dieses erfolgt. So macht beispielsweise die Studie von Bergmann (1988) zu Haustieren als kommunikativer Ressource die „selbstorganisierende Kraft von Unterhaltungen" (ebd., S. 302) deutlich. Alltägliche Unterhaltungen leben seiner Ansicht nach davon, dass die Handelnden die Unterhaltung aus sich heraus am Laufen halten können. Äußere Rahmungen, wie eine Tagesordnung oder eine andere thematische Festschreibung, seien dafür nicht erforderlich. Allerdings gerät das Gleichgewicht einer alltäglichen Unterhaltung ins Wanken, wenn es den Teilnehmenden nicht mehr gelingt, genau diese Selbstläufigkeit des Gesprächs anzuzeigen, ihnen also die Themen ausgehen oder „thematische Flauten zu Schweigephasen" führen (ebd., S. 303). Haustiere, die während einer solchen Unterhaltung anwesend sind und sich in diese einschalten bzw. von den Teilnehmenden adressiert werden, können dann die Retter in der Not sein. Sie liefern Themen und Anknüpfungspunkte für das stockende Gespräch.

Nicht nur Bergmann (1988), sondern auch neuere Studien treffen dabei eine Unterscheidung zwischen zwanglosen alltäglichen Unterhaltungen und institutionellen Gesprächen. In letzteren wird die thematische Struktur des Gesprächs stärker als vorgegeben behandelt, bzw. in ihnen entsteht über die

Realisierung von Fragerechten durch die Vertreter/-innen der Institution eine Machtasymmetrie im Gespräch (Wang 2006).

Andere konversationsanalytische Studien haben sich im Detail mit Möglichkeiten für Themenübergänge in alltäglichen Gesprächen beschäftigt. Dabei wird deutlich, dass die thematische Organisation von Gesprächen eine gemeinsame Leistung von Teilnehmenden ist und nicht durch die Aktivität einer Person erklärt werden kann. Schon allein gezielte Nicht-Reaktionen adressierter Personen können thematische Impulse sehr rasch im Sande verlaufen lassen. Beim vorliegenden Material handelt es sich zwar nicht um ein alltägliches Gespräch, sondern um ein Gespräch in einem institutionellen Rahmen. Dennoch möchte ich zentrale konversationsanalytische Befunde zu Übergängen in alltäglichen Gesprächen darstellen, auch wenn diese sich auf alltägliches Gesprächsmaterial beziehen. In einem zweiten Schritt können dann Spuren dieser interaktiven Möglichkeiten im vorliegenden Material aufgezeigt werden. Ich gehe davon aus, dass auch im Rahmen institutioneller Gespräche auf einer basalen Ebene der Interaktion Themen nur gemeinsam hervorgerufen und bearbeitet werden können.[2] Das gilt gerade für Beratungssettings, in denen sich die Teilnehmenden daran orientieren, dass Themen vor allem von den zu beratenden Personen eingebracht werden.

Schegloff und Sacks (1973, S. 301) weisen darauf hin „that a preferred way of getting mentionables mentioned is to employ the ressources of the local organization of utterances in the course of the conversation. That involves holding off the mention of the mentionable until it can 'occur naturally'". Hier wird deutlich, dass die passende Einbringung von Themen zunächst eine sequenzielle Passung bedeutet. Das heißt, Teilnehmende nutzen die Äußerungen anderer Teilnehmender, um eigene (neue) Themen anzuschließen und zu erwähnen bzw. auszubauen. Anhand des Fallbeispiels weiter unten wird sich zeigen, dass auch die materiale Umgebung des Gesprächs dazu genutzt werden kann, um neue Themen einzubringen. Dabei können sich die Teilnehmenden anzeigen, dass es sich entweder um einen abrupten Themenwechsel handelt oder dass nun ein (inhaltlich) passendes Thema zur Sprache kommt. Maynard (1980) hebt im Anschluss an Schegloff und Sacks (1973) hervor, dass Themenwechsel nicht an zufälligen Stellen im Gespräch erfolgen. Vielmehr sind bestimmte sequenzielle Umge-

---

2 So beispielsweise auch Svennevig (2012), der anhand von Video-Mitschnitten von Team-Sitzungen analysiert, wie mit Verweis auf eine vorliegende Tagesordnung das Gespräch thematisch geführt wird. Aber sowohl seine Analyse wie auch alltägliche Erfahrungen mit dienstlichen Sitzungen zeigen, dass die stringente thematische Ausrichtung eines Gesprächs vielen Widrigkeiten trotzen muss – manchmal sogar hinderlich für eine ‚gute' Sitzung ist.

bungen dafür besonders geeignet. Er untersucht dies am Beispiel von miss-
. glückten Sprecher/-innen-Wechseln und kann nachweisen, dass Themenwechsel häufig dann initiiert werden, wenn es Sprechenden nicht „gelingt",
ihre Interaktionspartner/-innen zum Mitreden zu bewegen. Der Themenwechsel löst dann (vorerst) das Problem, über was als nächstes gesprochen
wird.

Der vorliegende Beitrag schließt vor allem an die Arbeit von Button und
Casey (1985) an, die spezifische Sequenztypen heraus gearbeitet haben,
mittels derer Teilnehmende einen Themenbeginn organisieren können.

Tabelle 1: Möglichkeiten der Themeneinführung

Sequenztypen, um einen Themenbeginn zu organisieren	Beispiele
„topic initial elicitor"	„Was gibt es Neues?"
„itemized news inquiry"	„Wie geht es Tina?"
„news announcement"	„Letzte Woche habe ich meine Mutter besucht..."

Alle drei Initiativen von Teilnehmenden sind geeignet, ein neues Thema ins
Gespräch einzubringen, wenn sie situativ als solche behandelt werden. Button und Casey (1985) gehen aus konversationsanalytisch-ethnomethodo-
logischer Sicht der Frage nach, *was* Teilnehmende *tun*, wenn sie in der einen oder anderen Weise ein neues Thema starten (ebd., S. 45). Also welche
interaktiven Signale ergeben sich aus unterschiedlichen Themenstarts bzw.
was zeigen sich Teilnehmende damit an? Das scheint für so genannte „topic
initial elicitors" zunächst recht klar zu sein. Eine solche offene Frage signalisiert eine prinzipielle thematische Offenheit der fragenden Person und gibt
vor allem der dann antwortenden Person die Möglichkeit, ihr Thema ‚freiwillig' einzubringen. So erhalten beispielsweise Themen eine besondere
Wertigkeit, die in einem Beratungsgespräch nach einer solchen Aufforderung von der Klientin angesprochen werden. Sie mussten nicht erfragt werden und die Klientin kann so unter Umständen signalisieren, dass sie weiß,
welche Themen für den jeweiligen Kontext passend sind. „Itemised news
inquiries" sind thematische Fragen, die signalisieren können, dass die fra-
gende Person weiß, zu welchen Themen ihr Gegenüber etwas zu sagen hat.
Sie können auch an zuvor Besprochenes anschließen.

„News announcements", die dritte mögliche Form, ein neues Thema an-
zuschneiden, zeigt dem gegenüber zunächst an, dass die sprechende Person
etwas zu einem Thema zu sagen hat. So steht die Implikation im Raum, dass
dieses Thema nun weiter ausgeführt wird oder ausgeführt werden muss.

Button und Casey bezeichnen dies als eine „starke" Form, ein Thema zu konstituieren (ebd., S. 40). Denn ein so ins Leben gerufenes Thema bleibt über mehrere Handlungszüge lebendig – auch wenn nicht darüber gesprochen wird: „A news announcement projects the relevance of the news over succeeding turns, so that the topic remains ‚live' although no topic-talk has occured" (ebd., S. 40). Anhand des weiter unten dargestellten Gesprächsauszugs lässt sich das sehr schön zeigen. Aber auch wenn ein solches angekündigtes Thema mit spürbarer Hartnäckigkeit im Raum steht, so ist doch seine weitergehende Entfaltung eine interaktionelle Aufgabe für alle Teilnehmenden.

4. Datenbasis und Auswertungsmethodik

Basis der Fallstudie bildet die Aufzeichnung eines Berufsberatungsgesprächs mittels Video im Rahmen einer explorativen Studie, die die Audio-Aufzeichnungen von Berufsberatungsgesprächen und Beratungsgesprächen im SGB II-Kontext ergänzen sollten.[3] Im Rahmen der Auswertung der Audio-Daten hatte sich gezeigt, dass die Einbindung von Geräten in die Beratungssituation eine große Rolle spielt.

Video-Daten sind multimodal und daher am besten geeignet, um kopräsente (auch non-verbale) Interaktion und die Einbeziehung von Objekten durch die Akteure zu untersuchen (Schegloff 2002). Videodaten sind inzwischen eine wichtige Basis für empirische Forschung in den Sozial- und Sprachwissenschaften geworden (Kissmann 2009; Heath/Hindmarsh/Luff 2010), nicht nur in der Anthropologie sondern auch in den Erziehungswissenschaften, der Linguistik und der Soziologie. Es gibt Settings, in denen besonders intensiv mit Video-Aufzeichnungen gearbeitet wird, wie beispielsweise in Schulen oder anderen Lern- bzw. Bildungssettings (Schmitt 2011; Goldman et al. 2007), aber auch in der Beratungsforschung, Psychotherapieforschung (Streeck 2004), im gewerblichen Dienstleistungsbereich oder im medizinischen Bereich (Greatbatch 2006).

Es ist für konversationsanalytische Forschungsprojekte unbefriedigend, auf der Basis eines Falls (wie hier eines aufgezeichneten Beratungsgespräches) zu arbeiten. Geht es doch wesentlich darum, ähnlich wie in der *Grounded Theory Methodology*, fall-kontrastiv zu analysieren (vgl. hierzu in ihrer programmatischen Studie Glaser/Strauss 1974, S. 254) und dabei auch scheinbar abweichende Fälle zu berücksichtigen. Andererseits gibt es wesentliche methodologische Grundannahmen der Konversationsanalyse, die

---

3   Zu Ergebnissen aufgrund der Audio-Daten vgl. Böhringer/Karl 2013.

einer Überbewertung der schieren Anzahl von Fällen entgegenstehen: Die Evidenz von empirischen Erkenntnissen „über" Fälle ist keine, die sich aus einer exklusiven allumfassenden Sicht der analysierenden Person auf möglichst viele Fälle im betreffenden Feld ergibt. Vielmehr ist die Erkenntnis, dass etwas gilt, eine, die öffentlich zugänglich ist, die die Akteure in der Interaktion sichtbar machen, für sich und andere mitschauende und mithörende Personen. Was in einem Setting gilt oder was die normalen und akzeptierten Formen des Handelns in diesem Kontext jeweils sind, wird von den Handelnden öffentlich und nachvollziehbar angezeigt. Das mag manches Mal deutlich die Form einer Fremdkorrektur annehmen („Hier stelle ich die Fragen!"), aber ungleich häufiger subtiler vollzogen werden, etwa in der Art und Weise, wie Rede- und Handlungszüge aufeinander abgestimmt werden. Dabei spielt die sequenzielle Abfolge eine wesentliche Rolle. Sie muss für die Analyse erhalten bleiben. Denn nur so wird deutlich, wie die Handelnden einander (in diesem Kontext) verstehen und wie sie sich dabei auf eben diesen Kontext beziehen. Das folgende Transkript ist ein Ausschnitt aus einem Beratungsgespräch, bei dem die Klientin einen Themenwechsel anstößt.

Es handelt sich dabei um ein Erstgespräch, um das die Klientin gebeten hat. Sie überlegt, ob sie die Schule mit der Mittleren Reife verlassen oder ob sie noch das Abitur machen soll. Denn sie möchte eigentlich nicht studieren, sondern eine Ausbildung machen oder allenfalls ein duales Studium anfangen. Im ersten Teil des Gesprächs zeigt sich, dass sie an gestalterischen Berufen interessiert ist. Der folgende Ausschnitt setzt ein, als es um das Sammeln weiterer Interessen und Berufsfelder geht.

5. Fallbeispiel zu Themenwechsel im Gespräch

Wir schalten uns in das Gespräch ein, als der Berater eine Erläuterung des dualen Ausbildungssystems beendet („daher die duale ausbildung."). K beteiligt sich mit „mhm ok" an der Beendigung dieses Themas. Dann wendet sie ihren Blick leicht vom Berater weg hin zum Bildschirm. Der Berater sieht, dass sie nun auf den Bildschirm schaut und wendet sich diesem gleichfalls zu. Das vollzieht sich in Bruchteilen von Sekunden. Dann kommt wie aus heiterem Himmel der Satz von K (Zeile 6): „ja technik find ich auch nich schlecht".

Die junge Frau bringt von sich aus ein Thema ins Spiel, das auf ein breiteres Spektrum ihrer Interessen schließen lässt. Doch auf der Handlungsebene ist die genderspezifische Brisanz nicht das Problem, das die Teilnehmenden beschäftigt.

- Ausschnitt 1 -

```
1   B:  daher die duale ausbildung.=
2   K:  =mhm ok ((wendet den Blick vom Berater ab und richtet ihn auf den
3       Bildschirm))
4   B:  ((wendet den Blick und die Körperausrichtung ebenfalls
5       zum Bildschirm))
6   K:  ja technik finde ich auch nich schlecht
7       ((wendet den Blick zum Berater))
8   B:  nimmt die Maus in die Hand)
9   K:  ((lacht leicht auf))
10  B:  wo jetzt
11  K:  ach so ne weil sie gerade meinten (.)ob es noch andere
12  B:  ((lässt die maus wieder los und wendet sich wieder voll der Klientin
13      zu))
14  K:  ((wedelt mit der Hand))
15  B:  hmhm?=
16  K:  =bereiche gäb
17  B:  ja welche was für technik frau öh ((wendet sich wieder dem Pc zu und
18      nimmt die Maus in die Hand)) wir können ja einfach wieder hoch gehen↑
19      (klickt) ((4) beide schauen auf den Bildschirm)sie kö übrigens
20      kunsthandwerk könnten sie auch noch mal kucken((klickt))ne?="
21  K:  =hmhm?
```

K hat ihren Blick wieder auf den Berater gerichtet, während dieser immer noch auf den Bildschirm blickt.[4] „Wo jetzt" (Zeile 10) ist die nächste verbale Reaktion des Beraters. Er kann dort offensichtlich nichts Passendes zum Thema entdecken. Er hat zwar verstanden, dass K nun ein neues Thema einbringt, weiß aber nicht, was dieses Neue mit ihrem Blick auf den Bildschirm zu tun hat. K löst das Missverständnis rasch auf, indem sie ihre Themenankündigung („news announcement") auf eine früher gestellte Frage des Beraters bezieht (Zeile 11): „ach so ne weil sie gerade meinten ob es noch andere bereiche gäb". Nun lässt B die Maus los und wendet sich wieder voll der Klientin zu.

Insgesamt lässt sich anhand dieser kleinen Sequenz zeigen, dass „pre-announcements", wie hier die Äußerung der Klientin, Technik auch nicht schlecht zu finden, einer weiteren sequenziellen Anbindung bedürfen. So ganz aus heiterem Himmel wie es in alltäglichen Gesprächen möglich ist, scheint es für die Klientin und den Berater nicht passend zu sein. K holt sich diesbezüglich interaktive „Verstärkung", indem sie zunächst mit Blicken kurz den PC adressiert, um dann erst ihren Themenimpuls zu platzieren.

---

4   Die Studie von Frers (2009) weist ebenfalls auf die Relevanz von Dingen für Themengenerierung im Gespräch hin.

Sie zeigt so an, dass sie dieses Thema nicht (nur) spontan aus sich heraus generiert hat, sondern in der Situation verankert. Das gelingt zunächst nicht, so dass sie in einem zweiten Anlauf ihre Äußerung zu einer Antwort auf eine vorhergehende Frage des Beraters umdeklariert.

Man kann nun darüber spekulieren, warum sie ausgerechnet den PC fokussiert: weil er einfach ein technisches Gerät ist, ein Beispielobjekt für ihr Interesse? Oder weil sich in dem darauf gerade laufenden Programm (Berufenet) ein thematischer Ankerpunkt findet? B entscheidet offensichtlich, dass sich irgendwo ein thematischer Anknüpfungspunkt finden muss und wendet sich mit „ja welche was für technik" wieder dem PC zu (Zeile 17). Er geht dann im Programm eine Ebene weiter nach oben. Denn dort auf einer der ersten Suchebenen des Programms findet sich tatsächlich etwas zu „Technik", das hat der Berater der Klientin zu Beginn des Gesprächs erklärt.

Es scheint für die Teilnehmenden also zwei Möglichkeiten zu geben, Sinnhaftigkeit bei der Themenwahl anzuzeigen und damit Beliebigkeit zu vermeiden. Das ist zum einen die Sequenzialität des Gesprächs, was weiter oben ja bereits angesprochen wurde. Vorhergehende Äußerungen oder Handlungszüge allgemein werden dann als Anlass für ein neues Thema behandelt. Es geht darum, Gegenwärtiges auf bereits Besprochenes sinnvoll zu beziehen. Das kann, wie hier, bedeuten, eine Themenankündigung als Antwort auf eine Frage des Beraters zu deklarieren. Es kann aber auch die materiale Umwelt des Gesprächs benutzt werden, um zu einem neuen Thema zu kommen. Wie bei Bergmann (1988) die anwesenden Haustiere, sind es dann im institutionellen Kontext Geräte wie der PC, die als Ankerpunkt für eine thematische Wende dienen. „Spontan" ein völlig neues Thema zu generieren, ist unter diesen Bedingungen schwierig.

Die gebrochene Spontaneität des Gesprächs zeigt sich auch umgekehrt, wenn der Berater die Ressource PC verwendet, um ein neues Thema einzubringen. Der folgende Gesprächsausschnitt, der direkt an den weiter oben gezeigten anschließt, zeigt das.

- Ausschnitt 2 -

```
22   B:   ((2) klickt und scrollt)) aber das sind da weitgehend dieselben (3)
23        ((klickt und scrollt)) berufe↑ (3) (klickt und scrollt)) äh: ((wendet
24        sich wieder der Klientin zu)) ach so ich wollt ihnen noch eines eines
25        dazu ((zeigt auf den Bildschirm)) sagen thema studium ((zeigt auf den
26        Bildschirm))
27   K:   [hmhm
28   B:   [also ich seh ein dass sie nich studieren [wollen
29   K:                                              [hmhm ((lacht tonlos auf))
```

Obwohl K mit ihrer Themenankündigung ein starkes Thema etabliert hat (das im weiteren Fortgang des Gesprächs auch noch bearbeitet werden wird), bringt B hier zunächst noch ein anderes Thema ein. Mit „ach so" macht er es zwar als ein spontanes kenntlich, verbindet dies aber mit zwei deutlichen Hinweisgesten auf den Bildschirm (Zeilen 25 und 26). Doch scheint das nicht auszureichen, um das Thema schlüssig im Gespräch zu verankern. Wir überspringen einen kleinen Ausschnitt des Gesprächs, um dann zu folgender Sequenz zu kommen:

- Ausschnitt 3 –

```
45   B:   ja also ich wollt ((wendet Kopf Klientin zu, Körperausrichtung
46        weiterhin zu PC)) sie jetzt auch nich umstricken sondern nur
47        [((lächelt)) hinweisen dass es]
48   K:   [((tonlos auflachend) jaha]
49   B:   .h ((wendet sich wieder der klientin voll zu nimmt den Stift in die
50        hand und schaut auf seinen Notizzettel)) da sie fragten sie wollten
51        ja [eben]
52   K:   [jaja]
53   B:   dann auch andere möglichkeiten für gestalterische berufe haben
```

Auch er definiert seine Äußerungen zum Thema Studium als Antwort auf eine Frage der Klientin um: „da sie fragten sie wollten ja eben dann auch andere möglichkeiten für gestalterische Berufe haben". Zusätzlich unterstrichen wird das durch den Blick auf seinen Notizzettel, den die Klientin ebenfalls sehen kann. Auch hier findet sich also eine doppelte Etablierung des neuen Themas, einerseits auf der materialen Ebene der Gesprächsumgebung und andererseits auf der Ebene der Sequenzialität des Gesprächs.

Wie geht es nun mit dem Thema Technik weiter? Durch die Ankündigung von K ist es ja ein ‚starkes' Thema, aber bislang ist über dieses durch die Klientin eingebrachte Thema noch gar nicht gesprochen worden. Es kommt zu guter Letzt doch noch zum Zuge, wie der folgende Ausschnitt zeigt.

- Ausschnitt 4 -

```
54   B:   OK ((dreht den Kopf zum Bildschirm) sie haben jetzt gesagt sie
55        würden auch mal auf technische berufe gehen wollen. ((dreht den Kopf wieder
56        zur Klientin und schaut sie an))
57   K:   [hm ja,
58   B:   [kucken wollen.
59   B:   was stellen sie sich vor unter technik was woran hatten sie da was öh
          ham sie da grad für ein bild ((lehnt sich im stuhl zurück))
```

Auch das Zurückkommen auf dieses Thema wird wieder zweigleisig eingeleitet: B wendet den Blick zum Bildschirm (wo er vermutlich bei den technischen Berufen angekommen ist, genau lässt sich das nicht erkennen) und
kommt gleichzeitig auf die Äußerung von K zurück (Zeile 54f.): „sie haben
jetzt gesagt sie würden auch mal auf technische berufe gehen wollen". Allerdings nimmt B eine interessante Modifikation der Formulierung von K
vor, die ja ursprünglich lautete: „technik find ich auch nich schlecht". Seine
Refomulierung ihrer Themenankündigung hebt stärker auf die Logik der
Vermittlung in eine Berufsausbildung ab, als ihre ursprüngliche Formulierung, die eher ein generelles Interesse signalisierte. Zudem zeichnet sich
hier bereits ab, dass das Thema wieder im Frage-Antwort-Muster bearbeitet
werden wird. So hat K mit ihrer Themenankündigung ursprünglich signalisiert, dass sie zu diesem Thema etwas zu sagen hat. Aber bislang ist das
noch nicht geschehen. Wir sehen hier, wie B eine Möglichkeit realisiert, bei
K „topic-talk" anzuregen. Er fragt sie nach dem „bild", nach dem, an was sie
bei „technik" gedacht hat.

Button und Casey (1985, S. 24) weisen darauf hin, dass „news announcements only headline news and are designed to receive a response
which will provide the sequential opportunity to go on and fill in the news".
Die Reaktion kann in Form einer allgemeinen Aufforderung weiter zu erzählen erfolgen („hmhm, technik das ist ja interessant↑") oder in Form
einer thematischen Nachfrage wie hier („Was stellen sie sich vor unter
technik", Zeile 59). Daraus ergeben sich für die Ankünderin (die Klientin)
unterschiedliche Möglichkeiten, ihr Thema weiter auszuführen. Im ersten
Fall kann sie ihr Thema freiwillig vertiefen, im zweiten Fall wird sie dazu
aufgefordert und ihre weiteren Ausführungen werden als *Antworten* (die
richtig oder falsch, passend oder unpassend sein können) gehört. Für einen
Beratungskontext ist es nicht gleichgültig, wie auf derartige Themenankün-
digungen reagiert wird.

Wenn man sich noch einmal den ersten Gesprächsausschnitt vor Augen
führt, so wird deutlich, wie es dazu kommt, dass der Berater die offene Bearbeitung des Themas durch die Klientin nicht weiter anregt.

- Ausschnitt 1 -
1   B: daher die duale ausbildung.=
2   K: =mhm ok ((wendet den Blick vom Berater ab und richtet ihn auf den
3   Bildschirm))
4   B: ((wendet den Blick und die Körperausrichtung ebenfalls zum
5   Bildschirm))
6   K: ja technik finde ich auch nich schlecht
7   ((wendet den Blick zum Berater))
8   B: ((nimmt die Maus in die Hand))

```
9    K:   ((lacht leicht auf))
10   B:   wo jetzt
11   K:   ach so ne weil sie gerade meinten (.) ob es noch andere
12   B:   ((lässt die maus wieder los und wendet sich wieder voll der Klientin
13        zu))
14   K:   ((wedelt mit der Hand))
15   B:   hmhm?=
16   K:   =bereiche gäb
17   B:   ja welche was für technik frau öh ((wendet sich wieder dem PC zu und
18        nimmt die Maus in die Hand)) wir können ja einfach wieder hoch gehen↑
19        (klickt) ((4) beide schauen auf den Bildschirm) sie kö übrigens
20        kunsthandwerk könnten sie auch noch mal kucken ((klickt)) ne?="
21   K:   =hmhm?
```

Der Berater macht deutlich, dass er wechselnde bzw. zwei Bezugspunkte in der Interaktion hat: die Klientin *und* den PC. Auf die Äußerung der Klientin, sie habe das Thema angeschnitten, weil er doch nach anderen Bereichen (die sie interessieren) gefragt habe, wendet er sich ihr zunächst wieder zu und wartet ab, bis sie ihren Satz zu Ende gesprochen hat. Dann allerdings fragt er „ja welche was für technik frau öh" und dreht sich wieder zum Bildschirm, ohne ihre Reaktion abzuwarten. Während K den PC zu Beginn des Ausschnitts nur kurz mittels Blick adressiert und sich dann wieder dem Berater zuwendet, bleibt der PC für den Berater wesentlich länger im Spiel. Er bemüht sich noch immer, Themenankündigung von K und den PC unter einen Hut zu bringen.

6. Zusammenfassung und Schlussfolgerungen

Beratung am Übergang muss wie jede Beratungssituation aufgrund der Tatsache, dass sie gesprächsförmig organisiert ist, Übergangsprobleme in der Interaktion lösen. Die bestehen zum Beispiel darin, wie die Handelnden, die in derartigen Gesprächssituationen miteinander zu tun haben, Dinge zur Sprache bringen, ihr Gespräch beginnen oder beenden und wie sie es mit anderen, möglicherweise vorangegangenen, Gesprächen verbinden. Auch an diesen Schaltstellen im Gespräch handeln Teilnehmende kontextsensitiv. Die analytische Fragestellung, die sich mit Blick auf die besondere Rationalität solcher Gespräche ableiten lässt, ist, wie Themenübergänge im Gespräch so gemeistert werden, dass sie von den Handelnden in diesem Kontext *als vernünftig oder sinnhaft* behandelt werden können. Damit ist angedeutet, dass sich kein absoluter Maßstab rationalen Handelns anlegen lässt, sondern dass der Abgleich („War das jetzt ein passender Themenübergang, der zu einem passenden Thema führt, oder nicht?") interaktiv in der Situation erfolgt. Das ist kein besonderes Problem von Übergangsberatung. Auf einer ganz allgemeinen Ebene stellt sich das Problem, wie Handelnde thematische Übergänge organisieren, in jedem alltäglichen Gespräch. Aber die Analyse hat gezeigt, dass sich Handelnde im Kontext von Berufsberatung an spezifischen Einschränkungen der Themenetablierung orientieren. So scheinen Themenbeiträge besonders gut abgesichert werden zu müssen.

Themeninitiativen werden sowohl von der Klientin wie auch vom Berater nicht als *spontan* eingebracht, sondern deutlich sinnhaft in der Situation als einer Beratungssituation verankert. Das geschieht zum einen mit Blick auf die materiale Umgebung des Gesprächs wie auch auf den Gesprächskontext selbst. Im vorliegenden Fall ist der PC eine Ressource für die Klientin, um ein neues Thema für die Institution passend einzubringen. Sie macht sich dafür einerseits eine alltägliche Handlungsmöglichkeit zunutze – sie teilt mit, dass sie etwas zu sagen hat („news announcement") – schaltet dieser Ankündigung aber eine situativ passende Vorankündigung voraus. Das heißt, sie bindet den PC (bzw. das darauf gerade geöffnete Programm) mittels Änderung der Blickrichtung in die Interaktion mit ein. Das Stichwort ‚Technik' wird so situativ und nicht assoziativ, also wie etwas, das ihr spontan eingefallen ist, hergeleitet. Sie nutzt die Tatsache, dass es schon einmal im Gespräch Thema war. Als sich der eingeleitete Themenwechsel holprig gestaltet, bezieht sie sich darüber hinaus auf eine vorhergehende Frage des Beraters, um ihr neues Thema an diese passend – eben als Antwort – anzuschließen. Zusätzlich zum PC nutzt sie also das Format Beratung, in dem Frage-Antwort-Sequenzen sehr häufig sind, um zu ihrem Thema zu kommen.

Es fällt auf, dass es interaktiv aufwändig ist, ein neues Thema einzubringen. Das gilt auch für den Berater, wie die Ausschnitte 2) und 3) verdeutlichen. Auch er orientiert sich daran, seine Themeninitiative auf mehreren Ebenen abzusichern: Er begründet sie als Antwort auf ihre Frage, er zeigt auf den Bildschirm und er blickt auf seine Notizen. Für beide Teilnehmenden kann man also sagen, dass der materiale Kontext des Gesprächs eine entscheidende Ressource ist, um neue Themen anzustoßen.

Zudem zeigt sich, dass die *Inhalte*, die das Informationsprogramm der Bundesanstalt für Arbeit („Berufenet") zum Thema Technik zur Verfügung stellt, keine Rolle im Gespräch spielen. Der PC wird in diesem (Erst-) Gespräch zwar Mitspieler (Böhringer/Wolff 2010), aber ohne, dass inhaltlich darauf Bezug genommen wird. Es wäre zu prüfen, ob sich das in Folgegesprächen, die möglicherweise stärker ins Detail gehen, anders gestaltet.

Bezogen auf die eingangs skizzierte Diskussion um sozialen oder technischen Determinismus im Umgang mit dem PC in Beratungssettings, lassen sich Anhaltspunkte dafür finden, dass er unterschiedlich stark in die Interaktion integriert wird. Die Klientin bezieht sich auf den PC eher als eine thematische Ressource, derer sie sich im Vorübergehen bedient und den sie – als er seinen Zweck erfüllt hat – wieder an die Seite schiebt. Sie zeigt so an, dass sie sich des Geräts bedient. Der Berater hingegen orientiert sich stärker am PC, vor allem an der Stelle, als er die Sequenzialität des PC auf die Sequenzialität des Gesprächs abstimmt: Er klickt so lange, bis er die zum Thema 'Technik' passende Seite wieder auf dem Bildschirm hat und somit die Anzeige auf dem Bildschirm wieder zum Thema des Gesprächs passt (Ausschnitt 2). Er bedient das Gerät. Meiner Ansicht nach lässt aber weder das eine noch das andere auf technischen Determinismus schließen, jedenfalls nicht in dem Sinne, dass das Gerät das Gespräch, seine Inhalte und seine Struktur *bestimmt*. Es wird allerdings deutlich, dass die Präsenz des PC im Gespräch im Spiel der Blicke und verbaler, gestischer und motorischer Bezugnahmen der Teilnehmenden unterschiedlich moduliert werden kann. Letztlich handelt es sich dabei um eine je spezifische Balance der Aufmerksamkeiten zwischen Menschen und Dingen, die Berater und Klientin fortlaufend neu justieren. Der Vertreter der Institution war im hier ausgewählten Fall deutlich daran orientiert, das Gerät im Gespräch 'mitzunehmen'.

Festzuhalten ist, dass es nicht leicht ist, ein neues Thema einzubringen. Die Teilnehmenden orientieren sich daran, dass das, was sie sagen, auch „passt", sei es sequenziell oder auf die materialen Ressourcen des Gesprächs (PC, Notizzettel etc.) bezogen. Wenn man nun auf die Kritik Ostendorfs zurückkommt, in der Berufsberatung vielfältig und differenzorientiert zu beraten, wäre dies ein Plädoyer für eine reiche materiale Ausstattung von Beratungssettings, um Ressourcen und Anschlussmöglichkeiten für thematische Initiativen bereit zu stellen. Nicht alles kann immer und an jeder Stelle im Gespräch gesagt werden. Es entwickelt sich im Laufe des Gesprächs ein Korsett (leichter) sagbarer Dinge und thematischer Anschlussmöglichkeiten.[5] Der PC (oder andere materiale Ressourcen) kann dabei entweder als verfügbare thematische Ressource benutzt werden, an die sich eine Vielzahl thematischer Initiativen anschließen lassen oder aber als beschränkend in die Interaktion mit einbezogen werden. In keinem Gespräch kann über alles gesprochen werden. Ja gerade durch die Form des Gesprächs und den engen thematischen Raum, der mitunter ausgelotet wird,

---

5 Schegloff und Sacks (1973, S. 302) weisen in ihrem Artikel ebenfalls auf dieses Problem insbesondere bei stärker formalisierten Gesprächen hin. Sie nennen dafür das Beispiel von Studierenden einer amerikanischen Universität, die einen Termin bei ihrem Dekan hatten, um über Beschwerden von Studierenden zu sprechen. Hinterher stellte sich heraus, dass keine Beschwerden geäußert wurden, weil es sich – so die Studierendenvertreter/-innen – nicht ergeben habe.

wird eine bestimmte Gesprächsform erst als solche erkennbar. Insofern ist es durchaus richtig zu sagen, dass mit der Anerkennung sagbarer Themen andere Themen und Deutungen ausgeschlossen werden. Allerdings ist zu fragen, ob diese Engführung nicht notwendig ist, um den Handelnden Sicherheit zu geben und sie zu entlasten (Tacke 2006).

Literatur

Bergmann, J. (1988): Haustiere als kommunikative Ressource. In: Soeffner, H.-G. (Hrsg.): Kultur und Alltag (Sonderband 6 der Zeitschrift „Soziale Welt"). Göttingen: Schwarz, S. 299–312.

Böhringer, D./Karl, U. (2013): Geprüft und für glaubwürdig befunden? Pläne in der Interaktion in Berufsberatung und Jobcenter. In: Walther, A./Weinhardt, M. (Hrsg.): Beratung im Übergang. Zur sozialpädagogischen Herstellung von biografischer Reflexivität. Weinheim und Basel: Beltz Juventa, S. 154–170.

Böhringer, D./Wolff, S. (2010): Der PC als ‚Partner' im institutionellen Gespräch. In: Zeitschrift für Soziologie 39, H. 3, S. 233–251.

Bundesagentur für Arbeit (2012): Jahresbilanz zum Abschluss des Berufsberatungsjahres 2011/12. http://statistik.arbeitsagentur.de/Statischer-Content/Arbeitsmarktberichte/Berichte-Broschueren/Ausbildungsmarkt/Generische-Publikationen/Jahresbilanz-Berufsberatung-2011-12.pdf (Abruf 15.2.2013).

Button, G./Casey, N. (1985): Topic nomination and topic pursuit. In: Human Studies 8, H. 1, S. 3–55.

Frers, L. (2009): Space, materiality and the contingency of action: a sequential analysis of the patient's file in doctor-patient interactions. In: Discourse Studies, 11, H. 3, S. 285–303.

Glaser, B./Strauss, A. (1974): Interaktion mit Sterbenden. Beobachtungen für Ärzte, Seelsorger und Angehörige. Göttingen: Vandenhoek & Ruprecht.

Goldman, R./Pea, R./Baron, B./Derry, S. (2007) (Hrsg.): Video Research in the Learning Sciences. Mahwah, NJ: Erlbaum.

Greatbatch, D. (2006): Prescriptions and Prescribing: Coordinating Talk-and-Text-Based Activities. In: Heritage, J. & Maynard, D. (Hrsg.): Practicing Medicine. Structure and Process in Primary Care Encounters. Cambridge: Cambridge Univ. Press, S. 313–339.

Heath, C./Hindmarsh, J./Luff, P. (2010): Video in Qualitative Research. Analysing Social Interaction in Everyday Life. London: Sage.

Heritage, J. (2008): Conversation Analysis as Social Theory. In: Turner, B. (Hrsg.): The New Blackwell Companion to Social Theory. Oxford: Blackwell, S. 300–320.

Kissmann, U. T. (2009): Video Interaction Analysis: Methods and Methodology. Frankfurt am Main: Peter Lang.

Krämer, R. (2001): Die Berufsberatung in Deutschland von den Anfängen bis heute – eine historische Skizze. In: ibv 16, S. 1097–1105.

Ley, T. (2010): "Unser Schreibzeug arbeitet mit an unseren Gedanken." oder: zur Konstruktion des sozialpädagogischen Falles in computerisierten Arbeitsbedingungen. In: Cleppien, G./Lerche, U. (Hrsg.): Soziale Arbeit und Medien. Wiesbaden: VS Verlag für Sozialwissenschaften, S. 219–233.

Ley, T./Seelmeyer, U. (2008): Professionalism and Information Technology: Positioning and Mediation. In: Social Work & Society 6, H. 2. www.socwork.net/2008/2/articles/leyseelmeyer (Abruf 8.8.2010).

Ley, T./Seelmeyer, U. (2011): Informationstechnologien in der Sozialen Arbeit. In: Otto, H. U./Thiersch, H. (Hrsg.): Handbuch Soziale Arbeit. Grundlagen der Sozialarbeit und Sozialpädagogik. München: Reinhardt, S. 642–649.

Lynch, M. (2006): Cognitive activities without cognition? Ethnomethodological investigations of selected 'cognitive' topics. In: Discourse Studies 8, H. 1, S. 95–104.

Mansel, J./Speck, K. (2012) (Hrsg.): Jugend und Arbeit. Empirische Bestandsaufnahme und Analysen. Weinheim, Basel: Beltz Juventa.

Maynard, D. (1980): Placement of Topic Changes in Conversation. In: Semiotica 30, H. 3/4, S. 263–290.

OECD-Gutachten zur Berufsberatung – Deutschland. Länderbericht (2002). In: ibv 38, S. 2679–2698. http://doku.iab.de/ibv/2002/ibv3802_2677.pdf (Abruf 23.2.2013).

Ostendorf, H. (2005): Steuerung des Geschlechterverhältnisses durch eine politische Institution. Die Mädchenpolitik der Berufsberatung. Opladen: Verlag Barbara Budrich.

Ostendorf, H. (2011): Öffentliche Berufsberatung: Die organisierte Verantwortungslosigkeit des Gewährleistungsstaates. In: Femina Politica 2, S. 45–62.

Sacks, H. (1984): On doing „being ordinary". In: Atkinson, M./Heritage, J. (Hrsg.): Structures of Social Action. Cambridge: Cambridge Univ. Press.

Schegloff, E. A./Sacks, H. (1973): Opening up Closings. In: Semiotica 8, H. 4, S. 289–327.

Schegloff, E. (2002): Beginnings in the telephone. In: Katz, J. E./Aakhus, M. (Hrsg.): Perpetual contact. Mobile communication, private talk, public performance, S. 284–300. Cambridge: Cambridge Univ. Press.

Schmitt, R. (Hrsg.) (2011): Unterricht ist Interaktion! Analysen zur De-facto-Didaktik. Arbeitspapiere und Materialien zur deutschen Sprache. Mannheim: Eigenverlag.

Stauber, B./Walther, A. (2011): Übergänge in den Beruf. In: Otto, H. U./Thiersch, H. (Hrsg.): Handbuch Soziale Arbeit. Grundlagen der Sozialarbeit und Sozialpädagogik. München und Basel: Ernst Reinhardt Verlag, S. 1703–1715.

Streeck, U. (2004): Auf den ersten Blick. Psychotherapeutische Beziehung unter dem Mikroskop. Stuttgart: Klett-Cotta.

Svennevig, J. (2012): The agenda as ressource for topic introduction in workplace meetings. In: Discourse Studies 14, H. 1, S. 53–66.

Tacke, V. (2006): Rationalität im Neo-Institutionalismus. Vom exakten Kalkül zu Mythos. In: Senge, K./Hellmann, K.-U. (Hrsg.): Einführung in den Neo-Institutionalismus. Wiesbaden: VS Verlag für Sozialwissenschaften, S. 89–101.

Wang, J. (2006): Questions and the exercise of power. In: Discourse & Society 17, H. 4, S. 529–548.

Teil II
Subjektivierungsweisen und ihre Rationalitäten

Andreas Walther

Der Kampf um ‚realistische Berufsperspektiven'

Cooling-Out oder Aufrechterhaltung von
Teilhabeansprüchen im Übergangssystem?

In diesem Beitrag soll es um die Herstellung von Rationalität bzw. eines
spezifischen beruflichen Rationalitätsverständnisses im Übergang von der
Schule in eine Ausbildung gehen. Dabei wird davon ausgegangen, dass die
Herstellung bzw. Durchsetzung eines spezifischen Rationalitätsverständnis-
ses gekoppelt ist an Kämpfe um Anerkennung zwischen unterschiedlichen
Akteuren (Honneth 1992).

In seiner Konzeption Sozialen Handelns unterscheidet Max Weber die
Dimensionen der Wert- und der Zweckrationalität des Handelns von Individuen im gesellschaftlichen Kontext (Weber 1980, S. 11 ff.). Diese notwendige wie sinnvolle Unterscheidung ist jedoch rein analytisch. Denn in der
Entstehung, Begründung und Koordinierung der Handlungen von Individuen ist davon auszugehen, dass Sinn und Zweck des Handelns eng mit der
Wahl der geeigneten Mittel verknüpft sind (Habermas 1981). Arbeitsgesellschaften zeichnen sich dadurch aus, dass die Beteiligung der Individuen am
Erwerbsprozess gleichermaßen als sinnvoll wie als wirksam zur Erlangung
individuellen wie kollektiven Sinns gelten kann (Keupp et al. 1999).
Dadurch wird das für individuelle Existenzsicherung, soziale Zugehörigkeit,
subjektive Selbstverwirklichung und praktische Alltagsstrukturierung genauso wie für die Reproduktion gesellschaftlicher Arbeitsteilung zweckrati-
onale Mittel der Erwerbsarbeit moralisch aufgeladen: Arbeit steht sowohl
für den Weg zum guten Leben als auch für einen zentralen Aspekt dieses
guten Lebens selbst (Durkheim 1992; Baethge 1991). Dies ist gleichzeitig ein
zentraler Aspekt des mit dem Übergang von der Fremdführung zur Selbst-
führung verbundenen Individualisierungsprozesses seit Beginn der Moderne (Elias 1979; Foucault 2005; Beck/Bonß 2001).

Diese historische Vergewisserung heißt allerdings keinesfalls davon auszugehen, berufs- und erwerbsbezogene Rationalitäts- bzw. Normalitätsmus-
ter seien soziale Tatsachen, die das soziale Handeln der Einzelnen determi-

nieren würden. Vielmehr wird davon ausgegangen, dass – bei aller Dominanz und hegemonialen Geltung – gesellschaftliche Rationalitäten und Normalitäten konstant neu hergestellt werden und dass diese Herstellungsprozesse in jeder Interaktion im sozialen Alltag enthalten sind (Berger/ Luckmann 1969). Dies gilt auch und in besonderem Maße für die Berufswahlprozesse Jugendlicher und junger Erwachsener. Ein Hinweis darauf, dass die Herstellung beruflicher Rationalität und Normalität in der entgrenzten Arbeitsgesellschaft nicht mehr selbstverständlich sind (Böhnisch/ Schröer 2001; Galuske 2002), ist der seit den 1980er Jahren beobachtbare Ausbau und die ‚Vertiefung' von Elementen der beruflichen Orientierung. Das betrifft vor allem die schulischen Bildungsgänge, deren Abgänger/ -innen im dreigliedrigen deutschen Schulsystem vom Ausbildungsmonopol des dualen Ausbildungssystems und damit vom Ausbildungsverhalten der Privatwirtschaft abhängig sind: Förder-, Haupt- und Realschule (BIBB 2012, S. 235 f.).

Vor diesem Hintergrund soll die Herstellung ‚realistischer Berufsperspektiven' Jugendlicher rekonstruiert werden. ‚Realistische Berufsperspektiven' sind im Kontext des Übergangssystems, d.h. der institutionellen Bearbeitung nicht glatt verlaufender Übergänge in Ausbildung und Arbeit, ein zentrales Ziel pädagogischen Handelns. Dieses Ziel resultiert aus einer individualisierenden, defizitorientierten Zuschreibung: Sogenannte ‚benachteiligte Jugendliche' hätten entweder keine marktkonformen (oder gar keine) Berufswünsche, sondern würden sich an Berufen orientieren, in die eine Vermittlung aufgrund schulischer oder anderer zugeschriebener Defizite aus Sicht der Berufsberatung und der Ausbildungsbetriebe nicht möglich erscheint. Dieser Beitrag schließt an Analysen solcher Mechanismen als Praktiken des „Cooling-Out" an (Mariak/Seus 1993; Walther 2002) und versucht, sie anerkennungstheoretisch zu vertiefen und zu fundieren.

Schon der Begriff ‚realistische Berufsperspektiven' lässt sich als Hinweis auf ein bestimmtes Rationalitätsverständnis verstehen: rational im Sinne von realitätsangemessen. Wie Rationalität ist auch Realität eine interaktive Konstruktion, die eingelagert ist in konkrete Machtverhältnisse. Realistische Berufsperspektiven sollen u.a. durch pädagogisches Handeln im Kontext von Programmen und Maßnahmen der beruflichen Orientierung und/oder der Berufsvorbereitung hergestellt werden. Dabei stellt sich nicht nur die Frage, ob und wie ein Ausgleich zwischen den subjektiven und systemischen Realitäts- bzw. Rationalitätsverständnissen gelingt, sondern auch die Frage nach der Rationalität pädagogischen Handelns. Unterwirft es sich einer ökonomischen oder wohlfahrtstaatlichen Rationalität, stellt es eine ‚Kompromissrationalität' zwischen subjektiven und systemischen Perspektiven dar oder entsteht aus der Übersetzung eine eigene Rationalität (Rauschenbach/Treptow 1984; Habermas 1981)?

Dieser Beitrag basiert auf der Analyse von Daten aus der Evaluation der Berufseinstiegsbegleitung nach § 421s SGB III[1]. Im Rahmen der Modellphase begleiten Berufseinstiegsbegleiter jeweils max. 20 Jugendliche ‚mit besonderen Vermittlungshemmnissen' in bundesweit insgesamt 1.000 Haupt- und Förderschulen ab der Vorabgangsklasse bis maximal zwei Jahre nach Verlassen der Schule, um so Schulabschluss und Einmündung in Ausbildung sicherzustellen. Ein zentraler Bestandteil ist Berufsorientierung – und damit die Herstellung ‚realistischer Berufsperspektiven'.

Die Evaluation des Modellprogrammes besteht auf der einen Seite aus standardisierten Befragungen unterschiedlicher Akteur/-e/-innen, wobei die Perspektive der teilnehmenden Jugendlichen durch ein Längsschnitt- und Kontrollgruppendesign erhoben wird. Auf der anderen Seite werden mittels zwölf qualitativer, ebenfalls als Längsschnitt angelegter Fallstudien, Alltagspraktiken, Deutungsmuster und Wirkungsannahmen der beteiligten Akteur/-e/-innen rekonstruiert. Neben den Institutionenvertreter/-innen, den pädagogischen Fachkräften sowie den Eltern werden vor allem die Jugendlichen befragt, und zwar drei Mal über einen Zeitraum von vier Jahren. Dieser Beitrag basiert auf einer ersten Auswertung von zwei Erhebungswellen mit insgesamt 46 Jugendlichen (Deutscher Bundestag 2010, S. 64 ff.; IAW 2011, S. 71 ff., 2012, S. 138 ff.).

Die Interviews wurden vollständig transkribiert und mittels eines zuerst induktiv-offenen, dann stärker deduktiv vorgehenden Verfahrens kodiert, um sowohl zwischen den Sichtweisen unterschiedlicher Akteursgruppen und Akteur/-e/-innen als auch zwischen unterschiedlichen Zeitpunkten innerhalb eines Übergangsverlaufs vergleichen zu können. Die Auswertung erfolgt in Anlehnung an die *Grounded Theory* (Strauss 1998; Strübing 2010), sieht aber pragmatische Abkürzungen vor wie sie etwa Flick (2007) als „thematisches Kodieren" bezeichnet. Die Daten werden für jede Akteursgruppe bzw. Handlungsebene separat ausgewertet und erst im Anschluss in Beziehung gesetzt, um im Sinne einer qualitativen Mehrebenenanalyse (Helsper/Kramer/Hummrich 2010), die strukturierenden Interaktionen zwischen den verschiedenen Ebenen zu analysieren.

---

1   Die Evaluationsstudie wird im Auftrag des Bundesministeriums für Arbeit und Soziales 2009 bis 2014 durchgeführt. Koordiniert wird das Projekt vom Institut für Angewandte Wirtschaftsforschung (IAW) in Tübingen. Weiter sind an der Studie beteiligt das SOESTRA-Institut in Berlin sowie SOKO Bielefeld. Die Universitäten Frankfurt am Main und Tübingen sind für die die Durchführung der qualitativen Fallstudien zuständig, auf die sich dieser Beitrag bezieht. Der Beitrag steht jedoch in keinerlei Bezug zum Bundesministerium für Arbeit und Soziales oder zu einem der Kooperationspartner.

Im nächsten Abschnitt soll zuerst das Übergangssystem als gesellschaftliche Diskurs- bzw. Kampfarena skizziert werden, die den Rahmen einer pädagogischen Herstellung realistischer Berufsperspektiven darstellt. Hierbei wird auch Honneths Anerkennungskonzept als interaktionistischer theoretischer Rahmen eingeführt. Darauf folgend werden anhand von qualitativen Daten aus der Evaluation der Berufseinstiegsbegleitung zentrale Dimensionen der Herstellung realistischer Berufsperspektiven und entlang der Übergangsverläufe zweier Jugendlicher unterschiedliche Anerkennungskonstellationen rekonstruiert. In den Schlussfolgerungen wird schließlich die Frage nach der pädagogischen Rationalität als Frage danach reformuliert, inwieweit die Bestimmung sozialpädagogischen Handelns als Hilfe bei der Bewältigung des Lebenslaufs die Überwindung ungleichheitsbedingt eingeschränkter Handlungs- und Wahlmöglichkeiten oder eher Integration trotz Benachteiligung bedeutet.

1. ‚Realistische Berufsperspektiven':
das Übergangssystem als Diskursarena

Der Stellenwert und die Bedeutung des Begriffes der ‚realistischen Berufsperspektiven' im Übergangssystem wird am Beispiel eines relativ typischen, weil in vielen vergleichbaren Interviews ähnlich vorkommenden, Zitates eines Berufseinstiegsbegleiters deutlich:

„Denen [den Jugendlichen, A.W.] ist noch gar nicht klar, dass Schule jetzt mal aufhört und das man selber auch irgendwie in die Gänge kommen muss und selber aktiv werden muss ... Was die in der Mehrzahl bräuchten, wär jemand, der mit denen vernünftige Bewerbungen schreibt, also mal so wirklich die ganz einfachen Sachen, dass da keine Kakaoflecken drauf sind ... Ähm, dann natürlich, was also was für die ganz arg schwierig ist, äh zu entscheiden, wo soll es denn überhaupt hingehen?" (Berufseinstiegsbegleiter, männlich; vgl. IAW 2011, S. 105 ff.).

In diesem Zitat werden Prozesse beruflicher Orientierung erstens als notwendige und normierte Entwicklungs-, Bildungs- oder Reifeprozesse gedeutet. Zweitens wird als Erfolgskriterium die „vernünftige Bewerbung" genannt und zwar in formaler Hinsicht. Drittens wird auf eine Diskrepanz der individuellen Verantwortlichkeit der Jugendlichen und deren Schwerfälligkeit hingewiesen, die primär Sozialisationsdefiziten zugeschrieben wird: Es geht um die „ganz einfachen Sachen".

Die Schwerfälligkeit bei der Erstellung „vernünftiger Bewerbungen" ließe sich allerdings auch anders deuten, z.B. als „widerspenstige Praktiken" (Fraser 1994). Für Jugendliche, denen die Ausbildungsberufe, für die sie sich interessieren, nicht offen stehen, bedeutet die Fertigstellung und das Abschicken von Bewerbungen für Berufe zweiter oder dritter Wahl, dass sie einen von Markt- und institutionellen Mechanismen gerahmten und pädagogisch umgesetzten Prozess der Herstellung von (realistischen) Berufsperspektiven aktiv bestätigen. Für Jugendliche aus den unteren Bildungsgängen – und nur in Bezug auf diese Gruppe wird ja überhaupt zwischen realistischen bzw. unrealistischen Berufsperspektiven unterschieden – bedeutet dies, ihre beruflichen und damit auch ihre Teilhabeansprüche abzusenken. In der Übergangsforschung wird dies in Anlehnung an Goffman (1952) als *cooling out* bezeichnet, wobei Abkühlungsprozesse erst dann erfolgreich sind, wenn die Betroffenen nicht nur die Selbstzuschreibung, sondern auch eine weniger attraktive bzw. sozial anerkannte Position als für sich passend akzeptiert haben (Walther 2002). Das Konzept *cooling out* entwickelte Goffman mit Blick auf die Paradoxie zwischen Chancengleichheit und dem Wettbewerb um knappe attraktive soziale Positionen in kapitalistischen, demokratischen Gesellschaften. Diese sind durch die Notwendigkeit gekennzeichnet, Teilhabeansprüche gesellschaftlich ‚anzuheizen' und sie dann wieder ‚abzukühlen', um die ungleiche Positionierung der Gesellschaftsmitglieder zu legitimieren. Diese Abkühlung erfolgt durch spezifische Akteur/ -e/-innen, die als *gate keeper* an den Übergängen im wohlfahrtsstaatlichen Lebenslaufregime positioniert sind, z.B. Professionelle im Bildungssystem oder den Sozialen Diensten (Mariak/Seus 1993; Behrens/Rabe-Kleberg 2000).

Wie kommen Jugendliche in spätmodernen, individualisierten Arbeitsgesellschaften zu ihren Berufsperspektiven? Zuerst ist davon auszugehen, dass es sich dabei um den Ausdruck von Sozialisationsprozessen und Identitätsarbeit in gesellschaftlichen Kontexten handelt, die durch Individualisierung, aber auch durch Differenzlinien strukturiert sind, entlang derer Ungleichheit reproduziert wird (Baethge et al. 1988; Böhnisch/Lenz/Schröer 2009). Dabei sehen sich Jugendliche, besonders Jugendliche aus Familien mit geringeren sozio-ökonomischen und soziokulturellen Ressourcen einer *double-bind*-Situation ausgesetzt. Auf der einen Seite vermittelt die individualisierte und zunehmend entgrenzte Arbeitsgesellschaft: Alle können im Prinzip alles werden. Dies ist im deutschen Grundgesetz als Recht auf Berufswahlfreiheit festgeschrieben, vermittelt sich durch die ‚bunte Warenwelt' an Ausbildungsberufen der Berufsinformationszentren und wird neuerdings jenseits wohlfahrtsstaatlicher Institutionen auch medial durch *Casting-Shows* suggeriert. Deren Botschaft enthält die Verheißung, ein gutes Leben sei auch ohne den Gang durch die Institutionen von Bildungs-, Ausbildungs- und Übergangssystemen zu haben. Auf der anderen Seite werden diese Botschaften durch die Verbindung eines selektiven Schulsystems und eines segmentierten Ausbildungsmarktes konterkariert, aufgrund derer die Normalbiographie nicht für alle gleichermaßen erreichbar ist.

Empirische Befunde zu den Berufsorientierungen zeigen, dass sich die große Mehrheit der Jugendlichen trotz dieser *double-bind*-Situation auf Berufe konzentriert, die formal mit ihren jeweiligen Voraussetzungen zu erreichen sind und dies bis vor 20 Jahren auch noch tatsächlich waren. Oft sind dabei die ersten Berufswünsche, die Jugendliche nennen, schon die zweite oder dritte Wahl, wobei sich bestehende Geschlechtersegmentierungen eher verfestigen als aufzulösen scheinen (z.B. Baethge et al. 1988; Stauber/Pohl/Walther 2007; Deutsche Shell 2010; BIBB 2012; Rauschenbach/Bien 2012). Wenn Jugendliche auf die Frage nach ihrem Berufswunsch mit „Hartz IV" antworten, so wird das zunehmend als Rückgang einer Berufsorientierung unter als ‚benachteiligt' klassifizierten Jugendlichen gedeutet und einer sozialen bzw. kulturellen Vererbung zugeschrieben (abgesehen davon, dass solche Antworten in der Regel dekontextualisiert wiedergegeben werden). Angesichts von Ungleichheit und Stigmatisierung liegt es allerdings nahe, solche Aussagen ebenfalls als widerspenstige Praxis zu deuten. Sie ermöglichen, einen weiteren Anpassungsdruck zurückzuweisen, und vermitteln zumindest situativ ein Gefühl autonomer Handlungsfähigkeit. Dass den Jugendlichen diese Antwort trotz des damit verbundenen Verlusts an Teilhabe als ‚Berufswunsch' zugeschrieben wird, ist ein weiterer Hinweis auf einen ‚Kampf' um realistische Berufsperspektiven, in dem auch noch letzte Teilhabeansprüche diskreditiert werden.

Doch wer sind die anderen Akteur/-e/-innen in diesem Kampf? Entsprechend der Marktvermitteltheit des Verhältnisses von Arbeit und Kapital in modernen Arbeitsgesellschaften sind dies zuerst die Arbeitgeber, die entsprechend ihrer Produktionserfordernisse an bestmöglich ausgebildeten Arbeitskräften zu möglichst flexiblen Bedingungen interessiert sind. In Deutschland spielen sie im Kontext des dualen Ausbildungssystems schon früher im Übergang als in anderen Ländern eine zentrale Rolle, die sich im Zuge von vertiefter Berufsorientierung und Partnerschaften zwischen Schule und Wirtschaft inzwischen weit in die Sekundarstufe 1 vorverlagert hat: Selektive Zugangsregulierungen greifen längst nicht mehr erst bei der Ausbildungsstellensuche, sondern schon bei der Vergabe von Praktikumsstellen in der Vorabgangsklasse von Haupt- und Realschulen (Boron et al. 2012).

Zwischen Arbeitgebern und Jugendlichen stehen – quasi als Puffer oder Vermittler – das Bildungssystem mit der Aufgabe, Jugendliche auf die Anforderungen des Erwachsenenstatus vorzubereiten und der Wohlfahrtsstaat, dessen Aufgabe und Perspektive sich so charakterisieren lässt: Alle sollen ‚unterkommen' in Erwerbs- und Lebenslaufarrangements, die gesellschaftlich funktional sind und wenig soziale Kosten verursachen (Walther 2002). Es ist also zwischen Wirtschaft und wohlfahrtsstaatlichen Institutionen zu unterscheiden, deren spezifische Handlungsdilemmata – und der in ihnen agierenden Fachkräfte – aus ihrer Abhängigkeit von der Wirtschaft resultieren. Aufgrund der traditionellen Quasi-Monopolstellung des dualen Systems und damit der Ausbildungsbetriebe für nicht-akademische Erwerbspositionen sind institutionelle Akteure im deutschen Übergangssystem mehr oder weniger gezwungen, die Kriterien der Wirtschaft für Ausbildungsreife als Grundlage dafür anzuerkennen, welche beruflichen Optionen für welche Jugendlichen ‚realistisch‘ sind. Dies zeigt sich besonders am Diskurs um ‚Ausbildungsreife‘, der zentral für die Herstellung realistischer Berufsperspektiven im Übergangssystem ist.

Der Begriff ‚Ausbildungsreife‘ wurde in den 1990er Jahren von den Arbeitgebern parallel – bzw. im Sinne einer Begründung – zu ihrer in dieser Zeit rapide abnehmenden Ausbildungsbeteiligung eingeführt (BMBF 2005, S. 15ff.). In den offiziellen Übergangsdiskurs aufgenommen wurde der Begriff 1998, als mit dem Sofortprogramm JUMP mehr Mittel für den Übergang Schule-Beruf ausgeschüttet wurden als für die rechtlich kodifizierte Benachteiligtenförderung zur Verfügung standen. Das heißt, es bedurfte einer neuen und breiteren Kategorisierung von Jugendlichen ohne Ausbildung und Arbeit, die eine defizitorientierte, kompensatorische Förderung rechtfertigte (Walther 2002). Ausdruck der diskursiven Einführung des Konzeptes zwischen Arbeitgebern und Wohlfahrtsstaat ist der Kriterienkatalog Ausbildungsreife des Nationalen Ausbildungspaktes aus dem Jahre 2006[2], in dem Ausbildungsreife folgendermaßen definiert wird:

„Eine Person kann als ausbildungsreif bezeichnet werden, wenn sie die allgemeinen Merkmale der Bildungs- und Arbeitsfähigkeit erfüllt und die Mindestvoraussetzungen für den Einstieg in die berufliche Ausbildung mitbringt. Dabei wird von den spezifischen Anforderungen einzelner Berufe abgesehen, die zur Beurteilung der Eignung für den jeweiligen Beruf herangezogen werden (Berufseignung). Fehlende Ausbildungsreife zu einem gegeben Zeitpunkt schließt nicht aus, dass diese zu einem späteren Zeitpunkt erreicht werden kann." (Bundesagentur für Arbeit 2006, S. 13)

Zentrale Bestimmungselemente von Ausbildungsreife im Kriterienkatalog sind schulische Qualifikation, Leistungsbereitschaft, Belastbarkeit, Motivation, Anpassungsfähigkeit – und Berufswahlreife. Die Rede von fehlender

---

2 Die Gewerkschaften beteiligten sich nicht am Ausbildungspakt, um ihre Sicht einer primären Verantwortung der Arbeitgeber für die Ausbildungsstellenlücke nicht in Frage zu stellen.

Ausbildungsreife ermöglicht so erst die Rede von unrealistischen Berufsperspektiven. Sie rekurriert auf eine klinisch-diagnostische Rationalität, legitimiert die Vorenthaltung bzw. Verweigerung von Teilhabechancen und verschafft gleichzeitig der Pädagogik eine Rolle in der Herstellung realistischer Berufsperspektiven.

Die Frage nach der Rationalität pädagogischen Handelns in Bezug auf die Berufsperspektiven Jugendlicher lässt sich anschließend an die Definition (sozial)pädagogischen Handelns als „Hilfe bei der Bewältigung des Lebenslaufs" (Böhnisch/Schröer/Thiersch 2005, S. 124) im Spannungsverhältnis zwischen Lebenslauf und Biographie verorten: Zum einen erfüllt pädagogisches Handeln Funktionen des *gate keeping* im Lebenslauf mit dem Auftrag der Vorbereitung der nachfolgenden Generation auf ihre Beteiligung am Erwerbsprozess, der Überprüfung der mit spezifischen Lebensaltersrollen verknüpften Kompetenzerwartungen und der Abkühlung nicht system- und marktkompatibler Berufswünsche. Zum anderen versuchen fachliche Zielbestimmungen pädagogischen Handelns sowohl in normativer Hinsicht als auch aufgrund der Abhängigkeit pädagogischen Handelns vom Ko-Produktionsprozess von Adressat/-inn/-en und Fachkräften die Perspektive der Unterstützung biographischer Bewältigung stark zu machen, die sich normativ unter anderem durch eine Anerkennung subjektiver Berufswünsche bestimmen lässt (Stauber/Pohl/Walther 2007). Zur Bestimmung und Begründung einer subjektorientierten Ausrichtung (sozial)pädagogischer Professionalität in diesem Spannungsverhältnis wird in den letzten Jahren u. a. Bezug auf Axel Honneths Anerkennungstheorie genommen (Schoneville/Thole 2009; Bolay 2010). Honneth (1992) zufolge lassen sich die wechselseitig aufeinander bezogenen Prozesse der Vergesellschaftung und der Identitätsbildung in modernen Gesellschaften als „Kampf um Anerkennung" analysieren, wobei sich drei Dimensionen von Anerkennung unterscheiden lassen: Liebe, Recht und Wertschätzung. Versteht man Pädagogik als gesellschaftlich institutionalisierte Vermittlungsinstanz in diesem Kampf, lässt sich pädagogisches Handeln danach unterscheiden,

- ob es sich am Aufbau einer vertrauensbasierten Beziehung zu den Adressat/-inn/-en orientiert oder deren subjektive Wünsche und Bedürfnisse missachtet,
- ob im Vordergrund die Eröffnung gleicher Chancen oder die Verweigerung von Wahlmöglichkeiten steht und
- wo es sich zwischen Zutrauen in die Fähigkeiten der Adressat/-inn/-en oder der individuellen Defizitzuschreibung einordnet, was sich u.a. daran zeigt, wie mit Berufswünschen Jugendlicher, die mit den bestehenden formalen Ressourcen zumindest nicht direkt erreicht werden können, umgegangen wird.

Auch wenn diese Anerkennungsdimensionen teilweise außerhalb der Reichweite pädagogischen Handelns liegen, so ließe sich pädagogische Rationalität im Sinne einer Reflexivität definieren, die sich dieser Dimensionen vergewissert.

2. Pädagogische und biographische Konstellationen der Herstellung realistischer Berufsperspektiven

In der oben skizzierten Ausgangssituation und dem daraus resultierenden pädagogischen Rationalitäts- und Handlungsdilemma neigen pädagogische Fachkräfte zu einer Reproduktion der individualisierenden, defizitorientierten Zuschreibungen in Bezug auf die Berufsorientierungen Jugendlicher, die ihnen Arbeitsmarkt und wohlfahrtsstaatliche Logik des ‚Unterkommens‘ nahelegen, auch wenn diese durchaus reflexiv gebrochen sein können:

„Ganz viele springen auf diesen Modezug auf, bei den Jungs natürlich der KFZ Mechatroniker ... und dann kommt der Industriemechaniker. Wenn man nachfragt, ‚was machst du da den ganzen Tag‘, wird man mit großen Augen angeschaut. Obwohl es im Bereich Kfz-Mechatroniker immer noch die meisten offenen Stellen gibt, aber halt nicht für schlechte Hauptschüler ... Aber nicht jeder will halt auf den Bau, nur weil er schlecht ist ..., auch wenn sie es für sich schon runtergebrochen haben mit den Berufswünschen, dass man eben nicht mehr den Kfz-Mechatroniker oder Industriemechaniker will. Aber wenn sie mal beim richtigen Berufswunsch – was heißt beim richtigen, bei einem Berufswunsch angekommen sind, der realistisch ist, – dann haben sie eine Chance auch mit einem schlechten Hauptschulabschluss. [Das heißt, Ihre Aufgabe ist die Jugendlichen ...] ‚Downsizen‘ wie mein Kollege sagen würde.“ (Berufseinstiegsbegleiter, männlich; vgl. Deutscher Bundestag 2010, S. 67)

Als defizitär werden zuerst einmal die Berufswahlkriterien beurteilt, die eher an der *peer group* als an ökonomischen Realitäten ausgerichtet scheinen („Modezug"). Dies wird durch den Verweis auf fehlende Information und Auseinandersetzung ergänzt. Die Zuschreibung als unrealistisch wird allerdings insofern relativiert als die Jugendlichen durchaus als kompromissbereit gesehen werden und die Anforderung eine ungewollte Ausbildung zu akzeptieren als erhebliche Zumutung zugestanden wird. Diese teilweise Anerkennung der biographischen Perspektive der Jugendlichen erhöht jedoch aufgrund der oben skizzierten Machtkonstellation im Übergangssystem die Handlungsfähigkeit der Fachkraft nicht. Deshalb bleiben die Orientierung am Unterkommen der Jugendlichen und die Unterordnung unter die betrieblichen Kriterien, wer für welche Ausbildung geeignet ist und wer deshalb legitimerweise ein Anrecht auf welche Ausbildung haben kann, dominant. Die Charakterisierung der eigenen Aufgabe als „downsizen" und das Verstecken hinter der Formulierung des Kollegen zeigen die Ambivalenz zwischen Zurückweisung und Akzeptanz nicht zu beeinflussender Macht- und Einflussverhältnisse.

Was die Konfrontation mit einer solchen Haltung biographisch für Jugendliche im Übergang bedeuten kann bzw. wie sie sie deuten und mit ihr umgehen, wird im Folgenden an den Übergängen von zwei am Programm teilnehmenden Jugendlichen beispielhaft rekonstruiert.

Thomas: „Ich hab das für mich gelöscht"

Zum Zeitpunkt des ersten Interviews besucht Thomas die achte Klasse einer Hauptschule in einer süddeutschen Großstadt. In diesem Interview antwortet er auf die Frage nach seinem Wunschberuf mit „Maurer". Auf die Frage, wie er auf diesen Berufswunsch gekommen sei, rekonstruiert er folgenden Ablauf (vgl. IAW 2011, S. 157ff.):

„Also, mein Lehrer ist zu mir gekommen und hat gesagt, also ich mach jetzt nächste Woche ein Praktikum … Ich hab gesagt, ‚als was denn', und er hat gesagt, ‚als Maurer, als Stahlbetonbauer'. Hab ich erst mal gefragt was das ist und so und dann hat mir eigentlich Maurer gut gefallen, auch wenn es ein schwerer Job ist. *[Frage: Und gab es davor schon andere Ideen?]* Ja. Also ich wollt' unbedingt Kfz- Mechatroniker sein, ja ich dachte immer ‚toller Beruf', aber jeder will Kfz-Mechatroniker werden … Darum hab ich das selber für mich gelöscht … Das zweite Praktikum hat mir sehr Spaß gemacht … das hab ich als Industriemechaniker gemacht [bei einem Automobilhersteller, A.W.] *[Frage: Woher kam jetzt die Idee, Maurer ist auch gut?]* Von meinem Lehrer. … Also hätt' ich jetzt eine Wahl zwischen Maurer und Industriemechaniker würd' ich klar Industriemechaniker wollen. Aber da kommt man ja nicht leicht rein … da braucht man diesen Scheiß-Realabschluss …*[Frage: Was macht denn die [Berufseinstiegsbegleiterin] mit euch?]* Die (3) ist so eigentlich wie ein @Manager." (Thomas, Interview 1)[3]

Hier wird erst einmal deutlich, dass Berufsorientierung seitens der Schule per Zuweisung von Praktikumsstellen abläuft. Gleichzeitig wird an der Nachfrage deutlich, dass die Annahme dieser Zuweisung nicht ganz selbstverständlich erfolgt. Thomas' Antwort erscheint als das passende Gegenstück zum obigen Zitat des Berufseinstiegsbegleiters; man hat geradezu das Gefühl, dass er dessen Argumente für die Begründung der Aufgabe seines Berufswunsches nutzt. Das „Löschen" macht deutlich, dass damit erhebli-

---

3 Die Namen wurden von den Jugendlichen selbst als Pseudonyme gewählt. In den Interviewausschnitten kommen folgende Transkriptionszeichen vor: @ = Lachen; (x) = x Sekunden Pause.

che Identitätsarbeit verbunden ist, die allerdings durch eine positive Praktikumserfahrung im Beruf zweiter Wahl (Industriemechaniker) erleichtert wird. Da es aber auch für die zweite Wahl nicht reicht, ist der Abkühlungsprozess noch nicht abgeschlossen. Die Wahl Maurer wird offen als zweite Wahl benannt (obwohl eigentlich dritte Wahl) und die Notwendigkeit sich darauf einzulassen als ungerecht bewertet („Scheiß-Realabschluss"). Von der ursprünglich ersten Wahl ist hier keine Rede mehr. Erst auf Nachfrage äußert er sich zur Rolle der Berufseinstiegsbegleiterin. Die wertschätzende Charakterisierung als „Manager" verweist sowohl auf Prozesse der Beratung und Strategieentwicklung als auch auf Vorbilder aus Sport- oder Musikszene. Möglicherweise erleichtert dies die Aneignung eines an Defizitzuschreibungen gebundenen Hilfeangebots.

Im zweiten Interview 18 Monate später hat Thomas eine Ausbildung als Stahlbetonbauer begonnen. Auch ein halbes Jahr nach Ausbildungsbeginn hat er noch nicht ganz verdaut, dass er sich mit einem Ausbildungsberuf dritter Wahl zufrieden geben muss, aber er ist aktiv dabei, sich eine berufliche Identität als Stahlbetonbauer anzueignen:

„Also ich muss meine ersten zwei Jahre als Hochbaufacharbeiter, das ist, ähm, Stahlbetonbauer und Maurer, und im dritten Lehrjahr muss ich mich entscheiden … Und ich will Stahlbetonbauer werden … Eigentlich hab ich mir vorgestellt [Autohersteller] zu arbeiten ist, ich dachte, das ist was besseres … Ich glaub eher, dass man da ein bisschen blöd, verblödet wird … *[Wer hat denn dich unterstützt in der Zeit, wo es drum ging Bewerbungen zu schreiben, sich entscheiden für eine Ausbildung?]* … Die [Berufseinstiegsbegleiterin] ist einfach richtig nett, … ich sag mal so wie eine große Schwester für mich … so sehr mag ich die … Sie hat mir einen Kick gegeben. Die hat gesagt, ‚ja mach, bewerb' …Und das muss man auch akzeptieren, wenn man es ablehnt, ist es dumm." (Thomas, Interview 2).

Diese und ähnliche Ausführungen beanspruchen in diesem zweiten Interview fast die Hälfte der gesamten Interviewdauer. Zum einen qualifiziert er die ursprünglich bevorzugte Option ab. Zum anderen beginnt er sich im Berufsfeld zu positionieren, indem er sich noch einmal vom Maurer abgrenzt. Auch in diesem Gespräch erwähnt er die Berufseinstiegsbegleiterin erst auf Nachfrage, beschreibt sie aber nicht nur als Hilfe, sondern weist ihr in sehr emotionaler Weise den Status einer signifikanten Anderen wie eine Familienangehörige zu. Offensichtlich hat sie einen Anteil daran, dass er sich für die eigentlich ungewollte Ausbildung bewirbt, auch wenn deutlich ist, dass die Akzeptanz einer solchen Hilfe keineswegs selbstverständlich, sondern rechtfertigungsbedürftig ist.

Ella: „... dann sagt dein Herz nein, aber der Kopf sagt, ‚unterschreib'".

Ein zweites Beispiel ist Ella. Im ersten Interview besucht sie die achte Klasse der Förderschule und antwortet auf die Frage nach ihrem Wunschberuf: „Türsteherin". Das ist keineswegs nur so dahin gesagt, sie ist informiert über Zugangswege und Voraussetzungen, sie verfügt über Rollenmodelle im familiären Umfeld und hat sich auch Gedanken darüber gemacht, wie das als Frau gehen könnte (vgl. IAW 2011, S. 152 ff.). Gefragt nach der Reaktion der Berufseinstiegsbegleiterin sagt sie:

„So richtig begeistert war sie nicht, aber sie sagt, ‚ja gut, ist ja ein Traum von dir und deinen Traum kannst du immer verfolgen' ... *[Frage: Und wirst du da auch unterstützt von ihr, für den Traumberuf?]* Wir reden darüber, in welche Richtung es gehen könnte, weil wenn ich mich jetzt so für einen Verkaufsbetrieb interessiere, also ich interessiere mich nicht für Mode, sondern eher für Elektrowaren und wir haben eine Firma ausgesucht, die zu dem Beruf passt. *[Frage: Gut, das ist ja so Einzelhandel. Mich hätte jetzt auch noch mal die Geschichte mit Türsteherin interessiert, ob du da auch Unterstützung bekommst.]* Eher nicht, nee. ... weil sie ist ja nicht dafür da, unsere Wünsche zu erfüllen, sondern dass wir in der Realität einen Ausbildungsplatz bekommen." (Ella, Interview 1).

In dieser Antwort ist von ihrem Traumberuf trotz expliziter Nachfrage nicht die Rede. Sie folgt der Logik der Berufseinstiegsbegleiterin, der zufolge Türsteherin offensichtlich kein richtiger Berufswunsch ist. Hier scheint sich das Kriterium der Realisierbarkeit an den geschlechtertypisierenden Normalitätsannahmen und Segmentierungen des deutschen Berufsprinzips zu brechen. Ella kann offensichtlich zwischen den jeweiligen Rationalitäten unterscheiden und ist sich bestehender Macht- und Geltungsunterschiede bewusst.

Im Gegensatz zum Fall Thomas hat die Fachkraft hier keine Möglichkeit die Beziehung auszubauen, da Ella im Anschluss ein ‚Sonder'-Berufsvorbereitungsjahr besucht. Da dort sozialpädagogische Betreuung angeboten wird, beendet die örtliche Arbeitsagentur ihre Teilnahme an der Maßnahme, um eine Doppelförderung zu vermeiden. Nachdem es ihr immerhin gelungen ist, den Hauptschulabschluss zu absolvieren, erzählt sie im zweiten Interview auf die Frage nach ihren beruflichen Anschlussperspektiven:

„Da war noch mal ein Gespräch mit dem Berufsberater, mit meinen Eltern, der Sozialarbeiter natürlich auch, an so einem großen Tisch ... Der Berufsberater hat gesagt ‚Hauptsache Ausbildung'. Der hätte mich gerne in der Pflege gesehen, ich weiß auch nicht warum, vielleicht passt das zu mir ... Dann kam die Zeit, wo ich den Ausbildungsvertrag unterschreiben musste. Ich hab halt gedacht, ‚vielleicht findest du was besseres, Pflege, muss das unbedingt sein?'. Da mussten ja meine Eltern mit unterschreiben und der Berufsberater, weil der zahlt ja die Ausbildung und dann haben die halt unterschrieben und gesagt, ,ja, jetzt komm, unterschreib' und ja, gezwungenermaßen hab ich dann unterschrieben … Mir ging es halt, Hauptsache eine Ausbildung und wenn alle unterschreiben und reden auf dich ein, das ist das Richtige, dann sagt dein Herz ,nein', aber der Kopf sagt, ,unterschreib'. *[Frage: Was war denn so deine Idee, was zu dir passt?]* Verkauf. *[Frage: Und gab es eine Möglichkeit zu sagen, ich möchte doch lieber in eine andere Richtung gehen?]* Eigentlich nicht, weil das war ja schon zu spät … dann hab ich gesagt, ,ok, lieber das als gar nichts' … meine Vorstellung, war was anderes. Jetzt ist es schwieriger geworden." (Ella, Interview 2)

In dieser Sequenz wird plastisch die Verengung von Handlungsspielräumen geschildert, angefangen vom institutionellen Setting und der Übermacht formeller und informeller *gate keeper* über die empfundene Willkür institutioneller Ausbildungsangebote bis hin zu konkretem Druck, mit dem Ella – zusammen mit der Angst nicht unterzukommen („Hauptsache eine Ausbildung") – die Aufnahme einer ungewollten Ausbildung begründet. Auf die Nachfrage der Interviewerin nach alternativen Möglichkeiten, erwähnt sie den Verkauf, der im ersten Interview die ,realistische' Option war, inzwischen aber auch als unrealistisch erscheint. Und sie sieht auch, dass sie sich jetzt, wo sie sich gezwungenermaßen auf die institutionellen Rationalitätskriterien des Unterkommens eingelassen hat, noch weiter von ihren eigenen Interessen wegbewegt. Das Gespräch geht dann noch einmal weiter. Sie wird nach ihren Plänen im Anschluss an die Ausbildung gefragt:

„*[Frage: Wie ist denn so dein Plan, wie wird das jetzt weiter gehen für Dich?]* Erst mal fertig machen … noch eineinhalb Jahre …, dann will ich ja eine Arbeit haben. *[Frage: Und möchtest du das machen, oder möchtest du danach was ganz anderes machen?]* Das weiß ich jetzt noch nicht. Also auf jeden Fall, was ich machen möchte, ist eine Ausbildung zur Türsteherin, aber man muss das selber zahlen, das sind 7.000 Euro, die man selber zahlen muss, das sind vier Monate, also ich hab mich da schon informiert." (Ella, Interview 2)

Der Traumberuf ist also auch 18 Monate später noch nicht „gelöscht", wie das Thomas ausgedrückt hat, sondern nur zurückgestellt. Sie unterwirft sich dem ,Unterkommen', hofft dadurch Ressourcen zu erwerben, um später wieder auf ihren Traum zurückkommen zu können. Hier zeigt sich eine biographische Reflexivität, die sie – ihrer Rekonstruktion folgend – weniger mit Hilfe als vielmehr gegen pädagogische Einflussnahme entwickelt und behauptet.

Der Vergleich der beiden Fälle zeigt erst einmal, dass beide eine Ausbildungsstelle erhalten, für Jugendliche aus den unteren Bildungsgängen auch bei umfassender Unterstützung keine Selbstverständlichkeit, beide jedoch nicht in ihrem Wunschberuf. Sie sind ‚untergekommen‘ und die geschilderten *cooling-out*-Prozesse enthalten deutlich *doing-gender*-Mechanismen. Während Thomas in einem männlich konnotierten Beruf bleibt, sich dabei aber mit einem in der Statushierarchie niedrigeren Beruf zufriedengeben muss, wird Ella gegen ihr Interesse in einen typischen ‚Frauenberuf‘ vermittelt. Angesichts der Missachtung ihrer Interessen hat dies für sie subjektiv jedoch keine Bedeutung. Beide erfahren eher Missachtung als Anerkennung auf den Ebenen Recht – ihnen stehen keine Wahlmöglichkeiten offen, über die Jugendliche mit höheren Bildungsressourcen selbstverständlich verfügen – und Wertschätzung insofern als ihre subjektiv entwickelten Berufswünsche als unrealistisch übergangen werden. Unterschiede zwischen den beiden Fällen zeigen sich dagegen

- in der *Erfahrung und Bewertung der Berufseinstiegsbegleitung*: Thomas bewertet die Beziehung positiv. Die emotionale Schilderung weist darauf hin, dass er sich zumindest im Sinne der Dimension Liebe als Individuum anerkannt fühlt. Ella beschreibt die Beziehung dagegen als ambivalent. Sie erwartet auch weder, dass ihre Wünsche anerkannt noch dass ihr Wahlmöglichkeiten zugestanden werden.
- in der *Art der Aneignung des Berufs dritter Wahl*: Thomas versucht sich den aktuellen Ausbildungsberuf anzueignen, indem er institutionelle bzw. pädagogische Begründungs- und Bewertungsmuster in seine biographische Konstruktion einbaut. Ella macht sich den Kompromiss nicht zu eigen, sondern weist ihm – zumindest erst einmal – einen lediglich instrumentellen Stellenwert in Bezug auf ihren eigentlichen Lebensentwurf zu.
- im *Verlauf des cooling out*: Thomas deutet die Anpassung an das realistisch Machbare als eigene Wahl um und schreibt dies gleichzeitig positiv der Hilfe durch die Berufseinstiegsbegleiterin zu; der *cooling out*-Prozess ist also erfolgreich verlaufen. Ella beschreibt die Hilfe als subjektiv wenig relevant und ihre Fortsetzung bei der Berufsberatung als Zwang. Der *cooling out*-Prozess ist nicht in gleichem Maße erfolgreich, da sie die institutionellen Rationalitätskriterien nicht übernimmt. Das beinhaltet auch, dass sie im Gegensatz zu Thomas, der in der geschlechtertypischen Logik des Ausbildungs- und Übergangssystems verbleibt, ihren geschlechteruntypischen Lebensentwurf aufrechterhält.

3. Schlussfolgerungen

Ziel dieses Beitrags ist es, die Durchsetzung spezifischer Rationalitätsverständnisse im Übergang Jugendlicher in Arbeit und Beruf als gesellschaftlichen Kampf um Anerkennung zu rekonstruieren. Dabei hat die Rekonstruktion des Übergangssystems und der darin geführten Diskurse um Ausbildungsreife und realistische Berufsperspektiven erstens ergeben, dass sich nicht einfach die Rationalitätsverständnisse der Jugendlichen und der institutionellen übrigen Akteur/-innen/-e gegenüberstehen, sondern dass noch einmal zwischen der betrieblichen, der wohlfahrtsstaatlich-institutionellen sowie der professionellen Perspektive der Fachkräfte unterschieden werden muss. Zweitens stehen sich diese Rationalitäten nicht einfach gegenüber, sondern konstituieren sich in komplexen Interaktionsverhältnissen und interaktiven Praktiken, deren Analyse hier nur angedeutet werden konnte, da viele Ebenen (etwa Schulkulturen, Trägerkonstellationen oder Berufsbiographien) nicht berücksichtigt wurden. Drittens wurde deutlich, dass als benachteiligt klassifizierte Jugendliche mit ihrer wenig handlungsmächtigen Position sehr unterschiedlich umgehen und damit unterschiedlich zur Herstellung realistischer Berufsperspektiven beitragen.

Die Berufswahl- bzw. *cooling-out*-Prozesse in den rekonstruierten biographischen Übergängen lassen sich dabei durchaus im Sinne der Anerkennung respektive Missachtung interpretieren: So erweist sich die *Rechts*position der Jugendlichen im Übergangssystem als schwach und eingeschränkt, das Recht auf Unterstützung ist direkt an die Vorenthaltung von Wahlmöglichkeiten gekoppelt; *Wertschätzung* – im Sinne des Zutrauens in ihre Berufs- und Ausbildungsreife – wird den Jugendlichen erst zuteil, nachdem sie die Missachtung ihrer subjektiv im Prozess biographischer Sozialisation entwickelten Berufsvorstellungen akzeptiert haben; sie werden für etwas wertgeschätzt, das weder im Rahmen ihrer subjektiven Identitätsarbeit noch in der Statushierarchie der Berufe und Erwerbspositionen einen besonderen Wert darstellt (Honneth 1992, S. 216ff.). Allein in Bezug auf die Anerkennungsdimension *Liebe* zeigen sich Unterschiede zwischen den beiden Übergangsbiographien. Paradoxerweise erscheint es in Thomas' Fall, als ob erst diese Anerkennungserfahrung dem institutionell angelegten *cooling-out*-Prozess zum Erfolg verhilft und er sich mit den ursprünglich ungewollten Beruf zu eigen macht. Vor dem Hintergrund der Rekonstruktion dieser beiden Fälle ist dies die einzige Anerkennungsdimension, die pädagogisches Handeln tatsächlich direkt und aktiv beeinflussen zu können scheint, während Recht und Wertschätzung maßgeblich von wohlfahrtsstaatlichen und betrieblichen bzw. arbeitsmarktlichen Strukturen abhängig sind. Das hieße, (sozial)pädagogisches Handeln bedeutet im Kontext von sozialer Benachteiligung die Bewältigung des Lebenslaufs im Sinne eines sich Arrangierens mit Benachteiligung oder: soziale Integration im Sinne der Akzeptanz von und des Zurechtkommens mit niedrigen Statuspositionen und begrenzten Ressourcen. Die Überwindung von Benachteiligung im Sinne sozialer Mobilität bzw. der Umsetzung subjektiver Lebensentwürfe unabhängig von formalen Bildungsressourcen erscheint dagegen außerhalb pädagogischer Reichweite. Dies würde die an anderer Stelle aufgestellte Gegenthese entkräften, relativieren oder differenzieren, dass Pädagogik dann zu einer Bewältigung von Benachteiligung im Sinne sozialer Mobilität beitragen kann, wenn sie auf Beziehungen aufbaut, deren Qualität der zu signifikanten Anderen nahekäme. Diese These entstammt der Analyse von Daten aus dem gleichen Forschungszusammenhang und verweist auf die motivationalen Voraussetzungen der Nutzung der Spielräume pädagogischer Unterstützungsmaßnahmen (Walter/Hirschfeld 2013, S. 133).

Die anerkennungstheoretische Rekonstruktion unterstützt letzten Endes beide Thesen dahingehend, dass nur Anerkennung auf allen drei Ebenen zu einem Zustand sozialer Integration im Sinne des Ausgleichs individueller Bedürfnisse und kollektiver Erfordernisse beizutragen in der Lage ist; oder dass nur Anerkennung ergänzt durch Umverteilung soziale Gerechtigkeit bedeutet (Fraser 2003). Dies würde Umverteilung der Macht bei der Interpretation von Bedürfnissen, die sozialpolitischer Umverteilung zugrunde liegen, im Sinne einer „Politik der Bedürfnisinterpretation" beinhalten (Fraser 1994).

Für pädagogisches Handeln im Übergangssystem im Allgemeinen und die Herstellung realistischer Berufsperspektiven im Besonderen bedeutet dies, dass eine eigenständige Rationalität nur über das Bewusstsein für die Notwendigkeit von Anerkennung allen drei Ebenen zu erlangen ist, auch wenn diese pädagogischem Handeln nicht alle in gleichem Maße verfügbar sind. Dewe und Otto (2011, S. 1150 f.) bezeichnen dies als reflexive Relationierung unterschiedlicher Wissensformen im Rahmen einer „demokratischen Rationalität". Pädagogische Rationalität umfasst deshalb neben der Beziehungsdimension ein politisches Mandat und die Mitwirkung an der Dekonstruktion von Rationalitätskriterien, wie sie im Begriff der ‚realistischen Berufsperspektiven' stecken.

Literatur

Baethge, M. (1991): Arbeit, Vergesellschaftung, Identität - Zur zunehmenden normativen Subjektivierung der Arbeit. In: Soziale Welt 42, H. 1, S. 6–19.
Baethge, M./Hantsche, B./Pelull, W./Voskamp, U. (1988): Jugend: Arbeit und Identität. Opladen: Leske & Budrich.
Beck, U./Bonß, W. (Hrsg.) (2001): Die Modernisierung der Moderne. Frankfurt am Main: Suhrkamp.

Behrens, J./Rabe-Kleberg, U. (2000): Gatekeeping im Lebensverlauf – Wer wacht an Statuspassagen? In: Hoerning, E. M. (Hrsg.): Biographische Sozialisation. Stuttgart: Lucius & Lucius, S. 101–135.

Berger, P. L./Luckmann, T. (1969): Die gesellschaftliche Konstruktion der Wirklichkeit. Frankfurt am Main: Fischer.

BIBB (Bundesinstitut für berufliche Bildung) (2012): Datenreport zum Berufsbildungsbericht der Bundesregierung 2012. Bonn: BIBB. www.bibb.de (Abruf 1.4.2013).

BMBF (Bundesministerium für Bildung und Forschung) (2005): Berufsbildungsbericht 2005. Bonn: BMBF.

Böhnisch, L./Lenz, K./Schröer, W. (2009): Sozialisation und Bewältigung. Weinheim, München: Juventa.

Böhnisch, L./Schröer, W. (2001): Pädagogik und Arbeitsgesellschaft. Weinheim und München: Juventa.

Böhnisch, L./Schröer, W./Thiersch, H. (2005): Sozialpädagogisches Denken. Wege zu einer Neubestimmung. Weinheim und München: Juventa.

Bolay, E. (2010): Anerkennungstheoretische Überlegungen zum Kontext Schule und Jugendhilfe. In: Ahmed, S./Höblich, D. (Hrsg.): Theoriekonzepte für die Kooperation Jugendhilfe-Schule. Baltmannsweiler: Schneider Verlag Hohengehren, S. 30–49.

Boron, F./Bosch, A./Litau, J./Pohl, A./Stauber, B./Walther, A. (2012): Governance of educational trajectories in Europe: National case study report Germany. GOETE working papers. Tübingen: University of Tübingen.

Bundesagentur für Arbeit (2006): Kriterienkatalog Ausbildungsreife. Nürnberg: Bundesagentur für Arbeit. www.arbeitsagentur.de (Abruf 1.4.2013).

Deutsche Shell (2010): Jugend 2010. Frankfurt am Main: Fischer.

Deutscher Bundestag (2010): Evaluation der Berufseinstiegsbegleitung nach § 421s, SGB III. Erster Zwischenbericht. Berlin: Deutscher Bundestag.

Dewe, B./Otto, H. U. (2011): Professionalität. In: Otto, H. U./Thiersch, H. (Hrsg.): Handbuch Soziale Arbeit. München: Reinhardt, S. 1143–1154.

Durkheim, É. (1992): Über soziale Arbeitsteilung. Frankfurt am Main: Suhrkamp.

Elias, N. (1979): Über den Prozess der Zivilisation. 2 Bände. Frankfurt am Main: Suhrkamp.

Flick, U. (2007): Qualitative Sozialforschung. Eine Einführung. Reinbek: Rowohlt.

Foucault, M. (2005): Die Ethik der Sorge um sich als Praxis der Freiheit. In: Foucault, M.: Analytik der Macht. Frankfurt am Main: Suhrkamp, S. 274–301.

Fraser, N. (1994): Widerspenstige Praktiken. Frankfurt am Main: Suhrkamp.

Fraser, N. (2003): Soziale Gerechtigkeit im Zeitalter der Identitätspolitik. Umverteilung, Anerkennung und Beteiligung. In: Fraser, N./Honneth, A.: Umverteilung oder Anerkennung. Frankfurt am Main: Suhrkamp, S. 13–128.

Galuske, M. (2002): Flexible Sozialpädagogik. Weinheim und München: Juventa.

Goffman, E. (1952): On 'cooling the mark out': Some aspects of adaptation and failure. In: Psychiatry 15, H. 4, S. 451–463.

Habermas, J. (1981): Theorie des kommunikativen Handelns, Band 1. Frankfurt am Main: Suhrkamp.

Helsper, W./Kramer, R. T./Hummrich, M. (2010): Qualitative Mehrebenenanalyse. In: Friebertshäuser, B./Langer, A./Prengel, A. (Hrsg.): Qualitative Forschungsmethoden in den Erziehungswissenschaften. 3. Auflage. Weinheim und München: Juventa, S. 119-135.

Honneth, A. (1992): Kampf um Anerkennung. Zur Grammatik sozialer Konflikte. Frankfurt am Main: Suhrkamp.

IAW (Institut für Angewandte Wirtschaftsforschung) (2011): Evaluation der Berufsein-stiegsbegleitung nach § 421s, SGB III. Zweiter Zwischenbericht. Tübingen: IAW. www.iaw.edu (Abruf 1.4.2013).

IAW (Institut für Angewandte Wirtschaftsforschung) (2012): Evaluation der Berufsein-stiegsbegleitung nach § 421s, SGB III. Dritter Zwischenbericht. Tübingen: IAW. www.iaw.edu (Abruf 1.4.2013).

Keupp, H./Ahbe, T./Gmür, W./Höfer, R./Mitzscherlich, B./Kraus, W./Straus, F. (1999): Identitätskonstruktionen: das Patchwork der Identitäten in der Spätmoderne. Rein-bek: Rowohlt.

Mariak, V./Seus, L. (1993): Stolpersteine an der ersten Schwelle: Selektion, Aspiration und Abkühlung in Schule und Berufsausbildung. In: Leisering, L./Geissler, B./Rabe-Kleberg, U./Mergner, U. (Hrsg.): Moderne Lebensläufe im Wandel. Weinheim: Deut-scher Studien Verlag, S. 27–45.

Rauschenbach, T./Bien, W. (2012): Aufwachsen in Deutschland. AiDA: der neue DJI-Jugendsurvey. Weinheim und Basel: Beltz Juventa.

Schoneville, H./Thole, W. (2009): Anerkennung – ein unterschätzter Begriff in der So-zialen Arbeit? In: Soziale Passagen 1, S. 133–143.

Stauber, B./Pohl, A./Walther, A. (2007) (Hrsg.): Subjektorientierte Übergangsforschung. Weinheim und München: Juventa.

Strauss, A. L. (1998): Grundlagen qualitativer Sozialforschung. Datenanalyse und Theo-riebildung in der empirischen soziologischen Forschung. 2. Auflage. München: Fink.

Strübing, J. (2010): Grounded Theory – ein pragmatistischer Forschungsstil für die Sozialwissenschaften. In: Enzyklopädie Erziehungswissenschaft Online. Weinheim und München: München: DOI 10.3262/EEO07100115 WEB-CT.

Walter, S./Hirschfeld, H. (2013): Relevanz von Beziehung als Grundlage der Übergangs-beratung. In: Walther, A./Weinhardt, M. (Hrsg.): Beratung im Übergang. Weinheim und Basel: Beltz Juventa, S. 115–135.

Walther, A. (2002): ‚Benachteiligte Jugendliche': Widersprüche eines sozialpolitischen Deutungsmusters. Anmerkungen aus einer europäisch-vergleichenden Perspektive. In: Soziale Welt 53, H. 1, S. 87–107.

Weber, M. (1980): Wirtschaft und Gesellschaft. 5., rev. Auflage. Tübingen: Paul Mohr.

Angela Rein

Biografische Übergänge

Perspektiven auf Subjektivierungsweisen im
Kontext von stationärer Jugendhilfe und Ausbildung
in der Migrationsgesellschaft

Im vorliegenden Artikel geht es um die Bedeutung von Rationalitäten in
den biografischen Verläufen von Jugendlichen mit Migrationserfahrung im
Kontext der stationären Jugendhilfe in der Schweiz. Die Thematik der
Übergänge wird in der Jugendhilfe zunehmend als ein wichtiges Thema
wahrgenommen (Stauber/Walther 2011). Übergänge vom Jugend- zum
Erwachsenenalter sind komplexer und widersprüchlicher geworden und
erfordern erhöhte Bewältigungsleistungen von Jugendlichen sowie jungen
Erwachsenen. Der Begriff der Übergänge umfasst einerseits lebenslaufbezo-
gene Übergänge zwischen Institutionen, wie bspw. der Schule und Ausbil-
dungsinstitutionen. Andererseits beinhaltet er auch biografische Übergänge, die sich zunehmend weniger an den institutionellen Übergängen orientieren, sondern an Teilübergängen verschiedener Lebensbereiche sowie
formalen und informellen Lernprozessen (Pohl/Stauber/Walther 2011).
Insgesamt enthalten Übergänge Risiken, müssen vermehrt individuell bewältigt werden und sind durch Verlängerung, Diskontinuitäten, Unüber-
sichtlichkeiten sowie Benachteiligung gekennzeichnet (Bergmann et al.
2011; Schaffner 2007).

In der Schweizer Jugendhilfeforschung wurden die Übergänge ins Erwachsenenalter von Jugendlichen mit Heimerfahrungen bislang nur wenig
untersucht. Im angelsächsischen Kontext erfuhr das Thema der Übergänge
aus dem Heim und ins Erwachsensein rund um Debatten in Bezug auf
‚Young People's Transition from Care to Adulthood' erhöhte Aufmerksamkeit (bspw. Stein/Munro 2008). Es zeigt sich, dass für ‚Careleavers' ein hohes Risiko des Ausschlusses und der Marginalisierung besteht (bspw. Kön-
geter/Schröer/Zeller 2012; Mendes/Johnson/Moslehuddin 2011). In den
Studien, die für die Schweiz vorliegen, finden sich ebenfalls Hinweise
darauf, dass deren Übergänge zahlreiche Herausforderungen enthalten und
unter anderem durch soziale und ökonomische Benachteiligungen er-

schwert werden (Gabriel/Stohler 2008; Schaffner/Rein 2013). Auffallend ist weiterhin, dass in den Debatten um ‚Careleavers' die Migrationstatsache keine Berücksichtigung findet. Vor dem Hintergrund der erhöhten Diskriminierungs- und Ausgrenzungsrisiken Jugendlicher mit Migrationserfahrungen – insbesondere in den Übergangen in Ausbildung und Beruf (Imdorf 2010) – ist allerdings anzunehmen, dass für diese noch weitere benachteiligende Strukturen bestehen, die sich in ihrer Biografie mit den Benachteiligungen aufgrund ihrer Heimerfahrungen überlagern.

Ich möchte mich im vorliegenden Artikel mit der Frage nach Normalitätskonstruktionen von Jugendlichen mit Heim- und Migrationserfahrungen beschäftigen. Konkret beziehe ich mich auf ein biografisches Interview mit einer Jugendlichen aus der Fallstudie „Passobuono"[1] (Geisen et al. i.E.). Hierzu werden die darin liegenden Konstruktionen von Normalität beleuchtet: wie die Jugendliche mit gesellschaftlichen Normalitätskonstruktionen sowie mit diesbezüglichen Zuschreibungen konfrontiert wird, wie sie diese selbst aufgreift und sich dazu positioniert. Normalität wird dabei als eine Ordnung verstanden, „die das Individuum justiert und ihm jene Selbst-Justierung (ganz ‚natürlich') aufnötigt, in der es sich in ein Subjekt verwandelt" (Dausien/Mecheril 2006, S. 163).

1. Methodologische Überlegungen – Biografie und Rationalitäten

Im Rahmen des vorliegenden Buchprojektes steht die Frage nach der empirischen Analyse von Rationalitäten im Zentrum, also die Frage danach, wie „Legitimität, Wahrheit und Sinnhaftigkeit hergestellt [wird]" und wie „Handeln *als* vernünftiges, rationales, legitimes und damit anerkanntes Handeln [erscheint]" (Karl in diesem Band). Die Herstellung von Sinnhaftigkeit und die darin liegenden Rationalitäten sind eng verbunden mit hegemonialen Machtprozessen, die in Dominanzordnungen, Normen und Wissensideologien zum Ausdruck kommen (Foucault 1992; Keller 2005). Bei der Frage nach den Bedeutungen von Rationalitäten auf der Subjektebene interessieren dabei die Prozesse der Subjektwerdung: „Kein Individuum wird Subjekt, ohne zuvor unterworfen/subjektiviert zu werden oder einen Prozess der ‚Subjektivation' zu durchlaufen" (Butler 2001, S. 15f.). Die Subjekttheorie von Butler setzt die Subjektivierungsprozesse in den

---

1 Aus Gründen der Anonymisierung wurden sowohl der Einrichtung als auch der Interviewten für diesen Text fiktive Namen gegeben. Die junge Frau hat ihr Pseudonym selbst gewählt.

Kontext von Machtverhältnissen und Normalitätsannahmen und umfasst immer gleichzeitig den Aspekt des Unterworfenseins und den der Subjektivierung. Die Bedingungen des Aufwachsens und der Übergänge ins Erwachsensein sind strukturiert von Diskriminierungs- und Ungleichheitsverhältnissen. Deshalb ist danach zu fragen, wie in diesen Verhältnissen Zuschreibungen (re-)produziert werden und welche Bedeutung diese für soziale Positionierungen und die Biografie haben.

Um diese Prozesse der Subjektivierung im Kontext von Machtverhältnissen analysieren zu können, erscheint es für die hier interessierende Frage nach Normalitätskonstruktionen von Jugendlichen im Kontext unterschiedlicher Herrschafts- und Ungleichheitsverhältnisse fruchtbar, als weitere Analysefolie das Konzept der Intersektionalität heranzuziehen. Das Konzept der Intersektionalität findet aktuell erhöhte Aufmerksamkeit in der sozialwissenschaftlichen Forschung (Lutz/Vivar/Supik 2010; Riegel 2010; Winker/Degele 2009). Einerseits eignet sich eine intersektionale Perspektive zur Analyse der unterschiedlichen Benachteiligungen in den Übergängen in Beruf und Erwachsenensein: „Im Zuge von Konzepten der Intersektionalität […] wird der Blick auf die Erzeugung von Ungleichheiten bei Übergängen im Bildungssystem erweitert: Es geht um die systematische Verschränkung von sozialen, Gender-, von ethnischen und regionalen Perspektiven, um der Komplexität von Unterschieden auch nur näherungsweise gerecht zu werden" (Helsper 2013, S. 23). Biografien und soziale Positionierungen, Erfahrungen der Fremd- und Selbstzuschreibungen und Normalitätskonstruktionen sind eingebunden in verschiedene, sich überlagernde Dominanz- und Machtverhältnisse, entlang von Differenzkonstruktionen wie bspw. Geschlecht, Klasse, Körper oder Ethnizität. Diese Verhältnisse spiegeln sich auf verschiedenen Ebenen wider und wirken interdependent auch mit anderen Differenzkonstruktionen zusammen.

Um diese verschiedenen Ebenen und deren interdependentes Wechselverhältnis aufzuzeigen, wurde ein mehrdimensionales Analysemodell entwickelt. Das Analysemodell umfasst die Ebene der gesellschaftlichen Bedingungen, die der sozialen Bedeutungen und die Subjektebene mit deren subjektiv begründeten Orientierungen und Handlungen (Riegel 2010, S. 72). Ungleichheitsverhältnisse werden dabei „auch im alltäglichen Tun, durch alltägliche Diskurse und soziale Praxen immer wieder aufs Neue aufgegriffen reproduziert und ausgehandelt" (ebd., S. 73). Die in alltäglichen Erfahrungen im Kontext von Ungleichheit erlebten Normierungen und Zuschreibungsprozesse verweisen dabei immer über die Ebene individueller Erfahrungen hinaus auf dominante gesamtgesellschaftlich verankerte Macht- und Ungleichheitsverhältnisse.

Die Biografieforschung fokussiert individuelle Lebensgeschichten mit der Grundannahme, dass in biografischen Konstruktionen Verweise auf

‚das Allgemeine' beinhaltet sind (Alheit 1992, S. 20). Biografische Konstruktionen orientieren sich „an normativen Vorgaben, ohne sie abbildhaft zu reproduzieren" (Dausien 1996, S. 4). In biografischen Erzählungen können also Prozesse der subjektiven Konstruktion von Wirklichkeit rekonstruiert werden und diese Rekonstruktion ermöglicht es, „eine Struktur zu entdecken, in der die Außenbedingungen der heteronomen Einflüsse [...] sowie die subjektive Verarbeitung derselben, sichtbar gemacht werden" (Lutz 2000, S. 183).

2. Kontext der Forschung

Im Rahmen der explorativen Fallstudie „Passobuono"[2] wurden die Bedingungen des Aufwachsens und die biografischen Übergänge von Jugendlichen mit Migrationserfahrungen, die während einer bestimmten Lebensphase in einer stationären Jugendhilfemaßnahme betreut wurden, in einem mehrperspektivischen Design untersucht (Geisen et al. 2012).

Bei der Perspektive der Jugendlichen, die biografisch befragt wurden, interessierten die persönlichen, familialen und strukturellen Herausforderungen und deren biografische Bewältigung. Aus Sicht der Professionellen wurden die wahrgenommenen Herausforderungen und Handlungsansätze in Gruppendiskussionen in den Blick genommen. Die biografischen Interviews zeigen u. a., dass die Jugendlichen vor allem in der Schule aber auch in der Jugendhilfe Rassismus- und Ausgrenzungserfahrungen erleben und bei der Bewältigung dieser Anforderungen keine Unterstützung seitens der Jugendhilfe erfahren (vgl. dazu auch Melter 2009). Im Folgenden werden die Ergebnisse einer biografischen Einzelfallanalyse mit einer Jugendlichen diskutiert.

3. Normalitäten und Rationaliäten – biografische Konstruktionen

Es interessiert die Frage, welche Bedeutung Rationalitäten in der Biografie haben und inwieweit die Interviewte auf Normalitätskonstruktionen und hegemoniale Grenzziehungen und Kategorisierungen in der Erzählung ihrer Biografie zurückgreift. Es ist von Interesse, inwieweit die Jugendliche

---

2 Die untersuchte Jugendhilfeeinrichtung bietet sozialpädagogische Wohngruppen und begleitetes Wohnen in einem deutschsprachigen Kanton der Schweiz. Die Zielgruppe bilden Jugendliche zwischen 14 und 20 Jahren.

im Sinne von Butler vorherrschenden Zuschreibungs- und Markierungs-
prozessen unterworfen ist, aber gleichzeitig Handlungsfähigkeit entwickelt
und so diese Zuschreibungsprozesse reflektieren und widerständige Praktiken entwickeln kann. Nach der Darstellung der Rekonstruktion des biografischen Kontextes wird diesen Fragen am Beispiel der Familiengeschichte
und Bildungsbiografie von Blerina Hasani nachgegangen.

Rekonstruktion biografischer Kontext von Blerina Hasani

Frau Hasani erzählt, dass sie 1994 im Kosovo in Pristina geboren wurde. Als
sie drei Jahre alt ist, migriert ihr Vater in die Schweiz. Sie und ihre vier Geschwister bleiben mit der Mutter im Kosovo. Nachdem der Vater dann in
der Schweiz neu heiratet, zieht Blerina im Alter von fünf Jahren mit der
Mutter und ihren Geschwistern innerhalb des Kosovos zum Onkel (Bruder
des Vaters). Für sie beginnt dort eine – wie sie betont – schwere Zeit, was
sie vor allem mit dem Krieg im Kosovo begründet. Unter anderem erwähnt
sie, ohne darauf näher einzugehen, dass sie in diesem Zusammenhang auch
zwei Wochen lang politisch motiviert entführt wurde[3]. In der Folge leidet
sie unter starken Ängsten. Ihre Einschulung wird deshalb um ein Jahr nach
hinten verlegt und erfolgt schließlich mit sieben Jahren. Als Blerina neun
Jahre alt ist, werden sie und die beiden Schwestern von der Mutter verlassen, die zusammen mit dem jüngeren Bruder aus der Familie des Onkels
weg- und zunächst zu ihrer eigenen Mutter zurückgeht. Die genauen Ursachen hierfür erklärt sie ihren Töchtern nicht, vielmehr ist sie eines Tages
verschwunden. Sie und ihre Schwestern bleiben weiterhin beim Onkel und
dessen Familie, wachsen dort auf und werden von ihrem Vater finanziell
unterstützt. Anfänglich konnte sie ihre Mutter zumindest noch besuchswei-
se treffen – wird dann aber nach zwei Jahren vom Vater vor die Wahl gestellt, sich zwischen der Mutter und ihm zu entscheiden. Dies ist auch mit
der Frage verbunden, entweder im Kosovo zu bleiben oder in die Schweiz
auszuwandern. Sie und alle drei Geschwister (auch der jüngere Bruder)
entscheiden sich für die Schweiz. Blerina migriert im Alter von elf Jahren
dorthin. Der Weggang aus dem Kosovo fällt ihr sehr schwer, weil sie ihre
Freunde zurücklassen muss und auch die Trennung von der Mutter nun
noch deutlicher vollzogen wird.

Die Geschwister leben mit dem Vater, seiner neuen „*Schweizer Frau*"
(C5; 64) und deren Tochter (jünger als Blerina) zusammen, wobei ihre älte-

---

3   Von der Entführung erzählt Frau Hasani in der Haupterzählung distanziert und im
    Nachfrageteil des Interviews wurde hierzu nicht vertieft nachgefragt.

ren Schwestern schon bald wieder ausziehen, weil sie selbst Familien gründen. In der Schweiz besucht Blerina im ersten Jahr mit dem Bruder gemeinsam in der Schule einen Deutschkurs. Danach wechselt sie in die sechste Klasse in eine wie sie sagt *„normale Schule"* (C5; 108). Die nun folgende Schulzeit in der Regelschule erlebt sie als sehr schwer. Zu Hause entstehen mit der Stiefmutter Konflikte, die zu täglichen Auseinandersetzungen führen und immer weiter eskalieren. Der Grund für diese Konflikte ist ihr unklar, sie hat aber das Gefühl, dass die Mutter eifersüchtig ist auf die Beziehung von Blerina und ihrem Vater.

In Folge der Probleme zu Hause verschlechtern sich ihre schulischen Leistungen, woraufhin ihr Klassenlehrer mehrere Gespräche mit dem Vater führt. Da sich die Situation für Blerina nicht wirklich spürbar verbessert, schlägt der Lehrer ihr vor, die Schulsozialarbeiterin einzuschalten. Diese stellt ihr dann die Möglichkeit vor, in ein Heim zu gehen. Weil sie den Konflikt mit der Stiefmutter zu Hause mittlerweile als ausweglos empfindet, entscheidet sie sich schließlich dafür und geht im Alter von 14 Jahren ins Kinderhaus Katharina. Ihre Situation verbessert sich durch diesen Schritt aus ihrer Sicht. Im Kinderhaus bleibt sie, bis sie 16 Jahre alt ist und wechselt dann in die stationäre Jugendhilfeeinrichtung Passobuono.

Trotz der von ihr geschilderten mittlerweile besseren Leistungen in der Schule fängt sie eine zweijährige IV-Attestlehre[4] zur Hauswirtschafterin an. Zum Interviewzeitpunkt absolviert sie die Ausbildung erfolgreich im zweiten Lehrjahr. Aktuell steht sie kurz vor dem 18. Geburtstag und im Sommer soll sie in eine betreute Wohnung der Einrichtung wechseln.

Frau Hasani präsentiert ihre Biografie aus einer für sie aktuell erfolgreichen Situation heraus: *„jo (.) ich bin zufrieden bis jetzt, dass ich so weit gekommen bin"* (C5; 796-797)[5].

---

4   Die Invalidenversicherung (IV) bietet jungen Erwachsenen mit einer Lernbehinderung – im Sinne der erstmaligen beruflichen Ausbildung gemäß Artikel 16 der Eidgenössischen Invalidenversicherung – eine Ausbildungsmöglichkeit.
5   Wichtigste Transkriptionszeichen:
    (2) bzw. (.): Anzahl der Sekunden, die eine Pause dauert, bzw. kurze Pause
    @(.)@: kurzes Auflachen
    @nein@:   lachend gesprochen
    so=wie: Wortverschleifung
    nei::n: Dehnung; die Häufigkeit vom : entspricht der Länge der Dehnung (ja:::::)
    .:   stark sinkende Intonation
    ;:   schwach sinkende Intonation
    ?:   stark steigende Intonation
    ,:   schwach steigende Intonation
    ///: Sprecher/-innenüberlappungen

Bedeutung und Konstruktion von Familie im Kontext von Heimerfahrung– „Familie ist mir trotzdem wichtig"

Frau Hasani arbeitet sich in der Darstellung ihrer Biografie stark an der Normalitätskonstruktion von einer Familie ab, die zusammenlebt und bei der die Eltern sorgend für die Kinder da und mit Liebe verbunden sind: *„Was m:::- manchmal überl- denke ich schon nach so (.) ich wünschte mir ich hätte so Eltern so Mutter Papi Geschwister alle glücklich und so, (.) so eine Vorstellung"* (C5; 537-540). Dieses idealisierte Familienbild steht als Gegenhorizont ihrer eigenen Erlebnisse in Bezug auf familiäre Trennungen, neue Familienkonstellationen und Ortswechsel, in denen sie immer wieder vor der Anforderung steht, Verluste und Trennungen, v.a. von den beiden Elternteilen, zu bewältigen.

So hat sie bis zum Alter von 13 Jahren bereits drei unterschiedliche ‚quasi Mütter' – wie sie diese bezeichnet. Der Vater bleibt in seiner Bedeutung als Vater konstant, seine Funktion übernehmen keine anderen Männer, obwohl sie mit ihm auch real nicht lange zusammenlebt. In jeder Phase ihres Lebens, in der sie in einer neuen Familienkonstellation lebt, markiert sie eine Bezugsperson als Mutter. In der Zeit im Kosovo, nachdem die leibliche Mutter die Kinder verlassen hat, übernimmt ihre Tante die Funktion: *„für was ich sehr dankbar gewesen bin ist dass- die Frau vom Onkel das Muttergefühl gegeben hat"* (C5; 753-753). Durch die Migration ausgelöst wird der Kontakt mit der leiblichen Mutter noch distanzierter: *„Meine Freunde habe ich alle dort gelassen meine Mutter so quasi (.) mit der ich jetzt minicht so viel Kontakt habe aber trotzdem, (.) jo"* (C5; 101-103). Verbunden mit der Migration ist auch die Anforderung, sich auf neue Beziehungen einzulassen und insbesondere auch auf eine weitere neue Familienkonstellation: *„neue Menschen, neue Sprache, (.) un::d=äh (.) neue Stiefmami, oder, also- Mutter so quasi (.) und noch eine Halbschwester habe ich auch- (.) bekommen"* (C5: 91-95). In ihrer Konstruktion von Mutter verbindet sie ‚Mutter' mit mütterlicher Sorge und emotionaler Nähe, obwohl sie keine eindeutige durchgängige Beziehung zu einer ‚Mutter' hatte, die sowohl leiblich und verwandtschaftlich, als auch in der Beziehungsqualität diesem Bild und den damit verbundenen Erwartungen konstant entspricht. Insgesamt bewertet sie aus der heutigen Perspektive, dass ihre leiblichen Eltern sie wenig unterstützt haben und sie vieles alleine bewältigen musste:

„Ich glaube so weit bin ich auch se=s- (.) ich habe sehr viele Entscheidungen auch selber treffen müssen und so (.) und das ist auch nicht (.) ganz lustig gewesen:; also mein Vater und so: ist nicht wirklich viel für mich da gewesen, oder ja ///Mhm (.) mhm (.) mhm///und mit meiner Mutter habe ich auch nicht so viel Kontakt im Kosovo, wenn ich manchmal ge:heein mal im Jahr oder so sehe ich sie,(.)" (C5; 544-550).

Hier wird deutlich, dass sie sich – u. a. in der Notwendigkeit, auch in jungen Jahren eigenständige Entscheidungen zu treffen – von den Eltern im Stich gelassen fühlt.

Der Übergang ins Heim und damit der Eintritt in eine familienersetzende Hilfe waren für Blerina hochambivalent. Für sie ist das Aufwachsen mit leiblichen Eltern ihre Normalitätskonstruktion und sie hat eine starke Sehnsucht, dem zu entsprechen: *„ich habe mir immer gewünscht ich will immer zu Hause wohnen nie in einem Heim, (.) aber (.) ist doch nicht so gegangen, @(.)@ (.)"* *(C5; 467-470).* Dennoch inszeniert sie ihren Heimeintritt als einen freiwilligen Schritt. Das Heim konstruiert sie als Gegenpol zum Aufwachsen in einer (idealisierten) Familie und so grenzt sie die Qualität der Beziehungen im Heim deutlich von der einer Familie ab:

„Und ( ) also ich habe Betreuer auch schon gehabt, die für mich wie Mami und Papi vorgekommen ist (.) aber (.) das in der Wirklichkeit (…) aber besser als Eltern kann nie (.) nie ein Betreuer sein oder nie eine fremde Person (1)" (C5; 2231-2235).

Die Betreuer/-innen im Heim bezeichnet sie trotz der Erfahrung, dass sie verlässlich für sie da sind, als ‚Fremde' und sie hat eine starke Sehnsucht nach den eigenen Eltern: *„und besser als Eltern können entscheiden könnte ein Betreuer oder ein (.) Lehrer nie nie, für ein Kind entscheiden (.)"* *(C5; 2193-2194).* Die Sehnsucht nach einer Mutter ist hierbei allerdings noch stärker: *„Glücklich im Moment °auch° also manchmal doch es kommt schon z- manchmal so=wie:: durch den Kopf jo:: ich wäre doch lieber bei meiner Mami und so weißt eher so familiärisch"* *(C5; 1373-1375).* Hier zeigt sich nochmals deutlich, dass sie zwar einerseits im Kontext des Heimes von den ‚Eltern' als Kontrastfolie des normalen Aufwachsens spricht, sie wiederum aber die Funktionen von Familie und insbesondere emotionaler Verbundenheit bei ihrer Mutter platziert.

In ihren geäußerten Zukunftswünschen zeigen sich Orientierungen an einem idealisierten weiblichen Normallebenslauf mit Heirat, sowie Familienplanung mit zwei Kindern:

„Lehre abschließen; Geld verdienen gehen; Autoprüfung (Führerschein: AR) machen; (.) und mit so circa vierundzwanzig möchte ich auch heiraten, möchte ich auch gerne (.) und ähm mindestens zwei Kinder kriegen möchte ich auch mit @sechsundzwanzig@ und jo, das ist so eine Phantasie halt" (C5; 1749-1745).

Die Vorstellung, was sie ihren eigenen Kindern dann bieten will, grenzt sie von ihren Erlebnissen mit den Eltern als negativen Gegenhorizont ab: *„ich finde- (.) wichtig dass ich etwas daraus gelernt habe; was ich auf jeden Fall nicht ma- machen würde, so wie meine Eltern, (.) mein Wunsch ist auf jeden*

Fall wenn ich mal Kinder habe ich vor das Gegenteil zu machen" (C5; 562-565). Als weiteres Ziel hat sie fest vor, die Ausbildung weiterhin so gut abzuschließen: *„Und die Ziele sind einfach, (.) einen guten Abschluss machen, (.) wi- eigentlich Kleinkindererzieherin werden"* (C 5; 1726-1727). Der berufliche Entwurf zeigt ebenfalls Verbindungen zu ihrem an traditionellen Geschlechterrollen orientierten Entwurf von Familie.

Ihre Erzählung rund um das Thema Familie verweist darauf, dass sie ihre Biografie entlang eines Normalitätsspektrums von Familie bestehend aus ,Vater, Mutter, Kinder – alle glücklich' erzählt. Insgesamt zeigt sich eine sehr hohe Ambivalenz und Anstrengung, die Abweichung von ihrem Ideal und der hegemonialen Familienvorstellung bzw. Normalitätskonstruktion einer Familie zu begründen und zu legitimieren. Das Angebot der Jugendhilfe stellt sie diesem idealisierten Aufwachsen in einer normalen Familie gegenüber und markiert dabei Grenzen, an die das professionelle Setting gelangt.

In ihrer *eigenen* Zukunftsvision mit dem Plan der Familiengründung greift sie die Orientierung an einer idealisierten Vorstellung von Familie auf. Weiterhin zeigt sich hier auch, dass die Konstruktion von Familie eng mit vorherrschenden Genderkonstruktionen und dem Entwurf von sich als zukünftiger Mutter korrespondiert. In ihrem Übergang in Ausbildung und den weiteren beruflichen Zielen zeigen sich ebenfalls Überschneidungen mit ihrer familienzentrierten Genderkonstruktion.

Bildungsbiografie– „bin ich wirklich behindert?"

Blerina wurde im Alter von sieben Jahren im Kosovo eingeschult und besucht die Schule dort bis zur fünften Klasse. In der Zeit im Kosovo hat sie ein Selbstbild als gute Schülerin entwickelt. Mit der Migration in die Schweiz erlebt sie im Alter von elf Jahren eine Zäsur in ihrem Bildungsweg. Sie wird zunächst, anstatt die reguläre Schule weiter zu besuchen, in einen Sprachkurs zugewiesen.

„Und äh:::m (.) jo:, dann: bin ich eig- wir mussten zwei Jahre in Deutschkurs gehen, ich und mein Bruder? (.) Aber äh: nachher nach einem Jahr hat es geheißen eben dass: wir anscheinend b- schnell Deutsch gelernt haben, dann bin ich in die sechste Klasse bin ich gekommen, normale Schule? (.)" (C5; 105-108).

Die Formulierung ,müssen' und die Beschreibung der vorzeitigen Beendigung des Deutschkurses, aufgrund der externen Einschätzung, dass sie und ihr Bruder nun gut genug Deutsch könnten, deutet darauf hin, dass sie das eher fremdbestimmt erlebt hat und nicht einbezogen wurde. In der Inszenierung lässt sich auch ein Moment der Kritik an der Institution feststellen, die sie offensichtlich unterschätzte im Erlernen der Sprache und sie von zwei geplanten Jahre auf eines verkürzen kann. Nach dem Sprachkurs kommt sie in eine, wie sie es ausdrückt, ‚normale' Schule und wird dort in die sechste Klasse eingestuft. In der Schule erfährt sie dann abwertende Reaktionen auf ihre sprachlichen Schwierigkeiten seitens der Mitschüler/ -innen und der Lehrpersonen. Letztendlich wird sie in der Schule dann mit dem Label ‚Lernschwäche' versehen, wovon sie sich aber distanziert:

„Da wird man schon- am Anfang bin ich auch ein bisschen gemobbt worden von den Schülern da hat es geheißen ja: Ausländer du kannst eh nicht Deutsch und so, und was ich das Schlimmste finde ist zum Beispiel (.) man kommt- man ist gut in seinem eigenen Land in der Schule, man kommt in die Schweiz: dann schau zum Beispiel in der Sprache, wird man gerade als blöd hingestellt, oder als (.) Lernschwäche und so und dass nimmt einen sehr mit einfach den Beruf zum Beispiel einfach nicht machen, wegen: gewissen: (.) jo für die Sprache zum Beispiel gewisse, (1) jo @Sachen@" (C5; 265-285).

Sie wurde aufgrund der Tatsache, dass sie deutsch und schweizerdeutsch erst seit einem Jahr lernt und noch nicht so gut sprechen kann, mit Zuschreibungen und Etikettierungen versehen, die sie pauschal als nicht intelligent markieren und ihre Fähigkeiten und Ressourcen jenseits der Dominanzsprache ignorieren. Sie deutet hier an, dass sie mit diesen pauschalen Abwertungen stark zu kämpfen hatte. Im Interviewausschnitt berichtet sie davon aus einer distanzierten Perspektive, in der sie die Abwertung als ungerecht und ungerechtfertigt einstuft und durch die Wahl der Formulierung in der dritten Person (‚man') nimmt sie aus der Metaperspektive von heute eine kritische Position hierzu ein und verweist möglicherweise auf überindividuelle Rassismuserfahrungen und damit auf den allgemeineren Horizont von Ungleichheitsstrukturen. Neben den sprachlichen Schwierigkeiten steht sie vor der Herausforderung, dass in der Schule in der Schweiz Regeln bestehen, die nicht direkt expliziert werden, deren Einhaltung aber dennoch erwartet wird:

„und=äh (.) gibt auch viele Regeln, die- die ich auch so gar nicht gekannt habe und so, (.) auch in der Schule neue Regeln, und so; (.) (…) wenn (.) man in einem ander- eigenen Land geboren ist, dann kommt man in die Schweiz und dann ist wirklich total anders und (.) was das Schlimmste ist finde ich dass (.) manchmal (.) wie mir das passiert ist auch ke- Lehrer nicht Rüs- Rücksicht nehmen; (.) Die wollen- die verlangen wirklich so viel und man dann wird man auch: überfordert auf jeden Fall (.)" (C5; 234-250).

Für diese Anforderung, sich auf neue Kontexte einzulassen und hier bspw. die Regeln in den unterschiedlichen institutionellen Kontexten kennen zu lernen, erlebt sie keine Sensibilität und Berücksichtigung von Seiten der Schule bzw. den Lehrer/-innen. Auch hier verweist sie jedoch durch die Formulierung in der dritten Person, auf einen verallgemeinerten Erfahrungshorizont von Schüler/-innen mit Migrationserfahrung. Der Diskurs um ‚Regeln und Gesetze einhalten‘ kann im Kontext von Rassismus auch als Unterwerfungspraxis und Markierung von ‚Migrations-Anderen‘ als diejenigen, die Regeln im hegemonialen ‚hier‘ nicht kennen, verstanden werden. Auch im institutionellen Kontext des Heimes erlebt sie die Anforderung, mit dem Gefühl von Fremdheit und Nicht-Zugehörigkeit zu Recht zu kommen: „(.) also im Hei- also in der WG und so, spüre ich eher so (.) Schweizer Mentalität" (C5; 620-621).

Ausgelöst durch den Eintritt ins Heim berichtet sie von einer Verbesserung ihrer schulischen Leistungen: „Und äh: dort nachher nach einem halben Jahr hat sich alles verbessert, wirklich auch in der Schule::, und ich habe einfach gemerkt: mich belastet es nicht mehr so:::" (C5; 487-489).

Das Label der ‚Lernbehinderung‘, das während der schulischen Probleme als ursächlich für ihre schulischen Leistungsprobleme angewandt wurde, hat dazu geführt, dass sie im Übergang in Ausbildung durch die Schule zur IV-Ausbildung angemeldet wurde. Die von der IV-Beraterin gestellten Diagnosen und Bewertungen sind für Blerina verletzend: „Und äh: sie (die IV-Beraterin: AR) hat behauptet ich sei äh:: (.) wirklich hätte eine Behinderung, also Lernschwäche und Blablabla (C5; 863-864). Von dieser Einschätzung rückt die Beraterin nicht ab und Frau Hasani ist ihrer Definitionsmacht, trotz Unterstützung durch ihren zukünftigen Chef und einen Betreuer vom Kinderhaus, ausgesetzt: „sie hat mich wirklich sehr verletzt, weil sie hat gesagt ich hätte eine Behinderung und Punkt kein Fragezeichen und nichts" (C5; 939-941). So beginnt sie mit der Ausbildung, obwohl sie diese nicht passend für sich und ihre Lebenssituation empfindet.

Mit der Ausbildung fängt für sie die Anforderung an, sich mit der Frage zu beschäftigen, was die Zuweisung des Labels der ‚Behinderung‘ mit ihr zu tun hat „@(.)@ und äh (.) für mich ist es natürlich schon belastend gewesen weil, weil auch Kolleginnen (Freundinnen: AR) und so, (.) haben ja auch immer gefunden hä (.) bin ich wirklich behindert rede ich ein bisschen komisch, oder" (C5; 1132-1134). Hier zeigt sich, dass durch die institutionelle Markierung als ‚Behinderte‘ auch in Peerzusammenhängen mit Freundinnen eine Auseinandersetzung in Gang darüber kommt, wie sie wahrgenommen wird (mit welchen kategorialen Einteilungen und damit verbundenen hegemonialen Bildern und Zuschreibungen). In der Anfangszeit der Lehre fühlt sie sich unter den anderen Auszubildenden unwohl und grenzt sich auch von diesen ab:

„Und dann, (.) ist für mich sehr eine krasse Erfahrung gewesen:, (.) weil ich mit der Lehre angefangen habe, (.) und die Leute sind mir ( ) wirklich sehr- (.) unheimlich gewesen ja=o-, ich habe einfach gemerkt von der Umgebung her wie die geredet haben die haben viel andere Interessen als ich und viel andere, (.) jo::: (.) wie soll (ich) erklären (.) so:: halt, (.) die denken anders (.)" (C5; 875-879).

Sie distanziert sich vom Label der ‚Behinderung‘ und positioniert sich außerhalb der anderen in der Gruppe. Insgesamt grenzt sie sich stark von der Markierung als ‚Behinderte‘ durch die IV-Beraterin und die Ausbildung und den damit für sie verbundenen negativen Bildern ab: *„aber ich habe gefunden komm, (.) du kannst sagen was du willst ich- (.) ich weiß wo meine Stärken sind"* (C5; 944-945). Trotz der Abwertungen gelingt es ihr, aus heutiger Perspektive ein positives Selbstbild bezüglich der eigenen Fähigkeiten zu entwickeln. Sie gibt auch ihre Vorbehalte und Vorurteile gegenüber den anderen auf:

„Früher habe ich zum Beispiel immer oft gesagt, (.) bist du behindert und das Wort sage ich einfach nicht mehr, (.) es ist eine Einschränkung aber es gibt kein behindert also, (.) ich finde es sojo::, und das habe ich, (.) die Menschen sind eigentlich so lieb, und sind mir so ins Herzen gewachsen, so wirklich" (C5; 922-926).

Durch den entstandenen persönlichen Bezug, stellt sie ihren früheren Sprachgebrauch – und v.a. die vorherrschenden Konstruktionen und Zuschreibungen – und die damit verbundene Abwertung selbstkritisch in Frage. Durch die Beschreibung der anderen Auszubildenden als ‚lieb‘ entsteht allerdings auch der Eindruck, dass sie sich auf paternalistische Art von diesen distanziert.

Insgesamt zeigt sich an der Bildungsbiografie von Frau Hasani, dass die Tatsache, dass sie mit elf Jahren in die Schweiz kam und die deutsche Sprache erst dann erlernt hat, nicht ausreichend von den Instanzen und Professionellen der Jugendhilfe und Schule berücksichtigt wird. Vielmehr wird sie mit rein individualisierten Diagnosen versehen, die die sprachlichen Probleme (sowie die familiären Belastungen und die daraus resultierenden schulischen Probleme) mit dem Label ‚Lernschwäche und Behinderung‘ versehen. Diese Zuweisungen passen zur institutionellen Logik der IV-Ausbildung, die das Ziel hat, die berufliche Eingliederung von Menschen mit Behinderung zu fördern. Allerdings wird deutlich, dass für sie durch dieses Label eine weitere schwierige Auseinandersetzung in Gang kommt. Das Label der ‚Behinderung‘ verdeckt hierbei die Ursachen ihrer Lernschwierigkeiten, die sie selbst in der familiären Belastung und den Anforderungen im Kontext der Migration – bzw. des Wechsels in ein anderes Bildungs- und Sprachsystem – begründet sieht. Das Etikett der ‚Behinderung‘ produziert anstelle einer genauen Analyse ihrer komplexen Lebenssituation eine individualisierte Deutung ihrer Situation und versieht sie mit einer Zuschreibung, die eine stark negative Konnotation aufweist. Durch die Markierung als ‚Behinderte' von institutioneller Seite muss sie sich hierzu positionieren und verhalten. Die Zuschreibungen, die sie im Bildungssystem erlebt, können einerseits auf die Differenzlinie ‚Migration' zurückgeführt werden – mit der Markierung als Migrantin wird hier noch die Zuschreibung ‚lernbehindert/behindert' verknüpft bzw. gleichgesetzt.

Alle Erfahrungen von Frau Hasani, die auf Rassismus verweisen, werden damit ausgeblendet und mit dem Label der ‚Behinderung' verdeckt. Verbunden damit sind wiederum Ausgrenzungserfahrungen, allerdings distanziert sie sich von der Zuschreibung, setzt sich reflexiv und kritisch damit auseinander und stellt die Kategorie ‚Behinderung' insgesamt in Frage.

4. Fazit: Intersektionalität und Interdependenz von Differenzkonstruktionen und Übergängen

Die Analyse der biographischen Erzählung unter einer intersektionalen Perspektive zeigt auf, dass Rationalitäten und die damit verbundenen Grenzziehungen und Legitimierungen u. a. durch Bezugnahme auf vorherrschende Normalitäts- und Differenzkonstruktionen, wie bspw. Geschlecht, Migration oder Familie, erfolgen. Subjektivierungsprozesse sind eingebunden in das intersektionale Zusammenspiel von verschiedenen differenzbezogenen Grenzziehungen und Normalisierungen. In den Grenzziehungen und Normalisierungen zeigen sich dominante gesellschaftlich verankerte Macht- und Ungleichheitsverhältnisse. Gerade in der intersektionalen Analyse der verschiedenen differenzbezogenen Grenzziehungen lassen sich Verbindungen zum Konzept der Rationalitäten herstellen, denn hierbei werden Sinnhaftigkeiten und Wahrheiten konstruiert und über Differenzierungspraktiken legitimiert.

Neben der intersektionalen Überlagerung unterschiedlicher Differenzkonstruktionen lassen sich in der biografischen Erzählung Verweise auf die Ebene von organisationalen (Unterwerfungs-)Praktiken (und deren Rationalitäten) sowie deren subjektiven Verarbeitungen finden. In Bezug auf ihre Migrationserfahrung wird Frau Hasani mit negativen und pauschalisierenden Zuschreibungen konfrontiert, die auf rassistische Strukturen verweisen. Dies hat die Einengung ihrer Handlungsmöglichkeiten zur Folge, insbesondere im Bereich der formalen Bildungschancen sowie der Realisierungsmöglichkeiten in den Übergängen in Arbeit. Zur Erfahrung aufgrund der Migrationserfahrung als Andere markiert zu werden, kommen Zuschreibungen der ‚Behinderung' im institutionellen Kontext der Schule und der

IV-Ausbildung. Die organisationalen Differenzierungspraktiken führen zu machtvollen Grenzziehungen und damit verbundenen Handlungsmöglichkeiten bzw. Handlungseinschränkungen. In der Hilfeerbringung und den Unterstützungsangeboten werden Anforderungen, die mit der Migration zusammenhängen, auf das Erlernen der deutschen Sprache fokussiert und reduziert. Dies liefert Hinweise auf die Rationalitäten der Institutionen in deren Selbstverständnis die Tatsache der Migrationsgesellschaft scheinbar nicht alltäglich und institutionell entsprechend berücksichtigt ist. Im Kontext der IV-Ausbildung zeigen sich Grenzziehungen entlang der Differenzkonstruktion ‚behindert' – ‚nicht-behindert'. Hier wird deutlich, wie andere Lebensrealitäten ausgeschlossen bzw. subsumiert und der organisationalen Logik unterworfen werden.

Die verschiedenen biographischen und institutionellen Übergänge stehen ebenfalls in einem wechselseitigen Verhältnis und beeinflussen sich gegenseitig. Die Migration in die Schweiz stellt in der Biografie einen folgenreichen Übergang dar, der zu starken Benachteiligungen führt. Gleichzeitig zeigt sich, dass die Anforderungen rund um die familiären Konflikte zu Herausforderungen im Kontext der Schule führen, was wiederum zu Einschränkungen in den Übergängen in die berufliche Ausbildung führt. Dies verweist darauf, dass sich die Herausforderungen für ‚Careleavers' in den Übergängen in Arbeit mit vielfältigen Diskriminierungserfahrungen überlagern können.

Das Aufwachsen in der familienersetzenden Hilfe erzählt Frau Hasani als Gegensatz zum Aufwachsen in einer idealisierten Familie. In dieser Form von normalbiografischer Familienvorstellung spielt das vergeschlechtlichte Idealbild einer Mutter, die für ihre Kinder liebevoll sorgt, eine herausragende Rolle. Sie unterwirft sich in ihrem Lebensentwurf dem Konzept eines traditionellen Frauenbildes und strebt es an. Gleichzeitig gibt ihr der Lebensentwurf, gerade auch vor dem Hintergrund ihrer eigenen Erfahrungen, Kraft weiterzumachen und Pläne für ein besseres Leben zu entwickeln, was zu Handlungsfähigkeit führt. Es zeigt sich insgesamt, dass in der biografischen Konstruktion vorherrschende Normalitäten und Rationalitäten herangezogen werden und hierzu die eigene Positionierung in Abgrenzung, Bestätigung oder auch Überschreitung entworfen wird.

Literatur

Alheit, P. (1992): Biographizität und Struktur. In: Alheit, P./Dausien, B./Hanses, A./ Scheuermann, A. (Hrsg.): Biographische Konstruktionen. Beiträge zur Biographieforschung. Bremen: Universtität Bremen, S. 10–36.

Bergmann, M. M./Hupka-Brunner, S./Keller, A./Meyer, T./Stalder, B. E. (2011) (Hrsg.): Transitionen im Jugendalter: Ergebnisse der Schweizer Längsschnittstudie TREE. Bd. Volume 1. Zürich: Seismo Verlag.

Butler, J. (2001): Psyche der Macht. Das Subjekt der Unterwerfung. Frankfurt am Main: Suhrkamp.

Dausien, B. (1996): Biographie und Geschlecht: zur biographischen Konstruktion sozialer Wirklichkeit in Frauenlebensgeschichten. Bremen: Donat Verlag.

Dausien, B./Mecheril, P. (2006): Normalität und Biographie. Anmerkungen aus migrationswissenschaftlicher Sicht. In: Bukow, W.-D./Ottersbach, M./Tuider, E./ Yildiz, E. (Hrsg.): Biographische Konstruktionen im multikulturellen Bildungsprozess. Individuelle Standortsicherung im globalisierten Alltag. Wiesbaden: VS Verlag für Sozialwissenschaften, S. 155–175.

Foucault, M. (1992): Archäologie des Wissens. Frankfurt am Main: Suhrkamp.

Gabriel, T./Stohler, R. (2008): Switzerland. In: Stein, M./Munro, E. R. (Hrsg.): Young People's Transitions from Care to Adulthood. International Research and Practice. London and Philadelphia: Jessica Kingsley Publishers, S. 197–208.

Geisen, T./Schaffner, D./Rein, A./Stotz, W. (2012): Differenzlinie Migration – Ergebnisse eines Forschungsprojekts. In: SozialAktuell, 12, S. 32–33.

Geisen T./Rein, A./Schaffner, D./Stotz, W. (i.E.): Jugendliche mit Migrationshintergrund in der stationären Jugendhilfe. Eine explorative Studie in der Jugendhilfeeinrichtung Passobuono. (Laufzeit Nov. 2011- Dez. 2012), Forschungsbericht.

Helsper, W. (2013): Die Bedeutung von Übergängen im Bildungsverlauf. Einleitender Beitrag. In: Siebholz, S./Schneider, E./Schippling, A./Busse, S./Sandring, S. (Hrsg.): Prozesse sozialer Ungleichheit (Studien zur Schul- und Bildungsforschung Bd. 40): Springer Fachmedien Wiesbaden, S. 21–28.

Imdorf, C. (2010): Wie Ausbildungsbetriebe soziale Ungleichheit reproduzieren: Der Ausschluss von Migrantenjugendlichen bei der Lehrlingsselektion. In: Krüger, H.-H./Rabe-Kleberg, U./Kramer, R.-T./Budde, J. (Hrsg.): Bildungsungleichheit revisted. Bildung und soziale Ungleichheit vom Kindergarten bis zur Hochschule. Wiesbaden: VS Verlag für Sozialwissenschaften, S. 259–274.

Karl, U. (2014): Übergänge und ihre Rationalitäten. In: Karl, U. (Hrsg.): Rationalitäten des Übergangs in Erwerbsarbeit. Weinheim und Basel: Beltz Juventa.

Keller, R. (2005): Wissenssoziologische Diskursanalyse als interpretative Analytik. In: Keller, R./Hirseland, A./Schneider, W./Viehöver, W. (Hrsg.): Die diskursive Konstruktion von Wirklichkeit. Zum Verhältnis von Wissenssoziologie und Diskursforschung. Konstanz: UVK, S. 49–76.

Köngeter, S./Schröer, W./Zeller, M. (2012): Statuspassage „Leaving Care": Biografische Herausforderungen nach der Heimerziehung. In: Diskurs Kindheits- und Jugendforschung 7, H. 3, S. 261–276.

Lutz, H. (2000): Biografisches Kapital als Ressource der Bewältigung von Migrationsprozessen. In: Gogolin, I./Nauck, B. (Hrsg.): Migration, gesellschaftliche Differenzierung und Bildung: Resultate des Forschungsschwerpunktprogramms FABER. Leverkusen: Leske & Budrich, S. 179–210.

Lutz, H./Vivar, M.T.H./Supik, L. (2010): Fokus Intersektionalität - eine Einleitung. In: Lutz, H./Vivar, M. T. H./Supik, L. (Hrsg.): Fokus Intersektionalität: Bewegungen und Verortungen eines vielschichtigen Konzeptes. Wiesbaden: VS Verlag für Sozialwissenschaften, S. 9–30.

Melter, C. (2009): Rassismusunkritische Soziale Arbeit? Zur (De-)Thematisierung von Rassismuserfahrungen Schwarzer Deutscher in der Jugendhilfe(forschung). In: Melter, C./Mecheril, P. (Hrsg.): Rassismuskritik. Band 1: Rassismustheorie und - forschung. Schwalbach/Ts: Wochenschau Verlag, S. 277–292.

Mendes, P./Johnson, G./Moslehuddin, B. (2011): Young people leaving state out-of-home care. Australian policy and practice. North Melbourne: Australien Scholary Publishing.

Pohl, A./Stauber, B./Walther, A.(2011) (Hrsg.): Jugend als Akteurin sozialen Wandels: Veränderte Übergangsverläufe, strukturelle Barrieren und Bewältigungsstrategien. Weinheim und München: Juventa Verlag.

Riegel, C. (2010): Intersektionalität als transdisziplinäres Projekt: Methodologische Perspektiven für die Jugendforschung. In: Riegel, C./Scherr, A./Stauber, B. (Hrsg.): Transdisziplinäre Jugendforschung. Grundlagen und Forschungskonzepte. Wiesbaden: VS Verlag für Sozialwissenschaften, S. 65–89.

Schaffner, D. (2007): Junge Erwachsene zwischen Sozialhilfe und Arbeitsmarkt – Biographische Bewältigung von diskontinuierlichen Bildungs- und Erwerbsverläufen. Bern: h.e.p. Verlag.

Schaffner, D./Rein, A. (2013): Jugendliche aus einem Sonderschulheim auf dem Weg in die Selbstständigkeit – Übergänge und Verläufe. In: Piller, E. M./Schnurr, S. (Hrsg.): Kinder- und Jugendhilfe in der Schweiz: Springer Fachmedien Wiesbaden, S. 53–78.

Stauber, B./Walther, A. (2011): Übergänge in den Beruf. In: Otto, H. U./Thiersch, H. (Hrsg.): Handbuch Soziale Arbeit. 4., vollständig neu bearbeitete Auflage. München: Ernst Reinhardt Verlag, S. 1703–1715.

Stein, M./Munro, E. R. (2008): Young People`s Transitions from Care to Adulthood. International Research and Practice. London and Philadelphia: Jessica Kingsley Publishers.

Winker, G./Degele, N. (2009): Intersektionalität. Zur Analyse sozialer Ungleichheit. Bielefeld: transcript Verlag.

Gilles Reckinger

Wege benachteiligter Jugendlicher in die Prekarität

Biographische Perspektiven

Die gegenwärtigen gesellschaftlichen und ökonomischen Transformationen, in denen der „neue Geist des Kapitalismus" (Boltanski/Chiapello 1999) sich verbreitet, erfassen die Lebenswelten Jugendlicher in besonderer Weise. Gerade der Übergang von der Herkunftsfamilie in die Erwachsenengesellschaft erweist sich als sensible Schnittstelle, an der milieuspezifische Erwartungen und Grenzen, Selbstentfaltungs- und Autonomiebedürfnisse auf die gesellschaftlichen Spielräume ihrer Einlösbarkeit treffen. Von der besonderen Bedeutung, die der Jugendphase an der Schwelle zum Erwachsenenalter zukommt, zeugt die breite Präsenz des Themas Jugend in den politischen, medialen, wissenschaftlichen und gesellschaftlichen Diskursen. So unterschiedlich die öffentlichen Auseinandersetzungen mit dem Thema ‚Jugend' auch sind, eines ist ihnen gemeinsam: Wie in einem Zerrspiegel der Gesellschaft bilden sich darin Phänomene von Revolte bis Kulturwandel, von Zukunftsängsten bis Bedrohungsszenarien an einer gesellschaftlichen Gruppe ab, die prädestiniert für Zuschreibungen erscheint. Als das gesellschaftlich Andere ist die ‚Jugend' seit sokratischen Zeiten ein gesellschaftspolitischer Spielball und eine Projektionsfläche für Klagen, Zuschreibungen und Phantasmen der Erwachsenengesellschaft.

Auch in den Sozial- und Kulturwissenschaften konstruieren eine Vielfalt von Untersuchungen Jugend als eine in sich geschlossene Phase, deren eigene Regeln – etwa *Peer Group*-Verhalten, Netzwerke, Subkulturbildungen, Jugendstile und -kulturen, Gewalt, Devianz etc. – sie von der Erwachsenengesellschaft unterscheiden. Dabei ist hervorzuheben, dass Jugendliche keine homogene „Gruppe", sondern ebenso wie Erwachsene durch ihre habituellen sowie feld- und milieuspezifischen Dispositionen geprägt sind, die entlang der Trennlinien sozialer Felder ungleich verteilt sind und die ihre Möglichkeiten und Chancen wesentlich mitbestimmen.

In der Rhetorik der Individualisierung wird strukturelle Benachteiligung zu persönlichem Versagen, zur Unfähigkeit mitzuhalten oder zur Integrationsunwilligkeit, für die die Einzelnen selbst die Verantwortung zu tragen hätten. Insbesondere Schul- und Ausbildungsabbrecher/-innen sehen sich mit dem Vorwurf konfrontiert, durch ihr Scheitern im formalen Bildungssystem oder durch das bewusste Nichtwahrnehmen von Bildungschancen selbst an ihrer Chancenlosigkeit ‚schuld' zu sein, weshalb sie nun die Konsequenzen des selbst verursachten Mankos widerspruchslos zu tragen hätten.

Ich möchte hingegen an den Werdegängen von jugendlichen Schul- bzw. Ausbildungsabbrecher/-innen nachzeichnen, auf welche Weise sich ihre Versuche des Arbeitsmarkteinstiegs vollziehen. Besonderes Augenmerk soll hierbei auf die *Wege* der befragten Jugendlichen gelegt werden. Gerade Jugendliche, deren Arbeitsmarktintegration nicht gelingt, sind verschärfter Prekarität ausgesetzt, die sich in nicht-linearen Karrieren ausdrückt und die sie nach dem Prinzip ‚zwei Schritte vor, ein Schritt zurück' immer wieder zurück wirft. Demnach ist Prekarisierung nicht als Zustand, sondern als Dynamik und Prozess zu betrachten, bei dem das Wechselspiel von kultureller Praxis und strukturellen Bedingungen im Mittelpunkt steht. So erlaubt der Blick auf diese Prozesse zugleich eine Analyse der sozialen Flugbahnen – *trajectoires* –, wie Pierre Bourdieu (1986) die sozial strukturierten und subjektiv als Biographie zusammengesetzten Laufbahnen der Akteur/-e/-innen bezeichnet.

Meine 2007 durchgeführte Feldforschung entstand im Rahmen eines DOC-Team Projektes der Österreichischen Akademie der Wissenschaften, in dem ich mit Diana Reiners und Gerlinde Malli über unterschiedliche Aspekte der Jugendprekarität arbeitete (Reckinger 2010). Die qualitativ angelegte Studie zielte darauf ab, in der Folge von Pierre Bourdieus „Elend der Welt" (Bourdieu et al. 1997) und der österreichischen Forschung „Das ganz alltägliche Elend" (Katschnig-Fasch 2003) mit verstehenden, praxeologischen Tiefeninterviews das Befinden und die Umgangsstrategien junger Menschen mit den Folgen der neoliberalen Umbrüche beim Arbeitsmarkteinstieg zu untersuchen. Die 25 Jugendlichen, die ich während eines Jahres begleitete und mit denen ich mehrere verstehende Tiefeninterviews führte, stammten aus sozial benachteiligten Milieus einer österreichischen Landeshauptstadt und deren Umland und hatten (oft mehrere) Schul-, Ausbildungs- und Berufsabbrüche hinter sich. Entsprechend des Berufsersteinstiegsalters waren sie zwischen 15 und 25 Jahren alt und befanden sich gerade im Prozess des (oftmals brüchigen) Arbeitsmarkteinstieges bzw. der Arbeitssuche.

Um die Erfahrungen und die Strategien der Jugendlichen nicht nur als subjektives Handeln, sondern als eine kulturelle und soziale Praxis zu *verstehen*, ist die Analyse der machtvollen strukturellen Bedingungen, in die ihre Lebenswelten eingebettet sind, unverzichtbar. Dieses Konzept eines pra-

xeologischen, den Sinn hinter dem Handeln und der Praxis der Akteur/-e/
-innen suchenden Verstehens, hat Bourdieu in seiner einflussreichen Sozio-
analyse „Das Elend der Welt" (Bourdieu et al. 1997) praktisch zur Anwendung gebracht. Das Verstehenskonzept gründet auf der Theorie der Praxeologie, nach der *in den* subjektiven Erfahrungen, der *doxa* der Akteur/-e/
-innen, die sozialen Strukturen transparent werden, in die ihre Lebenswelten eingebettet sind und die zugleich als mentale Strukturen in ihren Habitus, in ihre Wahrnehmungs- und Handlungsstrukturen eingegangen sind.
Die sozialen Strukturen, die sowohl den Habitus des/der Einzelnen als auch
die objektivierten Strukturen der sozialen Welt bestimmen, bedingen einander und sind unauflösbar ineinander verflochten. Die objektiven Strukturen der sozialen Welt schreiben sich durch die Sozialisationsarbeit in den
Habitus der Akteur/-e/-innen ein. Da ihr Habitus nach dem Bild der objektiven sozialen Realität geformt ist, erscheinen ihnen deren Strukturen, die
selbstverständlich die Wahrnehmung und das Verständnis sowohl der inneren als auch der äußeren Welt prägen, obwohl sie das Ergebnis von Kon-
struktionsakten sind, als naturgegebene Tatsachen (Bourdieu 1998). Durch
den Zusammenhang zwischen den objektiven, sozial konstruierten Strukturen und dem Habitus kommt der Mechanismus der Reproduktion der sozialen Ordnung in Gang: Indem die Subjekte handeln, wie es ihnen aus ihren
habituellen Dispositionen heraus als ‚normal‘ erscheint, tragen sie zur Reproduktion jener sozialen Institutionen (Familie, Schule, Milieu, Geschlechterrollen etc.) bei, die durch die Sozialisation ihrem Habitus zugrunde liegen. Dieser Zirkel der Reproduktion der sozialen Ordnung ist den Akteur/-
inn/-en, die ihn mitproduzieren, unbewusst. Er vollzieht sich nicht als bewusste Einwilligung, sondern als doxische Übereinstimmung des Habitus
mit den Strukturen der sozialen Welt. Habitus und Feld stehen so in einem
unauflöslichen Komplementärverhältnis zueinander.

1. Biographische Sinnstrukturen und Berufswahl – die ‚mittelständische Erinnerung‘

Die Strategien und Reaktionen, die die Jugendlichen in meiner Studie zeigten, hingen stark von der Möglichkeit ab, habituelle oder andere Vorbilder
aus dem Herkunftskontext in ihre identitären Sinnkonstruktionen aufzu-
nehmen und sie für sich selbst als Ressource nutzbar zu machen. In radika-
ler Weise zeigt sich, dass die Milieuzugehörigkeit und der Besitz von kulturellen und ökonomischen Kapitalien die Möglichkeitsbedingungen Jugendlicher prägen und dass der Einstieg und der relative Erfolg (auch im Sinne
der Realisierung subjektiver Projekte) in der veränderten Arbeitswelt immer stärker von diesen habituellen Bedingungen und Ressourcen abhängig

sind. In besonderer Weise gilt dies auch für die Einlösbarkeit von identitären Sinnstrukturen.

Die beruflichen Wunschvorstellungen oder Orientierungen der Jugendlichen sind eng an diese identitären Sinnstrukturen geknüpft. Einerseits spiegeln sich in ihren Vorstellungen habituell geformte milieuspezifische Berufsbilder, andererseits auch durch die individuelle Biographie geprägte Interessen und Bedürfnisse.[1] Dabei streben sie realistisch erscheinende Karrieren und statuskonsistente Positionen an, auch wenn diese sich angesichts ihrer besonders benachteiligten Lage und der generell angespannten Arbeitsmarktlage nicht oder nur schwer erreichen lassen. Damit bleibt eine habituell verankerte ‚mittelständische Erinnerung' an die Bindung der Identität an einen Beruf erhalten, ebenso wie verinnerlichte Normen ihrer Herkunftsfelder. Diese Normen schließen milieuspezifische Berufswünsche ebenso ein wie einen Reproduktionswillen habitueller Arbeitsorientierungen wie Leistungsbereitschaft, Anerkennung von Arbeitshierarchien, Erwartungen an eine planvolle, zielgerichtete Berufsperspektive oder das Erleben von Arbeitslosigkeit als Beschämung.

Als ‚mittelständische Erinnerung' möchte ich diese Form der habituellen Bindung deshalb bezeichnen, weil sich zwar bereits in der Elterngeneration die Prekarisierung absteigender Milieus abzeichnet, diese Milieubindung aber dennoch nicht gänzlich aufgelöst ist und zumindest in den mentalen Strukturen weiter wirkt. Dabei können sich die Jugendlichen allerdings wenig auf milieuspezifische Kapitalien berufen, die nur bedingt als Ressourcen verfügbar sind, weil diese im Prozess des familiären Abstiegs entwertet wurden. Vielmehr sind es milieuspezifische normative Einstellungen, die die Jugendlichen innerhalb dieses Prozesses in transformierter Form selbst mobilisieren können.

Günter: „Die Erfolgsquote von dem Kurs ist 30%, was mich erschrocken hat, weil es nicht sehr viel ist. Die [Teilnehmer] kommen nicht mehr, oder kommen eine Woche nicht mehr. Ich war ganz ein braver Bursche in der Hinsicht. Pünktlich gekommen, zur vorgesehenen Zeit wieder gegangen. Außer [ich hatte] Vorstellungsgespräche. Das ist ja der Sinn vom Kurs, dass man eine Arbeit kriegt."

Mittelständische normative Einstellungen wie Pünktlichkeit, Zuverlässigkeit und Engagement entsprechen den Werten, die in den Vermittlungsmaßnahmen gefordert und gefördert werden:

---

1 Ein Jugendlicher entwickelte den Berufswunsch des Kaufhausdetektives in Folge seiner ausgeprägten Beschäftigung mit detektivischer Ermittlungsarbeit, die in Zusammenhang mit der Suche nach seinem plötzlich untergetauchten Vater stand, der wegen hoher Spielschulden polizeilich gesucht wurde.

Benjamin: „Ich war eigentlich der einzige, der wirklich immer gekommen ist. Und das ist ihnen halt aufgefallen, und dann haben sie sich eben bemüht, mich irgendwo hin zu bringen. Die anderen haben wirklich sehr oft gefehlt. Einfach keine Lust gehabt, zu kommen. Ich habe gewusst, wenn ich da nicht weiter tue, dann bleibe ich da hängen, in dem Kurs, dann habe ich wirklich die ganze Energie da rein gesteckt."

Auch wenn sich in den neuen Formen der soziale Status und die Sicherheit der damit verbundenen Berufsvorstellungen nicht erreichen lassen, ist diese Erinnerung an habituelle Strukturen auf der Ebene der beruflichen Identität wichtig, weil sie es den Jugendlichen erlaubt, aus Perioden des *drift*, aus Erfahrungen von Arbeitslosigkeit und erfolgloser Arbeitsplatz- oder Lehrstellensuche heraus weiter nach dem Erreichen ähnlicher Positionen auf dem Arbeitsmarkt zu streben. Die identitäre Verknüpfung zwischen habituellen Erfahrungen und Berufsorientierung wird zur Bedingung für die Normalisierung der Arbeitsbiographie und den Einstieg in – allerdings prekäre – Positionen auf dem Arbeitsmarkt. Eine Bedingung dafür ist die Akzeptanz schwieriger Arbeitsumstände und -bedingungen in der Perspektive langfristiger Verbesserung, die das Prinzip des Weberschen Belohnungsaufschubs im Lohnarbeitsmodell der Moderne kennzeichnet.

Ein Jugendlicher formuliert diese Einstellung so:

Benjamin: „(…) Bei der Lehre geht es jetzt nicht so ums Selbstverwirklichen. Das ist das was nachher kommt. Ich glaub' nicht, dass ich mich in so einem Beruf verwirklichen kann, sondern dass ich mal eine Ausbildung hab', dass ich Geld hab', dass ich einmal in das reinkomme, in die Arbeitswelt und den geregelten Tagesablauf und so weiter."

Die Berufswahl kann sich, auch wenn sie zunächst als Notlösung in Betracht gezogen wird, durch die Identifikation mit familiären Vorbildern zu einem konsistenten Entwurf entwickeln. Eine jugendliche Schulabbrecherin beschreibt ihren Rückgriff auf die Lehre im Familienbetrieb nach zahlreichen gescheiterten Versuchen der Lehrstellensuche:

Manuela: „Meine Tante hat ein Gasthaus gehabt, das hat sie jetzt zurückgegeben, und meine Mutter und mein Onkel haben's übernommen. Da kann ich arbeiten. (…) Ich wollte nie weiter zur Schule gehen. Also meine beiden Cousinen haben's versucht, haben aber aufgehört und haben angefangen zu lernen; meine Tante hat's versucht, und hat dann auch gesagt: „Nein." Weil es ist viel Arbeit. (…) Ich habe großen Respekt vor allen, die studieren, weil ich könnt's nicht durchziehen! Ich könnte nicht da sitzen, zuhören, mir das merken, mitschreiben. So wie's jetzt ist, passt's mir eigentlich. (…) Keine Lust auf Schule! Ich bin jetzt in der Küche."

Unter der Voraussetzung, dass sie diese ‚mittelständische Erinnerung' wachrufen können, kann es den Jugendlichen gelingen, innerhalb der prekarisierten Formen von Beschäftigung ihre kulturellen Identitäten, die an diese kollektiven milieuspezifischen Erwartungsstrukturen geknüpft sind, zu retten, indem sie unter prekarisierten Bedingungen ein milieuspezifisches Arbeitsethos der Identifikation mit dem Inhalt des Berufes aufrecht erhalten und damit auch innerhalb der Prekarität ihre Selbstachtung wieder herstellen können.

2. Selbstaktivierung und Gouvernementalität

Bereits in der Bedeutung, die die Transformation mittelständischer Arbeitsorientierungen für die Bindung an individualisierte und zunehmend schwerer zu erreichende persönliche Berufsprojekte hat, wird deutlich, dass der Selbstmobilisierung innerhalb der Prozesse prekarisierter Arbeitsmarkteinstiege eine zentrale Rolle zukommt.

Konfrontiert mit unterschiedlichen Benachteiligungen und Hürden, mit Problemen, einen Arbeitsplatz oder eine Lehrstelle zu finden, sowie frustrierenden Erfahrungen in der Arbeitswelt, bleibt den untersuchten Jugendlichen schließlich keine andere Möglichkeit, als ihre eigenen Kapitalien, Kompetenzen und Ressourcen zu mobilisieren, um aus sich selbst heraus ‚wenigstens' einen prekären Status zu erreichen. Die desillusionierenden Erfahrungen, die die Jugendlichen machen – ihre enttäuschten Erwartungen an die Beratungs- und Vermittlungsfunktion des Arbeitsmarktservice, die Desillusion über die Möglichkeiten auf dem Arbeitsmarkt und die Nichterfüllbarkeit von Berufswünschen, die Enttäuschungen über taylorisierte Arbeitsabläufe, die nicht ihren Vorstellungen von Berufsbildern entsprechen, und die Erfahrungen unzumutbarer, ausbeuterischer Arbeitsbedingungen – führen zu Entfremdung. Um dieser Entfremdung zu entkommen, beginnen die Jugendlichen vielfältige Aktivitäten und entwickeln neue, alternative Strategien. Das Gefühl der Entfremdung selbst kann dabei paradoxerweise als Antrieb für den Kampf, den sie gegen diese Entfremdung führen, verstanden werden: Der Wunsch, aus der Lethargie auszubrechen, lässt sie erhebliche kreative Energien freisetzen, die umso bemerkenswerter sind, als sie in ihren Biographien ständig Enttäuschungen, Zumutungen und Rückschlägen ausgesetzt sind (siehe auch Grell 2002). Das wesentlichste Moment ist dabei die Repositionierung innerhalb der gegebenen Möglichkeiten und die Entwicklung selbstgesetzter Ziele.

In den Fallstudien lässt sich deutlich nachvollziehen, wie sich dieser Prozess der Selbstmobilisierung vollzieht. Im Falle eines Jugendlichen bedeutet das, sich gegen die Widerstände der Institutionen durchzusetzen, die ihn nach mehreren, Jahre zurückliegenden Abbrüchen nicht mehr in Arbeitsintegrationsmaßnahmen vermitteln wollen:

Günter: „Und dass ich jetzt die Hauptschule [ge]mach[t habe], das war hauptsächlich so, dass ich noch irgendwas machen wollte aus meinem Leben, und mit 25, da wollte ich nicht so vom Sozialamt leben und bin dann noch mal zum AMS[2] gegangen. Das habe ich selbst rausgefunden, vom ATOP[3] eben die externe Hauptschule. Weil der [vorige Berater] hätte mir das niemals vorgeschlagen vom AMS, und dann habe ich das eben durchgeboxt. (…) Und ich hab' immer gesagt, die Schule, die ich jetzt besucht habe, dass ich das eben gut abgeschlossen habe. Und so haben wir aneinander vorbeigeredet. Sie von den alten Sachen, ich von den neuen Sachen. Was sie aber veranlasst hat, ist, dass ich bei der Arbeitsassistenz, wo ich abgebrochen habe vor vier oder fünf Jahren, dass es nochmal zum Gespräch mit denen kommen wird. Möglicherweise könnte ich dann noch mal auf Arbeitssuche gehen, mit Hilfe von denen. Wenn sie sehen, dass ich genug Motivation habe. Ich habe auch gesagt, es hat sich ja etwas geändert jetzt, die Schule habe ich ja durchgezogen."

Ein anderer Jugendlicher überbrückt als Paketzusteller die Zeit bis zu seinem 21. Geburtstag, ab dem er endlich in der Praxis seinen LKW-Führerschein benutzen kann und sich damit seinen Traum, LKW-Fahrer zu werden, erfüllen kann. Weil der massive Zeitdruck, die schlechte Bezahlung, Fälschung von Fahrtenschreibern und der Betrug um den Lohn bzw. die Unterlassung der Meldepflicht durch die Arbeitgeber im Gegensatz zu seinen – teils romantisierenden – Vorstellungen von Autonomie stehen, die er mit dem internationalen Speditionswesen verbindet, wirft er das Handtuch und nutzt seine Kenntnisse als Autolackierer, um im Internet Gebrauchtwagen zu kaufen, aufzubereiten und weiterzuverkaufen. Dass er sich in einer nur teils legalen Grauzone zwischen Privatverkauf und gewerblichem Vertrieb bewegt, stört ihn angesichts der Ungesetzlichkeiten, mit denen er als Angestellter konfrontiert war, wenig.

Georg: „Die Arbeitsbedingungen sind wirklich beschissen hier, um ehrlich zu sein. Man muss schon froh sein, wenn man was findet, wo man pünktlich und gerecht entlohnt wird! Die großen Firmen bescheißen dich, die kleinen Firmen bescheißen dich, wo soll ich denn noch arbeiten gehen? Da tu' ich lieber [mit Gebrauchtautos] handeln, da scheiß' ich auf jeden."

Die Hinwendung zu solchen Alternativen ist aus der Sicht der Jugendlichen als Suche nach Perspektiven zu verstehen, selbstbestimmt und handlungs-

---

2   Arbeitsmarktservice.
3   Eine NGO, die Trägerin der Externen Hauptschule ist.

fähig mit prekären Lebenslagen umzugehen und aus der passiven Rolle der von Chancenlosigkeit Betroffenen herauszutreten. Zugleich entsprechen ihre Strategien, das eigene Schicksal in die Hand zu nehmen, aber der neoliberalen Logik der *self help* und des neuen Paradigmas des arbeitenden Menschen als Unternehmer/-in seiner/ihrer selbst.

Mangels zur Verfügung stehender Auswege aus diesen Zwangslagen müssen die Jugendlichen ihre ‚Ressourcen' in der Ökonomie strategisch nutzbar machen. Damit ist die Anforderung verbunden, die eigenen Fähigkeiten im Hinblick auf ihre Nutzbarkeit auf dem Arbeitsmarkt zu hinterfragen und kritisch zu reflektieren. Die Selbstmobilisierung besteht darin, die eigenen Ressourcen und Kapitalien, die bisher weder auf dem Arbeitsmarkt noch bei den Vermittlungsinstitutionen einlösbar waren, zu aktivieren, zu steigern oder marktförmig zu machen, um sie einsetzen zu können.

Das Nachholen des Pflichtschulabschlusses ist in dieser Hinsicht von besonderer Bedeutung, weil es nicht nur die formell bestätigte Mindestqualifikation darstellt, sondern vor allem auch das Selbstvertrauen stärkt, eine wesentliche Hürde durch Disziplin und den Einsatz der eigenen Fähigkeiten überwinden zu können. Der Abschluss des Lehrgangs mit der externen Hauptschulprüfung beendet zumeist auch die Phase des *drift* (Sennett 1998), die von fehlender Anerkennung, Perspektivlosigkeit und geringem Selbstbewusstsein geprägt war. Wesentlich für die Überwindung des *drift* ist dabei – wie auch bei Jugendlichen mit Ausbildungs- und beruflichen Abbrüchen – die (selbständige) Entwicklung eines Zieles. Es ermöglicht eine Perspektive, auf dieses Ziel ‚hinzuarbeiten' und die Verwerfungen und prekären Übergangslösungen als Etappen auf dem Weg zu diesem Ziel und damit als sinnvollen Einsatz ihrer Ressourcen zu erleben. Gerade diese Zielgerichtetheit, die sie aus sich selbst heraus erst entwickeln müssen, erlaubt es auf der Ebene ihres Selbstverständnisses, prekäre Beschäftigung nicht als Dequalifikation und soziale Abwertung, sondern als Form des sich Annäherns und damit eine Qualifikation im Hinblick auf ein selbst gesetztes Ziel umzudeuten.

An der Möglichkeit, die Wartephase für sich ‚strategisch' zu nutzen, wird deutlich, dass das Moratorium der Prekarität eine selektive Funktion hat. Hier lässt sich eine Subjektivierung jener Dispositive ablesen, mit denen Jugendliche sich auch traditionell durch meritokratisch aufgebaute Qualifikationsphasen, in denen sie Leistung unter Beweis stellen mussten, erst langsam in den Hierarchien der Arbeitsmarktsegmente in höhere Positionen hocharbeiten konnten. Auf der Ebene der subjektiven Orientierungen ist die Deutung von prekärer Beschäftigung als Zwischenstadium auf dem Weg zu stabileren oder erfolg- bzw. anerkennungsversprechenden Positionen als Selbstmobilisierung einer meritokratischen Logik zu lesen, die die Betroffenen Prekarität als temporäre Hürde der Einschränkung und Beschwerlichkeit interpretieren lässt und so die Bedingung dafür bildet, dass sie – auf Dauer – akzeptiert werden kann.

Die Vermarktlichung persönlicher Fähigkeiten und Ressourcen, die Selbstaktivierung und die Entwicklung von Zielen und Strategien weisen darauf hin, dass sich die Rhetorik der *employability* – Verbesserungsdenken, Plastizität, Flexibilität, Eigenverantwortlichkeit, Zielstrebigkeit etc. – in Form von *micromodifications* (Boltanski/Chiapello 1999) in das Ethos und die Praxis von Jugendlichen einschreibt. Damit erfüllen ihre Umgangsstrategien jedoch genau die neuen Normen der Individualisierung, der Selbstverantwortlichkeit, des *empowerment* und des Ressourcenmanagements. Sie sind nicht das Ergebnis einer Disziplinierung, sondern einer Verinnerlichung der Selbstregierung. Im neuen Geist des Kapitalismus wird das Selbst zum Ort der Steigerung von Ressourcen und Fähigkeiten, die Beziehung der Individuen zu sich selbst wird ökonomisiert (Boltanski/ Chiapello 1999). Die Formen des Einwirkens auf sich selbst, der Selbstverbesserung und der Selbstvermarktung sind auch als Selbsttechnologien im Sinne Michel Foucaults (1989) zu verstehen.

Mit der suggerierten Wahlfreiheit und der Vervielfachung der Handlungsoptionen ist zugleich untrennbar der Zwang verbunden, von diesen angeblichen Freiheiten Gebrauch zu machen. Die – auch nur von den Möglichkeiten der eigenen Kapitalien abhängige – Handlungsfreiheit produziert den Druck, Entscheidungen zu treffen und selbstverantwortlich, als ,autonomes Subjekt' zu handeln. Die auf sich gestellten und sich selbst managenden Akteur/-e/-innen unterliegen dem Zwang, kontinuierlich an ihrem Selbst zu arbeiten, um ,auf dem Stand' zu bleiben und sich den sich ständig verändernden Anforderungen der Arbeitsgesellschaft stellen zu können. Damit aber trifft die aus kollektiven Zusammenhängen und verbindlichen Lebensentwürfen freigesetzten Individuen auch die Selbstverantwortlichkeit für die Folgen, den Erfolg oder Misserfolg ihres Handelns. In dieser Perspektive lässt sich der Normalisierungsprozess des Einstieges in einen flexibilisierten Arbeitsmarkt auch als ein Prozess der Akkulturation in eine neue Norm begreifen, in der das Erreichen einer gesicherten Position den Gesprächspartner/-innen tatsächlich von ihrer eigenen Fähigkeit abzuhängen scheint, ihre Ressourcen geschickt einzusetzen. Es erscheint als naturgegeben und unumstößlich, was das Ergebnis der Wirkungsweise unbewusster sozialer Mechanismen ist (Bourdieu 1998).

In diesem Sinne ist die ,Normalisierung' der Arbeitsbiographie doppelbödig. Das Zusammentreffen von Subjektivierung und Flexibilisierung führt zur Entstehung eines *entrepreneurial self*, mit dem die untersuchten Jugendlichen sich selbst nach dem Prinzip eines Unternehmens regieren. Dabei wird die Kontrolle von einer Disziplinierung der arbeitenden Subjekte von außen zu einer Selbstbeherrschung von innen verlagert. Die Selbstregierung schreibt sich in die Denkstrukturen ein, ohne den Subjekten bewusst zu werden. Dieser Prozess lässt sich als das Einschreiben einer neuen Form der Selbstregierung nach den Prinzipien des Marktes in die Denkstrukturen verstehen, als Form der Umsetzung einer neoliberalen *Gouvernementalität* (Lemke/Krasmann/Bröckling 2000; Foucault 1989; Foucault 1994).

Die Subjektivierung der Arbeitsmarkteinstiege und der Berufseinstiege wird damit als Ergebnis neoliberaler Herrschaftspraxis lesbar, in dem sich ein gesellschaftliches Leitbild der ‚autonomen' Subjektivität durchsetzt, mit der sich die Forderung nach einer „Ausrichtung des eigenen Lebens an betriebswirtschaftlichen Effizienzkriterien und unternehmerischen Kalkülen" (Lemke/Krasmann/Bröckling 2000, S. 30) verbindet.

Die Logik der Selbstausschöpfung der eigenen Ressourcen ist gerade in den neuen Formen selbständiger Arbeit zu finden, die die Jugendlichen als Alternativen zur Prekarität aufgreifen. Durch ihre Erfahrungen geprägt fügen sie sich schließlich jenen Bedingungen, die ihre Möglichkeiten, sich zu verwirklichen, beschränken. So weichen die Wunschberufe oft unsicheren, unterbezahlten Positionen im unteren Dienstleistungssegment. Die Bindung an das ursprüngliche Projekt bleibt dabei jedoch zentral, auch wenn die Jugendlichen ihre Ziele nur mehr umkreisen und sie nicht mehr erreichen können: Die Strategien der Aufrechterhaltung des Arbeitsethos und des Projektes unter den Bedingungen der Prekarisierung sind damit aber auch Ausdruck einer sich einschreibenden Logik der Selbstregierung, mit der sich eine Anpassung an die gegebenen Möglichkeiten *gerade durch* das Anstreben der Verwirklichung identitärer und biographisch-habituell geprägter subjektiver beruflicher Ziele vollzieht.

3. Umlaufbahnen

Konfrontiert mit der Unmöglichkeit, angesichts ihrer geringen Kapitalien ihre eigentlichen Berufswünsche realisieren zu können, müssen die Jugendlichen ein alternatives Berufsziel entwickeln, sich beruflich umorientieren und „im Endeffekt froh sein, überhaupt einen Ausbildungsplatz gefunden zu haben, und nicht ‚auf der Straße zu sitzen'." (Mansel/Hurrelmann 1994, S. 36). Gerade die sich verengenden Aussichten, überhaupt in den Arbeitsmarkt integriert zu werden, verlangen eine Senkung des Anspruchsniveaus und die Akzeptanz prekärer Arbeitsformen und sich verschlechternder Arbeitsbedingungen. Jugendliche, die durch ihre Ausbildungs- und Arbeitskarrieren gegenüber besser qualifizierten Konkurrent/-inn/-en auf dem Arbeitsmarkt benachteiligt sind, sind gezwungen, ihre eigenen Interessen und Projekte an die Gegebenheiten anzupassen, ihre Wünsche und inhaltlichen Ansprüche zu relativieren, zurück zu stellen oder zu reduzieren und auch zunächst nicht angestrebte Gelegenheiten wahrzunehmen.

An den Erfahrungsberichten der Jugendlichen lässt sich der Prozess dieser Anpassung an die Arbeitsmarktlage besonders deutlich nachvollziehen: Denn während die gebotenen Möglichkeiten zunächst oft Frustrationen und erneute Abbrüche hervorrufen, lässt sich mit der Dauer der Arbeitslosigkeit oder der erfolglosen Lehrstellensuche eine zunehmende Bereitschaft erkennen, ,irgendeine' Arbeit anzunehmen, um der Erfahrung der Nutzlosigkeit und der Lethargie zu entkommen. In Ermangelung von Alternativen wächst die Bereitschaft der Jugendlichen, „auch den letzten Ausweg als eine Chance zu akzeptieren" (Mansel/Hurrelmann 1994, S. 42). Gerade dieser Prozess führt dazu, dass die Jugendlichen ,von selbst' eine Anpassung ihrer ursprünglichen Erwartungen und Hoffnungen an ihre eingeschränkten Möglichkeiten vollziehen.

Das Paradox, das zwischen dem Druck zur Selbstverwirklichung und den faktisch beschränkten Möglichkeiten entsteht, haben die Jugendlichen allein zu bewältigen. Die Aufgabe, die Diskrepanz zwischen äußeren Bedingungen und subjektiven Wünschen, biographischen Projekten oder habituellen Aufträgen zu bewältigen, erfordert ein hohes Maß an Anpassungsbereitschaft und Flexibilität. Unter dem Druck, sich den Anforderungen der Arbeitswelt zu beugen, entstand bei meinen jugendlichen Gesprächspartner/-innen eine schrittweise Anpassung der beruflichen Orientierung. Dabei ist die identitäre Bindung an das berufliche Projekt als eine wesentliche Bedingung für die Normalisierung der brüchigen Berufsbiographien zu verstehen. Denn weil sie eine subjektive Bindung an den Inhalt ihrer Arbeit erhalten können, ist es ihnen möglich, prekäre Beschäftigung so zu interpretieren, dass sie Belastungen eher bewältigen und damit zumindest in Randbereichen des Arbeitsmarktes Fuß fassen können, in der Hoffnung, ihre Situation durch kontinuierliche Arbeitsleistung oder relativen Aufstieg innerhalb des Arbeitsmarktsegmentes zu verbessern. Auch wenn diese Einstiege nicht allzu optimistisch als Erfolge gedeutet werden sollten, kann damit zumindest eine weitere Dequalifizierung durch wechselnde Anstellungsverhältnisse und Perioden der Arbeitslosigkeit aufgehalten werden. Die „Lücken" in den Karrieren, die gerade am Beginn von Berufsbiographien die Chancen der Betroffenen zusätzlich verschlechtern, können damit überwunden werden.

Im Sinne der oben beschriebenen Selbstmobilisierung lassen sich die Strategien der Jugendlichen als Umlaufbahnen beschreiben: Sie bleiben an ihren beruflichen Zielen orientiert, können aber ihre Ziele angesichts der gebotenen Stellenlage nur noch in mehr oder weniger weiter Entfernung umkreisen.

Die Fallstudien zeigen, wie sich die Wunschberufe der Jugendlichen transformieren: vom Wunschberuf des Mechanikers zum Lackierer und vom Wunsch des Fernfahrers zum Paketzusteller; vom Traumberuf des Privatdetektivs zum Mitarbeiter eines privaten Wachdienstes; vom Traum der Lehr- und Wanderjahre als Gastronomin zur informellen Mitarbeit im Wirtshaus der Großmutter; vom Traum unternehmerischer Selbständigkeit zum privaten Ebay-Verkäufer; vom Wunsch eines Sozialberufs zum Bürokaufmannslehrling in einer Jugendarbeitslosigkeitsmaßnahme; aber auch, bei anderen befragten Jugendlichen des Forschungsprojektes, vom Projekt der Visagistin zur Verkäuferinnenlehre in einer Parfümeriekette; oder vom Wunsch, Dolmetscherin zu werden, zu wechselnden Praktika im Reisebüro und Hotelgewerbe (Reiners 2010). An dieser Auflistung wird deutlich, dass die Umlaufbahnen von unterschiedlichen Graden der Prekarität und von unterschiedlicher Nähe zum ursprünglichen Berufswunsch gekennzeichnet sind. Aus der Perspektive der Jugendlichen ist differenziert zu betrachten, ob sie diese Umlaufbahnen als Überbrückung oder Warteschleife bis zum Erreichen ihres Zieles oder als Ausweg und dauerhafte Notlösung interpretieren. Dabei ist von zentraler Bedeutung, ob es sich gegenüber den eigentlichen Entwürfen um eine Anpassung der Berufsentscheidungen an erreichbar erscheinende Berufsfelder oder um ein Scheitern gegenüber den eigentlichen Wünschen handelt. Ebenso macht es einen Unterschied, ob die Arbeit als Ergebnis eigener Wahl oder als von existentiellem Druck geprägte Zwangslösung erscheint, oder ob sie ein kurzfristiges Provisorium ohne Bindung und Loyalität oder die letzte Hoffnung auf einen gelingenden Arbeitsmarkteinstieg ist.

Die Ergebnisse meiner Forschung zeigen, dass die Möglichkeit, über die Orientierung an einem mit der eigenen Person verknüpften Ziel – und sei es nur auf einer Umlaufbahn – einen subjektiven biographischen Sinn in der eigenen *trajectoire* zu erblicken, eine wesentliche Bedingung für den empfundenen Erfolg der Umgangsstrategien ist. Denn durch die subjektive Rekonstruktion wird eine Anpassung an die Bedingungen der Prekarisierung erreicht, indem sie als eine im Rahmen der Möglichkeiten gewählte Lage erscheint. Damit kann der Widerspruch überbrückt werden, auf der subjektiven Ebene dem zentralen Wert der Selbstbestimmung und Selbstverwirklichung zu entsprechen, obwohl die eigene Position objektiv nur den untersten Rängen der Arbeitsgesellschaft entspricht. So entsteht das Paradox, dass die Strategien der Selbstmobilisierung, die darauf gerichtet sind, der Prekarität zu entkommen und der Entfremdung entgegenzuwirken, in Wahrheit eine Unterwerfung unter eben jene Bedingungen bedeuten, gegen die sie sich richten, *obwohl* die Jugendlichen sie als Wiedergewinn ihrer Autonomie erleben. Bourdieu hat dieses Paradox als Bestandteil der Aufrechterhaltung der Beherrschung beschrieben: „Widerspruch kann entfremdend wirken und Unterwerfung befreiend. Darin besteht das Paradox des Beherrschten." (Bourdieu/Wacquant 1996, S. 46). Die Autonomie der Selbstverantwortlichkeit stellt sich so als Instrument der Beherrschung dar, mit dem die Subjekte sich selbst unterwerfen.

4. Erweiterter Arbeitsbegriff

Die Formen von Arbeit, die die Jugendlichen als Strategien entwickeln – z. B. neue Formen des Gelderwerbs über Internetauktionsbörsen oder Formen neuer ‚Selbständigkeit‘, die im weitesten Sinne auch den informellen Sektor und illegale Geschäfte einschließen, aber auch die Neuinterpretationen traditioneller Formen selbständiger Arbeit wie etwa der Rückgriff auf informelle Mitarbeit im Familienbetrieb nach Erfahrungen taylorisierter Beschäftigung – sind nicht mehr im Sinne des Lohnarbeitsmodells beschreibbar. Mit der Mobilisierung eigener Ressourcen subjektivieren sich sowohl das Verhältnis der Jugendlichen zur Arbeit, als auch die Inhalte und die Formen, die Arbeit annimmt. Eigenverantwortlichkeit – für die eigene Erwerbsbiographie ebenso wie für die Arbeit selbst – und die Flexibilisierung des Selbst bilden die Grundlage für die Entwicklung eines *entrepreneurial self*. Arbeit transformiert sich in den Strategien der Jugendlichen in unternehmerische Projekte und Formen der Selbständigkeit, die eine kontinuierliche ‚Arbeit am Selbst‘ erfordern. Diese veränderten Formen von Arbeit und ‚atypischer‘ Beschäftigung, die sich vom Modell der Lohnarbeit als Normalarbeitsverhältnis lösen, sind genauso als *Arbeit* einzuschätzen, auch wenn die ‚Arbeitsprozesse‘ zunehmend in Form von Selbsttechnologien unsichtbar werden.

Für die unterschiedlichen Formen, die die Strategien der Jugendlichen annehmen, die sich in einer Grauzone zwischen Lohnarbeit und Selbständigkeit, zwischen privatem Lebensbereich und Arbeit ansiedeln, existieren noch keine adäquaten sozial- oder kulturwissenschaftlichen Begriffe. Mit der Verdrängung immer größer werdender Teile der Bevölkerung aus abgesicherten Positionen des Arbeitsmarktes greifen neue Phänomene Raum, die vom Modell der ‚Normalbiographie‘ der Arbeitnehmer/-innen abweichen. Als solche Phänomene können die Entgrenzung von Arbeit und Leben, die Subjektivierung von Arbeit, unterschiedliche Formen der Existenzsicherung durch *bricolage* oder auch Formen von Arbeit gelesen werden, die paradoxerweise auf traditionelle, mit der Entwicklung der Lohnarbeitsgesellschaft fast verschwundene Modelle zurückgreifen, seien es Subsistenzwirtschaft, Heimarbeit oder im Tauschverfahren entlohnte Arbeit im Familienbetrieb. Diesen Formen von Arbeit kommt gesellschaftlich kaum Anerkennung zu, weil sie keinen Zugang zu sozial sanktionierten Positionen und damit verbundenem Prestige eröffnen. Mit prekärer Beschäftigung ist sozial zumeist das Bild zeitlich begrenzter Übergangslösungen auf dem

Weg zu gesicherten Positionen oder zur Überbrückung von zeitweiliger Beschäftigungslosigkeit verbunden. Diese Interpretation von Prekarität als kurzfristige Episode, die damit als Ausnahme von der Regel der Normalbeschäftigung gilt, wirft jedoch angesichts andauernder Unsicherheit ein Problem der sozialen Anerkennung von Prekarität auf. Wenn sich diese Beschäftigungsformen verfestigen, besteht die Gefahr, aus dem Blick zu verlieren, dass diese Tätigkeiten tatsächlich Arbeit bedeuten, die anerkannt werden muss. Wenn Prekarität nur als Form des Managements des eigenen Elends und als Notlösung anstelle von Arbeitslosigkeit sozial abgewertet wird, verschärft sich die soziale Stigmatisierung der Betroffenen.

Angesichts des Befundes, dass atypische Arbeitsverhältnisse schon typisch geworden sind, ist es an der Zeit, auch die Konsequenzen deutlich zu machen, die diese Verbreitung in Hinblick auf die Bewertung der Umgangsstrategien haben muss: Es gilt, die nicht-linearen Karrieren benachteiligter Jugendlicher nicht als individuell bedingte oder selbstverschuldete Irrwege abzuwerten oder zu bemitleiden, sondern sich darüber klar zu werden, dass diese Jugendlichen in Ermangelung erfolgversprechender, zielgerichteter Wege sozialen Status zu erreichen, auf sich allein gestellt sind, um ihre materielle Existenz und ihr Grundbedürfnis nach einer gesellschaftlich anerkannten Identität zu sichern. Dabei muss betont werden, dass dies harte Arbeit ist – gleich ob sie in gesetzlichen Graubereichen, der Illegalität oder als Sich-Durchschlagen erfolgt. Denn die Entgrenzung von Freizeit und Arbeit bedeutet gerade für Menschen mit geringen Kapitalien und Möglichkeiten weniger eine ‚Verfreizeitlichung‘ von Arbeit im Sinne subjektiver Selbstverwirklichung als ein Übergreifen von Arbeit auf private zeitliche, materielle und ökonomische Ressourcen. Die unterschiedlichen Strategien des Gelderwerbs der Jugendlichen meiner Forschung sind so als ‚Arbeit‘ zu verstehen, die den Einsatz eigener Kapitalien und Ressourcen, persönlichen Engagements, Disziplin, Arbeitsorientierung, Selbstverantwortung und ein unternehmerisches Ethos verlangen. Ebenso erfordern sie spezifische Kenntnisse – etwa Landes- und Sprachkenntnisse, oder informatische Kenntnisse, den Einsatz von Geld, handwerklichem Können und unternehmerischem Risiko.

Gerade an der Bereitschaft der Jugendlichen, in diese anderen Formen von Arbeit zu investieren, wird deutlich, dass ihre Strategien nicht anomisch sind, sondern im Gegenteil stark an den geforderten Werten und Normen der gegenwärtigen Gesellschaft orientiert sind. Dabei sind die propagierten Normen und Werte selbst widersprüchlich. Jede/-r Einzelne erhält kontinuierlich doppelte und widersprüchliche Anforderungen: sich mit geringem Gehalt zufrieden zu geben und die Wirtschaft durch Konsum anzukurbeln, kreativ zu sein und die Alternativlosigkeit anzuerkennen, loyal zu sein und mit der eigenen jederzeit drohenden Ersetzbarkeit zu leben, Unternehmer/-in seiner/ihrer selbst zu sein und sich nach den Regeln der Arbeitgeber/-innen zu richten. Dabei bedeutet die Erfüllung der einen Aufgabe den Verstoß gegen die andere (Paoli 2008). Das Ergebnis ist in jedem Falle die Beugung der Arbeitenden. Sie stehen vor der Wahl, sich entweder jeglichen Bedingungen der Prekarisierung ihrer Lebensverhältnisse anzupassen oder individuelle unternehmerische Überlebensstrategien zu entwickeln, die wegen ihrer Abweichung vom Normalarbeitsverhältnis keine soziale Anerkennung, keine Einbindung in soziale Sicherungssysteme und keine gesicherten Perspektiven bieten, und so zwar mit der Chance auf alternativen Verdienst, vor allem aber mit einem hohem Risiko verbunden sind.

5. Aussichten

Mit der Sichtbarmachung der Wirkungen von Ökonomie, Gesellschaft und Politik auf die konkreten Lebenswelten der Akteur/-e/-innen folgt meine Forschung dem Anspruch, die Lebensgeschichten der Jugendlichen als Zeugnisse ihrer Lage und somit auch als Argument für notwendige gesellschaftspolitische Veränderungen vorzubringen. Jede einzelne Fallgeschichte ist somit ein politisches Argument und zeigt einen Ansatzpunkt für politisches Handeln auf (Bourdieu et al. 1997). Dabei können in sozioanalytischen Portraits kollektive strukturelle Bedingungen transparent werden, die weit über die einzelne Geschichte hinaus weisen und als Diagnosen der Gegenwartsgesellschaft gelesen werden können.

Der Diskurs, dass die prekären Lagen Jugendlicher ganz oder zum Teil selbst verschuldet seien, führt in die Sackgasse, weil er den Blick auf die systematische strukturelle Ausgrenzung verstellt, die benachteiligte Jugendliche in eine Spirale der Abwertung treibt. Aus dieser Abwärtsbewegung gibt es in einer Gesellschaft, in der alles ständig verbessert, optimiert und beschleunigt werden muss, kein Zurück. Auf die Selbstaktivierungspotenziale und Rationalitäten zu setzen, wie sie die in meiner Forschung untersuchten Jugendlichen mobilisieren konnten, legt die Verantwortung für das eigene Vorwärtskommen oder Scheitern allein in die Sphäre des/der Einzelnen und bedeutet einen Rückzug der gesellschaftlichen, wirtschaftlichen und politischen Institutionen aus ihrer Verantwortung für den gesellschaftlichen Zusammenhalt.

Jugendliche wie jene, mit denen ich geforscht habe, mögen den Idealtypus der modernen Arbeitnehmer/-innen verkörpern – flexibel, ausbeutbar, illusionslos. Langfristig kann es sich jedoch keine Gesellschaft leisten, ihre Mitglieder in der Lebensperspektive Prekarität zu belassen. Denn auch wenn die von mir befragten Jugendlichen erhebliche kreative Potenziale freisetzen, aus ihren geringen Aussichten das Beste zu machen, wird an den Umlaufbahnen, auf denen sie um die gesellschaftliche Teilhabe kreisen, deutlich, dass sie in der Prekarität gefangen sind und kaum Perspektiven haben, selbst mit größter individueller Anstrengung einen gesellschaftlich anerkannten Status zu erreichen. Sie sind damit denkbar weit entfernt von den Verheißungen der inzwischen längst auch in europäischen Gesellschaften hegemonialen Diskurse der unbegrenzten Möglichkeiten individueller Glückssuche. Gerade an der Prekarisierung, die die Lebenswelten benachteiligter Jugendlicher erfasst, wird deutlich, dass sich – unter veränderten Vorzeichen – lange bestehende Strukturen sozialer Ungleichheit reproduzieren und verschärfen. Für jene, die sich auf den Umlaufbahnen befinden, bleiben nur die Aufgaben des unteren Dienstleistungssektors, mithin jene Arbeiten, die zum Funktionieren der Schauseite der Gesellschaft notwendig sind.

Der wesentliche Unterschied zu früheren Ausprägungen sozialer Ungleichheit liegt in den veränderten Modi dieser sozialen Reproduktion. Denn mit den neuen Formen individualisierter Selbstregierung verschwinden die Machtstrukturen aus dem Blick. Die selbstverantwortlichen, entsolidarisierten, sich selbst disziplinierenden Individuen können gegen keinen Klassenfeind mehr aufbegehren. Sie müssen sich ihre untergeordnete Position, ihre biographischen ‚Fehlentscheidungen‘ und ihre Mängel selbst vorwerfen. Auf diese Weise vollzieht sich unterschwellig ein Prozess, in dem die Akteur/-e/-innen sich scheinbar freiwillig in die Strukturen sozialer Ungleichheit fügen: indem sie *selbst* – mangels Alternativen, geschliffen durch ihre Erfahrungen – den Platz am Rande der Gesellschaft einnehmen, der ihnen in der gesellschaftlichen Arbeitsteilung zugewiesen wird.

Literatur

Boltanski, L./Chiapello, E. (1999): Le nouvel esprit du capitalism. Paris: Gallimard.

Bourdieu, P. (1986): L'illusion biographique. In: Actes de la Recherche en Sciences Sociales 62/63, S. 69–72.

Bourdieu, P. (1998): Praktische Vernunft. Zur Theorie des Handelns. Frankfurt am Main: Suhrkamp.

Bourdieu, P./Wacquant, L. (1996): Reflexive Anthropologie. Frankfurt am Main: Suhrkamp.

Bourdieu, P. et al. (1997): Das Elend der Welt. Zeugnisse und Diagnosen alltäglichen Leidens an der Gesellschaft. Konstanz: UVK.

Grell, P. (2002): Le sentiment d'aliénation comme opérateur de mouvance. Réflexion à partir d'expériences de vie de jeunes en situation précaire. In: Sociologie et sociétés 34, H. 1, S. 199–214.

Foucault, M. (1989): Die Sorge um Sich, Sexualität und Wahrheit, Bd. 3. Frankfurt am Main: Suhrkamp.

Foucault, M. (1994): Governmentality. In: Rabinow, P./Rose, N. (Hrsg.): The Essential Foucault. Selections from the Essential Works of Foucault 1954-1984. New York und London: The New Press, S. 229–245.

Katschnig-Fasch, E. (2003): Das ganz alltägliche Elend. Begegnungen im Schatten des Neoliberalismus. Wien: Löcker.

Lemke, T./Krasmann, S./Bröckling, U. (2000): Gouvernementalität, Neoliberalismus und Selbsttechnologien. Eine Einleitung. In: Bröckling, U./Krasmann, S./Lemke, T. (Hrsg.): Gouvernementalität der Gegenwart. Studien zur Ökonomisierung des Sozialen. Frankfurt am Main: Suhrkamp, S. 7–40.

Mansel, J./Hurrelmann, K. (1994): Alltagsstreß bei Jugendlichen. Eine Untersuchung über Lebenschancen, Lebensrisiken und psychosoziale Befindlichkeiten im Statusübergang. 2. Auflage. Weinheim und München: Juventa.

Paoli, G. (2008): Eloge de la démotivation. Paris: Lignes.

Reckinger, G. (2010): Perspektive Prekarität. Wege benachteiligter Jugendlicher in den transformierten Arbeitsmarkt. Konstanz: UVK.

Reiners, D. (2010): Verinnerlichte Prekarität. Jugendliche MigrantInnen am Rande der Arbeitsgesellschaft. Konstanz: UVK.

Sennett, R. (1998): Der flexible Mensch. Die Kultur des neuen Kapitalismus. Berlin: Berlin.

Teil III
Rationalitäten organisationaler Übergangspraktiken

Claude Haas

Institutionen und institutioneller Wandel im Feld der „beruflichen Eingliederung" am Beispiel Luxemburgs

Eine Analyse aus der Perspektive
des Neo-Institutionalismus

1. Einleitung

Spätestens seit der Wirtschaftskrise in den 1970er Jahren und der Transformation des Wirtschaftssystems unter dem Einfluss des sich ausbreitenden Finanzmarktkapitalismus ist in allen europäischen Ländern eine Rückkehr der sozialen Unsicherheit zu verzeichnen (Castel 2009; Dörre 2009). Der zum Teil rapide und deutliche Anstieg der Arbeitslosigkeit, insbesondere der Jugendarbeitslosigkeit, stellt das wohl sichtbarste Zeichen dieser Entwicklung dar. Im Zuge dessen hat sich in praktisch allen westlichen Ländern Europas mehr oder weniger gleichzeitig ein *neues* Feld der ‚beruflichen Eingliederung' etabliert, um der ansteigenden Arbeitslosigkeit entgegenzuwirken bzw. die sich daraus ergebenden sozialen Folgen abzufedern.

Luxemburg bildet in dieser Hinsicht keinen Ausnahmefall, trotz und vielleicht auch gerade wegen der über lange Jahre hinweg und im europäischen Vergleich hervorragenden Wirtschaftssituation und stabilen Finanzlage des Staates. In der Tat erlebte die luxemburgische Gesellschaft ein zweites goldenes Zeitalter ab Mitte der 1980er Jahre. So belief sich das durchschnittliche Wirtschaftswachstum zwischen 1985 und 2000 auf 5%, mit der Konsequenz eines akzelerierten Anstiegs der aktiven Bevölkerung von ca. 150.000 im Jahr 1981 auf derzeit etwas mehr als 365.000 (Statec 1990, 2012). Damit war auch das sog. Grenzpendlerphänomen geboren, das heute mehr als ein Drittel aller in Luxemburg Arbeitenden betrifft (Statec 2012). Diese Wirtschafts- und Arbeitsmarktentwicklung erklärt sich vor allem durch die Etablierung Luxemburgs als internationalem Finanzstandort und den daraus resultierenden positiven Auswirkungen auf praktisch sämtliche andere Wirtschaftszweige. Im Vergleich mit anderen europäischen Ländern, insbesondere Frankreich, stellten Armut und Arbeitslosigkeit aufgrund dessen ein eher marginales Phänomen (Paugam 2005) bis spät in die 1990er Jahre dar. Bis zu diesem Zeitpunkt lag bspw. die Arbeitslosenquote beständig unter 3%. Erst mit der Jahrtausendwende und insbesondere seit der 2008 anhaltenden Krise stieg die Arbeitslosigkeit schrittweise auf heute mehr als 6% an. Diese Entwicklung schlägt sich gegenwärtig vor allem im Bereich des Übergangs Jugendlicher zwischen Schule und Beruf nieder.

Der vorliegende Beitrag beschäftigt sich mit der historischen Herausbildung des Feldes der ‚beruflichen Eingliederung‘ in Luxemburg. Als theoretischer Analyserahmen dient der Neo-Institutionalismus. Kernthese des Neo-Institutionalismus bildet die Annahme, dass die Umwelt von Organisationen aus institutionalisierten Erwartungsstrukturen besteht, die die Ausgestaltung von Organisationen nachhaltig prägt (Walgenbach/Meyer 2008). In Bezugnahme auf die Kernkonzepte ‚Institution‘ und ‚organisationales Feld‘ neo-institutionalistischer Theoriebildung, lautet die Kernthese wie folgt: In der Folge der in den 1970er Jahren in Frankreich begonnenen Exklusionsdebatte in Politik und Gesellschaft (und Wissenschaft), ist die ‚berufliche Eingliederung‘ zu einem zentralen organisationalen Feld sozialpolitisch gerahmter und sozialpädagogisch-/arbeiterisch begleiteter Interventionen und damit selbst zur Institution geworden. Ausgangspunkt dieser Entwicklung bildete im luxemburgischen Kontext die sog. Stahlkrise, die Mitte der 1970er Jahre zu einer Rückkehr von Arbeitslosigkeit und neuen Armutsformen führte.

Inwieweit die obenstehende Kernthese zutrifft, ist Gegenstand der nachfolgenden neo-institutionalistisch informierten Betrachtung. Dazu wird zunächst auf die hierfür relevanten Kernbegriffe des Neo-Institutionalismus Bezug genommen. Zwecks Kontextualisierung und Auseinandersetzung mit den Umständen, die zur Institutionalisierung der ‚beruflichen Eingliederung‘ geführt haben, wird anschließend auf das Begriffspaar Exklusion und ‚berufliche Eingliederung‘ bzw. ‚*insertion professionnelle*‘, wie die französische Bezeichnung lautet, näher einzugehen sein. Vor diesem Hintergrund folgt der Versuch einer historischen Rekonstruktion des Institutionalisierungsprozesses ‚beruflicher Eingliederung‘ in Luxemburg. Zwecks Herstellung einer Verbindung zur aktuellen Situation, wird dabei an verschiedenen Stellen auf die im Rahmen des Forschungsprojekts INPRO-APPEX[1] (Haas

---

1 INPRO-APPEX steht für „L'insertion professionnelle des jeunes et des personnes âgées de plus de 45 ans : apprendre de l'expérience" (Berufliche Eingliederung von Jugendlichen und Erwachsenen über 45 Jahre: Aus Erfahrung lernen).

2010) erhobenen Daten zurückgegriffen. Zum Schluss folgt ein kurzes Fazit, das die gewonnenen Erkenntnisse nochmals zusammenfassen soll.

2. Institutionen und organisationale Felder im Neo-Institutionalismus

Im allgemeinsten Sinne lassen sich Institutionen als soziale Regeln für Handlungen definieren (Senge 2006). Nach Scott (2008) bestehen Institutionen dabei aus kulturell-kognitiven, normativen und/oder regulativen Elementen, welche, zusammen mit den dazugehörigen Aktivitäten/Praktiken und Ressourcen, für eine gewisse Sinnhaftigkeit und Stabilität gesellschaftlichen Lebens sorgen. Die normativen und regulativen ‚Säulen' nehmen in aller Regel die Form von Standards bzw. Verordnungen an. Die kulturell-kognitive ‚Säule', durch deren Betonung sich der Neo-Institutionalismus erst von anderen institutionellen Ansätzen absetzt, besteht hingegen aus kollektiv geteilten Vorstellungen der sozialen Wirklichkeit, Glaubenssystemen oder Bedeutungssystemen (Senge 2006).

Eine für die empirische Erfassung von Institutionen bedeutsame heuristische Unterscheidung liefern Scott et al. (2000) in ihrer Analyse institutionellen Wandels im amerikanischen Gesundheitssektor. Im Rahmen ihrer Studie unterscheiden die Autoren zwischen drei institutionellen Komponenten: institutionelle Logiken, institutionelle Akteure und Steuerungsstrukturen. Mit institutionellen Logiken sind vorherrschende Vorstellungssysteme und assoziierte Praktiken gemeint. Der Akteursbegriff bezieht sich seinerseits auf individuelle und kollektive Akteure der Produktion (als Agenten) und Reproduktion institutioneller Logiken. Steuerungsstrukturen hingegen sind regulative und normative Strukturen, welche eine Aufsichtsfunktion/Kontrolle ausüben. In der Folge wird insbesondere auf diese Unterscheidung zurückgegriffen, um die institutionellen Dynamiken im Bereich der ‚beruflichen Eingliederung' zu erfassen.

Ursprünglich von DiMaggio/Powell (1983) in die neo-institutionalistische Organisationstheorie eingeführt, ist der Feldbegriff im Laufe der Zeit immer wieder neu und zum Teil kontrovers diskutiert worden. Ein organisationales Feld ist im weitesten Sinne „die relevante gesellschaftliche Umwelt, die den Bezugs- und Orientierungsrahmen einer Organisation darstellt" (Hartz 2009, S. 136). In der rezenteren Vergangenheit hat sich ein Verständnis durchgesetzt, wonach organisationale Felder sich um bestimmte Themen (‚Issues'), die unterschiedliche Akteure mit ggf. konkurrierenden Ideen und Interessen zusammenbringen, konstituieren (Hoffmann 1999). Demnach sind organisationale Felder keine statischen Gebilde, sondern sich im Fluss befindliche soziale Räume deren Grenzen sich im Verlauf der

Zeit im Sinne von Zugehörigkeit verändern können (Walgenbach/Meyer 2008). Organisationen in organisationalen Feldern können dabei einen mehr oder weniger hohen Grad an Homogenität/Heterogenität bzgl. ihrer Praktiken aufweisen. Nach Scott (2008) spielen hier insbesondere die Regelungsdichte, die Art des Steuerungs- und Kontrollsystems wie auch diverse organisationale Faktoren (z.B. die Größe und Macht einer Organisation, aufgabenbedingte Anforderungen und die Art der Beziehungen zu und der Umgang mit externen Anspruchsgruppen) eine Rolle.

Von zentraler Bedeutung für den Neo-Institutionalismus ist, dass die für ein organisationales Feld konstitutiven Institutionen häufig nicht bewusst wahrgenommen bzw. als selbstverständlich erachtet werden. In diesem Sinne sind Institutionen als in den sozialen Identitäten, Interessen und Rationalitätskriterien der Feldakteure eingebettete Vorstellungen und Handlungsskripte zu verstehen (Walgenbach/Meyer 2008). Allgemein gilt die Formel: Je höher der Grad der Institutionalisierung einer gewissen Praktik, desto größer ist die Wahrscheinlichkeit einer Diffusion und Strukturangleichung (Isomorphie) zwischen Organisationen eines Feldes.

Die soeben gemachten Überlegungen bedeuten nicht, wie man fälschlicherweise daraus ableiten könnte, dass die institutionelle Struktur eines Feldes unwandelbar wäre. Auslöser eines Wandels können sowohl exogene wie auch endogene Faktoren sein. Exogene Faktoren können u.a. Markturbulenzen, politischer Druck, (sozial)-technologische Innovationen oder auch noch wesentliche Veränderungen in den gesetzlichen Rahmenbedingungen sein (Walgenbach/Meyer 2008). Greenwood/Suddaby/Hinings (2002) unterscheiden dabei verschiedene Stadien des institutionellen Wandels. Ausgangspunkt sind zunächst besondere externe politische, soziale, rechtliche oder auch noch technologische Ereignisse, welche zum Auftauchen neuer institutioneller Akteure bzw. einem Übergewicht bestimmter Akteure führen. Endogene Auslöser können Widersprüche zwischen institutionellen Elementen oder die Verfügbarkeit multipler Institutionen und institutioneller Logiken sein (Walgenbach/Meyer 2008). Allgemein gilt, je höher das Ausmaß der Widersprüchlichkeit, desto geringer ist die Wahrscheinlichkeit einer verlässlichen Reproduktion der institutionellen Struktur.

Die obenstehenden Annahmen über die Beschaffenheit und Dynamik organisationaler Felder, bilden insbesondere den Ausgangspunkt für die unter Punkt 4 vorgestellten ‚Entwicklungsphasen‘. Dabei wird zu verdeutlichen sein, dass sich das organisationale Feld der ‚beruflichen Eingliederung‘, nicht zuletzt aufgrund seines historisch gewachsenen mehrgliedrigen bzw. mehrstufigen Steuerungs- und Kontrollsystems, aus einer Vielzahl von Akteuren mit zum Teil unterschiedlichen Logiken zusammensetzt.

3. Exklusion und ‚berufliche Eingliederung‘

Die Geschichte des Exklusions- wie auch des Eingliederungsbegriffs ist, wie bereits angedeutet, eng verbunden mit der Rückkehr sozialer Unsicherheit und Arbeitslosigkeit ab den 1970er Jahren (Castel 2009). Es ist insbesondere René Lenoir, Staatssekretär in der Regierung von Chirac, der 1974 mit seinem Buch „Les exclus, un Français sur dix" den Exklusionsbegriff popularisierte. Damit ist zugleich gesagt, dass der Exklusionsbegriff zuallererst eine politische Erfindung ist. Dass er später als Aufhänger europäischer Sozialpolitik fungieren und in der rezenten Vergangenheit Anlass zum „Europäischen Jahr zur Bekämpfung von Armut und sozialer Ausgrenzung" (2010) geben würde, hätte jedoch wohl auch René Lenoir nicht gedacht. Es ist nicht zuletzt seine Eingängigkeit, bei aller Ambivalenz der darin enthaltenen Vorstellung einer in ‚Innen‘ und ‚Außen‘ gespaltenen Gesellschaft, die dem Exklusionsbegriff zu seinem raschen Aufstieg in Politik und Gesellschaft verhalf. In gewisser Weise traf er den Nerv der Zeit, indem er in einer einfachen Formel das Bewusstsein einer tiefgreifenden gesellschaftlichen Veränderung bündelte.

Mit dem Exklusionsbegriff war in gewisser Weise der Weg für eine Politik und Praxis der beruflichen Eingliederung geebnet. Denn impliziert eine Problemwahrnehmung, die Arbeit als zentralen Wert des Lebens betrachtet und den Verlust des Arbeitsplatzes gleichsetzt mit einem ‚Herausfallen‘ aus dem Gesellschaftssystem oder einem ‚überflüssig‘ werden, nicht notwendigerweise eine Fokussierung auf Eingliederung? Einen Meilenstein im französischen Kontext bildete der im Jahre 1981 von Bertrand Schwartz, auf Anfrage vom damaligen Regierungsvorsitzenden Pierre Mauroy, verfasste Bericht zur beruflichen und sozialen Eingliederung von Jugendlichen.[2] Der mehr als 100-seitige Bericht plädierte u.a. für eine berufliche und soziale Qualifizierung für alle Jugendlichen im Alter von 16 bis 18 Jahren mittels flexiblerer Bildungswege und der Einrichtung von sog. *Missions locales pour jeunes*. Die Zugangschancen der 18- bis 21-Jährigen am wirtschaftlichen und sozialen Leben sollten durch die Schaffung von gemeinnützigen und lokalen Arbeitsgelegenheiten sowie neuer Formen der Arbeitsteilung und Berufsausbildung und die stärkere Einbindung des nationalen Militärdienstes in die Eingliederungsbemühungen verbessert werden.

In der Folge des Berichts hat sich insbesondere die *Mission locale pour jeunes* zu einem zentralen Instrument einer territorialisierten Sozialpolitik und Sozialarbeit in Frankreich entwickelt (Labbé 2011). Über ihre Einrich-

---

2   Im französischsprachigen Original: „Rapport sur l'insertion professionnelle et sociale des jeunes".

tung sollte vor allem eine bessere Koordinierung der verschiedenen Akteure (Schulen, Unternehmen, Ausbildungseinrichtungen, soziale Dienste) erreicht werden. Durch die politische und sprachliche Nähe zu Frankreich, fand die *Mission locale pour jeunes* schnell ihr luxemburgisches Pendant in der sog. *Action locale pour jeunes*. Insgesamt lässt sich sagen, dass der erste Entwicklungsschub der ‚beruflichen Eingliederung' in Luxemburg, ähnlich wie in Frankreich, eng mit der Zunahme von Jugendarbeitslosigkeit zusammenhing. Mit der hier vorgenommenen Verknüpfung der Begriffe Exklusion und berufliche Eingliederung ist bereits angedeutet, dass die ‚berufliche Eingliederung' sich zumindest zu Beginn als beruflich vermittelte Integrationsarbeit in eine erwerbszentrierte Gesellschaft verstand. Ob und inwiefern dies auch heute noch der Fall ist, bleibt im weiteren Verlauf des Beitrags zu klären.

4. Historische Herausbildung und Entwicklung des organisationalen Feldes der ‚beruflichen Eingliederung'

In einem ersten Ansatz, der vornehmlich auf der Analyse von Interviews mit diversen Zeitakteuren sowie verschiedener Textdokumente, wie bspw. Gesetzesvorlagen, Verordnungen und Broschüren beruht, lassen sich vier große Phasen seit der Erstinstitutionalisierung der ‚beruflichen Eingliederung' Mitte der 1970er Jahre unterscheiden.[3] Die Übergänge zwischen den verschiedenen Phasen sind jeweils gekoppelt an eine teils veränderte Wahrnehmung bzw. Thematisierung der Exklusions- und Eingliederungsproblematik seitens der Akteure im oder außerhalb des Feldes und der damit einhergehenden Entwicklung bzw. Übernahme neuer Praktiken neben den bereits bestehenden.

4.1 Die Gründungsphase oder von der Mobilmachung der *forces vives de la nation* für den Erhalt der Arbeitsplätze

Die erste Phase ab Mitte der 1970er Jahre ist eng verbunden mit der Entstehung erster staatlicher Steuerungsinstanzen und Beschäftigungsmaßnahmen – insbesondere im Bereich der Jugendarbeitslosigkeit – sowie einzel-

---

3 Zwecks Vertiefung und Verfeinerung der Analyse wäre u. a. die Erhebung von weiterem Archivmaterial, insbesondere Strategie- und Konzeptpapiere von Organisationen aus dem Feld sinnvoll.

ner, kleiner gemeinnütziger Initiativen. Erstere haben im Kern bis heute Bestand. Den Ausgangspunkt bildete die damalige Wirtschaftskrise, welche vor allem den Bereich der Stahlproduktion mit der ARBED als dem zentralen luxemburgischen Wirtschaftsunternehmen schlechthin[4] schwer traf. Die ersten Initiativen seitens der Regierung zielten vor allem auf die Vermeidung von Entlassungen durch bspw. Unternehmenssubventionen oder die Weiterbeschäftigung von Arbeitnehmer/-inne/-n im Rahmen von gemeinnützigen Arbeiten. Im Jahr 1976 kam es einerseits zu einer grundlegenden Modernisierung des Arbeitsamtes (Aufgaben, Struktur, usw.) und der Schaffung einer nationalen Beschäftigungskommission innerhalb des Arbeits- und Sozialministeriums, die sich aus Vertretern der verschiedenen Abteilungen sowie Delegierten der Arbeitgeber und Arbeitnehmerverbände zusammensetzte. Andererseits verabschiedete die Regierung ein Gesetz zur Einrichtung eines Arbeitslosenfonds. In diesem Gesetz fand der (Wieder-)Eingliederungsbegriff ein erstes Mal Erwähnung hinsichtlich des Angebotes von Allgemein- und Weiterbildungskursen für Arbeitslose durch das Erziehungsministerium unter Absprache mit dem Arbeitsministerium. Ein Jahr später entstand auf gesetzlicher Basis das *Comité de coordination tripartite*, eine konjunkturpolitische Verhandlungsrunde, an der Arbeitgeber, Gewerkschaften sowie Regierungsvertreter/-innen teilnahmen. Die ‚Tripartite' gilt bis heute als das Kernelement des sog. Luxemburger Sozialmodells und Garant des ‚sozialen Friedens' (Thill/Thomas 2009). Das gleiche Gesetz führte sog. *Cours d'orientation et d'initiation professionnelle* (COIP) für Jugendliche im Übergang zwischen Schule und Beruf unter der Verantwortung des Erziehungsministeriums ein. Im Jahr 1978 entstanden schlussendlich die ersten staatlichen Beschäftigungsmaßnahmen für Jugendliche. Es handelte sich dabei zum einen um den „*contrat de stage-initiation*", der sich an junge Erwachsene unter 25 Jahren richtete mit dem Ziel einer praktischen Einführung in die Arbeitswelt, um den Übergang von der Schule in das aktive Leben zu erleichtern. Das Gesetz sah dabei eine Übernahme der Arbeitgeberbeiträge zu den Sozialabgaben durch den Arbeitslosenfonds vor. Zum anderen wurde eine „*division d'auxiliaires temporaires*" geschaffen, die eine vorübergehende gemeinnützige Beschäftigung im öffentlichen, sozialen oder kulturellen Bereich vorsah.

Neben diesen staatlichen Maßnahmen, zu denen auch die unter dem Erziehungsministerium entstandene *Action locale pour jeunes* gehörte, entwickelten sich ab Anfang der 1980er Jahre eine Reihe von zum Teil innovati-

---

4   Das Kürzel ARBED steht für „Aciéries Réunies de Burbach, Eich et Dudelange". In den Nachkriegsjahren beschäftigte die ARBED zum Teil mehr als 30.000 Mitarbeiter/-innen.

ven Initiativen im noch recht überschaubaren Sozialsektor (Haas 2013). Dazu gehören u.a. die *Groupe d'Assistance en Milieu ouvert* (1981), welche heimentlassene Jugendliche bei der Arbeits- und Wohnungssuche begleitete, die solidarökonomische Genossenschaft *Co-Labor* (1983), die sich im Bereich der Beschäftigung und Qualifizierung schwer vermittelbarer Jugendlicher im Garten- und Landschaftsbereich etablierte, oder die Firma *Polygone* (1981), die aus dem gemeinnützigen Verein *Inter-Actions Faubourg* hervorging (Schneider 2009). Eine Initiative mit besonderem Charakter stellte die 1983 von mehreren sozialen Vereinigungen gemeinsam gegründete *Aarbechtshëllef* dar. Als gemeinnützige Vereinigung mit einer Zulassung vom Arbeitsministerium als Leiharbeitsfirma, vermittelte diese (jugendliche) Arbeitslose über einen befristeten Zeitraum an die verschiedenen daran beteiligten Vereinigungen, aber auch an Gemeinden sowie private Unternehmen.

Zusammenfassend für diese Phase lässt sich von einer Erstinstitutionalisierung dreier Logiken sprechen: der Vermeidung von Entlassungen bzw. Aufrechterhaltung von Beschäftigung mittels betrieblicher Bezuschussungen, der Qualifizierung und Umschulung sowie der direkten Vermittlung von Arbeit. Der Staat bildete dabei den Hauptakteur – vor allem das Arbeitsministerium und in einem geringeren Ausmaß das Erziehungsministerium[5] –, um den sich die verschiedenen Sozialpartner gruppierten. Aufgrund fehlender bzw. mangelhafter finanzieller Rahmenbedingungen spielten freie Träger nur eine Nebenrolle, wobei diese, wie oben dargestellt, zum Teil kreative Vorstellungen und Praktiken entwickelten. Verschiedene Pioniere der ersten Stunde konnten zumindest teilweise ihren ursprünglichen bzw. eigenständigen Charakter bis heute bewahren. Dazu zählt u.a. die Firma *Polygone*, welche inzwischen zu den führenden Betrieben für Aufräumarbeiten, Müllsammlung und Abfallbehandlung in Luxemburg zählt und heute noch einen hohen Anteil an Jugendlichen (bis zu 50% des Gesamtpersonals) beschäftigt, die an einer Eingliederungsmaßnahme des Arbeitsamtes teilnehmen (Haas 2010). Andere haben hingegen im Laufe der Zeit einen Prozess der ‚Normalisierung' durchlaufen in dem Sinne, dass die Praxis zunehmend durch regulative Normen von Arbeits- und Sozialverwaltung dominiert wurde, wie z.B. Bode dies auch für den deutschen Kontext feststellt (Bode 2005).

---

5 Es soll an dieser Stelle nicht unerwähnt bleiben, dass der weitaus größte Anteil an Arbeitslosigkeit mittels Vorruhestandsmaßnahmen aufgefangen wurde.

4.2 Die Einführung des garantierten Mindesteinkommens und die Etablierung der gemeinnützigen Beschäftigungsinitiativen

Die zweite Phase knüpft an die seit Anfang der 1980er Jahre im Kontext der Wirtschaftskrise anhaltende gesellschaftliche und politische Debatte um Armut und Prekarität an, in einem Land, das zu diesem Zeitpunkt bereits über eines der höchsten Pro-Kopf-Bruttoinlandsprodukte verfügte. Die Debatte wurde insbesondere durch eine im Jahr 1984 vom *Centre d'Etudes de Populations, de Pauvreté et Politiques socio-économiques* (CEPS) zur Armutssituation in Luxemburg veröffentlichten Studie, nach der rund ein Viertel der Bevölkerung direkt von Armut betroffen bzw. bedroht sei, angeheizt. Im Jahr 1986, nur ein halbes Jahr nach dessen Hinterlegung im Parlament, wurde das Gesetz zum garantierten Mindesteinkommen (RMG-Gesetz[6]) verabschiedet. Dieses sollte laut Gesetzgeber unterhalb der Sozialversicherungen und komplementär zur klassischen kommunalen Sozialhilfe und den bisherigen Leistungen des Nationalen Solidaritätsfonds, ein zweites soziales Sicherungsnetz auf nationaler Ebene bilden (Chambre des Députés 1986).

Dass mit dem RMG-Gesetz die Entwicklung der ‚beruflichen Eingliederung' befördert wurde, hängt mit der damit einhergehenden Einführung staatlich finanzierter, ergänzender Sozialmaßnahmen zusammen. Das Gesetz unterschied dabei zwischen drei elementaren Formen: Umschulungs-/Fort- oder Weiterbildungskurse, Berufseingliederungspraktika und Arbeitsbeschaffungsmaßnahmen. Erstere wurden in Zusammenarbeit mit den *Centres de formation professionnelle continue,* welche auch zuständig für die COIP-Klassen waren, organisiert. Die Eingliederungspraktika wurden erst 1994 im Rahmen eines großherzoglichen Reglements geregelt, auch weil „keiner so recht daran glaubte, dass irgendein normaler Arbeitgeber RMG-Bezieher beschäftigen würde" (Interview mit einem Einrichtungsleiter im Rahmen des Forschungsprojektes INPRO-APPEX, Haas 2010). In den ersten Jahren stand aber vor allem der Auf- und Ausbau bestehender und neuer Arbeitsbeschaffungsmaßnahmen im Mittelpunkt. Der im Rahmen des Gesetzes ins Leben gerufene *Service National d'Action Sociale* (SNAS) verfügte dabei zu Beginn über ein eigenes Budget zur Finanzierung des Betreuungspersonals in den sozialen Einrichtungen. Die im Gesetz ebenfalls vorgesehenen *Services Régionaux d'Action Sociale,* welche sich um die Ausführung der Beschäftigungsmaßnahmen auf territorialer Ebene kümmern

---

6   RMG steht für die französische Bezeichnung *revenu minimum garanti.*

sollten, wurden in Zusammenarbeit mit einzelnen gemeinnützigen Vereinigungen nach und nach auf- und ausgebaut.

Aus heutiger Sicht hat das Gesetz zum garantierten Mindesteinkommen durch die zur Verfügung stehenden Finanzmittel und Maßnahmen den vielleicht entscheidenden Anstoß zur Re-Positionierung gemeinnütziger Vereinigungen und zur Ausdifferenzierung verschiedener zielgruppenspezifischer Teilfelder (Frauen, Menschen mit einer Behinderung) innerhalb des organisationalen Feldes der ‚beruflichen Eingliederung' geliefert. Damit war zugleich der Boden für die Institutionalisierung einer verstärkt sozialen bzw. beruflich-sozialen Eingliederungslogik in Verbindung mit der Entstehung eines sog. zweiten Arbeitsmarktes bereitet. Das RMG-Gesetz wurde seither mehrere Male abgeändert, wobei es einerseits zu einer Erweiterung des Kreises der Anspruchsberechtigten im Kontext der Europäisierung nationaler Sozialpolitiken gekommen ist (Ferrara 2005). Andererseits fand eine inhaltlich-methodische Vertiefung der Eingliederungslogik in Richtung einer projektförmigen Begleitung statt (ab 1993).

Beide Logiken einer beruflich-sozialen und projektförmigen Eingliederung haben sich bis heute erhalten und wahrscheinlich sogar im Laufe der Zeit immer weiter verbreitet, wie aus den Ergebnissen einer im Rahmen des Forschungsprojekts INPRO-APPEX (Haas 2010) durchgeführten Fragebogenbefragung des Leitungspersonals hervorgeht[7]: Bezogen auf das Verhältnis zwischen beruflicher und sozialer Eingliederung, stimmten rund 65 % der Leiter der Vorstellung zu, dass es sich um ‚die zwei Seiten einer Medaille' handelt.[8] In den entsprechenden Organisationen finden sich denn auch eine Vielzahl von Praktiken, die eher einem sozialen Unterstützungsangebot nahekommen (z.B. Hilfe bei der Wohnungssuche, Finanzberatung) bzw. die versuchen, die Sozialkompetenzen der Klient/-inn/-en zu fördern. Fast 90 % der leitenden Angestellten stimmten zudem der Aussage zu, dass es eine berufliche Eingliederung jenseits des profitorientierten Sektors gibt,

---

7   Die Fragebogenbefragung wurde bei insgesamt 53 Organisationen, welche sich in der Beschreibung ihrer Ziele und Aktivitäten direkt auf den Begriff der beruflichen Eingliederung (oder sinnverwandter Begriffe wie Beschäftigungsförderung oder Arbeitsmarktintegration) bezogen, durchgeführt. Nicht berücksichtigt wurden dementsprechend Akteure, die sich ausschließlich diskursiv an der Formation des organisationalen Feldes beteiligen (z.B. Arbeitgeberverbände). Die Rücklaufquote betrug fast 50 % und beinhaltete alle großen Dienste und Einrichtungen, so dass von einem repräsentativen Ergebnis gesprochen werden kann Der Fragebogen enthielt u.a. eine Reihe von 20 Items zu den Vorstellungen über die berufliche Eingliederung, sowie 6 Frageblöcke in Form von Ankreuzlisten zu den vorherrschenden Praktiken.

8   Dabei sind es vor allem Organisationen, die einen gewissen aufgabenbedingten Spezialisierungsgrad aufweisen (z.B. in der Beratung und Weitervermittlung).

da nicht jeder auf dem ersten Arbeitsmarkt vermittelbar und damit auf eine Beschäftigungsgelegenheit innerhalb des Feldes der ‚beruflichen Eingliederung' angewiesen sei. Passend hierzu gab die große Mehrheit der Befragten ebenfalls an, dass ‚die berufliche Eingliederung' die Klient/-inn/-en in ihrer Ganzheitlichkeit wahrnehmen muss (85%) und dabei zu ihrem physischen, mentalen und sozialen Wohlbefinden beitragen soll (92%).

4.3 Der europäische Beschäftigungsgipfel in Luxemburg (1997) und der Aufstieg der lokalen Beschäftigungsförderung sowie der Employabilitätsidee

Die dritte Phase, deren Beginn sich Mitte der 1990er Jahre situieren lässt, ist eng verbunden mit der Verstetigung von Arbeitslosigkeit in Europa und der Erkenntnis auf EU-Ebene, dass „Europa bei den wirtschaftlichen und sozialen Problemen der Gemeinschaft ein offensichtliches Maß an Selbstverschulden trägt" (Pfeiffer/Salewski 2006, S. 194). Diese Bewusstwerdung führte zu einer systematischen Auseinandersetzung mit dem Thema Beschäftigung, dem im Vertrag von Amsterdam ein eigenes Kapitel (Art. 125–130) gewidmet ist. Auf dem Beschäftigungsgipfel in Luxemburg im Jahr 1997 fiel – noch vor der offiziellen Verabschiedung des Amsterdamer Vertrags – der Startschuss für die Europäische Beschäftigungsstrategie (EBS) zur Koordinierung der nationalstaatlichen Beschäftigungspolitiken. Ein zentraler Aspekt der neuen Strategie bildete die Ausarbeitung sog. Nationaler Aktionspläne (NAP), die auf vier Pfeilern beruhen sollten: Beschäftigungsfähigkeit, Unternehmergeist, Anpassungsfähigkeit und Chancengleichheit. In Luxemburg wurde der erste Nationale Aktionsplan, an dessen Entwicklung wiederum sämtliche Sozialpartner mitwirkten, Anfang 1999 vom Parlament verabschiedet. Er beinhaltete eine Vielzahl von Abänderungen des Arbeitsrechts sowie der Rahmenbedingungen und Maßnahmen der ‚beruflichen Eingliederung', insbesondere im Bereich der Jugendarbeitslosigkeit.

In diesem Zusammenhang entstanden eine Reihe neuer Projekte und Initiativen, die zum größten Teil über den Beschäftigungsfonds[9] und – in einer ersten Phase zumindest – unter Kofinanzierung durch EU-Fördermittel vornehmlich aus dem Europäischen Sozialfonds (ESF) bedient wurden. Damit ist zugleich ausgedrückt, dass die Programmatik des ESF mit dem Schwerpunkt auf Employabilität das heutige Feld der ‚beruflichen Eingliederung' nachhaltig mitgeprägt hat. Dies gilt insbesondere für die Diffusion von Praktiken der Kompetenzbilanzierung und der Herstellung indivi-

---

9   Der Arbeitslosenfonds wurde bereits 1987 in Beschäftigungsfonds umbenannt.

dueller Beschäftigungsfähigkeit unabhängig von der primären Eingliederungslogik der jeweiligen Einrichtungen (z.B. Organisation von Umschulungen, Betriebspraktika). Die erhobenen Daten aus dem Forschungsprojekt INPRO-APPEX (Haas 2010) zeigen demzufolge auch in der Gegenwart ein gespaltenes Bild der Eingliederungspraktiken. Auf der einen Seite finden sich Praktiken, die auf eine individualisierte Fallbegleitung und eine Förderung persönlicher und sozialer Kompetenzen abzielen wie z.b. das Üben von Vorstellungsgesprächen, die Erstellung eines individualisierten Eingliederungsprojektes oder auch noch die Durchführung von Kompetenzbilanzierungen. Auf der anderen Seite sind eine Vielzahl anderer Praktiken zu finden wie die Fort- und Weiterbildung, die Organisation betrieblicher Praktika, die Beschäftigung in Werkstätten oder auch die soziale Hilfe.

Von besonderer Bedeutung für die Entwicklung in dieser Phase ist die Tatsache zu betrachten, dass die beiden großen Gewerkschaften, der *Lëtzebuerger Chrëschtleche Gewerkschaftsbond* (LCGB) und der *Onofhängege Gewerkschaftsbond Lëtzebuerg* (OGBL)[10], sich aktiv an dem Ausbau der ‚beruflichen Eingliederung' beteiligten. Der OGBL hatte sich zwar bereits vorher engagiert, aber erst um die EBS herum entstanden die gewerkschaftsnahen Beschäftigungsinitiativen *Proactif* (LCGB), *Forum pour l'emploi* (LCGB) und *Objectif plein emploi* (OGBL).

Der mit großer Geschwindigkeit vorangetriebene Strukturausbau wurde hauptsächlich mit den reichlich zur Verfügung stehenden Geldmitteln aus dem Beschäftigungsfonds finanziert. So entstand in relativ kurzer Zeit ein engmaschiges Netz lokaler Beschäftigungsprojekte, an denen die Gemeinden und andere lokale Akteure sich beteiligten. Im Falle von *Objectif plein emploi* (OPE), ein vorrangig solidarwirtschaftlicher Akteur[11], konnte so eine Zweiebenen-Struktur aufgebaut werden, mit um die 30 kommunalen, regionalen und sektoriellen *Centres d'initiative et de gestion* (CIG) und einem zentralen Ressourcenzentrum, das die CIG im administrativen Bereich und bei der Entwicklung neuer Projekte unterstützen sollte. Die angebotenen Dienste reichen von sog. Nachbarschaftsdiensten, Internetstuben, pädagogischen Gärten, Kindertageseinrichtungen, Fahrradleihdiensten bis hin zu kleinen Lebensmittelläden. Über die letzten beiden Jahre standen insbeson-

---

10 Beide stehen jeweils einer der großen Parteien nahe, die über die letzten Jahrzehnte praktisch durchgängig in der Regierungsverantwortung waren: der LCGB der *Chrëschtlech-Sozial Vollekspartei* (CSV) und der OGBL der *Lëtzebuerger Sozialistesch Arbechterpartei* (LSAP).

11 In Anlehnung an das französischsprachige Konzept der „économie solidaire" (Hiez/Lavillunière 2013). OPE verfolgte dabei eine Legitimierungsstrategie durch aktive Beteiligung an internationalen Netzwerken, vorwiegend im französischsprachigen Kontext.

dere *Proactif* und *OPE* in der Kritik, nachdem ein externes Audit Unregelmäßigkeiten im Finanzbereich festgestellt hatte und ein zu niedriges Betreuer-Betreute-Verhältnis von öffentlicher Seite angemahnt wurde.[12] Dies hat zu einem für Luxemburg einmaligen Vorgang geführt und zwar der Auflösung des als gemeinnützige Vereinigung konstituierten Ressourcenzentrums von OPE mit der Entlassung sämtlicher Mitarbeiter/-innen (etwas mehr als 100 Personen).

Zusammenfassend lässt sich für diese Phase festhalten, dass sie vor allem eng verbunden ist mit dem Auftauchen neuer institutioneller Akteure in der Gestalt der EU auf internationaler Ebene und der beiden großen Gewerkschaften auf nationaler Ebene. Die Vorstellung und Praxis einer Bekämpfung von Arbeitslosigkeit durch die Förderung der individuellen Employabilität und die Schaffung lokaler Beschäftigungsmöglichkeiten, die bereits durch die Beförderung sozialer Arbeitsbeschaffungsmaßnahmen im RMG-Gesetz vorgeprägt war, erfuhr eine massive quantitative Erweiterung sowie qualitative Vertiefung.

4.4 Vom Schulabbrecher- und Übergangsproblem zur verstärkten Koordinierung und Kooperation der Akteure im Feld?

Mit der vierten Phase, die ihren Ausgang Anfang der 2000er Jahre nahm, rückt das Bildungssystem und der Übergang zwischen Schule und Beruf verstärkt in den Mittelpunkt. Vier miteinander zusammenhängende Auslöser lassen sich hierfür ausmachen: Erstens, der stetige Anstieg der Jugendarbeitslosigkeit in Luxemburg und die damit verbundene Feststellung sämtlicher Akteure, dass vor allem Jugendliche ohne Qualifikation – trotz oder gerade wegen eines weiterhin über die nationalen Grenzen hinweg expandierenden Arbeitsmarktes – es zusehends schwieriger haben, einen Arbeitsplatz zu finden. Zweitens die auf EU-Ebene im Kontext der Lisssabon-Strategie beschlossene Priorität zur Bekämpfung des Schulabbruchs. Drittens die Resultate der ersten von insgesamt fünf Studien zum Schulabbruch, welche eine Quote von dauerhaften Schulabbrechern von 17,2% für das Schuljahr 2003/2004 ermittelte (MENFP 2013). Viertens, die Resultate der seit 2000 aufeinanderfolgenden PISA-Studien (OECD), welche eine andauernde öffentliche Diskussion über die Qualität der luxemburgischen Schule,

---

12 Ob dies ausschließlich an den entsprechenden Organisationen oder einer zum Teil mangelnden staatliche Kontrolle über die zur Verfügung gestellten Mittel lag, kann an dieser Stelle nicht beantwortet werden.

insbesondere in Bezug auf die Bildungs- und Beschäftigungschancen sog. benachteiligter Jugendlicher, auslöste.

Mehrere Entwicklungen lassen sich um die Problemthematisierung des Schulabbruchs herum konstatieren. Zum einen der quantitative Ausbau schulsozialpädagogischer/-arbeiterischer Strukturen und Maßnahmen. Dazu gehört insbesondere die Schaffung einer ‚Schule der zweiten Chance‘, aber auch der personale Ausbau der Beratungs- und Orientierungsdienste an den Sekundarschulen. Seit 2003 hat die *Action locale pour jeunes* zudem den Auftrag, im Rahmen der aufeinanderfolgenden Untersuchungen zum Schulabbruch, jede/-n Schulabbrecher/-in persönlich zu kontaktieren, um ihn nach den Gründen seines Abbruches zu fragen und ggf. eine Orientierungshilfe anzubieten. Zum anderen sind im Rahmen des EU-Programms „Jugend in Bewegung" eine Reihe von Initiativen ergriffen worden, insbesondere von Seiten des Nationalen Jugenddienstes, der dem Familienministerium angegliedert ist, um eine Orientierung und Begleitung im Übergang anzubieten, u.a. in Form freiwilliger Praktika in sozialen Einrichtungen. Wenn die verschiedenen zentralen staatlichen Anlaufstellen lange Zeit mehr oder weniger unabhängig voneinander funktionierten, u.a. bedingt durch ihre unterschiedliche organisationale Zugehörigkeit (Arbeits- oder Erziehungs- oder Familienministerium), so ist das Bemühen um eine verstärkte Koordinierung zu beobachten. Diese Entwicklung hat ihren vorläufigen Höhepunkt in der Eröffnung der *Maison de l'orientation* (2012) gefunden, welches sämtliche bestehenden Orientierungs- und Beratungsdienste unter einem Dach zusammenführt.[13]

Wie aus den obenstehenden Ausführungen hervorgeht, lässt sich die vierte Phase aus einer neo-institutionalistischen Perspektive am besten mit den Begriffen ‚Kooperation und Koordinierung‘ sowie ‚Orientierung und Beratung‘ im Übergang von Schule und Beruf beschreiben. In gewisser Weise markiert diese Phase den Einzug des Übergangsbegriffs in den Sprachjargon der ‚beruflichen Eingliederung‘ und damit verbunden des Übergangsmanagements. In der Fragebogenerhebung der Leitungskräfte im Rahmen des Forschungsprojekts INPRO-APPEX (Haas 2010) spiegelt sich diese Entwicklung in zweifacher Weise wider. Einerseits in der bereits angesprochenen hohen Häufigkeit von Praktiken der fallbezogenen Information, Beratung, Orientierung und Koordinierung. Andererseits steht die Weiterentwicklung letztgenannter Praktiken unangefochten an erster Stelle der

---

13 Es handelt sich dabei um den beruflichen Orientierungsdienst des Arbeitsamtes, das Zentrum für Schulpsychologie und Beratung, den Nationalen Jugenddienst, die *Action locale pour jeunes* und die Nationale Agentur des Programms für lebenslanges Lernen.

Prioritätenliste der Leitungskräfte für die Zukunft (Haas 2010). Aus der Distanz betrachtet, hat es den Anschein als würden praktisch sämtliche Organisationen ihre eigene Orientierung und Koordinierung betreiben und weiterentwickeln wollen (!).

5. Fazit

Welche Schlussfolgerungen lassen sich aus der oben skizzierten Entwicklung ziehen? Zum ersten lassen sich die vier Phasen als einen sukzessiv beschleunigten Prozess der Ausweitung sowie Ausdifferenzierung der ‚beruflichen Eingliederung' zu einem die traditionellen sektoriellen Grenzen der politischen Ordnung überschreitenden organisationalen Feld charakterisieren. Im Zeitverlauf ist die ‚berufliche Eingliederung' in gewisser Weise zu einer praxisfeldübergreifenden Denk- und Handlungslogik geworden, die sich in der Herausbildung von jeweils spezialisierten Diensten widerspiegelt. Diese transversale Dimension des organisationalen Feldes zeigt sich auch am Versuch einer empirischen Bestimmung der Grenzen des organisationalen Feldes im Rahmen des Forschungsprojekts INPRO-APPEX (Haas 2010), wobei hier ja nur Organisationen, ob staatlich/kommunal oder privat, berücksichtigt wurden, welche sich in der Beschreibung ihrer Ziele und Aktivitäten direkt auf den Begriff der beruflichen Eingliederung bezogen. Die auf dieser Basis identifizierten 53 Organisationen zeichnen sich durch eine große Bandbreite des Rechtsstatus (staatliche und kommunale Administrationen, gemeinnützige Vereinigungen, Genossenschaften, Gesellschaften mit beschränkter Haftung, usw.), vor allem aber durch ihre sektorübergreifende Präsenz aus. Diese reicht vom *Service Job Coaching* der *Association d'aide par le travail thérapeutique pour personnes psychotiques* bis zur *Defi-Job asbl*, deren Ziel insbesondere die Förderung der Beschäftigungsfähigkeit sowie der Vermittlung in Arbeit von Strafgefangenen im Rahmen des halboffenen Strafvollzugs ist. Dass das Feld heute durch ein mehrgliedriges bzw. mehrstufiges und alles umspannendes Steuerungs- und Kontrollsystem und damit verbunden einer Vielzahl von Regelungen kennzeichnet ist, versteht sich von selbst.

Mit Blick auf die institutionellen Akteure und damit auch die Grenzen des organisationalen Feldes, lässt sich behaupten, dass sich spätestens seit Ende der 1990er Jahre das organisationale Feld um wirkmächtige internationale Akteure erweitert hat – zuvorderst die EU und die OECD mit ihrem Berichterstattungswesen. Dabei darf jedoch nicht vergessen werden, dass das Aufkommen der ‚beruflichen Eingliederung', durch die andauernde Krisenhaftigkeit der Spätmoderne und die Debatte um Exklusion, wie unter Punkt 3 verdeutlicht, von Beginn an international war. Die *Action locale pour jeunes*, aber auch das RMG-Gesetz sind nicht zuletzt auf grenzüberschreitende Diffusionsprozesse zurückzuführen.[14] Auch aufgrund der Einschreibung Luxemburgs in eine konservativ-korporatistische Tradition (Hartmann-Hirsch 2009) spielten zudem von Beginn an die Sozialpartner eine wichtige Rolle im Institutionalisierungsprozess. Dies zeigt sich besonders deutlich bei der Analyse des Ausarbeitungsprozesses der verschiedenen Gesetzesvorlagen.

Was die vorherrschenden institutionellen Logiken anbelangt, so hat sich bei aller Vielfalt spätestens ab den 1990er Jahren ein europäischer und internationaler Angleichungsprozess eingestellt, in dem Sinne, dass eine Logik der Beschäftigungs- und Anpassungsfähigkeit zunehmend Einzug gehalten hat. Dass dabei gleichzeitig die Vorstellung einer beruflich-sozialen Eingliederung erhalten blieb und sich auch in den Praktiken widerspiegelt, lässt sich u.a. anhand der Größe und Macht bestimmter Sozialakteure wie bspw. den Gewerkschaften festmachen. Hieran zeigt sich nochmals deutlich, dass institutionelle Akteure nicht bloß in soziale Strukturen eingebettet sind, sondern soziale Strukturen sind, d.h. gleichzeitig an der Produktion (*agents*) und Reproduktion (*carriers*) der Logiken im Feld beteiligt sind (Walgenbach/Meyer 2008).

Literatur

Bode, I. (2005): Die Dynamik organisierter Beschäftigungsförderung. Wiesbaden: VS Verlag für Sozialwissenschaften.

Castel, R. (2009): La montée des incertitudes. Paris: Seuil.

DiMaggio, P.J./Powell, W.W. (1983): The iron cage revisited: Institutional isomorphism and collective rationality in organizational fields. In: American Sociological Review 38, S. 147–160.

Dörre, K. (2009): Prekarität im Finanzmarkt-Kapitalismus. In Castel, R./Dörre, K. (Hrsg.): Prekarität, Abstieg, Ausgrenzung. Frankfurt am Main: Campus, S. 35–64.

Ferrara, M. (2009): Les nouvelles frontières du social. Paris: Presses de Sciences Po.

Greenwood, R./Suddaby, R./Hinings, C.R. (2002): Theorizing change: The role of professional associations in the transformation of institutionalized field. In: Academy of Management Journal 45, S. 58–80.

Haas, C. (2010): L'insertion professionnelle des jeunes et personnes âgées de 45 ans et plus: discours, pratiques et enjeux. Luxembourg: Université du Luxembourg.

Haas, C. (2013): Dynamiques socio-historiques de la professionnalisation de l'intervention sociale au Luxembourg. In: Foudrignier, M./Molina, Y./Tschopp, F. (Hrsg.): Les transformations des professionnalisations du travail social. Genève : IES Editions (in Vorbereitung).

---

14 Es handelt sich hierbei um einen Aspekt der nochmals zu vertieten wäre, um die Grenzen des organisationalen Feldes ggf. neu zu fassen.

Hartmann-Hirsch, C. (2009): Klassifikationen des luxemburgischen Sozialstaates. In: Willems, H./Rotink, G./Ferring, D./Schoos, J./Majerus, M./Ewen, N./Rodesch-Hengesch, M.A./Schmit, C. (Hrsg.): Handbuch der sozialen und erzieherischen Arbeit in Luxemburg. Luxemburg: Editions Saint-Paul, S. 251–264.

Hartz, S. (2009): Diffusionsprozesse in der Weiterbildung – eine Analyse aus der Perspektive des Neo-Institutionalismus. In: Koch, S./Schemmann, M. (Hrsg.): Neo-Institutionalismus in der Erziehungswissenschaft. Wiesbaden: VS Verlag für Sozialwissenschaften, S. 133–159.

Hiez, D./Lavillunière, E. (Hrsg.) (2013): Vers une théorie de l'économie sociale solidaire. Bruxelles: Larcier.

Hoffmann, A.J. (1999): Institutional evolution and change: Environmentalism and the US chemical industry. In: Academy of Management Journal 42, S. 351–371.

Labbé, P. (2011): L'insertion professionnelle et sociale des jeunes. Rennes: Editions Apogée.

Ministère de l'Education Nationale et de la Formation Professionnelle (2013): Le décrochage scolaire – année scolaire 2010/2012. Luxembourg: Ministère de l'Education Nationale et de la Formation Professionnelle.

Paugam, S. (2005): Les formes élémentaires de la pauvreté. Paris: PUF.

Pfeiffer, H./Salewski, A. (2006): Die Europäische Beschäftigungsstrategie und ihre lokale Dimension. In: Alemann, U./Münch, C. (Hrsg.): Europafähigkeit der Kommunen. Wiesbaden: VS Verlag für Sozialwissenschaften, S. 194–209.

Schneider, K. (2009): Geschichte, Rahmenbedingungen und Institutionen der Jugendberufshilfe. In: Willems, H./Rotink, G./Ferring, D./Schoos, J./Majerus, M./Ewen, N./ Rodesch-Hengesch, M.A./Schmit, C. (Hrsg.): Handbuch der sozialen und erzieherischen Arbeit in Luxemburg. Luxemburg: Editions Saint-Paul, S. 939–950

Scott, W.R./Ruef, M./Mendel, P.J./Caronna, C.A. (2000): Institutional change and healthcare organizations. Chicago: The University of Chicago Press.

Scott (2008): Institutions and organizations. 3. Auflage. Thousand Oaks: Sage.

Senge, K. (2006): Zum Begriff der Institution im Neo-Institutionalismus. In: Senge, K./Hellmann, K.-U. (Hrsg.): Einführung in den Neo-Institutionalismus. Wiesbaden: VS Verlag für Sozialwissenschaften, S. 35–47.

Statec (1990): Statistiques historiques 1839-1989. Luxembourg: Editpress.

Statec (2012): Annuaire statistique. Luxembourg: Imprimerie Centrale.

Thill, P./Thomas, A. (2009): Le «modèle social luxembourgeois» au défi de la crise. In: Gouvernance et emploi 12, S. 1–12.

Walgenbach, P./Meyer, R. (2008): Neoinstitutionalistische Organisationstheorie. Stuttgart: Kohlhammer.

Dirk Kratz, Andreas Oehme

Übergänge in Arbeit zwischen entgrenzter Ermöglichung und regionaler Verdichtung

Zur Rationalität der Übergangsstrukturen einer Region

1. Die Region als Rahmen der politischen Gestaltung von Bildungs- und Übergangsstrukturen

Seit einigen Jahren werden zunehmend Bildungs- und Übergangsstrukturen bildungspolitisch ,in der Region' entworfen. Die Schule wird im gleichen Atemzug verstärkt mit der ,Pflicht' konfrontiert, die Übergänge ihrer Schüler/-innen in Ausbildung und weiterführende Bildungsgänge zu begleiten und zu gestalten. Dabei schwingt häufig der arbeitsmarktpolitische Anspruch mit, die Übergänge ,sicherzustellen', gerade die so genannten ,schwächeren' Schüler nach der Schule nicht zu verlieren. ,Verlieren' kann man sie allerdings nur aus der Sicht einer Verlaufslogik, in der nur institutionelle Schnittstellen entlang eines (Berufs-)Bildungsverlaufs existieren und dazwischen kein Platz für Freiräume, Auszeiten etc. besteht. Berufsorientierung ist deswegen bundesweit in steigendem Maße ein Thema an Schulen, insbesondere an Förder-, Haupt- und Realschulen. Dabei rückt vor allem die Kooperation mit Betrieben, mit Arbeitsagenturen, mit Bildungsträgern und Initiativen der Wirtschaft in den Vordergrund. Besonders bei Schüler/-innen der ,niedrigeren' Bildungsgänge steht bei Praktika etc. – neben der Orientierung im eigentlichen Sinne – immer wieder der sogenannte ,Klebeeffekt' im Vordergrund, also ein ,Klebenbleiben' der Schüler/ -innen im Betrieb. Hinzu kommen die formalen oder auch wenig formalisierten Kooperationen mit Berufsschulen und Bildungsträgern als potenzielle Aufnahmeinstitutionen für diejenigen Schüler/-innen, die nach der Schule keine Lehrstelle haben und in das sog. „Übergangssystem" (Autorengruppe Bildungsberichterstattung 2008) geleitet werden. Nicht zuletzt

187

etabliert sich mehr und mehr eine Übergangsbegleitung, die den Weg zwischen Schule und Ausbildung individuell betreut.

Wichtig für unseren Zusammenhang ist, dass diese Bemühungen um Vernetzung und Kooperation fast immer auf die lokalen Akteure (Wirtschaft, Schulen, Bildungsträger) abzielen. Die Idee der sog. „Kommunalen Bildungslandschaften" bringt diesen Gedanken auf den Punkt: „Bildung spielt ‚vor Ort', und die Förderung besonders der Risikogruppe braucht die Kooperation sämtlicher Akteure: Eltern, alle Träger von Kinder-, Bildungs- und Jugendeinrichtungen, die verschiedenen Ebenen staatlicher Verwaltung und politischer Entscheidung, zivilgesellschaftliche Organisationen, ehrenamtliches Engagement und auch das Engagement der lokalen und regionalen Wirtschaft. Kommunale Bildungslandschaften sind Verantwortungsgemeinschaften, bei denen die verschiedenen Akteure ihre Verantwortung nicht auf ihren jeweiligen Zuständigkeitsbereich beschränken, sondern im Interesse am gelingenden Aufwachsen junger Menschen zusammenwirken" (Poltermann 2012, S. 7). Die Akteure vor Ort stellen nach dieser These so etwas wie Bildungsintegration her, indem sie sich miteinander abstimmen, sich ‚vernetzen' und selbst zu einer (regionalen) Bildungslandschaft werden. Während das staatliche Bildungssystem für alle Schüler/-innen zumindest eines Bundeslandes gleich ist, enthält die Idee der Bildungslandschaft einen regional spezifischen Zuschnitt.

Parallel zu diesen Entwicklungen wird in den letzten Jahren auch der Ansatz des ‚Regionalen Übergangsmanagements' stark forciert. Dem Ansatz nach spielt nicht nur Bildung, sondern auch Übergang vor Ort: Hier geht es im Prinzip um die Gestaltung einer abgestimmten regionalen Angebotsstruktur sozialer Dienstleistungen im Übergang Schule – Beruf (seltener auch bezogen auf andere Übergänge). Dabei spielt die Idee einer Koordinierung im Übergangsystem bzw. eines ‚kohärenten Übergangssystems' eine wesentliche Rolle. Mit den letzten Bundesprogrammen zur Förderung von regionalem Übergangsmanagement wurde die Koordinierungsrolle zwingend den Kommunen zugewiesen. Dies folgt einer Logik der „lokalen Verantwortungsgemeinschaften" bzw. der „kommunalen Koordinierung" (Weinheimer Initiative 2007) der verschiedenen Angebote und Maßnahmen auf dem Gebiet einer Kommune.

In diesen Diskussionen und Entwicklungen kommen zwei zentrale Punkte zum Ausdruck: Zum ersten nimmt man an, dass die Übergänge stärker durch institutionelle Akteure gesteuert und die Strukturen aufgrund der unübersichtlichen Angebotslage (BMBF 2009) hin zum ‚kohärenten Übergangssystem' systematisiert werden müssen, um Übergänge sicher zu stellen. Es reicht nicht, wenn jede Institution ihre (Bildungs-)Aufgabe für sich erfüllt; sie muss immer auch ihren regionalen Übergangskontext mitbetrachten und in ihm agieren. Zum zweiten wird angenommen, dass diese

Koordinierung bzw. diese Kohärenz im System im Wesentlichen auf regionaler, meist einfach auf kommunaler Ebene herzustellen ist. Dies wird ansatzweise inzwischen auch auf der Landesebene vieler Bundesländer versucht, wobei der regionalen Ebene nach wie vor die zentrale Ausgestaltungsrolle zugewiesen wird. Das Land übernimmt in diesen Fällen die Koordinierung und Systematisierung.

Diese Ideen eines örtlich gebundenen ‚Übergangssystems' oder einer ‚kommunalen Bildungslandschaft' sind im Wesentlichen politisch und programmatisch begründet. Eine empirische Analyse der Rationalität von Übergangsstrukturen und der Übergänge, wie sie als Handlungspraxis existieren, steht unserer Kenntnis nach dagegen aus. Wir wollen deshalb die Rationalität, wie sie verschiedene Akteure im Rahmen einer Kommune vom Übergang entwerfen, empirisch rekonstruieren. Dazu verstehen wir Region nicht als ein Territorium, sondern als ein Konstrukt der Menschen, die über diese Region und die je spezifischen Übergänge reden. Damit kommt man zu Fragen wie: Was wird für wen als Region konstruiert? Wodurch? Und: Wo fängt Region an, wo hört sie auf?

2. Empirischer Zugang

Die diesem Beitrag zugrunde liegenden empirischen Daten wurden im Rahmen des BMBF-Forschungsprojektes „Schule im Kontext regionaler Übergangsstrukturen" an der Universität Hildesheim erhoben. Dabei werden seit Ende 2011 insgesamt vier Städte betrachtet, die als sog. „Mittelzentren" gelten und anhand kontrastiver Merkmale, wie etwa der Wirtschaftsstruktur und der geographischen Lage, ausgewählt wurden. Neben einer Einwohnerzahl von ca. 50.000 Einwohner/-innen verfügen diese Städte über grundlegende Versorgungseinrichtungen, wozu u. a. weiterführende Schulen und Berufsschulen zählen.

Insgesamt ist das Projekt hinsichtlich seiner Forschungszugänge komplex angelegt und erhebt die Perspektiven verschiedener Akteur/-e/-innen im Übergang (einschließlich Jugendlicher) mit verschiedenen Erhebungsmethoden (u. a. autobiographisch-narrativen Interviews; Schütze 1983), wobei sich die Auswertungsstrategie an der *Grounded Theory* orientiert (Glaser/Strauss 1998). Die Daten, auf die wir die Thesen dieses Beitrags stützen, beziehen sich auf Interviews mit Akteur/-inn/-en, die maßgeblich an der Gestaltung von Übergängen beteiligt sind bzw. die – etwa aufgrund einer tieferen, biographischen Verankerung im jeweiligen Mittelzentrum – ergiebig über die Region erzählen können. Dabei handelt es sich um leitfadengestützte Interviews mit Schulleiter/innen und Lehrer/innen, die die Berufsorientierung koordinieren, Mitarbeiter/-innen der örtlichen Berufsberatung und sozialer Träger, mit Schlüsselpersonen wie Regionalpolitiker/-innen, Verwaltungsangestellten, der Wirtschaftsförderung oder auch bürgerschaftlich Engagierten bei Vereinen oder der Freiwilligen Feuerwehr. Während jener Interviews wurden entweder strukturierte, aber nicht standardisierte Netzwerkkarten (Hollstein/Pfeffer 2010) oder sog. „Lebenslinien" (Moldaschl 2002) erstellt.

Zu beachten ist, dass die Interviews nicht einzeln als ‚Fälle' betrachtet, sondern jeweils Kernstellen identifiziert und intensiv ausgewertet wurden, in denen die jeweiligen Konstruktionen der untersuchten Region zum Ausdruck kamen. Diese wurden von uns wie Puzzle-Teilchen behandelt, die es so weit möglich zu einem Gesamtbild zusammenzusetzen galt; wir folgten dabei der Annahme, dass die Akteure durch das Reden über ‚ihre' Region und die mit ihr in Bezug gesetzten Übergänge und Arbeitsmöglichkeiten die ‚Region' als Konstrukt herstellen und wir dieses Konstrukt entsprechend *re*konstruieren können.

Im Folgenden wird eine solche Rekonstruktion einer der untersuchten Städte beispielhaft nachgezeichnet. Viele Daten, die u.a. die Interviewpartner/-innen allzu leicht identifizierbar gemacht hätten (von Personendaten bis hin zu den Städtenamen), wurden anonymisiert und maskiert, so dass nun von *Nordstadt* die Rede sein wird.

3. Nordstadt – (Re-)Konstruktionen der Übergangsstrukturen

3.1 Ein regionales Kurzportrait

Die Geschichten, die die interviewten Schlüsselpersonen von Nordstadt erzählen, sind in hohem Maße von dem regionalen Standort in Meeresnähe bestimmt. Die wesentlichen wirtschaftlichen Bereiche, die das Bild der Stadt prägen und gleichfalls vor Ort Erwerbsarbeit anbieten, sind der Hotel- und Gaststättenbetrieb, ein Hafen in industrieller Nutzung und eine neue Branche, die aus Maskierungsgründen im Folgenden „Branche A" genannt wird. Sie alle hängen – u.a. auch historisch – mit dem Meer zusammen.

Insgesamt zeigt sich damit deutlich ein Pfad wirtschaftlicher Entwicklung als Aufbau eines maritimen Standortes, der seit dem Ende des 19. und Anfang des 20. Jahrhunderts durch seine überregionale Bedeutung getragen wird. Einerseits fließen so immer wieder öffentliche und private Millioneninvestitionen in den Hafenstandort hinein, doch andererseits ist die Stadt dadurch auch in hohem Maße abhängig von politischen Entscheidungen und globalen Entwicklungen, auf die sie kaum Einfluss hat und die auch das Erleben einer Fremdbestimmung reproduzieren. So wird die Entwicklung der Stadt als ein Prozess wahrgenommen, der entscheidend von den Industrieansiedlungen bestimmt wird, welche wiederum eine geeignete öffentliche Infrastruktur benötigen. In Politik und Verwaltung steht immer wieder die Suche nach Möglichkeiten zur Belebung des Standortes im Vordergrund, die den historischen und wirtschaftlichen Entwicklungslinien des 20. Jahrhunderts zu folgen scheint, was u.a. anhand neuer Migrationsbewegungen entsprechender Fachkräfte deutlich wird. Das ‚Schicksal‘ der Stadt – was ihre Wirtschaft und Arbeitsmöglichkeiten angeht – scheint in hohem Maße abhängig vom Meer und der Bedeutung zu sein, die es im landes- bzw. bundesweiten und seit einigen Jahrzehnten im globalen Wirtschaftsprozess zugewiesen bekommt.

3.2 Der regionale Übergangskorridor in Nordstadt

Die Interpretation der Daten führte zunächst zu einer entscheidenden Frage: Wo werden Übergänge überhaupt verortet, wo sieht man die Erwerbsarbeit, die Bildungs- und Orientierungsprozesse, die Unterstützungsprozesse und wie werden die Menschen damit in Bezug gebracht?

Aus den Erzählungen der Interviewten zu diesen Themen ließ sich ein auf Übergänge bezogener Raum als ‚Region‘ rekonstruieren, den wir als *regionalen Übergangskorridor* bezeichnen wollen. Der Übergangskorridor ist nicht ortsgebunden, sondern er wird mit Bezug auf verschiedene *soziale Segmente*, auf die *Bewegungen* der Menschen und deren *Anerkennung* entworfen, was im Folgenden näher erläutert wird.

Innerhalb des regionalen Übergangskorridors zeigt sich bei genauerer Betrachtung die Konstruktion eines engeren *lokalen Ankers*. Im Reden über die Übergänge in der Region wird immer wieder ein Bezug zu einem ‚Hier‘ oder ‚Hier vor Ort‘ hergestellt. Dabei wird eine Verbindung zu einer kollektiven Ebene des ‚Wir‘ gezogen, mit der eine gewisse Identifikation zwischen Akteur und Ort zum Ausdruck kommt. ‚Wir hier vor Ort‘ konstruiert u.a. eine verhältnismäßig enge territoriale Eingrenzung der Stadt, die jedoch – genauso wie der Übergangskorridor insgesamt – jeweils aus dem Kontext der Erzählung heraus entworfen wird. ‚Hier vor Ort‘ kann in einem Zusammenhang mit der Kommunalpolitik stehen und somit auf die Stadt als Verwaltungseinheit bezogen sein; es kann sich auf schulische Zusammenhänge beziehen oder etwa auf die Einteilung nach Agenturbezirken der Arbeitsagentur und somit weiter gefasst sein als das Territorium innerhalb der geographischen Stadtgrenzen.

So bewertet Nordstadts Bürgermeister etwa die Betreuung und Begleitung von Kindern und Jugendlichen in öffentlicher Verantwortung mit Blick auf gelingende Übergänge wie folgt: *„Und da sind wir hier in Nord-*

stadt ziemlich vorne an, muss man sagen" (Bürgermeister A, 62 f.[1]). „*[W]ir hier in Nordstadt"* beschreibt dabei die politische Verwaltungseinheit, für die er zuständig ist. Auch die Berufsberatung aus der Arbeitsagentur spricht von einem ,wir hier vor Ort' bei einem ähnlichen Thema: „*Wir haben hier vor Ort an drei Schulen Berufseinstiegsbegleiter in verschiedenen Wellen"* (Berufsberatung, 47 f.). Hier geht es jedoch um das Einzugsgebiet der Schulen; angesprochen ist ein institutioneller Zuständigkeitssektor, der neben dem Stadtgebiet den umliegenden Landkreis umfasst.

Der lokale Anker wird also über subjektive Bezüge hergestellt, meist zu Institutionen, in denen die Interviewten tätig sind und die „vor Ort" agieren und wiederum mit anderen Institutionen bzw. Akteuren interagieren. Entsprechend ist der Ort nicht für alle Akteure territorial gleich, aber verhältnismäßig eng eingegrenzt. Er kann damit ein gemeinsamer Bezugspunkt, ein ,Anker' sein. Von diesem Anker aus wird ein regionaler Übergangskorridor entworfen, in dem die verschiedenen Übergänge von Menschen, die mit einem Bezug zum lokalen Anker „Nordstadt" versehen werden, verortet sind. Dieser Korridor fällt besonders in Abhängigkeit der Zugehörigkeit zu gesellschaftlichen Segmenten und ihrer Anerkennung unterschiedlich weit aus, und zwar auch in Bezug auf das Territorium, das hier im Blick ist. Die Grenzen dieses Korridors zeigen sich, wenn die Übergänge und die damit verbundenen Menschen, Dinge, Orte oder Prozesse keine Bezüge zum ,Hier vor Ort' (mehr) zulassen. Hierüber wird etwa die Möglichkeit offenbart, aus dem regionalen Übergangskorridor heraus zu fallen und tatsächlich ,weg', d. h. ohne Bezug zu Nordstadt zu sein. Dies wird im Folgenden klarer, wenn wir einen Blick auf die drei zentralen Dimensionen werfen, die den regionalen Übergangskorridor aufspannen:

Segmentierung

Über Bildungswege, Ausbildungsmöglichkeiten, Migration und Sprache wird in Nordstadt je nach Bildungsabschluss bzw. beruflicher Qualifikation und entsprechendem sozialen Status sehr unterschiedlich gesprochen. Dadurch ergibt sich eine Dimension der *sozialen Segmentierung* in der Ausprägung von ,*Oben – Unten*': Denn auffällig sind zunächst die Bemühungen, Jugendliche in bestimmte Gruppen zu untergliedern, wenn von ihnen und ihren Übergangsperspektiven gesprochen wird. Als wichtigstes Unterscheidungsmerkmal stellt sich dabei der Bildungsabschluss heraus, der direkt oder mittelbar der Einordnung in das Schema ,Oben – Unten' dient. So werden beispielsweise Hauptschüler/-inne/-n wesentlich engere (beruflich

---

1 Die Zahlen nennen die durchlaufende Zeilennummerierung im Transkript.

wie lokal begrenztere) Übergangswege sprachlich zugewiesen als etwa den Schüler/-innen eines Gymnasiums. Abwanderung wird bei den Letzteren anerkannt und gefördert, während sie bei Hauptschüler/-innen eher problematisiert wird. Ein weiteres Beispiel ist die Bewertung von Mehrsprachigkeit: Im oberen sozialen Segment kommt sie in der Regel als Bilingualität zur Sprache und wird explizit gefördert. Bei Bevölkerungsgruppen mit Migrationshintergrund und niedrigeren Bildungsständen wird sie dagegen meist als Integrationsproblem gesehen.

Beginnen wir mit der Beschreibung des ‚Unten‘. Der bereits zitierte Bürgermeister entwirft mit Blick auf die beruflichen Perspektiven von Schüler/-innen in Nordstadt gleich zu Beginn seiner Erzählung eine differenzierte Segmentierung der heutigen Hauptschüler/-innen:

„…haben wir ja die normalen Hauptschüler, Klasse Neun oder Klasse Zehn, von denen finden die Motivierten meistens in der jetzigen Situation, wenn sie nicht Bankkaufmann werden wollen, finden […] sie also auch eine Lehrstelle. Das ist also kein Problem. Diejenigen, die an der BBS ankommen, ohne Hauptschulabschluss, BVJ, ganz schwierig. Weil, das sind in den meisten Fällen nicht Schülerinnen und Schüler mit Lernschwierigkeiten, jedenfalls ausländische Schüler, nicht unbedingt mit Lernschwierigkeiten, sondern sie haben andere schulische Handicaps. […] Um das mal so zu umfassen. Äh, sind sehr schwierig zu vermitteln. Wir haben also so eine Umkehr, also wo man sagen kann, früher hatten, als der Arbeitsmarkt noch anders aussah, schwache Schüler, die motiviert waren, auch Schwierigkeiten einen Ausbildungsplatz zu kriegen. Das ist teilweise heute ein bisschen anders. Aber uns fehlen in der Masse die motivierteren Schüler." (Bürgermeister A, 7 ff.)[2].

Ausgangspunkt sind die *„normalen Hauptschüler"*, die sogleich auf die Gruppe der *„Motivierten"* beschränkt werden. Diesen wird zugesprochen, dass sie *„meistens in der jetzigen Situation"* eine Lehrstelle finden, was jedoch nicht für die gilt, die *„Bankkaufmann"* werden wollen, die also einen Berufswunsch formulieren, der als unpassend zu ihrem Schulabschluss gilt. Es wird also zwischen ‚Normalen‘ und ‚Nicht-Normalen‘ Hauptschüler/-inne/-n unterschieden, wovon die ‚Normalen‘ in ‚Motivierte‘ und ‚Nicht-Motivierte‘ unterteilt werden. Von den ‚Motivierten‘ wird noch die Gruppe der Schüler/-innen sondiert, die einen unpassenden, zu hoch greifenden Berufswunsch verfolgen. Damit ist zunächst die Gruppe derjenigen Jugendlichen eingegrenzt, die im unteren Bildungssegment als unproblematisch gelten können – zumindest in der *„jetzigen Situation"*; früher war der Übergang auch für diese Gruppe nicht so unproblematisch: Im Gegensatz zu

---

2 […] = Auslassungen oder redaktionelle Ergänzungen innerhalb des Transkriptes
Unterstrichene Wörter (z. B. *jetzige*) weisen auf eine besondere Betonung hin.

‚damals' finden heute die „*motivierteren*" Schüler/-innen einen Ausbildungsplatz, während davor „*schwache*" Schüler/-innen „*Schwierigkeiten*" hatten. Die notwendige Bedingung, um eine Lehrstelle zu finden, ist heute also nicht mehr – wie früher – die ‚Stärke' als Gegenteil von ‚Schwäche' (also vermutlich die Notenleistungen), sondern die ‚Motivation'. An dieser mangele es allerdings „*in der Masse*".

Der Kontrast zu den ‚normalen, motivierten Hauptschüler/-inne/-n' bilden Schüler/-innen, „*die an der BBS ankommen, ohne Hauptschulabschluss*" und als „*ganz schwierig*" eingeführt werden. Die ‚Schwierigkeiten' beziehen sich hier insbesondere auf die Vermittlung in eine Lehre, so dass dieser Personenkreis das „*BVJ*" (Berufsvorbereitungsjahr) durchlaufen muss. Eine Besonderheit stellt die Begründung der ‚Schwierigkeiten' dar, die nicht auf „*Lernschwierigkeiten*" zurückgehen, sondern für die „*andere schulische Handicaps*" verantwortlich gemacht werden. Dies gilt vor allem für „*ausländische Schüler*". Zwar scheint diese Umschreibung nicht konkret genug zu sein, was durch „*Um das mal so zu fassen*" ausgedrückt wird. Doch wird daran deutlich, dass Nationalität eine relevante Kategorie in Bezug auf Vermittlungsschwierigkeiten zu sein scheint.

Es ist evident, dass über Schüler/-innen eines Gymnasiums und ihre berufliche Perspektiven anders gesprochen wird. Die Durchführung des Praktikums zur beruflichen Orientierung wird hier aus guten Gründen soweit wie möglich nach hinten verschoben, weil älteren Schüler/-innen mehr und bessere Möglichkeiten zur Verfügung stehen, die eindeutig im klassischen oberen Segment sozialer Positionen angesiedelt werden: „*Das eröffnet denen mehr Möglichkeiten. Dann können sie auch in Rechtsanwaltskanzleien und bei Zahnärzten und so arbeiten*" (Gymnasium A, 143 ff.). Diese Möglichkeiten stellen das dar, „*was später auch für unsere Schüler gerade so in Frage kommt*" (Gymnasium A, 146 f.).

Jenseits von der längeren Schulzeit und dem höheren Abschluss spielen für die Berufsorientierung an dem Gymnasium aber auch persönliche Zugänge des Lehrpersonals zu diesen ‚hohen' sozialen Positionen eine wichtige Rolle, die den Schüler/-innen als beruflicher wie als sozialer Horizont als Orientierungspunkt angeboten wird. Über Mitgliedschaften in Service-Clubs werden beispielsweise Kontakte zu anderen regionalen Akteuren in den entsprechenden beruflichen Positionen aufgebaut. Diese werden genutzt, um sie in die Berufsorientierung der Schüler/-innen einzubeziehen. Auf diese Weise werden private Ressourcen mobilisiert, die zunächst mit beruflicher Orientierung, ganz zu schweigen von einer öffentlichen Zuständigkeit dafür, nichts zu tun haben: „*Und das ist eine Spezialität die wir hier haben, die eben nichts zu tun hat mit dem Arbeitsamt*" (Gymnasium A, 273 ff.). Diese Form des Zugangs über persönliche Brücken kommt auch an anderen Stellen mehrfach zum Ausdruck, wobei es immer um ‚höhere‘ soziale Positionen geht.

Auch über das Merkmal Nationalität bzw. Migrationshintergründe werden soziale Positionierungen im ‚Oben – Unten‘ festgemacht. Wie oben bereits beschrieben, wird der ‚Standort Nordstadt‘ insbesondere durch die Hafenlage für Firmen interessant, die auf eine weitgehend öffentlich (durch Land, Bund oder auch EU) geförderte Infrastruktur aufbauen. Dies kommt als vorrangige Entwicklungspolitik für die Region in mehreren Interviews mit der kommunalen Wirtschaftsförderung, Politiker/-innen und Schulleiter/-innen immer wieder zum Ausdruck, die ein sehr partielles Fachkräfteproblem entwerfen: Die lokalen Akteure sehen sich in der Pflicht, die benötigten Fachkräfte für diese Firmen anzubieten. Aus der Geschichte Nordstadts heraus scheint es dabei nahe zu liegen, an bestehende Migrationstraditionen anzuknüpfen. Der interviewte Bürgermeister verweist etwa auf eine italienische Tradition[3] der Region – und nur im Zusammenhang mit Italiener/-innen kommt das Wort „Tradition" ins Spiel. Dagegen wird die größere Gruppe der Türk/-inn/-en sprachlich zwar als *„ganz gut integriert"* (Bürgermeister A, 395) bezeichnet, aber nicht mit einer regionalen Tradition in Verbindung gebracht. Italiener/-innen sind hinsichtlich einer geplanten Arbeitsmigration die ‚erste Wahl‘. Dabei handelt es sich aber nicht um die ehemaligen Arbeiter/-innen in der Hafenindustrie, die man zurückholen will, sondern um hoch qualifizierte Ingenieur/-innen, die derzeit keine Arbeit in Italien haben. Sie müssen aber vom ‚Dort‘ ins ‚Hier‘ transferiert werden, was sprachlich vorbereitet wird, indem sie – als einzige Gruppe – als Europäer/-innen (Bürgermeister A, 392) bezeichnet werden und so ein weiterer Bezug zu Nordstadt hergestellt werden kann.

Dazwischen steht die Gruppe der Griech/-inn/-en, die zwar in Nordstadt verortet, gleichzeitig aber als *„völlig anders"* markiert werden, was zunächst an ihrer Sprache festgemacht wird:

„Die Griechen sind völlig anders als die Italiener. […] Die Griechen machen mehr ‚closed shop‘ die Masse. Von Ausnahmen abgesehen. […] Aber die Griechen reden erst mal nur Griechisch, untereinander sowieso, sprechen in der Regel nicht so gut Deutsch. Wogegen die Italiener in der Masse, wenn sie ein bisschen gut drauf sind, so wie meine Enkelkinder auch, die sind gleich zweisprachig erzogen worden. Zu Hause nur Italienisch und draußen auf der Straße nur Deutsch, aber auch mit den Eltern draußen auf der Straße nur Deutsch. […] Also, aber sehr unterschiedlich." (Bürgermeister A, 396–412)

---

3 Selbstverständlich wurden die folgenden Nationalitäten ebenfalls maskiert.

Den Griech/-inn/-en wird hier eher eine Isolierung, eine Schließung im Sinne eines „closed shop" nachgesagt, auch wenn aus der „Masse" einige „Ausnahmen" herausstechen. Diese Positionierung korrespondiert mit der aus mehreren anderen Interviews: Die Gruppe der Griech/-inn/-en ist präsent in Nordstadt, und zwar als diejenige, die für die Industrie in den 1960er und 1970er Jahren – zusammen mit den Italiener/-innen – angeworben wurde, aber im Gegensatz zu letzteren mehrheitlich in Nordstadt blieb und nicht wieder abwanderte. Sie sind diejenigen, die – in der Wahrnehmung der Interviewten – auch heute vor allem in denselben Industriesegmenten arbeiten und dort Jobs erledigen, die allgemein als ‚unattraktiv' gelten.

In der Erzählung des Bürgermeisters wird ein zentraler Unterschied im Sprachgebrauch festgestellt: Während die Italiener/-innen für den Erzähler „gleich zweisprachig" (s. o.) erzogen werden, sprechen die Griech/-inn/-en „in der Regel nicht so gut Deutsch". So wird eine Hierarchie entwickelt, die die Anerkennung von Zweisprachigkeit mit den Bildungsabschlüssen am ‚oberen Ende' verbindet.

Dies bestätigt sich im Interview mit der Person aus dem Gymnasium A, die Mehrsprachigkeit als relevantes Bildungsmerkmal konstruiert, das berufliche Chancen eröffnet:

„Und das zeigt einem eben, egal wie man dazu jetzt steht, und da müssen wir über all die anderen, über Denglisch und so weiter gar nicht nachdenken. Es ist einfach wichtig. Und insofern ist der bilinguale Unterricht auch eine Vorbereitung auf den Beruf [...] Und nicht nur auch, sondern vor allen Dingen. Wenn man es sich recht überlegt. Also da waren Forscher hier, die haben mit den Schülern Englisch geredet."(Gymnasium A, 81 ff.)

Hier wird eine zweite Sprache – es geht dabei ausschließlich um Englisch, was sich aber nur implizit aus dem Interview erschließen lässt – als wichtiger Bestandteil der beruflichen Vorbereitung bezeichnet. Der Erwerb bzw. die Festigung der anderen Sprache ist entsprechend Bestandteil des schulischen Curriculums: Es gibt seit etwa vier Jahren „bilingualen Unterricht" Deutsch-Englisch an dem Gymnasium. Andere Bilingualitäten oder gar bilingualer Unterricht in anderen Sprachen kommen in diesem Interview nicht zur Sprache.

Bei der Segmentierung der Jugendlichen hängen also Sprache bzw. Zweisprachigkeit, Migrationshintergrund und Bildungsgang bzw. -abschluss eng zusammen. Die Ausprägung der Dimension in ‚Unten' und ‚Oben' wird durch unterschiedliche Sprachspiele hergestellt, die sich aus unserer Sicht zu allererst am Bildungsabschluss orientieren; dieser korrespondiert mit anderen Merkmalen. Die Zweisprachigkeit von z. B. Türk/-inn/-en wird an keiner Stelle als Bilingualität bezeichnet und der Lernbedarf in Sachen Englisch der Gymnasiast/-inn/-en ist kein Sprachproblem. Bilingualität ist auch kein Thema bei Abiturient/-inn/-en italienischer, türkischer oder griechischer Herkunft; deren Zweisprachigkeit (jenseits von Englisch) kommt nicht zum Ausdruck.

Bewegung

Mit diesen Beispielen wird bereits zu einer weiteren Dimension übergeleitet. Mit der Ordnung der Segmentierung und der Zuordnung bestimmter Gruppen zu bestimmten Segmenten sind auch vielfältige Bewegungen dieser Gruppen verbunden. Das bezieht sich auf die territorialen Bewegungen (markiert etwa durch ‚weggehen' und ‚hierbleiben') genauso wie auf die Zugänge zu Bildung und Bildungseinrichtungen, zu Ausbildung und Arbeit. In Nordstadt wird von Übergängen sehr oft in Zusammenhang mit Mobilität gesprochen: Thematisiert wird nicht nur die Notwendigkeit, Arbeitskräfte für bestimmte Branchen ‚von außen' ‚reinzuholen', sondern auch die Notwendigkeit, für höher qualifizierte Ausbildungen und Arbeiten ‚wegzugehen'. So entsteht eine dynamische Dimension der *Bewegung* ‚*Rein*'– ‚*Raus*'.

Insbesondere für die unteren Bildungsgänge wird ein Bezug zwischen beruflicher und territorialer Mobilität hergestellt: Wer die Stadt zwecks Ausbildung und Arbeit zumindest in Richtung des umliegenden Landkreises und der umliegenden Städte verlässt, kann sich mehr berufliche Mobilität leisten und bessere berufliche Möglichkeiten (Bezahlung, Status etc.) ‚erfahren'. In Abhängigkeit vom Bildungsstand – und damit vom zugewiesenen sozialen Segment – wird dabei sehr unterschiedlich über die Bewegungen erzählt, die verschiedenen Gruppen zugesprochen werden. Zugesprochen deshalb, weil hier nicht nur die Beobachtungen über die Mobilität zur Sprache kommen, sondern auch damit verbundene Bewertungen. So sind die Bewegungen im Zusammenhang mit Übergängen z.B. für Realschüler/-innen wesentlich enger konstruiert als für Gymnasiast/-inn/-en; damit wird auch der Übergangskorridor in Abhängigkeit von der Segmentierung unterschiedlich eng oder weit konstruiert. Wer bleibt, muss sich mit den lokal vorhandenen beruflichen Möglichkeiten (u.a. auch hinsichtlich Bezahlung und Arbeitsbedingungen) zufrieden geben. Das ‚Rein und Raus' bezieht sich damit auch auf das Qualifizieren von Menschen für bestimmte Jobs in der Region, die dadurch in diese Jobs ‚reinkommen'.

Dies lässt sich im Folgenden an einer Aussage über Realschüler/-innen verdeutlichen, die gerade in Bezug auf die Dimension der Bewegung eine Zwischenposition zwischen Hauptschüler/-inne/-n und Gymnasiast/-inn/-en einnehmen. Der Ausgangspunkt der folgenden Passage ist die Feststellung, dass die ortsansässigen Betriebe gerne Praktikant/-inn/-en nehmen und dafür auch Kontakte zur Realschule halten:

„Das machen die [Betriebe] grundsätzlich gerne, weil man auch von deren Seite ein Interesse hat, schon mal den einen oder anderen Schüler kennenzulernen. Denn es ist ja durchaus nicht so, dass es nicht Ausbildungsplätze gibt. Man darf auch nicht vergessen, dass es auch Schüler gibt, die sich durchaus von Nordstadt jetzt mal, also das ist jetzt ein regionales Problem, wegbewegen und dann Stadt A oder so Stadt B oder so die Richtung gehen. Viele fahren ja auch zur See oder machen da irgendwie was, das läuft dann aber meistens schon über familiäre oder sonstige Tradition, sag ich jetzt mal so. So und die orientieren sich weg. Wir haben natürlich auch in manchen zehnten Klassen schon 18-Jährige sitzen, die sowieso, das ist aber auch normal, dass man dann sagt mit 18: ‚Was soll es.' [...] So, und dann orientieren die sich halt weg. Und die Betriebe hier, auf der anderen Seite, sind natürlich daran interessiert, Schüler kennenzulernen, auch Realschüler kennenzulernen, die sie durchaus für sich auch anwerben." (Realschule A, 40–61)

Einerseits wird also ein Interesse der Betriebe in Nordstadt an den hiesigen Schüler/-inne/-n gesehen; dem steht die ‚Wegbewegung' von bestimmten Schüler/-inne/-n gegenüber. Die Bewegung in die nächstliegenden Metropolen (zum Zweck der Ausbildung in bestimmten Branchen) wird in diesem Fall als ein regionales Problem bezeichnet. Hinzu kommen diejenigen, die sich Richtung Seefahrt orientieren, sowie diejenigen, die „sowieso" gehen, was bei dieser Gruppe nicht näher bestimmt, aber als normal bezeichnet wird. Ihre Einstellung wird mit „was soll's" als eine beruflich unbestimmte Gleichgültigkeit verstärkt (vermutlich als „ich gehe sowieso weg, wenn ich kann"). Alle zusammen orientieren sich ‚weg'.

Sprachlich wird dabei der regionale Übergangskorridor erneut abgesteckt: Der Blick wird auf das ‚Innen' und ‚Außen' gerichtet, wobei Letzteres nicht mehr zur ‚Region' gehört. Wer diese Grenze überschreitet, ist ‚weg'. Hier sind es Jugendliche, die zur See fahren wollen, oder auch diejenigen, die zur Verwirklichung ihres Berufswunsches in die nächstliegenden Städte gehen. Mit den „18: ‚Was soll es'"-Schüler/-inne/-n wird eine zusätzliche Gruppe angesprochen, die scheinbar ohne genauere Perspektive aus dem Übergangskorridor ‚hinaustreiben' und in eine ungewisse Zukunft steuern. ‚Innen' und ‚Außen' scheinen sich eher gegenüber zu stehen als sich zu ergänzen. Die Betriebe in Nordstadt werden als eine Kraft beschrieben, die bestimmte Schüler/-innen im lokalen Raum zu halten versucht; „auch Realschüler", was vermutlich eine Abgrenzung gegen Gymnasiast/-inn/-en bedeutet. Während also die Betriebe mit ihren Ausbildungsplätzen eine Kraft ‚hinein' bilden, gibt es andere Kräfte (familiäre Tradition, Berufswünsche, Gleichgültigkeit), die Schüler/-innen aus dem regionalen Übergangskorridor ‚hinaus' tragen. Dabei zeigt sich eine Norm, nach der die Schüler/

-innen im Grunde ‚hier' bleiben sollten – zumindest dann, wenn die Betriebe ‚vor Ort' Stellen zu besetzen haben.

Diese Norm gilt jedoch nicht für die Abiturient/-inn/-en in Nordstadt; für alle Interviewten ist es ‚normal', dass diese Schüler/-innen sich in einem territorial viel größeren Radius orientieren sollten. So bietet das Gymnasium im Prinzip das gesamte Spektrum berufsorientierender Maßnahmen an – nicht nur die Gesprächsabende mit Mitgliedern der o.g. Service-Clubs (die auch nicht alle im Stadtgebiet ansässig sind), sondern auch Fahrten zu Universitäten; ganz selbstverständlich ist, dass Städte angelaufen werden, die weit über 100 Kilometer entfernt liegen. Der Übergangskorridor wird hier also schon in Bezug auf die Studienorientierung wesentlich weiter gesteckt; für den Übergang erscheint er letztendlich vollkommen offen.

Umgekehrt gibt es eine Kooperation mit einem Nordstädter Unternehmen, um dieses in den Unterricht einzubinden. Die Lokalität spielt dabei keinerlei Rolle für den Übergang; es geht um Einblicke ‚in die Realität':

„Was wir jetzt hier tun ist, wir versuchen trotzdem frühzeitig die Verbindung zur Wirtschaft herzustellen. Was wir hier machen ist ja theoretisch. Geschichte, auch Politik Schrägstrich Wirtschaft, das Fach ist ja eher theoretisch." (Gymnasium A, 39 ff.)

Die „Verbindung zur Wirtschaft" besteht aus einem Projekt mit Schüler/-inne/-n und Forscher/-inne/-n, das in dem ortsansässigen Unternehmen durchgeführt wird. Dies geschieht in großen Anteilen auf Englisch, womit die Bedeutung dieser Sprache für die spätere Berufstätigkeit vermittelt werden soll. Von einer Orientierung an der lokalen Wirtschaft zur Besetzung von Ausbildungs- und Arbeitsstellen ist dabei keine Rede.

Es kommen aber auch internationale Austauschbeziehungen mit Schulen in England, Frankreich und Italien zur Sprache. Diese werden meist ebenfalls in Form von Projekten gestaltet und leben durch die Organisation und Mitarbeit der Lehrkräfte, die nicht selten die Kontakte selbst organisiert haben. Insbesondere ein Projekt mit einer englischen Schule läuft auch während des Schuljahres über Skype-Konferenzen weiter, in denen die deutschen Schüler/-innen Englisch und die englischen Schüler/-innen Deutsch sprechen (Gymansium A, 456 f.). Diese internationalen Partnerschaften sind nicht auf die Gymnasien beschränkt, sondern begegnen uns an vielen Stellen der Interviews. Hervorgehoben werden sie auch durch die berufsbildenden Schulen, die über acht Partnereinrichtungen im Austausch nutzen. Zudem werden sie in unterschiedlichen Formen durch weitere Institutionen unterhalten, u.a. durch die Stadtverwaltung und Vereine. Hier wird ihnen jedoch wie auch in den interviewten Haupt- und Realschulen keine relevante Funktion für die berufliche Orientierung und einen beruflich wichtigen Spracherwerb zugeschrieben.

In Verbindung mit der Dimension der *Segmentierung* wird auf diese Weise klar, dass sich für unterschiedliche Gruppen (die in der Regel im Spektrum der Bildungsabschlüsse und damit auch in sozialen Segmenten angeordnet sind) der Übergangskorridor unterschiedlich weit aufspannt: Bei den unteren Segmenten wird Raum über eine Abgrenzung zwischen Stadtgebiet und Umkreis diskutiert, bei oberen Segmenten sind Orte deutschlandweit Teil des Übergangskorridors (für weiterführende Bildung, für Berufsorientierung), ergänzt durch internationale Kooperationen zur Sprach- und Bildungserweiterung; der Raum wird weiter und abstrakter.

Insbesondere an der Geschichte der neuen Branche A (s. o.), die ihren politisch gewollten Platz in Nordstadt finden soll, und deren Arbeitskräftefrage, lässt sich nun noch eine dritte Dimension des regionalen Übergangskorridors beschreiben.

Anerkennung

Die Dimension der *Anerkennung* bezieht sich insbesondere auf die *Agency* der Jugendlichen (Böhnisch/Schröer 2007) und insgesamt auf Menschen in Erwerbsarbeit, aber auch auf Sprache und Mobilität. Durch die insbesondere in Bezug auf Bildungsstand und sozialen Status sehr unterschiedliche Anerkennung (und damit Bewertung) der *Agency* entsteht eine Ausprägung von ,aktiv – passiv'. Wie schon in der Dimension der *Bewegung* angedeutet wurde, wird Schüler/-innen mit Abitur mit Verweis auf ihr Alter und die Notwendigkeit, Nordstadt zum Studieren zu verlassen, in höchstem Maße Mobilität zugestanden; Haupt-, aber auch Realschüler/-inne/-n wird dagegen weniger Mobilität zugerechnet. Zum Teil wird sie als fehlende Mobilitäts- und u. U. Leistungsbereitschaft beklagt. Wenn aber Schüler/-innen ,unterer' Bildungsgänge zur Ausbildung in besser bezahlten Branchen die Stadt verlassen, wird dies eher ambivalent bewertet, weil sie dann dem regionalen Arbeitsmarkt nicht zur Verfügung stehen. Dagegen wird die Mobilität der Gymnasiast/-inn/-en eher als eine positive Eigenaktivität und Möglichkeit zur Selbstbestimmung gedeutet.

In der Dimension der *Anerkennung* kommt also vor allem zum Ausdruck, inwieweit den Akteur/-inn/-en im Übergangskorridor eine Eigenständigkeit in der berufsbiographischen Planung und Aktivität zuerkannt wird. Sie sorgt auf diese Weise dafür, dass der Korridor ,enger' oder ,weiter' aufgespannt wird und trägt dazu bei, Grenzen zwischen dem ,Hier' und ,Weg' ziehen und Abweichungen von den im Modell ,Übergangskorridor' zugestandenen Räumen benennen zu können. An dem einen Pol werden diejenigen verortet, die mithilfe staatlicher Interventionen, welche sich an politischen Planungslogiken orientieren, mehr oder weniger fremdbestimmt gelenkt werden ,müssen'. An dem anderen Pol finden sich dagegen

Akteure, denen eine hohe Eigenaktivität unterstellt wird und auf die sich wirtschafts- und arbeitsmarktpolitische Planungslogiken entweder kaum beziehen oder die, wenn vorhanden, nicht als Steuerung berufsbiographischer Aktivitäten angesehen werden.

Auffällig häufig wird in Nordstadt von Rückkehrer/-inne/-n gesprochen, die nach ihrer Ausbildung und bepackt mit Berufserfahrungen wieder in ihre ‚Heimat' gezogen sind; viele von den Interviewten haben eine solche Biographie. Allerdings bezieht sich dieses Zurückkommen in erster Linie auf Akteur/-innen/-e mit hoher Bildung und beruflichen Erfahrungen in höheren Positionen, die in Nordstadt ebenfalls höhere berufliche Positionen wahrgenommen haben. Nicht auf Individuen, sondern auf eine Bevölkerungsgruppe bezogen kommt dieses ‚Zurückholen' von hoch Qualifizierten bei den Italiener/-inne/-n zur Sprache. Anders stellt es sich bei Fachkräften mit geringeren Bildungsabschlüssen dar, die man zu benötigen meint, um die o.g. Branche A in Nordstadt zu beleben, da sie die wirtschaftliche Zukunft zentral bestimmen soll:

„Wir haben also selbst hier im Hause auch […] ausgebildet. Also die Fachkräfte, die hier vor Ort gebraucht wurden oder gesucht worden sind. Wir haben hier selbst Berufsfindungsmessen durchgeführt, wo die Leute aus ganz Deutschland, Arbeitslose angekarrt worden sind und wir […] [für Branche A] ausbildeten, weil eben Fachkräftemangel ist. Es ist ein Bereich, ja, der hier in Nordstadt natürlich vermeintlich eine gute Perspektive hat, aber es stockt halt im Moment. Und das muss man jetzt mal abwarten, also wir haben hier zwei Jahrgänge rein schulisch ausgebildet im ersten Ausbildungsjahr, die dann alle händeringend in Betriebe abgewandert sind. Ne, weil die alle gemerkt haben ´Ach, das sind gute Leute, die suchen wir uns mal aus.' Die haben teilweise auch in Betrieben schon Praktikum mitgemacht. […] Die sind inzwischen fertig, die sind auch alle in, in Lohn und Brot. Aber nicht alle hier in Nordstadt geblieben, weil es im Moment eben hier in Nordstadt ein Stau ist." (Berufsschule, 152–167)

Weil „*eben Fachkräftemangel ist*", werden die entsprechenden Ausbildungsgänge kreiert und Berufsfindungsmessen durchgeführt, um auch Außenstehende nach Nordstadt zu holen. Damit reagiert die Berufsschule („*wir* […] *hier im Hause*") auf den Fachkräftebedarf in der Region. Zu Messen wurden nicht nur „*Leute aus ganz Deutschland, Arbeitslose angekarrt*", sondern gleichfalls Arbeitskräfte in den östlichen EU-Ländern angeworben, was als ‚Aushelfen' markiert wird (Berufsschule, 185). Für die Nordstädter/-innen selbst waren diese Messen scheinbar weniger bestimmt. Das ‚Ankarren' entwirft das Bild eines nicht-intentionalen Transports nach Nordstadt, quasi auf der Ladefläche, um diese Leute – überspitzt formuliert – in der berufsbildenden Schule ‚weiterzubearbeiten'. Aktiv sind die Auszubildenden und zukünftigen Arbeitnehmer/-innen in der Branche A bis hierhin nicht.

Die Auszubildenden – in diesem Falle die des schulischen Ausbildungs-
ganges – wurden zunächst von den Betrieben sehr gut aufgenommen (*„gute*
Leute"). Als Begründung für die Bildungsinvestitionen wird der Branche
„natürlich [...] *eine gute Perspektive"* bescheinigt, die jedoch mit *„vermeint-*
lich" gleichzeitig in Frage gestellt wird, weil die Entwicklung – anders als
erwartet – zumindest stagniert. Da die ganzen Bemühungen als eine wirt-
schaftspolitisch motivierte Intervention (i.S. einer Bildungsinvestition)
begründet werden, hat das *„aber nicht alle hier geblieben"* im letzten Satz
einen bedauernden, problematisierenden Unterton: Eigentlich sollten die
Fachkräfte bleiben; ja, sie wurden extra für die ansässige Wirtschaft ausgebildet, die Berufsschule hat zu diesem Zweck die Anwerbung und Ausbildung organisiert. Ein Verlassen der Stadt wird aufgrund dessen als Verlust
(u. a. der Investition) wahrgenommen; die ausgebildeten Fachkräfte sind
‚weg'. Ihre Bewegung, die jetzt eine aktive, eher selbstbestimmte ist, wird –
obwohl territorial in weit geringerem Radius als die der Abiturient/-inn/-en
– weniger anerkannt und verlässt die Grenzen der ‚Region' bzw. des regionalen Übergangskorridors.

4. Regionen des Übergangs

Das Bild, das sich aus den Interviews zeichnen lässt, ist komplexer als die
Antwort, die die oben skizzierte Diskussion gibt: Der Raum, in dem die für
Nordstadt relevanten Übergangsprozesse verortet werden, ist nicht einfach
die ‚Region' im Sinne eines Territoriums; er wird abhängig von den jeweils
betrachteten Personengruppen und deren Arbeit, deren Bildungsprozessen
oder deren Mobilität nicht nur territorial, sondern insgesamt weiter oder
enger gefasst. So werden die verschiedenen Übergangsprozesse der Menschen, von denen in Nordstadt gesprochen wird, räumlich auf die Stadt, auf
das Gebiet um sie herum bis hin zur gesamten Bundesrepublik oder auch
Europa bezogen. In Bezug auf die Übergänge ist ‚Region' aus dieser Perspektive ein ‚Raum', der für verschiedene Gruppen ganz unterschiedlich
hergestellt wird. In Nordstadt werden also mehrere ‚Regionen' entworfen;
was sie eint ist der Bezugspunkt ‚Nordstadt' als lokaler Anker, von dem aus
die interviewten Akteur/-innen/-e auf Übergänge blicken.

Migrationsbewegungen verschiedenster Art spielen in den Übergängen
‚vor Ort' eine große Rolle: So führt hier der antizipierte Fachkräftemangel
zu der politischen Intention, Arbeitskräfte aus Deutschland oder Europa
aktiv heranzuholen, wobei man auf entsprechende (u. a. historische) regionale Anknüpfungspunkte zurückgreift. Migration ist über die kommunalen
Grenzen hinaus bei einigen Schüler/-inne/-n gewünscht; bei Absolvent/-
inn/-en des Gymnasiums ist sie gar vorgesehen und wird aktiv unterstützt.

Im Kontrast werden Wanderungsbewegungen den Schüler/-inne/-n mit mittleren und eher niedrigeren Bildungsabschlüssen jedoch weit weniger zugestanden. Dies geht einher mit einer Wahrnehmung als eher passive Gruppen und mit einer geringeren Anerkennung ihrer *Agency*. Vor allem diejenigen, die als Problemgruppen konstruiert werden, weil sie lokal nicht zu vermitteln sind, werden nicht in ihrer Aktivität beschrieben, sondern erscheinen als eine passive Menge, die bildungspolitisch im kommunalen Rahmen zu steuern ist. Für dieses soziale Segment verdichtet sich ‚Region' stark. Die Übergangsstrukturen werden durch die Vertreter/-innen der Institutionen meist in einem sehr eng erscheinenden, auf die Kommune bezogenen Regionenbegriff konstruiert, wobei eine enge Verbindung zwischen lokaler Wirtschaft und lokalen Schulabgänger/-n/-innen geknüpft wird. Übergänge, die aus diesem Muster herausfallen, weil die Jugendlichen selbstbestimmt die zugestandenen Grenzen des Korridors überschreiten, werden ambivalent betrachtet. Dem steht eine *ermöglichende Freisetzung* für die oberen sozialen Segmente gegenüber: Hier geht eine breite (v.a. institutionelle) Akzeptanz von hoher Mobilität im Übergang, eine hohe Anerkennung selbstbestimmten, berufsbiographischen Handelns mit einem sehr weiten, offenen Verständnis von Region einher.

In Bezug auf die Diskussionen um die Regionalisierung der politischen Gestaltung von Bildung und Übergängen müssen wir einen blinden Fleck konstatieren, der den Begriff der Region selbst betrifft: ‚Die Region' gibt es in diesem Kontext nicht. Zukünftig gilt es stärker zu reflektieren, welche Konstrukte von ‚Regionen' in welchem Zusammenhang und mit welchem Zweck vorherrschen, was die ‚Region' aus Perspektive der handelnden Subjekte ist und welche Rationalitäten damit hergestellt werden.

Literatur

Autorengruppe Bildungsberichterstattung (Hrsg.) (2008): Bildung in Deutschland 2008. Ein indikatorengestützter Bericht mit einer Analyse zu Übergängen im Anschluss an den Sekundarbereich I. Bielefeld: W. Bertelsmann Verlag.

BMBF (2009): Gutachten zur Systematisierung der Fördersysteme, -instrumente und -maßnahmen in der beruflichen Benachteiligtenförderung. Band 3 der Reihe Berufsbildungsforschung. Berlin.

Böhnisch, L./Schröer, W. (2007): Politische Pädagogik. Eine problemorientierte Einführung. Weinheim und München: Juventa.

Glaser, B. G./Strauss, A. L. (1998): Grounded Theory: Strategien qualitativer Forschung. Bern: Verlag Hans Huber.

Hollstein, B./Pfeffer, J. (2010): Netzwerkkarten als Instrument zur Erhebung egozentrierter Netzwerke. In: Soeffner, H.-G. (Hrsg.): Unsichere Zeiten. Verhandlungen des 34. Kongress der Deutschen Gesellschaft für Soziologie in Jena 2008. CD Rom. Wiesbaden: VS Verlag für Sozialwissenschaften, o.S..

Moldaschl, M. (2002): Lebenslinien. In: Kühl, S./Strodtholz, P. (Hrsg.): Methoden der Organisationsforschung. Ein Handbuch. Hamburg: Rowohlt, S. 295–320.

Poltermann, A. (2012): Vorwort. In: Heinrich-Böll-Stiftung (Hrsg.): Kommunale Bildungslandschaften. Ein Bericht von Anika Duveneck und Einblicke in die Praxis von Sybille Volkholz. Berlin 2011, S. 7–8.

Schütze, F. (1983): Biographieforschung und narratives Interview. In: Neue Praxis 3, S. 283–293.

Weinheimer Initiative (2007): Lokale Verantwortung für Bildung und Ausbildung. Eine öffentliche Erklärung. In: Arbeitsgemeinschaft Weinheimer Initiative: Positionierungen. Stand Oktober 2011. Download unter http://www.weinheimer-initiative.de/ Portals/7/Erkl%C3%A4rungen%20und%20Positionen/Positionierungen%20Stand% 20Oktober%202012.pdf (Abruf 17. 6. 2013).

Teil IV
Rationalisierungen im Diskurs

Ann-Kathrin Beckmann, Ilona Ebbers,
Alexander Langanka

Innerbetriebliche Übergänge und *Gender*

Eine Diskursanalyse akademischer Publikationen
zur Rationalität des Normalarbeitsverhältnisses

1. Einleitung

Atypische Beschäftigungsverhältnisse, zu denen sich Teilzeit- und Zeitarbeit
sowie befristete und geringfügige Beschäftigungen zählen lassen, haben in
den vergangenen Jahren in der Bundesrepublik Deutschland einen großen
Bedeutungszuwachs erfahren (Brehmer/Seifert 2008, S. 502). So sank die
Zahl der Normalarbeitsverhältnisse in den vergangenen 20 Jahren von ins-
gesamt 79% auf 67%, während atypische Beschäftigungsformen im gleichen
Zeitraum von 13% auf 22% anstiegen (Statistisches Bundesamt 2012,
S. 343).

Vereinzelt wird sogar die „Krise des Normalarbeitsverhältnisses" dia-
gnostiziert (Mückenberger 2010, S. 403), die tiefgreifende arbeitsmarktpolitische Veränderungen mit sich bringt. Tatsächlich wird insbesondere in
Krisenzeiten von Unternehmensseite aus vermehrt auf atypische Beschäftigungsverhältnisse zurückgegriffen, um Handlungsfähigkeit und Flexibilität
zu gewährleisten. Ob dies allerdings als ein Indikator für eine grundlegend
stattfindende Transformation des Arbeitsmarktes mit einhergehender Ero-
sion des Normalarbeitsverhältnisses herangezogen werden kann, ist ohne
weitere Forschungsarbeit nicht abschließend zu beantworten.

Feststellen lässt sich hingegen der bereits erwähnte Anstieg atypischer
Beschäftigungsverhältnisse, wodurch auch innerbetriebliche Übergangsverläufe an Dynamik gewinnen (Brzinsky-Fay/Protsch/Schulze Buschoff 2007,
S. 10ff.). Mit atypischen Beschäftigungen gehen oft innerbetriebliche Übergänge einher, bspw. bei Wiedereinstellung nach einer temporären Entlassung, Wiedereintritt nach Mutterschutz/Elternzeit, Wechsel von Teilzeitarbeit zu Vollzeitbeschäftigung oder bei befristeten zu unbefristeten Arbeits-

verhältnissen sowie bei innerbetrieblichen Stellenwechseln. Diese Entwicklung bestätigt die fortschreitende Auflösung tradierter Strukturen und führt zu erhöhter Flexibilität und Vielschichtigkeit sowohl auf Arbeitnehmer-, als auch auf Arbeitgeberseite (Keller/Seifert 2007, S. 15). „Klassische" Erwerbsverläufe geraten durch die Veränderungen in Unternehmensstrukturen und privater Lebensgestaltung unter Druck (Benko/Weisberg 2008, S. 163).

Richtet man den Fokus der Betrachtung auf die Geschlechterdifferenzen bei atypischen Beschäftigungsverhältnissen, so fällt auf, dass relativ zu männlichen Erwerbstätigen deutlich mehr Frauen in prekären Arbeitsverhältnissen tätig sind:

Erwerbstätige in Deutschland nach Erwerbsform

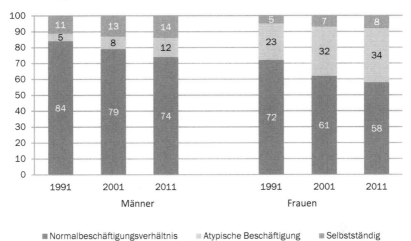

Eigene Darstellung, in Prozent, gerundet, 1991 & 2001 ohne Zeitarbeitnehmer/-innen, fehlende Angaben in atypische Beschäftigung eingerechnet, Daten: Statistisches Jahrbuch 2012

Im Jahr 2011 waren bspw. 34% aller erwerbstätigen Frauen in atypischen Beschäftigungsverhältnissen angestellt, jedoch nur 12% der Männer (siehe Abbildung). Die Gründe hierfür sind vielschichtig und reichen von biologischen und daraus resultierenden sozialen Geschlechterunterschieden bis hin zu gesellschaftlichen Problemen in Form noch immer existierender Diskriminierung von Frauen in Deutschland (Mückenberger 2010, S. 411).

Zahlreiche Studien und Untersuchungen beleuchten Risiken und Chancen von atypischen bzw. prekären Beschäftigungsverhältnissen. So wurde zum einen die Thematik aus Sicht der Unternehmen betrachtet, zum anderen aber ebenfalls aus der Perspektive der Arbeitnehmerin bzw. des Arbeitnehmers argumentiert. Auch genderspezifische Unterschiede und deren

Auswirkungen auf die bundesrepublikanische Volkswirtschaft wurden durch zahlreiche wissenschaftliche Beiträge aufgegriffen (siehe Abschnitt 3.3).

Im folgenden Beitrag wird allerdings nicht die Perspektive der betroffenen Akteure ins Zentrum der Analyse gestellt, sondern der Diskurs (Keller 2005). Folgende Fragestellung wird verfolgt: Wie behandeln wissenschaftliche Publikationen diskursiv das Thema atypischer Arbeitsverhältnisse und den Zugang zu innerbetrieblichen Übergängen unter Berücksichtigung von Gender?

Dies interessiert vor dem Hintergrund, dass das durch diese Veröffentlichungen produzierte Wissen zumeist wenig reflektiert von der Gesellschaft aufgenommen wird. Hierzu kann vor allem die wissenssoziologische Diskursanalyse nach Keller Hilfestellung leisten.

Nachfolgend soll daher kurz die Forschungsperspektive der wissenssoziologischen Diskusanalyse dargestellt werden (2). Daran schließt sich die Fokussierung auf den eigentlichen Diskurs, die Auswahl des Textkorpus und die daraus zu extrahierenden Diskurslinien und die Begründung dieser Vorgehensweise an (3). Als Diskurslinien gelten hier thematisch zusammenhängende Argumentationspfade. Der abschließende Teil diskutiert die Ergebnisse und leitet daraus Schlussfolgerungen für den weiteren Umgang mit der Thematik ab (4).

2. Forschungsperspektive 'Wissenssoziologische Diskursanalyse' und ihre theoretische Fundierung

Die diesem Beitrag zugrunde liegende wissenssoziologische Diskursanalyse (im Weiteren WSD genannt) speist sich im Wesentlichen aus zwei Theoriesträngen: zum einen aus der sozialkonstruktivistischen Wissenssoziologie nach Berger/Luckmann (Keller 2005, S. 176) und zum anderen aus der Diskursforschung nach Foucault (Keller 2005, S. 181). Keller unternimmt den Versuch, diese beiden Stränge zu einem – wie er es nennt – Forschungsprogramm zusammenzuführen (Keller 2005, S. 177). Nach Keller (2005, S. 179) setzen sich Berger/Luckmann mit ihrem Ansatz von dem der Klassiker der Wissenssoziologie Scheler/Mannheim ab. Denn letztere stellen die großen Ideengebäude und Weltbilder einer Wissensgesellschaft in den Vordergrund, im Gegensatz zu Berger/Luckmann, die nach Keller die Untersuchung des Alltags- und Jedermannswissens in den Fokus der Betrachtung stellen (Keller 2005, S. 179).

Keller bemängelt jedoch bei Berger/Luckmann die nicht sichtbare Verbindung von Jedermannswissen zum institutionalisierten Wissen, sprich zu einem Diskurs, welcher Wissensvorräte für die Gesellschaft bildet. Die Diskursanalyse nach Foucault vermag diese Lücke zu schließen, sodass Keller sich im Rahmen der WSD dieser bedient (Keller 2005, S. 184). Im Ergebnis geht es in der WSD also um den Ausgleich der bei Berger/Luckmann nicht vorhandenen Verbindung von dem oben beschriebenen Jedermannswissen zum institutionalisierten Wissen. Keller meint in diesem Sinne, dass die WSD Fragestellungen hinsichtlich vorzufindender Macht-/Wissens-Komplexe durch deren Analyse beantworten kann.

Nunmehr bedarf es einer Handhabung zur Analyse von Diskursen. Hierzu können drei Ebenen unterschieden werden: Um Diskurse inhaltlich strukturieren zu können, bedarf es einer Einordnung in soziokulturelle Deutungsmuster, einer Rekonstruktion des diskursspezifischem Interpretationsrepertoires und einer abschließenden Einbettung des Diskurses in Deutungsmuster sowie in die *Story line* als Ergebnis der Diskursanalyse (Keller 2006, S. 133).

Soziale Deutungsmuster stiften einen spezifischen Sinn, der sich aus individuellen oder auch kollektiven Erfahrungen speist. Sie dienen somit als gesellschaftliche Wissensvorräte. Der Kernbestandteil an Deutungsmustern, miteinander verknüpfte Argumente sowie sprachliche Rhetorik bilden das entsprechende Interpretationsrepertoire. Mit diesem Repertoire sind Bausteine gemeint, die Personen und gesellschaftliche Strukturen bei ihrer Kommunikation als Interpretation des Diskurses nutzen (Keller 2006, S. 134). Hieraus entsteht im Rahmen einer Erzählung aufgrund eines besonderen Anlasses dann ein roter Faden bzw. eine *Story line*, die zu Diskursen integriert werden. Sie verknüpft einerseits unterschiedliche Deutungsmuster und anderseits „die Aktualisierung und Veränderung der Diskurse im Zeitverlauf" (Keller 2006, S. 135). Als Beispiel kann hier das männlich geprägte Unternehmertum genannt werden. In diesem liegt ein Männerbild als Deutungsmuster zugrunde, welches eine Vorstellung hegemonialer Männlichkeit reproduziert und mit bestimmten als männlich konnotierten Charaktereigenschaften, wie zum Beispiel Neigung zum Risiko, die internale Kontrollüberzeugung und ein hohes Durchsetzungsvermögen, verbunden wird, die vermeintlich von Nöten sind, um ein Unternehmen gründen bzw. führen zu können. Diese Vorstellung wirkt als Interpretationsrepertoire für gesellschaftlich anerkannte Gründungspersonen und wird in diesem Sinne als Beurteilungskriterium legitimiert. Die dazugehörige *Story line* ist, dass Frauen eine besondere Förderung zur Gründung brauchen, da sie anscheinend hierbei Defizite aufweisen, wodurch die geringe Gründungsquote in Deutschland begründet wird.

Insgesamt sind bei der WSD drei Schritte einzuhalten: Basierend auf der Fragestellung muss zunächst der Textkorpus eingegrenzt werden, anhand dessen der interessierende Diskurs untersucht werden soll. Kriterien für diese Auswahl können auf unterschiedlichen Ebenen liegen. Sie können inhaltlich, disziplinspezifisch oder beispielsweise akteursbezogen begründet sein (Keller 2006, S. 138). Nicht selten werden die Ebenen miteinander vermengt. Danach folgt die Konkretisierung der Untersuchungsgröße, aus der dann das Deutungsmuster und das daraus resultierende Interpretationsrepertoire destilliert wird (Keller 2006, S. 138). Schließlich werden die Erhebungsverfahren und hiermit korrespondierende Auswertungsvorgehen festgelegt, mit denen der eingegrenzte Textkorpus untersucht wird.

Anhand dieser Schritte soll im Folgenden dem Diskurs dieses Beitrages ‚prekäre innerbetriebliche Übergänge und Gender‘ unter Berücksichtigung der zuvor genannten Fragestellung nachgegangen werden.

3. Analyse des Diskurses

3.1 Feststellung der Diskurslinien

In der Einleitung wurde bereits das Normalarbeitsverhältnis vom atypischen Arbeitsverhältnis abgegrenzt. Jene Abgrenzung soll dem zu betrachtenden Diskurs zu Grunde gelegt werden. Von den atypischen Arbeitsverhältnissen sind vor allem Frauen betroffen, die in Teilzeitarbeit, Zeitarbeit, befristeten Arbeitsverhältnissen sowie in geringfügiger Beschäftigung tätig sind. Ihre Zahl ist in den vergangenen Jahren stark angestiegen, wohingegen Normalarbeitsverhältnisse an Bedeutung verloren haben (siehe Abb. 1). Diese Entwicklung ist sowohl bei männlichen als auch bei Arbeitnehmern bzw. Arbeitnehmerinnen zu beobachten.

Feststellbar ist zudem, dass diese von der Norm abweichenden Arbeitsverhältnisse aus einer endogenen sowie exogenen Perspektive heraus betrachtet werden, welche als Diskurslinien bezeichnet werden können. Zum einen sind Diskurslinien aus der Sicht der Wirtschaftspolitik und der Arbeitgeberseite (exogen) und zum anderen aus der Sicht des Arbeitnehmers (endogen) erkennbar (siehe hierzu Kapitel 3.3), ohne hierbei jedoch die Akteursebene einzunehmen. Diese Pfade kreuzen sich in der Form, als dass beide Sichtweisen gute Gründe für die Akzeptanz der von der Norm des Normalarbeitsverhältnisses abweichenden Beschäftigungen zu haben scheinen und damit entsprechende Teile des Diskurses entwickeln. Diese Gründe, dies wird in Kapitel 3.2 noch verdeutlicht, liegen im Ergebnis in dem gesellschaftlich konstruierten Geschlecht, welches mit Vor- bzw. Nachteilen zu rechnen hat, die jeweils biologisch begründet werden.

Bei der Frau scheint dies nach wie vor die Gebärfähigkeit zu sein, die die Beschäftigung beispielsweise in prekären Arbeitsverhältnissen zulässt bzw. den innerbetrieblichen Übergang nach einer Mutterschaft prekär werden lässt und damit Frauen sozial benachteiligt. Dies geschieht nicht selten in der Form, dass Frauen nicht die gleiche Position im Unternehmen einneh-

men können wie vor der Geburt des Kindes, sondern häufig in der innerbetrieblichen Position schlechter gestellt werden, welches gesellschaftlich
(trotz spürbarer Defizite) im Allgemeinen akzeptiert wird.

Auf Grundlage der hier destillierten Diskurslinien, welche in wissenschaftlichen Beiträgen identifiziert werden konnten, wird nun im Weiteren
die Bestimmung des Deutungsmusters der hier durchzuführenden WSD
vorgenommen.

3.2 Bestimmung des Deutungsmusters

Deutungen von Diskursen erfolgen über die Nutzung von Mustern. Dieses
Deutungsmuster, welches die Inhalte des in Kapitel 2 dargelegten Diskurses
reflektiert, entspricht trotz Erosionsprozessen der Vorstellung des männlich
geprägten Normalarbeitsverhältnisses. Hier darf von einer gesellschaftlich
anerkannten Vorstellung von Beschäftigung ausgegangen werden, welche
als Rationalität des Normalarbeitsverhältnisses bezeichnet werden kann.
Hierzu stehen verschiedene Interpretationsrepertoires zur Verfügung, welche auch als gesellschaftliche Wissensvorräte betrachtet werden. Solche
Interpretationsrepertoires können zum Beispiel die Vorstellung vom Al-
leinverdiener, Versorger oder der patriarchalischen Familienstruktur, aber
auch von kontinuierlichen Lebensläufen sein. Wie diese in wissenschaftlichen Veröffentlichungen im Rahmen des Diskurses auftreten, wird im Kapitel 3.4 ausgewertet. Diesem wird zunächst das Erhebungs- und Auswer-
tungsverfahren vorangestellt.

3.3 Erhebungs- und Auswertungsverfahren

Im Rahmen der Fragestellung lag es zunächst nahe, sich mit betriebswirt-
schaftlicher Literatur zu beschäftigen. Gerade im Hinblick auf innerbetriebliche Übergänge verweist diese in erster Linie aber auf den Karrierebegriff,
der dem zu untersuchenden Diskurs nicht entspricht (z. B. Becker 2009;
Hitzler/Pfadenhauer 2003; von Rosenstiel 1997; Wöhe/Döring 2010). So
wurde von dieser Fachrichtung Abstand genommen. Ebenfalls unberück-
sichtigt blieben Veröffentlichungen diverser Institutionen, deren jeweilige
Beiträge keinen Mehrwert zur Diskursanalyse leisten konnten (z. B. Wissen-
schaftszentrum Berlin für Sozialforschung, Friedrich Ebert Stiftung, Bundesinstitut für Berufsbildung, Institut für Arbeitsmarkt- und Berufsforschung, siehe hierzu ausführliche Angaben in der Literaturliste). Danach
wurden Veröffentlichungen fokussiert, die sich dem Begriff innerbetrieb-

licher Übergänge annähern. Diese Begrifflichkeit findet vor allem ihren Ort in der soziologischen und psychologischen Fachliteratur.

Somit besteht das vorliegende Textsample aus deutscher und englischsprachiger Fachliteratur, insbesondere im Rahmen der flächendeckenden Sichtung der Kölner Zeitschrift für Soziologie und Sozialpsychologie, der Zeitschrift für Soziologie, des Journal for Labour Market Research (bis 2011 unter Zeitschrift für ArbeitsmarktForschung erschienen) sowie aus stichprobenartigen Ergänzungen relevanter Artikel aus Wirtschaftsdienst, Berliner Journal für Soziologie sowie exemplarischen Beiträgen thematisch bedeutsamer Sammelbände.

Des Weiteren wurde das Textsample zeitlich als auch thematisch begrenzt. Eingang in die Diskursanalyse finden einschlägige Artikel der Jahre 2004 bis 2012, gegebenenfalls 2013, die sich mit dem dargelegten Diskurs auseinandersetzen. Diese zeitliche Eingrenzung wurde gewählt, um möglichst gegenwartsnahe Aussagen dicht an der Arbeitsmarktaktualität treffen zu können. Zudem findet in der ausgewählten Literatur eine inhaltliche Schwerpunktsetzung auf prekäre Beschäftigung sowie deren innerbetrieblichen Übergänge mit dem Fokus auf genderspezifische Arbeitsteilung statt. Es zeigt sich, dass eine verstärkte Forschungsaktivität in den Jahren 2008 bis 2011 zu verzeichnen ist.

Hieraus ergibt sich ein Sample von 28 Artikeln, welches wiederum um jene Artikel bereinigt wurde, die sich bei intensiver Durchsicht nicht mit dem in Kapitel 2 dargelegten Diskurs auseinandersetzen und somit für das Erkenntnisinteresse als nicht aufschlussreich zu erachten sind. Die resultierende Textmenge erhebt nicht den Anspruch der Vollständigkeit, lässt jedoch Aussagen zum geführten Diskurs in der Fachliteratur zu.

Zur besseren Übersicht und Vergleichbarkeit wurden zunächst vier Kategorien gebildet, denen die wissenschaftlichen Artikel zugeordnet werden können und die in diesen auffällig häufig zu identifizieren waren.

Die Kategorien *Humankapitalverlust* und *Subjektives Erfolgsempfinden* lassen sich der endogenen Arbeitnehmerinnenperspektive beiordnen, die Kategorien *Flexibilisierung des Arbeitnehmers* und *Segregation des Arbeitsmarktes* hingegen sind als exogen, also aus wirtschaftspolitischer und Arbeitgeberperspektive, zu verorten. Das endgültige Sample beläuft sich auf 22 Artikel und lässt sich den vier Kategorien weitgehend eindeutig zuordnen.

- Humankapitalverlust: Alewell/Pull 2005; Dunst 2008; Flitzenberger/ Hübler/Kraft 2008; Reinowski/Sauermann 2008; Vogel 2009; Dütsch 2011; Grunow/Aisenbrey/Evertsson 2011; Hohendanner 2012.
- Subjektives Erfolgsempfinden: Gebel/Giesecke 2009; Liebig/Sauer/Schupp 2010; Gunz/Mayrhofer 2011.

- Flexibilisierung des Arbeitnehmers: Sohr 2005; Dörre 2007; Liebig/ Hense 2007; Völker 2008; Vormbusch 2009.
- Segregation des Arbeitsmarktes: Mückenberger 2010; Boockmann/ Steffes 2011; Möller/König 2011.
- Nicht eindeutig, sondern zu zwei Kategorien lassen sich Voss-Dahm 2004 (Segregation, Humankapitalverlust), Boockmann/Hagen 2005 (Segregation, Flexibilisierung des Arbeitgebers), Brehmer/Seifert 2008 (Segregation, Flexibilisierung des Arbeitgebers) zuordnen.

Es zeigt sich im Textsample eine Verteilung, deren Schwerpunkt sich im Bereich der Kategorie Humankapitalverlust bewegt. Mit der Kategorie Segregation des Arbeitsmarktes gehen offenbar häufig Aspekte weiterer Kategorien einher.

3.4 Auswertung

Die schon zuvor in Kapitel 3.2 beschriebenen Interpretationsrepertoires zeigten sich in dieser Offenheit nicht. Dies war überraschend, da zunächst angenommen werden durfte, dass das Textsample der Thematik relativ reflektiert und offen begegnen würde. So wiesen die Repertoires vielmehr einen latenten Charakter auf, jedoch zeigte sich bei der Textanalyse ein Aufscheinen dieses Repertoires in der Form, dass Bündelungen von Argumentationsgängen einen deutlichen Hinweis auf diese gaben. Solche vermehrt auftretenden Muster konnten in ihrer unterschiedlichen inhaltlichen Ausprägung zusammengeführt werden. Die Analyse führte in der Auswertung zu drei immer wiederkehrenden Konstrukten, die im Folgenden als Ergebnis dargelegt werden sollen. Diese wurden im Textsample auf ihre unterschiedliche Ausgestaltung untersucht.

Das erste Konstrukt bedient in erster Linie die endogene Perspektive der Arbeitnehmerinnen, jedoch auch die exogene Arbeitgeberperspektive. Prekäre Beschäftigungsverhältnisse wie Befristung und Teilzeitarbeit sind hierbei tendenziell positiv konnotiert und dienen den weiblichen Beschäftigten als ein *Sprungbrett* in ein Normalarbeitsverhältnis, welches so auch gerne von den Arbeitgebern dargestellt wird. Es handelt sich somit um eine Momentaufnahme von prekärer Beschäftigung und nicht um eine dauerhaft prekäre Situation. Es liegt insofern ein rationales Verhalten der Beschäftigten zugrunde, als dass Einkommenseinbußen in der Gegenwart zugunsten eines innerbetrieblichen Übergangs in ein Normalarbeitsverhältnis in der Zukunft in Kauf genommen werden.

Die beschriebenen innerbetrieblichen Übergänge von prekären zu nichtprekären Beschäftigungsformen, wie sie bei Teilzeitarbeit zu Vollzeitbeschäftigung oder befristeten zu unbefristeten Arbeitsverhältnissen auftreten können, und die daraus entstehenden subjektiven Erwartungshaltungen der betroffenen Arbeitnehmerinnen sollen nachfolgend durch eine zusammenfassende Textanalyse abgebildet werden.

Boockmann/Steffes (2011, S. 107) argumentieren, dass Arbeitnehmerinnen, welche in wenig stabilen Arbeitsverhältnissen tätig sind, eher dazu neigen, das Unternehmen nach einer Auszeit wegen Geburt eines Kindes zu verlassen als Frauen mit stabilen Karriereoptionen. Sie schlagen daher vor, dass auch Unternehmen einen Blick auf die Qualität des Sprungbrettes werfen sollten, indem sie Frauen nach einer Auszeit wegen Mutterschaft attraktive Angebote zur Vereinbarkeit von Familie und Beruf unterbreiten könnten. Hierbei würden Unternehmen Frauen ein Sprungbrett zur Weiterbeschäftigung (wenngleich auch weiterhin in befristeten Arbeitsverhältnissen) ermöglichen, um damit auch optionalen Fachkräftemangel im Unternehmen entgegenwirken zu können (Boockmann/Steffes 2011, S. 108). Vogel (2009) weist die Möglichkeit der Sprungbrettfunktion von Teilzeit- in ein Normalarbeitsverhältnis nach einer familienbedingten Erwerbspause auf. Es handle sich jedoch um eine Option, die für ostdeutsche Frauen wahrscheinlicher sei (Vogel 2009, S. 177).

Das Konstrukt des Sprungbretts lässt sich ebenfalls bei Brehmer/Seifert (2008) erkennen, die in atypischen Beschäftigungsformen die Vorstufe zum Normalarbeitsverhältnis sehen. Voraussetzung hierfür sei allerdings ein durchlässiger Arbeitsmarkt (Brehmer/Seifert 2008, S. 505).

Dem gegenüber steht das Konstrukt der *Genügsamkeit*, welches eine eindeutig endogene Perspektive einnimmt. Es scheint, als hätte sich eine Gruppe von Arbeitnehmerinnen mit ihren atypischen Beschäftigungsverhältnissen arrangiert. Die Beschäftigung in atypischen Verhältnissen ist fester Bestandteil ihrer Biographie. Frauen stellen somit einen geringeren Anspruch an das eigene Einkommen und verweilen länger als Männer in prekären Beschäftigungsverhältnissen. Innerbetriebliche Aufstiege in ein Normalarbeitsverhältnis finden somit, wenn überhaupt, lediglich in deutlich geringerem Maße, verglichen mit den männlichen Beschäftigten, statt. Frauen verbleiben somit in einem prekären Arbeitsverhältnis auch wenn ein innerbetrieblicher Aufstieg nicht absehbar ist.

Dieser Argumentation folgend scheinen sich zwei Gründe für die Genügsamkeit identifizieren zu lassen. Im ersten Fall resultiert die Genügsamkeit der beschäftigten Frauen in Ermangelung weiterer Optionen und entspricht eher einer *Besser-als-nichts-Haltung* in Folge eines Drucks, jedwede Arbeit, die der Vereinbarkeit von Familien- und Erwerbsarbeit entspricht, anzunehmen.

Beim zweiten Grund für das Konstrukt der *Genügsamkeit* scheint das Gegenteil der Fall zu sein. Es liegt keinerlei Handlungsdruck vor, der einen

Aufstieg unbedingt nötig macht. Die prekär beschäftigte Frau dient in der geschlechterspezifischen Arbeitsteilung im Zweiverdienerhaushalt als eine Art *Accessoire* (Völker 2008, S. 299) und fungiert so als Zuverdienerin, von deren Einkommen jedoch nicht die Existenzsicherung der Familie abhängt. Es besteht somit kein Druck, einen Aufstiegsübergang anzustreben.

In der Analyse des Textsamples lässt sich das Konstrukt der Genügsamkeit zwar nicht in allen, jedoch in knapp 1/3 der betrachteten Artikel in Gänze oder zumindest in Teilen identifizieren. Die Ausgestaltung des Konstrukts erfolgt dabei auf vielschichtige Weise.

Besonders klar geht das Konstrukt der Genügsamkeit in Dörre (2007) hervor. Dörre bezieht sich in seinen Ausführungen auf Bourdieu. Frauen seien gehäuft dazu bereit, Zugeständnisse an ihre Erwerbstätigkeit zu machen; „sich gleich welchen Bedingungen zu unterwerfen, um der Arbeitslosigkeit zu entgehen" (Bourdieu 2000, S. 67). Es zeige sich immer noch ein Geschlechterhabitus, der Frauen „wie von unsichtbarer Hand" (Dörre 2007, S. 195) in prekäre Beschäftigungsverhältnisse führe, ohne dass die Beschäftigten einen (innerbetrieblichen) Aufstieg forcieren, diese sich vielmehr mit der prekären Beschäftigung arrangieren. Es lässt sich ableiten, dass Männer sich laut Dörre auch in prekärer Beschäftigung wieder fänden, diese strebten jedoch stärker als die weiblichen prekär Beschäftigten nach Aufstiegsübergängen.

Vogel (2009) argumentiert hingegen regional differenzierend. Die Genügsamkeit sei überwiegend als Phänomen westdeutscher Arbeitnehmerinnen zu begreifen und stellt ein geschlechtsspezifisches Arrangement zur „Vereinbarkeit von Familie und Beruf" (Vogel 2009, S. 178; siehe auch Möller/König 2011, S. 62, die dieses Phänomen auch nochmals zwischen städtischen und ländlichen Regionen identifizieren) dar. „Abstiegs- und Dequalifizierungsrisiken" (Vogel 2009, S. 172) sowie langfristige Benachteiligungen werden in Kauf genommen (Gebel/Gieseke 2009, S. 413). Zu den Benachteiligungen gehören unter anderem verminderte Aufstiegsmöglichkeiten im Betrieb (Vogel 2009, S. 172).

Ebenso wie Dörre weist auch Dunst auf fehlende Fluktuation bei prekär beschäftigten Frauen im Gegensatz zu ihren männlichen Kollegen hin (2008, S. 25). Es kristallisiere sich insbesondere im Einzelhandel eine geschlechterspezifische „Abwärtsmobilität" (ebd., S. 32) heraus, die von den weiblichen Beschäftigten weitgehend akzeptiert wird.

Frauen in der Einzelhandelsbranche wurden auch von Voss-Dahm (2004) untersucht, die mit ihrer Untersuchung das Konstrukt der Genügsamkeit bestätigt. Sie konstatiert, dass „die Mehrheit der geringfügigen Beschäftigten in Deutschland freiwillig in diesem Beschäftigungsverhältnis arbeiten" (Voss-Dahm 2004, S. 359). Als Gründe hierfür nennt die Autorin zum einen die Tatsache, dass sich viele der Betroffenen in Ausbildung befinden, manche aber auch den Wunsch hegen, genügend Zeit für andere Dinge zu haben oder sich um Kinder bzw. pflegebedürftige Angehörige kümmern zu können. Explizite Begründungen für das Konstrukt der Genügsamkeit lassen sich nur selten feststellen.

Chancen, die Genügsamkeit zu hinterfragen und womöglich zu überwinden, eröffnen sich in Liebig/Sauer/Schupp (2010). Zwar wird auch hier ein grundsätzlich geringer Anspruch an das eigene Einkommen von Frauen angenommen (Liebig/Sauer/Schupp 2010, S. 5) und so das Konstrukt der Genügsamkeit unterstützt, jedoch ergäben sich bei Zweiverdienerhaushalten, insbesondere bei ähnlichen Tätigkeiten, Vergleichsmöglichkeiten. Diese gäben Aussicht auf ein verstärktes (innerbetriebliches) Aufstiegsstreben bei den atypisch beschäftigten Frauen beziehungsweise im Falle des Empfindens von anhaltender ungerechter Behandlung und weiterhin ausbleibenden Aufstiegsmöglichkeiten eine erhöhte Bereitschaft zur Fluktuation (ebd., S. 5ff.).

Die Arbeitgeberperspektive scheint das Konstrukt der *Risikoinvestition* zu forcieren. Investitionen in Mitarbeiter/-innen, sei es in Form von Neurekrutierungen oder Weiterbildungsmaßnahmen, beinhalten für Unternehmen auch immer betriebswirtschaftliche Risiken. Weibliche Beschäftigte stellen demnach aufgrund der biologischen Möglichkeit zur Mutterschaft und einem möglichen damit einhergehenden Verlust von Humankapital ein Risiko für das Unternehmen dar. Eine Einstellung in ein Normalarbeitsverhältnis kann demnach ausgeschlossen sein oder bei genereller Bereitschaft, insbesondere bei bereits existenter Mutterschaft, vorab durch eine befristete oder Teilzeitbeschäftigung, ähnlich dem *assessment center*, getestet werden. Erprobt wird offenbar, ob die familiären Verpflichtungen der Frauen einen negativen Einfluss auf die Arbeit im Unternehmen haben. Atypische Beschäftigungsverhältnisse dienen Unternehmen daher durch ihre arbeitsrechtliche Flexibilität als Instrumentarium zur Abschwächung der genannten betriebswirtschaftlichen Risiken.

Im Rahmen der Textanalyse lässt sich feststellen, dass sich Boockmann/ Hagen (2005) in ihren Untersuchungen auf befristete Arbeitsverträge und die dadurch entstehenden Auswirkungen auf das Verhalten von Unternehmen beziehen. Die Autoren bieten gleich mehrere Erklärungsansätze, weshalb sich Arbeitgeber dem Instrument der Befristung bedienen. So ist eine Theorie, dass Unternehmen befristete Beschäftigung als Art „Pufferbestand" (Boockmann/Hagen 2005, S. 308) ansehen, der in wirtschaftlich schlechteren Zeiten ohne Kündigungskosten reduziert werden kann. Diese „Pufferfunktion" identifiziert ebenfalls Voss-Dahm (2004), die Minijobber im Einzelhandel untersucht hat und feststellt, dass geringfügig Beschäftigte „funktional flexibel und zeitlich punktuell einsetzbar" sind (Voss-Dahm 2004, S. 364). Ein zweites Nutzungsmotiv befristeter Arbeitsverträge erken-

nen Boockmann/Hagen (2005, S. 308f.) in der Verbesserung der Personal-
auswahl, wodurch Unternehmen die Eignung und Befähigung neu einge-
stellter Arbeitnehmerinnen und Arbeitnehmer in einer Art „verlängerten
Probezeit" auf den Prüfstand stellen können. Die Autoren betonen, dass
sich die beiden Erklärungsansätze diametral gegenüberstehen, dennoch
haben sie gemein, dass beide das Konstrukt der Risikoinvestition bestätigen,
handelt der Arbeitgeber in beiden Fällen doch unter der Prämisse einer
möglichst (kosten)effizienten Personalpolitik.

Der Erklärungsansatz der „verlängerten Probezeit" bei befristeten Beschäftigungsverhältnissen wird auch von Brehmer/Seifert (2008) unterstützt. Ferner ist zu bedenken, dass aus humankapitalistischer Sicht befristete Arbeitsverhältnisse die berufliche Weiterbildung im Unternehmen beeinträchtigen können, kann man sich von Arbeitgeberseite doch nicht sicher
sein, ob sich die getätigten Investitionen mittel- und langfristig amortisie-
ren. Die Autoren sprechen in diesem Kontext vom „Investitionskalkül" der
Unternehmen (Brehmer/Seifert 2008, S. 515), was im Wesentlichen mit
dem Konstrukt der Risikoinvestition vergleichbar ist.

Das Streben nach einer, aus Sicht der Unternehmen möglichst risikoar-
men Beschäftigungspolitik, bestätigen auch Liebig/Hense (2007), die sich
mit *Recalls* als betriebliche Flexibilisierungsstrategie auseinandersetzen. Sie
führen an, dass Entlassungen zu betriebsspezifischen Humankapitalverlus-
ten führen, die sich bei Wiedereinstellung derselben Arbeitnehmerin bzw.
desselben Arbeitnehmers jedoch egalisieren, da der Beschäftigte keine weitere Einarbeitungszeit, Anlernkosten o.ä. beansprucht (Liebig/Hense 2007,
S. 404). Der *Recall* ist daher von Unternehmen unter dem Aspekt der Risikoinvestition eine gern verfolgte Flexibilisierungsstrategie, die fast ausschließlich mit prekären Beschäftigungsverhältnissen für betroffenen Arbeitnehmerinnen und Arbeitnehmer einhergeht.

Auffällig bei den bisher genannten Artikeln ist, dass geschlechterspezifische Unterschiede bei der Thematik der Risikoinvestitionen kaum Beach-
tung finden. Hohendanner (2012) jedoch erkennt die Befristung als eine
Möglichkeit der Überprüfung der *Risikoinvestition Mutter*. Befristungen
haben somit einen Testcharakter, um sich ihrer zeitlichen Flexibilität trotz
Mutterschaft sicher zu sein (Hohendanner 2012, S. 66), bevor ein Normalarbeitsverhältnis für die Arbeitgeberseite erstrebenswert sei. Hohendanner
misst jedoch genderunspezifischen Gründen wie „wirtschaftliche Unsicherheit, Projektarbeit, begrenzte Haushaltsmittel oder die Unsicherheit über
die Eignung bei Berufsanfängern" (ebd., S. 66) eine stärkere Bedeutung für
befristete Arbeitsverhältnisse bei.

Alewell/Pull (2005, S. 243ff.) betonen die risikobehaftete Investition in
das Humankapital von Frauen und die Arbeitgeberseite mit ihren Bestre-
bungen, dieses Risiko auf die Arbeitnehmerinnen (teilweise) abzuwälzen

(ebd., S. 243), nennen jedoch nicht explizit die prekäre Beschäftigung als Lösungsmöglichkeit. Vielmehr gehen sie von einer generell verminderten Bereitschaft der Unternehmer aus, Arbeitnehmerinnen zu rekrutieren.

Auch in Dunst (2008) lässt sich das Konstrukt der Risikoinvestition identifizieren. Gerade im Einzelhandel zeichne sich ab, dass Weiterbildungsinvestitionen in Arbeitnehmerinnen in deutlich geringerem Maße als bei ihren männlichen Kollegen stattfinden (Dunst 2008, S. 61; siehe hierzu auch Dütsch 2011, S. 310f.; sowie Reinowski/Sauermann 2008, S. 494). Auch bleiben laut Dunst den weiblichen Beschäftigten Aufstiegsmöglichkeiten weitgehend verwehrt, so dass sich eine deutliche „geschlechtsspezifische Polarisierung" (2008, S. 33) zwischen prekären Beschäftigungsverhältnissen auf der Seite der weiblichen und Normalarbeitsverhältnissen auf der Seite der männlichen Beschäftigten offenbart.

In der Analyse der Literatur wird die Annahme einer noch immer vorliegenden Rationalität des Normalarbeitsverhältnisses als Deutungsmuster des Diskurses bestätigt. In diesem Zusammenhang erstreckt sich die biologische Zuschreibung der Gebärfähigkeit als roter Faden durch die Argumentation der Autoren wissenschaftlicher Beiträge, welche in den hier beschriebenen Konstrukten münden.

4. Schlussfolgerung und Desiderata

Im Rahmen innerbetrieblicher Übergänge lassen sich vor allem für Frauen prekäre Verhältnisse feststellen; sei es, dass sie aufgrund von geschlechtsspezifischer Arbeitsteilung im Privathaushalt bzw. einer möglichen Zuschreibung dieser von Unternehmen nicht in ähnlicher umfassender Form weiterqualifiziert werden wie ihre männlichen Antagonisten oder zunächst für eine Art Testphase eingestellt werden, um damit die Hochzeit der Gebärfähigkeit zu überbrücken. Es lässt sich erkennen, dass immer wieder das soziale Konstrukt des Geschlechtes im Mittelpunkt des Prekariats steht. Dies geht zum Teil so weit, dass Frauen eine spezielle Form der Genügsamkeit unterstellt wird, da sie sich, laut der in diesem Beitrag diskutierten wissenschaftlichen Untersuchungen, mit ihrer Situation abfinden und quasi ‚klein beigeben'.

Somit kann konstatiert werden, dass die Rationalität des Normalarbeitsverhältnisses männlich geprägt ist. Assoziationen des Alleinverdieners, Versorgers und der Sicherung der Existenz durch den Mann werden auch, wie gezeigt wurde, durch wissenschaftliche Beiträge lanciert und damit als Wissensbestände in der Gesellschaft implementiert.

Dies lässt den Schluss zu, dass geschlechterspezifische Machtverhältnisse des Arbeitsmarktes gesellschaftlich perpetuiert und andere atypische Formen verschiedener Arbeitsverhältnisse von hegemonialen Standards abgegrenzt und auch abgewertet werden. Wird dies so fortgeschrieben, gerät der Arbeitsmarkt spätestens mit der immer weiter zunehmenden und auch besseren Qualifizierung der Frauen in ein Ungleichgewicht. Es bedarf dringend einer Umdeutung der Rationalität des Normalarbeitsverhältnisses, welche die Geschlechterfrage gleichberechtigt berücksichtigt – ein Forschungsdesiderat, welches an diesen Beitrag anknüpfen kann.

Literatur

Alewell, D./Pull, K. (2005): Rechtsschutz für Mütter - eine ökonomische Analyse des Mutterschutzgesetzes und seiner Wirkungen auf die Beschäftigungssituation von Frauen. In: Zeitschrift für ArbeitsmarktForschung 42, S. 341–356.

Becker, M. (2009): Personalentwicklung. Bildung, Förderung und Organisationsentwicklung in Theorie und Praxis. Stuttgart: Schäffer-Poeschel.

Benko, C./Weisberg, A. (2008): Individualisierte Karriereplanung: Nur so können Unternehmen gewinnen! Frankfurt/New York: Campus Verlag.

Boockmann, B./Hagen, T. (2005): Befristete und andere „atypische" Beschäftigungsverhältnisse: Wird der Arbeitsmarkt funktionsfähiger? In: Zeitschrift für Arbeitsmarkt-Forschung 38, S. 305–324.

Boockmann, B./Steffes, S. (2011): Heterogenität der Beschäftigungsdynamik und Segmentierungsphänomene auf dem deutschen Arbeitsmarkt. In: Zeitschrift für ArbeitsmarktForschung 44, S. 103–109.

Bourdieu, P. (2000): Die zwei Gesichter der Arbeit. Konstanz: UVK Verlagsgesellschaft.

Brehmer, W./Seifert, H. (2007): Wie prekär sind atypische Beschäftigungsverhältnisse? Eine empirische Analyse. WSI-Diskussionspapier Nr. 156, S. 1–39. www.boeckler.de/pdf/p_wsi_diskp_156.pdf (Abruf: 28.2.2013).

Brehmer, W./Seifert, H. (2008): Sind atypische Beschäftigungsverhältnisse prekär? Eine empirische Analyse sozialer Risiken. In: Zeitschrift für ArbeitsmarktForschung 41, S. 501–531.

Brinkmann, U./Dörre, K./Röbenack, S./Kraemer, K./Speidel, F. (2006): Prekäre Arbeit: Ursachen, Ausmaß, soziale Folgen und subjektive Verarbeitungsformen unsicherer Beschäftigungsverhältnisse. Herausgegeben vom Wirtschafts- und sozialpolitischen Forschungs- und Beratungszentrum der Friedrich-Ebert-Stiftung: Abteilung Arbeit und Sozialpolitik. http://library.fes.de/pdf-files/asfo/03514.pdf (Abruf: 28.2.2013).

Brzinsky-Fay, C./Protsch, P./Schulze Buschoff, K. (2007): Atypische Beschäftigung – Umfang, Dynamik und soziale Sicherung im europäischen Vergleich. www.issa.int/ger/Ressourcen/Tagungsberichte/Atypische-Beschaeftigung (Abruf 28.2.2013).

Dathe, D./Hohendanner, C./Priller, E. (2009): Wenig Licht, viel Schatten – der Dritte Sektor als arbeitsmarktpolitisches Experimentierfeld, WZ Brief Arbeit 03, S. 2–6. http://bibliothek.wzb.eu/wzbrief-arbeit/WZbriefArbeit032009_dathe_hohendanner_priller.pdf (Abruf: 28.2.2013).

Dörre, K. (2007): Prekarisierung und Geschlecht. Ein Versuch über unsichere Beschäftigung und männliche Herrschaft in nachfordistischen Arbeitsgesellschaften. In: Aulenbacher, B./Funder, M./Jacobsen, H./Völker, S. (Hrsg.) (2012): Arbeit und Geschlecht im Umbruch der modernen Gesellschaft. Wiesbaden: VS Verlag für Sozialwissenschaften, S. 278–301.

Dunst, C. (2008): Frauen (und Männer) im Berliner Einzelhandel – faire Arbeit? Studie zur Situation der Beschäftigten im Einzelhandel unter der besonderen Berücksichtigung prekärer Beschäftigung und der Vereinbarkeit von Beruf und Familie. In: Wert.Arbeit – Gesellschaft für Arbeit, Chancengleichheit und Innovation mbH Berlin. www.berlin.de/imperia/md/content/sen-frauen/lgg/eh_studie_berlin.pdf?start&ts =1248261380&file=eh_studie_berlin.pdf (Abruf: 28.2.2013).

Dütsch, M. (2011): Wie prekär ist Zeitarbeit? In: Zeitschrift für ArbeitsmarktForschung 43, S. 299–318.

Flitzenberger, B./Hübler, O./Kraft, K. (2008): Flexibilisierungspotenziale bei heterogenen Arbeitsmärkten. In: Zeitschrift für ArbeitsmarktForschung 44, S. 95–116.

Gebel, M./Giesecke, J. (2009): Ökonomische Unsicherheit und Fertilität. Die Wirkung von Beschäftigungsunsicherheit und Arbeitslosigkeit auf die Familiengründung in Ost- und Westdeutschland. In: Zeitschrift für Soziologie 38, S. 399–417.

Grunow, D./Aisenbrey, S./Evertsson, S. (2011): Familienpolitik, Bildung und Berufskarrieren von Müttern in Deutschland, USA und Schweden. In: Kölner Zeitschrift für Soziologie und Sozialpsychologie 63, S. 395–430.

Gunz, H./Mayrhofer, W. (2011): Re-conceptualizing career success – a contextual approach. In: Zeitschrift für ArbeitsmarktForschung 43, S. 251–260.

Hitzler, R./Pfadenhauer, M. (2003): Politiken der Karriere oder: Heterogene Antworten auf die Frage, wie man den Karren durch den Dreck zieht. In: Hitzler, R./ Pfadenhauer, M. (Hrsg.) (2003): Karrierepolitik. Beiträge zur Rekonstruktion erfolgsorientierten Handels. Opladen: Leske + Budrich, S. 9–23.

Hoffmann, E./Walwei, U. (2002): Wandel der Erwerbsformen. Was steckt hinter den Veränderungen? In: Kleinhenz, Gerhard (Hrsg.) (2002): IAB-Kompendium Arbeitsmarkt- und Berufsforschung. Beiträge zur Arbeitsmarkt- und Berufsforschung, BeitrAB 250, S. 135–144.

Hohendanner, C. (2012): Befristete Arbeitsverhältnisse: Auch Mann trägt kurz. In: Institut für Arbeitsmarkt- und Berufsforschung-Forum 1, S. 62–67.

Keller, R. (2005): Wissenssoziologische Diskursanalyse. Grundlegung eines Forschungsprogramms. Wiesbaden: VS Verlag für Sozialwissenschaften.

Keller, R. (2006): Wissenssoziologische Diskursanalyse. In: Keller, R./Hirseland, A./Schneider, W./Viehöver, W. (Hrsg.) (2006): Handbuch Sozialwissenschaftliche Diskursanalyse, Theorien und Methoden 2., aktual. und erw. Auflage. Wiesbaden: Verlag für Sozialwissenschaften, S. 115–146.

Keller, B./Seifert, H. (2007): Atypische Beschäftigungsverhältnisse. Flexibilität, soziale Sicherheit und Prekarität. In: Keller, B./Seifert, H. (Hrsg.): Atypische Beschäftigung – Flexibilisierung und soziale Risiken. Berlin: edition sigma, S. 11–26.

Liebig, S./Hense, A. (2007): Die zeitweise Verlagerung von Arbeitskräften in die Arbeitslosigkeit: Eine „neue" personalpolitische Flexibilisierungsstrategie? In: Zeitschrift für ArbeitsmarktForschung 40, S. 399–417.

Liebig, S./Sauer, C./Schupp, J.: Die wahrgenommene Gerechtigkeit des eigenen Erwerbseinkommens: Geschlechtstypische Muster und die Bedeutung des Haushaltskontextes. Working Paper von Juni 2010. http://pub.uni-bielefeld.de/publication/1932050 (Abruf 28.2.2013).

Möller, J./König, M. (2011): Lohnungleichheit, Erwerbsbeteiligung und Beschäftigung. In: Zeitschrift für ArbeitsmarktForschung 44, S. 53–64.

Mückenberger, U. (2010): Krise des Normalarbeitsverhältnisses – ein Umbauprogramm. In: Zeitschrift für Sozialreform 56, S. 403–420.

Münchhausen, G./Bruns-Schmitz, S./Höhns, G. (2008): Kompetenzentwicklung in befristeten Beschäftigungsverhältnissen, Projektbeschreibung des Bundesinstituts für Berufliche Bildung, S. 1–14. https://www2.bibb.de/tools/fodb/pdf/at_23201.pdf (Abruf 28.02.2013).

Reinowski, E./Sauermann, J. (2008): Hat die Befristung von Arbeitsverträgen einen Einfluss auf die berufliche Weiterbildung geringqualifiziert beschäftigter Personen? In: Zeitschrift für ArbeitsmarktForschung 41, S. 489–499.

Sohr, T. (2005): Wenn die Karriereleiter wegbricht: Fairness und der Abbau von Hierarchieebenen. In: Zeitschrift für ArbeitsmarktForschung 38, S. 68–86.

Statistisches Bundesamt: Statistisches Jahrbuch 2012. Deutschland und Internationales, Wiesbaden. https://www.destatis.de/DE/Publikationen/StatistischesJahrbuch/StatistischesJahrbuch2012.pdf?__blob=publicationFile (Abruf 20.2.2013).

Vogel, C. (2009): Teilzeitbeschäftigung- Ausmaß und Bestimmungsgründe der Erwerbsübergänge von Frauen. In: Zeitschrift für ArbeitsmarktForschung 43, S. 170–181.

Von Rosenstiel, L. (1997): Karriere im Umbruch: eine Einführung. In: Von Rosenstiel, L./Lang-von Wins, T./Sigl, E. (Hrsg.) (1997): Perspektiven der Karriere. Stuttgart: Schäffer-Poeschel, S. 7–42.

Vormbusch, U. (2009): Karrierepolitik. Zum biografischen Umgang mit ökonomischer Unsicherheit. In: Zeitschrift für Soziologie 38, S. 282–299.

Voss-Dahm, D. (2004): Geringfügige Beschäftigung und Segmentation auf innerbetrieblichen Arbeitsmärkten des Einzelhandels. In: Arbeit 13, S. 354–367.

Völker, S. (2008): Entsicherte Verhältnisse- (Un)Möglichkeit fürsorglicher Praxis. In: Berliner Journal für Soziologie 18, S. 282–306.

Wöhe, G./Döring, U. (2010): Einführung in die allgemeine Betriebswirtschaft. München: Vahlen.

Gesichtete, aber in der Feinanalyse des endgültigen Textkorpus'
nicht berücksichtigte Literatur:

Abele, A. (2011): The construct of career success. In: Zeitschrift für ArbeitsmarktForschung 43, S. 195–206.

Geyer, J./Steiner, V. (2010): Erwerbskarrieren in Ostdeutschland – 20 Jahre nach der Deutschen Einheit und darüber hinaus. In: Zeitschrift für ArbeitsmarktForschung 43, S. 169–190.

Liebig, S./Krause, A. (2006): Soziale Einstellungen in der Organisationsgesellschaft. Betriebliche Strukturen und die gerechte Verteilungsordnung der Gesellschaft. In: Zeitschrift für ArbeitsmarktForschung 39, S. 255–276.

Neubäumer, R. (2007): Mehr Beschäftigung durch weniger Kündigungsschutz? In: Wirtschaftsdienst 3, S. 164–171.

Robila, M. (2006): Economic pressure and social exclusion in Europe. In: The Social Science Journal 43, S. 85–97.

Walker, J. (2006): Gender differences in expected compensation for earnings uncertainty and skewness in business and education. In: The Social Science Journal 43, S. 343–363.

Luisa Peters, Inga Truschkat, Andreas Herz

Die Entwicklung arbeitsmarktpolitischer Übergangsgestaltung am Beispiel von Transfergesellschaften

1. Arbeitsmarktpolitische Rationalitäten der Übergangsgestaltung

In der deutschen Arbeitsmarktpolitik lassen sich drei zentrale Entwicklungslinien nachzeichnen, die die Ausrichtung der politischen Interventionsformen nachhaltig geprägt haben. So geht die Entwicklung vom ‚fürsorgenden Sozialstaat' zum ‚aktiven Sozialstaat' bis hin zum ‚aktivierenden Sozialstaat' auch mit unterschiedlichen Rationalitäten der politischen Gestaltung und Regulierung von Übergängen auf dem Arbeitsmarkt einher. Was zum jeweiligen Zeitpunkt zweckmäßig, sinnvoll und legitim ist, was also als rational gilt, ist nachhaltig geprägt durch die historischen Konstellationen, durch die jeweiligen sozio-ökonomischen Zustände sowie durch die politische Interessenslage.

Im folgenden Beitrag soll die Entwicklung der Rationalität der politischen Gestaltung und Regulierung von Übergängen auf dem Arbeitsmarkt durch die deutsche Arbeitsmarktpolitik an einem konkreten Beispiel nachgezeichnet werden. Anhand der Entwicklung des Instruments der Transfergesellschaft oder genauer des Transfer-Kurzarbeitergelds möchten wir aufzeigen, dass sich die Rationalitäten der Übergangsgestaltung hinsichtlich der Fragen ‚Wann? Wohin? Wie?' differenzieren lassen – also *wann* wirkt das Instrument? *Wohin* soll das Instrument die Betroffenen befördern? Und *wie* erfolgt dieser Übergang?[1]

---

1   Dieser Beitrag ist im Rahmen der Forschung zu Transferträgern im Projekt „Regio Trans – Regionale Vernetzung von Transferträgern" an der Universität Hildesheim entstanden. Das Projekt wird durch den Europäischen Fonds für regionale Entwicklung (EFRE) gefördert (Richtlinie „Innovation durch Hochschulen", Projektnummer 80125165).

222

Als Grundidee von Transfergesellschaften gilt, dass durch ihre Einrichtung eine Alternative zum Übergang in Arbeitslosigkeit geschaffen wird und potenziell von Arbeitslosigkeit Betroffene von Arbeit in Arbeit übergehen. Das Instrument ist heutzutage vor allem durch die mediale Öffentlichkeit bekannt, zuletzt durch die Diskussion um die Einrichtung einer Transfergesellschaft für die ‚Schlecker-Frauen', die letztlich unter großem Protest aufgrund der Verweigerung der FDP zu einer Länderbürgschaft für den Schleckerkonzern nicht zustande kam. Die gesetzliche Rahmung dieses Instruments ist allerdings den wenigsten bekannt.

Transfergesellschaften als solche finden in Gesetzestexten keine Erwähnung. Sie sind ein Konstrukt „geboren aus den Rahmenbedingungen des Arbeitsrechts (...) und den verfügbaren Zuschüssen der Arbeitsmarktpolitik" (Knuth 2010, S. 51). Das freigesetzte Personal aus dem Kündigungsbetrieb wird ohne eine Phase der Arbeitslosigkeit direkt für ca. 6 bis 12 Monate in einer sogenannten betriebsorganisatorisch eigenständigen Einheit, einer beE, zusammengefasst, die dann meist Transfergesellschaft genannt wird. Während der Anstellung in einer Transfergesellschaft wird das Personal vermittelt, qualifiziert und weitergebildet, um so im Idealfall von der Transfergesellschaft aus in ein neues Arbeitsverhältnis überzugehen. In dieser Zeit beziehen die Arbeitnehmer/-innen das sogenannte Transfer-Kurzarbeitergeld.[2]

Wie wir zeigen werden, wurde der Einsatz des Transfer-Kurzarbeitergeldes seit seiner Einführung immer wieder durch die Entwicklungen der deutschen Arbeitsmarktpolitik in seiner Zielsetzung tangiert, womit sich auch die Ausprägung des Instruments bis heute immer wieder verändert hat. Das Transfer-Kurzarbeitergeld stellt dabei eine Weiterentwicklung des 1989 angelegten Struktur-Kurzarbeitergeldes dar. Um die Entwicklung von Übergangsrationalitäten historisch bis zum Transfer-Kurzarbeitergeld nachzuzeichnen, greifen wir auch auf die zwei weiteren Formen von Kurzarbeit zurück. Hierzu zählen das 1959 eingeführte Saisonkurzarbeitergeld (zuvor Schlechtwettergeld) sowie das sogenannte konjunkturelle Kurzarbeitergeld, das im Jahr 1957 eingeführt wurde.

Im Folgenden wollen wir die Parallelität der Entwicklung der deutschen Arbeitsmarktpolitik und die Entwicklung des Instruments der Transferge-

---

2 Ein weiteres Instrument, das den Transferleistungen zuzurechnen ist, sind die Transferagenturen nach § 110 SGB III. Hierbei handelt es sich um Maßnahmen, die bereits während der Kündigungsfrist der Mitarbeiter/-innen greifen. Die Vorläufer dieses Instruments sind die Zuschüsse zu Sozialplanmaßnahmen nach §§ 254 ff. SGB III (Knuth 2001). Der vorliegende Beitrag beschränkt sich jedoch auf die Transfergesellschaften und somit auf die Entwicklung des Struktur- bzw. Transfer-Kurzarbeitergeldes.

sellschaften nachzeichnen. Diese Diskussion führen wir entlang der groben Entwicklungslinien der deutschen Arbeitsmarktpolitik vom fürsorgenden zum aktiven bis hin zum aktivierenden Sozialstaat. Der Text ist dabei so angelegt, dass zunächst die Rationalitäten des Übergangs in den jeweiligen Ausgestaltungen des Sozialstaates nachgezeichnet werden, um dann aufzuzeigen, wie sich diese Rationalitäten in der Einführung und fortwährenden Reformierung des Struktur- bzw. Transfer-Kurzarbeitergeldes äußern.

Eine solche großformatige Rekonstruktion bleibt notwendigerweise in diesem Rahmen selektiv und provoziert Zuspitzungen, Überformungen und blinde Flecken, nicht allein auch deshalb, weil wir die Diskussion exemplarisch an einem speziellen Instrument der Beschäftigungsförderung führen. Zugleich aber bietet eben diese Fokussierung die Möglichkeit, das ‚Wann? Wohin? Wie?' der Rationalitäten der arbeitsmarktpolitischen Übergangsgestaltung zu profilieren und eine Diskussionsgrundlage für weitere Auseinandersetzungen mit den Rationalitäten der politischen Gestaltung und Regulierung von Übergängen auf dem Arbeitsmarkt zu schaffen.

Der weitere Text ist entlang der zeitlichen Struktur gegliedert. Beginnend mit dem Gesetz zur Arbeitsvermittlung und Arbeitslosenversicherung hin zum Arbeitsförderungsgesetz wird die Entwicklung vom fürsorgenden hin zum aktiven Sozialstaat nachgezeichnet. Es wird aufgezeigt, wie die Instrumente der Arbeitsmarktpolitik, im Speziellen die ersten Maßnahmen zum Kurzarbeitergeld, zu dieser Zeit ausgestaltet sind und wie dadurch Übergänge gestaltet werden. Gleiches wird auch in der zweiten Zeitspanne vom AFG zum SGB III geschehen, also von der Entwicklung vom aktiven zum aktivierenden Sozialstaat. Da zu dieser Zeit auch das Struktur-Kurzarbeitergeld eingeführt wurde, diskutieren wir hier detailliert, wie Transfergesellschaften zu dieser Zeit eingesetzt wurden. Der dritte Abschnitt reicht von den Hartz-Reformen 2004 bis in die Gegenwart und beschreibt somit den aktuellen Status Quo eines aktivierenden Sozialstaates und den Einsatz von Transfer-Kurzarbeitergeld bzw. Transfergesellschaften.

2. Vom fürsorgenden zum aktiven Sozialstaat

Mit der Gründung der Reichsanstalt für Arbeitsvermittlung und Arbeitslosenversicherung sowie der Implementierung des Gesetzes zur Arbeitsvermittlung und Arbeitslosenversicherung (AVAVG) im Jahr 1927 wurde der Grundstein der bundesdeutschen Arbeitslosenversicherung gelegt. Hintergrund dieser Entwicklung war die massiv ansteigende Zahl an Arbeitslosen, die mit der Weltwirtschaftskrise auf über 6 Millionen anstieg. Hier sind die Anfänge eines *fürsorgenden Sozialstaats* zu finden, der bei Arbeitsplatzverlust unterstützend tätig wird, indem Lohnausfälle partiell durch Zahlungen der öffentlichen Hand kompensiert werden. Der deutsche Wohlfahrtsstaat wurde erst dann für den Arbeitssuchenden zum relevanten Akteur, als er zur Absicherung des Lebensunterhalts benötigt wurde. Obgleich dieser Anspruch den Entwicklungen in Wirtschaft und Politik in den 1930er und 1940er Jahren kaum standhalten konnte, wird deutlich, dass in der Idee der Fürsorge keine Intervention in die eigentliche Regulierung und Gestaltung von Übergängen auf dem Arbeitsmarkt angelegt ist. Der eigentliche Übergang, also der Übergang von Arbeit in Arbeitslosigkeit, ist bereits vollzogen und ein Übergang zurück von der Arbeitslosigkeit in Arbeit wird politisch nicht aktiv unterstützt. Die Intervention der Arbeitsmarktpolitik in Prozesse des Arbeitsmarktes ist im Kontext des fürsorgenden Sozialstaats auf die Rolle der helfenden Hand fokussiert und hat somit eher nachsorgenden Charakter (zur Systematik der Stadien der Intervention in den Arbeitslosigkeitsprozess siehe Knuth 2001). Mit Blick auf das Instrument des Kurzarbeitergeldes finden sich hier zwar erste, umstrittene gesetzliche Verankerungen einer Kurzarbeiterunterstützung, die unter besonderen Umständen eine Aufstockung ermöglicht, wenn der Wochenlohn aufgrund branchenspezifischer Arbeitszeitausfälle unter die Arbeitslosensicherung fällt. Diese Leistung ist aber eine Kann-Leistung im Bedarfsfall und stellt eine Ausnahmeleistung dar (www.bundesarchiv.de). Insgesamt hat sie keinen präventiven Charakter. Es geht also nicht um die Vermeidung von Arbeitslosigkeit, sondern weist viel eher eine wohlfahrtsstaatliche Idee der sozialen Sicherung auf und entspricht somit auch der Rationalität des fürsorgenden Sozialstaats.

Das AVAVG wurde nach einer turbulenten Reformgeschichte (Adamy/ Steffen 1982; Bender et al. 2006) im Jahr 1969 durch das sogenannte *Arbeitsförderungsgesetz (AFG)* ersetzt, womit auch die Umbenennung des zuständigen Amtes in die Bundesanstalt für Arbeit einherging. In Zeiten zunehmender Prosperität, des Wirtschaftswachstums und der Vollbeschäftigung im Nachkriegsdeutschland, wurde die fürsorgende Funktion des Staates weitestgehend erhalten, die Ziele des neuen Gesetzes waren jedoch weiter gefasst und fokussierten nun auch Bildung, Umschulung und Weiterbildung (Icking 2002, S. 56). Zu der eigentlichen Arbeitslosenversicherung kamen nun auch Aufgaben der Berufsberatung, der Arbeitsvermittlung und der Förderung der beruflichen Bildung. Mit der Etablierung des AFG galt es „einerseits die Herausbildung einer am Wachstumsziel orientierten Beschäftigungsstruktur zu fördern und andererseits den mit dem Wachstum verbundenen Strukturwandel, dessen Anpassungslasten zu großen Teilen die Arbeitnehmer treffen, sozial abzufedern" (Lampert 1989, S. 175). Das AFG sollte demnach in erster Linie die Funktionstüchtigkeit des Arbeitsmarktes aufrechterhalten, indem dem Mangel an qualifizierten Arbeitskräften entgegengewirkt wird (Lampert 1989; Kühl 1982, S. 252).

Neben der Anpassung des Qualifikationsstandes der Bevölkerung an die Anforderungen des prosperierenden Arbeitsmarktes zielte das neue Gesetz zudem auf die Integration von Frauen, Älteren und Menschen mit Behinderung in den Arbeitsmarkt (Oschmiansky/Ebach 2009).

Mit der Einführung des AFG ging somit auch eine Ausweitung der staatlichen Zuständigkeiten im arbeitsmarktlichen Geschehen einher, indem sich die Arbeitsmarktpolitik nun auch in die Koordination von Angebot und Nachfrage auf dem Arbeitsmarkt einschaltete. Die Arbeitsmarktpolitik erhält dadurch ihren aktiven Charakter, den sie seit der Einführung des AFG auch nicht mehr verloren hat (Bogedan 2009). Demnach ist das AFG der Grundstein der aktiven Arbeitsmarktpolitik und des *aktiven Sozialstaates*. Damit geht auch eine aktive Regulierung und Gestaltung von Übergängen auf dem Arbeitsmarkt einher. Durch gezielte Einzelmaßnahmen, wie Fortbildungen und Umschulungen, Arbeitsbeschaffungs-und Strukturanpassungsmaßnahmen, Eingliederungszuschüsse und Existenzgründungsförderung oder Zielgruppenmaßnahmen zur Chancengleichheitssicherung (Bender et al. 2006, S. 35), wurden Übergänge in Arbeit mit dem AFG aktiv gefördert und unterstützt mit dem durch den wirtschaftlichen Aufschwung beförderten Ziel des (Wieder-)Einstiegs in den ersten Arbeitsmarkt. Vor diesem Hintergrund wurde auch das konjunkturelle Kurzarbeitergeld im Arbeitsförderungsgesetz unter dem Gesetzesabschnitt ‚Leistungen zur Erhaltung und Schaffung von Arbeitsplätzen' verankert. Nach wie vor bezieht es sich auf den Ausgleich vorübergehender Kürzungen der betriebsüblichen normalen Arbeitszeit. Im Gegensatz zu der fürsorgenden Idee steht nun aber die grundlegende Zielsetzung des Erhalts von Beschäftigungsverhältnissen im Vordergrund, wodurch das Instrument einen deutlich präventiven Charakter zur Vermeidung von Übergängen in die Arbeitslosigkeit erhält.

Schon früh wurde das noch junge Gesetz auf die Probe gestellt als es im Zuge der Ölkrise in den 1970er Jahren zu flächendeckenden wirtschaftlichen Einbrüchen kam. Es wurde deutlich, dass Arbeitslosigkeit kein temporäreres Problem, sondern strukturell bedingt ist. Die aus der Krise resultierenden Personalüberschüsse und damit einhergehenden Personalfreisetzungen trafen vor allem ältere Arbeitnehmer/-innen. Deshalb richtete sich die aktive Arbeitsmarktpolitik auf die Regulierung und Gestaltung von Übergängen älterer Arbeitnehmer/-innen. Mit einer Gesetzesnovellierung in der Renten- und Arbeitsmarktpolitik wurde es 60-jährigen Arbeitnehmer/-inne/-n ermöglicht, nach einer verlängerten Bezugsdauer des konjunkturellen Kurzarbeitergeldes von 32 Monaten ohne Abzüge in Frührente zu gehen (Knuth/Mühge 2009; Zähle/Möhring/Krause 2009). Damit sollte nicht nur eine hohe Arbeitslosenquote der über 50-Jährigen verhindert, sondern auch durch die Frühverrentung freiwerdende Arbeitsplätze geschaffen werden (Trampusch 2009). Durch diese Praxis herrschte jedoch eine Art Vorruhestandskultur in Politik und Wirtschaft, die weit ab von der durch das Wirtschaftswachstum geprägten Rationalität der (Wieder-)Eingliederung in den Arbeitsmarkt war (Knuth/Mühge 2009, S. 11). Die Logik des Kurzarbeitergeldes folgte grundlegend zwar noch einer präventiven Idee der Vermeidung von Arbeitslosigkeit, sie organisierte praktisch aber den Übergang raus aus dem Arbeitsmarkt als endgültige Austritte aus dem Erwerbsleben.

Zur Zeit der deutschen Wende war eine weitere Hürde zu nehmen: Die massenhafte Freisetzung von Arbeitnehmer/-inne/-n aus den östlichen Bundesländern aufgrund des Zusammenbruchs weiter Teile der DDR-Wirtschaft musste strukturell bearbeitet und aufgefangen werden. Weder in der auf Vollbeschäftigung ausgelegten Planwirtschaft der DDR noch in den bisherigen Regelungen des westdeutschen AFG waren Instrumente verankert, die auf einen solchen strukturellen Umbruch anwendbar waren und vor allem die öffentliche Arbeitsverwaltung nicht überforderten. Vor diesem Hintergrund wurde die Grundidee, die auch heute der Transfergesellschaft zugrunde liegt, in einer spezifischen Ausformung erstmals angewendet, indem ein neuer Maßnahmentyp im AFG etabliert wurde (Hild 1995, S. 503): Sogenannte ABS-Gesellschaften (Gesellschaften für Arbeitsförderung, Beschäftigung und Strukturentwicklung) sollten die Arbeitnehmer/-innen zusammenfassen und qualifizieren, um sie so aus dem unmittelbaren Zuständigkeitsbereich der Bundesanstalt für Arbeit zu befördern (Eichhorst/Marx 2009, S. 324; Krone/Müller 1999, S. 163). Diese Gesellschaften wurden durch die Zahlung des 1989 eingerichteten Struktur-Kurzarbeitergeldes an die freigestellten Mitarbeiter/-innen finanziert und durch Arbeitsbeschaffungsmaßnahmen begleitet. Im Gegensatz zu den bisherigen Regelungen des Kurzarbeitergeldes wurde zeitgleich zum Struktur-Kurzarbeitergeld die sogenannte ‚Kurzarbeit Null'[3] eingeführt (Böhm 2007). Der Arbeitsausfall war damit nicht nur anteilig, konjunkturbedingt und zeitlich begrenzt, sondern dauerhaft. Die eher präventive Ausrichtung des konjunkturellen und saisonalen Kurzarbeitergeldes wurde hiermit um eine proaktive Variante ergänzt, die drohende Arbeitslosigkeit nicht durch ein Halten in der Beschäftigung abwendet, sondern durch einen Übergang in ein neues institutionelles Arrangement abfedert.[4] Damit wurde auch eine weitere

---

3   ‚Kurzarbeit Null' meint, dass die Bezieher/-innen von Struktur- bzw. Transfer-Kurzarbeitergeld in der Transfergesellschaft weder der vorherigen noch einer alternativen Tätigkeit nachgehen, sondern sich lediglich auf die Arbeitssuche und ggf. Qualifikation konzentrieren.

4   Durch die Einführung des Strukturkurzarbeitergeldes ist eine Möglichkeit geschaffen worden, durch Kurzarbeit auch bei Arbeitsplatzverlust den Beschäftigtenstatus

Rationalität der Übergangsgestaltung eingeführt, nämlich die institutionelle bzw. kollektive Rahmung durch das Zusammenfassen der Betroffenen in einer betriebsorganisatorisch eigenständigen Einheit, eben den ABS-Gesellschaften, die an die Zahlung des Struktur-Kurzarbeitergeldes gebunden war. Diese Form der Übergangsgestaltung diente „damals also nicht als ein Instrument, um einen zeitweiligen Produktionsausfall zu überbrücken, sondern als erste Hilfe, um den wirtschaftlichen Umbruch sozial abzufedern" (Brenke/Rinne/Zimmermann 2010, S. 5). In diesen Gesellschaften wurde demnach künstlich Beschäftigung geschaffen, um die Arbeitskräfte aus dem unmittelbaren Zuständigkeitsbereich der damaligen Bundesanstalt für Arbeit auszuklammern. Formal umfassten die ABS-Gesellschaften und der Bezug des Struktur-Kurzarbeitergeldes eine 24-monatige Laufzeit. Qualifizierungsmaßnahmen und Maßnahmen zur Wiedereingliederung in den Arbeitsmarkt waren jedoch erst nach einer Karenzzeit von sechs Monaten vorgesehen. Qualifizierung und Vermittlung waren in dem Instrument somit angelegt, womit die ABS-Gesellschaften häufig ein Auffangbecken darstellten, die, wie das Kurzarbeitergeld zuvor, häufig als Instrument zur Überführung in den Vorruhestand wirkten (Hild 1995; Krone/Müller 1999/2000; Schneider et al. 2006), diesmal aber proaktiv gerahmt durch ein institutionelles und kollektives Arrangement.

3. Vom aktiven zum aktivierenden Sozialstaat

Letztlich wurde das AFG 115 Mal reformiert, bis das AFG 1998 als Drittes Buch (SGB III) in das Sozialgesetzbuch eingeordnet wurde. Das Instrumentarium des AFG wurde zunächst in weiten Teilen unverändert ins SGB III übernommen und zudem wiederergänzt. Der Charakter der neuen Arbeitspolitik hat sich damit erneut verändert:

---

zu erhalten. Während saisonales und konjunkturelles Kurzarbeitergeld darauf angelegt sind, Arbeitslosigkeit und das Verlassen des Betriebes, also einen Übergang aus Arbeit zu verhindern, greifen sie nicht nach einer Kündigung. Saisonales und konjunkturelles Kurzarbeitergeld verwirklichen damit die Idee einer präventiven Intervention seitens der Arbeitsmarktpolitik, indem sie zum Einsatz kommen, wenn die fortwährende Beschäftigung in Gefahr aber noch nicht beendet ist. Im Vergleich dazu ist das Struktur-Kurzarbeitergeld darauf angelegt, auch nach dem Ausscheiden aus dem Betrieb Beschäftigung zu erhalten, indem eine ABS-Gesellschaft als neue Einheit gegründet wird, in der der Träger dieser Gesellschaft der neue Arbeitgeber und der Staat der neue ‚Lohnzahler' ist.

„Während im alten AFG (…) die Arbeitsmarktpolitik u.a. zu einem hohen Beschäftigungsstand und zur Vermeidung unterwertiger Beschäftigung beitragen soll, reduzieren sich die Ziele der Arbeitsmarktpolitik im SGB III auf eine subsidiäre Rolle der Arbeitsförderung – es geht um die Unterstützung des Arbeitsmarktausgleichs sowie um eine Verbesserung der Möglichkeiten von benachteiligten Personen am Arbeitsmarkt für eine Erwerbstätigkeit, um dadurch Zeiten der Arbeitslosigkeit sowie des Bezugs von Entgeltersatzleistungen zu vermeiden oder zu verkürzen" (Sell 1998, S. 533).

Die subsidiäre Rolle der Arbeitsförderung äußert sich vor allem darin, dass sich der Staat weiter aus dem Arbeitgeber/-innen-Arbeitnehmer/-innen-Verhältnis herauszieht und den beiden Akteuren nun mehr Verantwortung zuschreibt. Während die Arbeitgeber/-innen angehalten werden, alle Alternativen neben einer Kündigung anzudenken und umzusetzen, sind die Arbeitnehmer/-innen dazu verpflichtet, nach bestimmten Kriterien jede zumutbare Arbeit auszuführen (Oschmiansky/Ebach 2009, S. 83). Die Zumutbarkeitsregelungen haben sich schon im alten AFG etabliert und wurden dort vielfach verändert und die Sanktionen in Form von Sperrzeiten, in denen kein Arbeitslosengeld gezahlt wurde, immer wieder angepasst (Sell 1998). Doch im SGB III wurde die Gewichtung zwischen Fördern und Fordern zugunsten des Forderns neu austariert. Primäres Ziel der Arbeitsmarktpolitik ist nun nicht mehr nur das präventive und proaktive Eingreifen der Arbeitsmarktpolitik, sondern auch und vor allem die Aktivierung der Arbeitskraft. Der Sozialstaat fordert nun mehr vom Individuum, zieht sich aber zeitgleich auch immer mehr aus der Verantwortung heraus, bedingungslos fürsorglich bei der Begleitung beruflicher Übergänge zu sein.

Diese Neudefinition der Arbeitsmarktpolitik hat auch auf die hier thematisierten Instrumente der Regulation von Übergängen am Arbeitsmarkt Auswirkungen. Die neue Ausrichtung des SGB III macht sich in Bezug auf das Struktur-Kurzarbeitergeld zunächst vor allem dadurch bemerkbar, dass die Maßnahme nun nicht mehr an die Wirtschaftslage der gesamten Branche gekoppelt, sondern an der jeweiligen Lage der freisetzenden Betriebe orientiert ist. Damit fällt die besondere Begründungsnotwendigkeit für den Bezug des Struktur-Kurzarbeitergeldes weg. Durch diese gesetzliche Öffnung steht das Förderinstrument nun potenziell allen Betrieben zur Verfügung, um durch seinen Einsatz Personalfreisetzungen zu organisieren. Einhergehend mit dieser Öffnung betont die Politik im Sinne der neuen Ausrichtung der Arbeitsmarktpolitik, dass das Instrument des Struktur-Kurzarbeitergeldes als „Transfermechanismus dienen sollte und nicht [mehr] als Instrument der De-Aktivierung oder Brücke in den Vorruhestand" (Knuth

2010, S. 58). Aktivierung wurde zum Leitbild, auch im Bereich des Beschäftigtentransfers.

Weiter vorangetrieben wurde diese Neuausrichtung durch das sogenannte *Job-AQTIV-Gesetz* im Jahr 2002. Das Kürzel AQTIV steht dabei für das Leitmotiv „Aktivieren, Qualifizieren, Trainieren, Investieren, Vermitteln" der Reform. Hier sollte der proaktive Charakter des SGB III noch weiter im Vordergrund stehen, indem u. a. arbeitsmarktpolitische Maßnahmen schon direkt nach Eintritt der Arbeitslosigkeit und nicht erst nachsorgend nach einer gewissen Verweildauer im Status der Arbeitslosigkeit Anwendung finden können und sich Arbeitnehmer/-innen zudem bereits bei drohender Arbeitslosigkeit als arbeitssuchend melden müssen. Das Job-AQTIV-Gesetz fokussierte vor allem die proaktive Förderung von Arbeit durch Bezuschussungen von Bildung und durch frühzeitige Vermittlungsintensivierung. Die Bedeutungszunahme der Vermittlung wurde vor allem dadurch deutlich, dass die Arbeitssuchenden mit dem Job-AQTIV-Gesetz auch den Anspruch auf eine private Arbeitsvermittlung erhalten. Die proaktive Übergangsgestaltung am Übergang raus aus dem alten Arbeitsverhältnis wird nun also erweitert um eine proaktive Gestaltung am Übergang in neue Arbeit. Diese Neuausrichtung schlägt sich im Rahmen der folgenden Hartz-Reformen auch in der Reform des Struktur-Kurzarbeitergeldes nieder.

Die umfangreichen *Hartz-Reformen*, die vor allem das SGB II und III erneut veränderten und noch einmal mehr die frühzeitige Intervention fokussieren, „sollten endlich die mit jedem Konjunkturzyklus sprunghaft in die Höhe gegangen Arbeitslosenzahlen spürbar senken, die hartnäckigen Strukturprobleme aufbrechen und Beschäftigung stimulieren" (Seifert 2005, S. 17). Mit den Hartz-Reformen hat der weitreichendste Paradigmenwechsel in der Geschichte der deutschen Arbeitsmarktpolitik stattgefunden, der sich bereits zwei Jahrzehnte zuvor abzeichnete und in den Reformen 2004 seinen Kulminationspunkt gefunden hat (Mohr 2009, S. 51). Die drei zentralen Elemente der Hartz-Reformen sind die Umbenennung der Bundesanstalt für Arbeit in die Bundesagentur für Arbeit, die De-Regulierung am Arbeitsmarkt und die Änderung im Leistungsrecht. In einem deutschen Zuschnitt meint dies einen Wandel vom aktiven zum *aktivierenden Sozialstaat*. Damit folgt die Logik der Arbeitsmarktpolitik noch stärker einem Schema des Förderns und Forderns, mit der sich der neue Anspruch der Arbeitsmarktpolitik verbindet, für gezahlte Leistungen an Arbeitnehmer/-innen von diesen Gegenleistungen in Form von Eigenaktivität zu bekommen (Dingeldey 2006, S. 3). Auch wenn es nicht zu einem konsequent verfolgten *work-for-benefit* kam, so brachten die Hartz-Reformen durch die Einführung der Grundsicherung für Arbeitslose, die Verkürzung des Arbeitslosengeldbezugs und die Erhöhung der Zumutbarkeitskriterien weitgreifende Veränderungen mit sich, die Arbeitnehmer/-innen einmal mehr dazu anhalten, ihre Arbeitskraft im Arbeitsmarkt zu platzieren (Mohr 2009).

Wieder wird das Struktur-Kurzarbeitergeld zum Gegenstand der Reformen: Das strukturelle Kurzarbeitergeld wurde zum sogenannten Transfer-Kurzarbeitergeld: Der Gesetzgeber definierte die strukturell bedingte Kurzarbeit als Transferkurzarbeit. Die entscheidenden Neuerungen des Instruments spiegelten die Neuausrichtung am aktivierenden Sozialstaat wieder und damit die proaktive Gestaltung des Übergangs zurück in Arbeit. Während das Struktur-Kurzarbeitergeld unter dem Fokus der Gestaltung von Übergängen raus aus Arbeit, also als Frühverrentungsinstrument galt, sollte nun tatsächlich die Vermittlung im Vordergrund stehen. Dies macht bereits die neue Namensgebung deutlich. Während die Rahmung der nun einzurichtenden *Transfer*gesellschaften als betriebsorganisatorisch eigenständige Einheit unverändert blieb, wurde die Dauer des Bezugs des Transfer-Kurzarbeitergeldes von 24 auf 12 Monate beschränkt (Deeke 2005, S. 24; Paprotny 2008, S. 28). Qualifizierung und Vermittlung stehen nun von Beginn einer Transfergesellschaft im Vordergrund. Diese Intention wird durch die Einführung eines verpflichtenden Profilings zu Beginn der Transfergesellschaft unterstrichen.[5]

In dieser Entwicklung wird deutlich, dass sich die Rationalität der Arbeitsmarktpolitik mit der Einführung des SGB III in diesem Instrument dadurch widerspiegelt, dass einerseits die aktivierende Förderung von Übergängen auf dem Arbeitsmarkt gestärkt wird, dass sich der Staat aber zunehmend als gestaltender Akteur zurücknimmt. Dies wird vor allem durch die Verschiebung des Instruments von einer Struktur- und somit Kann-Leistung hin zu einer, bei Erfüllung der entsprechenden Voraussetzungen, Muss-Leistung der Agentur für Arbeit deutlich. Die freisetzenden Unternehmen ebenso wie die Anbieter der Dienstleistung ,Transfer' unterliegen zwar einer Berichtspflicht gegenüber der Arbeitsagentur, sind aber in der Gestaltung und Umsetzung der Transfergesellschaft sehr autonom.[6]

---

5 In einem Profiling werden die Stärken und Schwächen der Arbeitnehmer/-innen analysiert, um darauf aufbauend das Personal bedarfsgerecht zu vermitteln und ggf. weitere Qualifikationsmaßnahmen einzuleiten.

6 Beim Fall „Schlecker" war die Ausgangssituation anders gelagert, da es sich um eine Komplettinsolvenz handelte und die Tragweite der Insolvenz bzgl. des Volumens der Personalfreisetzung die Politik zum Reagieren veranlasst hat.

4. Neuste Entwicklungen des Instruments der Transfergesellschaften

In den neueren Weiterentwicklungen des Instruments wird interessanterweise die subsidiäre Rolle der Arbeitsförderung tangiert. Der nächste Reformschritt wurde durch das sogenannte *Beschäftigungschancengesetz* 2010 eingeleitet und zum 1. Januar 2011 wirksam. Dieses Gesetz wurde vor dem Hintergrund der weltweiten Finanz- und Wirtschaftskrise erlassen und sollte vor allem durch die Ausweitung der Kurzarbeitregelungen Entlassungen entgegenwirken (Bogedan 2010, S. 578). Bezüglich der Transferleistungen wurde durch dieses Gesetz die Agentur für Arbeit stärker in das Transfergeschehen eingebunden (Bundesagentur für Arbeit 2011, S. 7; 2013). So sind die Betriebsparteien seit 2011 dazu verpflichtet, sich vor der Beantragung von Transferleistungen durch die zuständige Agentur für Arbeit beraten zu lassen. Ist die Gründung einer Transfergesellschaft geplant, so muss nun die geplante Mittelaufwendung, die in den Sozialplanverhandlungen festgesetzt wurde, einen Integrationserfolg der Arbeitnehmer/-innen erwarten lassen und zudem ein System zur Sicherung der Qualität angewendet werden. Außerdem müssen sich die von der Arbeitslosigkeit bedrohten Mitarbeiter/-innen bei der Arbeitsagentur arbeitslos melden und verpflichtend ein Profiling absolvieren. So wurde die Rolle der Arbeitsverwaltung durch das Beschäftigungschancengesetz dadurch gestärkt, dass sie stärker in den Prozess des Transfers eingebunden ist (Knuth 2010, S. 59).

Am 1. April 2012 wurde die Gesetzgebung zum Beschäftigtentransfer erneut geändert. Das *Gesetz zur Verbesserung der Eingliederungschancen am Arbeitsmarkt* vom 20.12.2011 (gültig ab 4. April 2012) ordnet das Transfer-Kurzarbeitergeld nun § 111 SGB III zu. Außerdem wurde das Zulassungsverfahren für Träger nach § 178 SGB III grundsätzlich eingeführt. Damit erhält die Agentur für Arbeit einen größeren Einfluss nicht nur auf den Prozess, sondern auch auf die Anbieter der Dienstleistung und schaltet sich bezüglich dieses Instruments somit wieder aktiv in die Gestaltung und Regulierung des Übergangs am Arbeitsmarkt ein. Die Gründe für die ansteigende Partizipation der Agentur für Arbeit am Transfergeschehen lassen sich in der sowohl wissenschaftlichen als auch alltäglichen Debatte über die Effizienz dieses Instruments finden. In Evaluationsberichten wie dem des IZA zur „Evaluation der Maßnahmen zur Umsetzung der Vorschläge der Hartz-Kommission" (Schneider et al. 2006) wurde die Wirksamkeit des Instruments kritisiert, da es nicht effizienter als die Arbeit der Arbeitsagenturen bzgl. der Vermittlung sei. Die Arbeitsmarktpolitik reagiert, indem der Arbeitsagentur nach und nach mehr Kontrollmöglichkeiten zur Verfügung stehen. Die Agentur als ein Geldgeber von Transfergesellschaften soll in die

Ablaufprozesse involviert sein, um so Qualität sowohl bei der Auswahl der Träger als auch bei der Umsetzung der Maßnahme zu garantieren.

5. Transfergesellschaften als anpassbares Spielfeld von Übergangsrationalitäten

Zusammenfassend zeigt sich, dass sich die Entwicklung der deutschen Arbeitsmarktpolitik und die damit einhergehende Rationalität der politischen Gestaltung und Regulierung von Übergängen auf dem Arbeitsmarkt in der Entwicklung des Instruments der Transfergesellschaft widerspiegeln. Das politische Instrument des Struktur- bzw. Transfer-Kurzarbeitergeldes, das die rechtliche Grundlage der Transfergesellschaften bildet, entwickelt sich analog zu den Rationalitäten der politischen Ausrichtung der Arbeitsmarktpolitik hinsichtlich der Frage wann, wie und mit welchem Ziel das Instrument der Arbeitsförderung in die Gestaltung und Regulation von Übergängen auf dem Arbeitsmarkt eingreift.

Es wird deutlich, dass es sich bei Struktur-Kurzarbeit bis hin zur heutigen Form der Transfer-Kurzarbeit um ein arbeitsmarktpolitisches Instrument handelt, dass vor dem Eintritt des Übergangs in die Arbeitslosigkeit greift. Sehr unterschiedlich ist im Verlauf der Entwicklung aber, wie das Instrument auf die Gestaltung des Übergangs einwirkt und welches arbeitsmarktpolitische Ziel verfolgt wird. Kurzarbeit, so wurde deutlich, hat in seinen Anfängen entsprechend der damaligen Rationalität der Arbeitsmarktpolitik einen *fürsorgenden* Charakter. Diese Ausrichtung weicht im Zuge der Einführung des Arbeitsförderungsgesetzes der Rationalität des aktiven Sozialstaats. Die bisher immer noch auf den Ausgleich konjunktureller oder saisonaler Arbeitszeitreduzierungen ausgerichtete Kurzarbeit erhält nun einen *präventiven* Charakter, indem sie sich zu einem Instrument entwickelt, das den Verlust des Arbeitsplatzes und damit Übergänge in Arbeitslosigkeit vermeiden soll. Erst mit der ersten Arbeitsmarktkrise im Nachkriegsdeutschland, verursacht durch die Ölkrise der 1970er Jahre, verändert sich grundlegend die Zielrichtung des Instruments. Obgleich es weiterhin präventiv Arbeitslosigkeit verhindern soll, wird es nun zu einem Instrument der *Begleitung raus aus dem Arbeitsmarkt* ausgeweitet, indem es den Übergang in die Frühverrentung flankiert. Mit der Lage des Arbeitsmarktes ändert sich somit auch die Rationalität des Instruments. Dies wird erneut deutlich, als im Zuge der deutsch-deutschen Wiedervereinigung strukturell neue Herausforderungen zu einer Erweiterung des Instruments der Kurzarbeit führen. Durch die Einführung des Struktur-Kurzarbeitergeldes, das nun neben den bisherigen Formen der Kurzarbeit eingeführt wird, wandelt sich die präventive, den bisherigen Arbeitsplatz erhaltende

Rationalität in eine *proaktive Ausrichtung*, die explizit in eine neue Form der Beschäftigung überführt und somit Übergänge aktiv gestaltet.

Diese neue Form der Übergangsgestaltung gewinnt zudem einen kollektiven Charakter, indem die Betroffenen in einer ‚künstlich' geschaffenen betriebsorganisatorisch eigenständigen Einheit zusammengefasst werden. Die neuen Herausforderungen führen zu einer grundlegend neuen Form der Übergangsgestaltung durch die Einführung eines sogenannten Übergangsarbeitsmarkts, also einem *institutionellen Arrangement*, das sich als Beschäftigungsbrücke zwischen zwei Beschäftigungsverhältnissen am Arbeitsmarkt legt (Schmid 2002). Dieses institutionelle Arrangement, das sich durch das Struktur-Kurzarbeitergeld konstituiert und erstmals die Idee der Beschäftigungsgesellschaften in die Arbeitsmarktpolitik einbringt, ist jedoch nach wie vor in der Praxis ausgerichtet auf den *Übergang raus aus dem Arbeitsmarkt* durch die Überbrückung in die Frühverrentung. Die Arbeitsmarktpolitik ist hierbei ein aktiver Akteur, der die Gewährung des Struktur-Kurzarbeitergeldes an branchenabhängige Konjunkturschwächen und somit an strukturelle Bedingungen knüpft. Dies ändert sich erneut mit der Einführung des SGB III und den folgenden Reformen der Arbeitsmarktpolitik. Mit der Wandlung des aktiven zum aktivierenden Sozialstaat geht auch eine Wandlung des Instruments des Struktur-Kurzarbeitergeldes einher. Während die Grundausrichtung als *proaktives und institutionell-arrangiertes Instrument* der Arbeitsförderung beibehalten wird, wird – auch durch die Umbenennung in Transfer-Kurzarbeitergeld – die Neuausrichtung der Zielsetzung deutlich. Das an die Zahlung des Transfer-Kurzarbeitergeldes gebundene institutionelle Arrangement der Transfergesellschaft greift die aktivierende und auf frühzeitige Vermittlung ausgelegte Rationalität des Übergangs von Arbeit in Arbeit auf. Der hier konstituierte Übergangsarbeitsmarkt ist somit als *Brücke zwischen zwei Beschäftigungsverhältnissen* angelegt. Mit der Aufweichung der Voraussetzung der strukturellen Konjunkturschwächen und der Einführung der Einzelfalllogik in dieser Reform wird nicht nur deutlich, dass es sich hier um eine Ausweitung und Konsolidierung der Koordination von Übergängen auf dem Arbeitsmarkt durch Übergangsarbeitsmärkte handelt, sondern auch, dass hier eine *subsidiäre Rationalität* greift und sich der Staat somit aus der Gestaltung und Regulation der Übergänge stärker herausnimmt. Eben diese Rationalität wird durch die neuesten gesetzlichen Reformen, die eine stärkere Kontrolle durch die Agentur für Arbeit vorsehen, aktuell wieder eingedämmt.

Insgesamt lassen sich somit in Hinsicht auf das arbeitsmarktpolitische Instrument der Transfergesellschaft zwei zentrale Entwicklungen bezüglich der Rationalität der Übergangsgestaltung nachzeichnen. Zum einen zeigt sich, dass mit der Einführung des Struktur-Kurzarbeitergeldes und später des Transfer-Kurzarbeitergeldes ein Instrument installiert wird, durch das strukturell, und zwar durch die Eröffnung eines institutionellen Arrangements im Sinne eines Übergangsarbeitsmarkts, auf strukturelle gesellschaftliche Herausforderungen reagiert werden soll. Gleichzeitig verändert sich im Laufe der Zeit aber die Zielrichtung, die mit dem Instrument verbunden ist. Während bis zur Einführung des Transfer-Kurzarbeitergeldes die strukturellen Arbeitsmarktbedingungen einen Übergang in Frühverrentung nahegelegt haben, wird mit der gesetzlichen Änderung suggeriert, dass das Instrument unabhängig von der strukturellen Arbeitsmarktlage Wege in neue Beschäftigung ebnet. Damit werden Übergänge raus aus Arbeit institutionell abgefedert und die soziale Härte und die Verantwortung der Betriebe für die Entlassungen relativiert. Zum anderen werden Übergänge in neue Beschäftigung aus der Verantwortung der Arbeitsmarktpolitik ausgelagert und den Transferträgern bzw. den einzelnen Betroffenen zugesprochen. Durch das Instrument der Transfergesellschaft wird somit eine Rationalität befördert, welche die soziale Verantwortung für die Übergänge raus aus dem alten Arbeitsverhältnis einerseits und rein in neue Beschäftigung andererseits entkoppelt.

Literatur

Adamy, W./Steffen, J. (1982): "Arbeitsmarktpolitik" in der Depression. In: Mitteilungen aus der Arbeitsmarkt- und Berufsforschung 15, H. 3, S. 276–291.

Bender, G./Bieber, D./Hielscher, V./Marschall, J./Ochs, P./Vaut, S. (2006): Organisatorischer Umbau der Bundesagentur für Arbeit. Evaluation der Maßnahmen zur Umsetzung der Vorschläge der Hartz-Kommission. Arbeitspaket 2.

Böhm, C. (2007): Die betriebsorganisatorisch eigenständige Einheit und deren Beteiligte nach § 216b SGB III. Berlin (Juristische Reihe Tenea, 117).

Bogedan, C. (2009): 40 Jahre aktive Arbeitsmarktpolitik in Deutschland – Beitrag zu einer Bilanz. Hrsg. v. Abteilung Wirtschafts- und Sozialpolitik. (WISO Direkt). Bonn: Friedrich Ebert Stiftung.

Bogedan, C. (2010): Arbeitsmarktpolitik aus der „Mottenkiste"? Kurzarbeitergeld im Lichte politischer Interessen. In: WSI Mitteilungen 63, H. 11, S. 577–583.

Brenke, K./Rinne, U./Zimmermann, K. F. (2010): Kurzarbeit: Nützlich in der Krise, aber nun den Ausstieg einleiten. In: Wochenbericht des DIW Berlin, H. 16, S. 2–13.

Bundesagentur für Arbeit (2011): Geschäftsanweisungen Transferleistungen (§§ 216a und 216b SGB III). – gültig ab 1. Januar 2011 – Stand: Juni 2011. Nürnberg.

Deeke, A. (2005): Das ESF-BA-Programm im Kontext der arbeitsmarktpolitischen Neuausrichtung der Bundesagentur für Arbeit: zur Umsetzung des Programms von 2000 bis Anfang 2005. Hrsg. v. Institut für Arbeitsmarkt und Berufsforschung der Agentur für Arbeit (IAB Forschungsbericht, 26).

Dingeldey, I. (2006): Aktivierender Wohlfahrtstaat und sozialpolitische Steuerung. In: APuZ – Aus Politik und Zeitgeschichte H. 8-9, S. 3–9.

Eichhorst, W./Marx, P. (2009): Kurzarbeit – Sinnvoller Konjunkturpuffer oder verlängertes Arbeitslosengeld? In: Wirtschaftsdienst 89, H. 5, S. 322–328.

Hild, P. (1995): ABS-Gesellschaften – eine problemorientierte Analyse bisheriger Befunde. In: Mitteilungen aus der Arbeitsmarkt- und Berufsforschung 28, H. 4, S. 503–515.

Icking, M. (2002): Berufliche Weiterbildung und präventive Arbeitsmarktpolitik. In: WSI Mitteilungen, H. 1, S. 54–60.

Knuth, M. (2001): Sozialplanzuschüsse in der betrieblichen Praxis und im internationalen Vergleich von Instrumenten des Beschäftigtentransfers. Ergänzender Bericht der Begleitforschung zu den Zuschüssen zu Sozialplanmaßnahmen nach §§ 254 ff. SGB III. http://doku.iab.de/grauepap/2001/forschungsbericht_10-508.pdf (Abruf: 8.4.2013).

Knuth, M. (2010): Antizipation und Bewältigung von Restrukturierung in Deutschland. Nationales Hintergrundpapier. 27 Nationale Seminare – Deutschland. ILO. Turin.

Knuth, M./Mühge, G. (2009): Von der Kurz-Arbeit zur langfristigen Sicherung von Erwerbsverläufen. Weiterentwicklung der Instrumente des Beschäftigtentransfers. (Edition der Hans Böckler Stiftung, 244). Düsseldorf: Hans-Böckler-Stiftung.

Krone, S./Müller, A. (1999/2000): Neue Sozialpläne: Von der Abfindung zum Beschäftigtentransfer. In: IAT Jahrbuch 1999/2000, S. 158–178.

Kühl, J. (1982): Das Arbeitsförderungsgesetz (AFG) von 1969. Grundzüge seiner arbeitsmarkt- und beschäftigungspolitischen Konzeption. In: Mitteilungen aus der Arbeitsmarkt- und Berufsforschung 15, H. 3, S. 251–260.

Lampert, H. (1989): 20 Jahre Arbeitsförderungsgesetz. In: Mitteilungen aus der Arbeitsmarkt- und Berufsforschung 22, H. 2, S. 173–186.

Mohr, K. (2009): Vom "Welfare to Workfare"? Der radikale Wandel der deutschen Arbeitsmarktpolitik. In: Bothfeld, S./Sesselmeier, W./Bogedan, C. (Hrsg.): Arbeitsmarktpolitik in der sozialen Marktwirtschaft. Vom Arbeitsförderungsgesetz zum Sozialgesetzbuch II und III. Wiesbaden: VS Verlag für Sozialwissenschaften, S. 49–60.

Oschmiansky, F./Ebach, M. (2009): Vom AFG 1969 zur Instrumentenreform 2009: Der Wandel des arbeitsmarktpolitischen Instrumentariums. In: Bothfeld, S./Sesselmeier, W./Bogedan, C. (Hrsg.): Arbeitsmarktpolitik in der sozialen Marktwirtschaft. Vom Arbeitsförderungsgesetz zum Sozialgesetzbuch II und III. Wiesbaden: VS Verlag für Sozialwissenschaften, S. 79–93.

Paprotny, R. (2008): Transfergesellschaften – ein sinnvolles betriebliches Instrument? Ergebnisse einer qualitativen Studie. Hannover: BWH.

Schmid, G. (2002): Wege in eine neue Vollbeschäftigung: Übergangsarbeitsmärkte und aktivierende Arbeitsmarktpolitik. Frankfurt am Main: Campus Verlag.

Schneider, H./Brenke, K./Jesske, B./Kaiser, L./Rinne, U./Schneider, M./Steinwede, J./Uhlendorf, A. (2006): Evaluation der Maßnahmen zur Umsetzung der Vorschläge der Hartz-Kommission. Bericht 2006. Modul 1b: Förderung beruflicher Weiterbildung und Transferleistungen. Gutachten in Zusammenarbeit mit DIW Berlin und infas Bonn im Auftrag des Bundesministeriums für Arbeit und Soziales. (IZA Research Report Series, 10). Bonn: IZA.

Seifert, H. (2005): Was bringen die Hartz-Gesetze? In: APuZ – Aus Politik und Zeitgeschichte 16, S. 17–24.

Sell, S. (1998): Entwicklung und Reform des Arbeitsförderungsgesetzes als Anpassung des Sozialrechts an flexible Erwerbsformen? Zur Zumutbarkeit von Arbeit und Eigenverantwortung von Arbeitnehmern. In: Mitteilungen aus der Arbeitsmarkt- und Berufsforschung 31, H. 3, S. 532–549.

Trampusch, C. (2009): Der erschöpfte Sozialstaat. Transformation eines Politikfeldes. Frankfurt am Main und New York: Campus Verlag.

Zähle, T./Möhring, K./Krause, P. (2009): Erwerbsverläufe beim Übergang in den Ruhestand. In: WSI Mitteilungen 62, H. 11, S. 586–595.

Teil V
Rückblicke und Ausblicke

Barbara Stauber, Wolfgang Schröer

Zur Herstellung von Übergängen in sozialen Diensten, Bildungsorganisationen und Betrieben

Ein sozialpädagogischer Kommentar

Übergänge sind ein komplexes Phänomen für die sozialpädagogische Forschung. Der Begriff bezeichnet ganz allgemein den Prozess eines Statuswechsels im Lebenslauf (Stauber/Walther 2013) oder in sozialen Positionierungen. Für die Sozialpädagogik sind aber weniger Statuswechsel an sich von Interesse, sondern die sozialen Dienste, die darauf gerichtet sind, Übergänge im Lebenslauf zu begleiten oder gar hervorzubringen. Diese Verknüpfung von Übergängen und sozialen Dienstleistungen ist auch darum in den vergangenen Jahren bedeutsamer für die Sozialpädagogik geworden, weil die Sozial- und Bildungsinfrastruktur in Deutschland im internationalen Vergleich als übergangsintensiv angesehen wird. Damit ist gemeint, dass die Teilhabechancen und z.B. Bildungskarrieren grundlegend darüber reguliert und entschieden werden (vgl. Amos 2010), wie sich der Statuswechsel zwischen den Bildungsinstitutionen und in den Arbeitsmarkt gestaltet. Dabei ist ebenfalls immer wieder darauf verwiesen worden, dass diese Statuswechsel heute weniger linear verlaufen, sondern die Gestaltbarkeit durch die unterschiedlichen Akteure gewachsen sei. Dies ist aus der Perspektive der Adressat/-inn/-en ein durchaus ambivalenter Befund, denn der Versuch, hierdurch das Bildungssystem durchlässiger zu machen, geht auch mit einer erhöhten Verantwortungsdelegation an die Bildungssubjekte einher, ihre Übergänge selbst zu gestalten.

In diesem Zusammenhang wird in der Sozialpädagogik wiederum die pädagogische Herausforderung und Chance gesehen, die biographische Handlungsfähigkeit im Übergang (vgl. Stauber/Walther/Pohl 2011; Böhnisch/Lenz/Schröer 2009) zu stärken und die sozialen Dienste entsprechend dahingehend zu reflektieren, ob sie die Teilhabechancen der Menschen im Übergang vergrößern und die subjektiven Handlungsspielräume erweitern. So werden beispielsweise Beratungsmodelle entwickelt, die sich unmittelbar auf die Bewältigung von Übergängen beziehen (Walther/Weinhardt 2013). Spätestens an diesem Punkt wird ersichtlich, warum die sozialpädagogische Forschung ein grundlegendes Interesse daran haben muss, ,Rationalitäten' des Übergangs zu entschlüsseln. Genauer müsste allerdings gesagt werden, die Sozialpädagogik hat nicht nur ein grundlegendes Interesse daran, die Rationalitäten von Übergängen zu analysieren, sondern sie hat auch zu fragen, wie soziale Dienste diese Rationalitäten im Übergang (mit)herstellen – und zwar im schlechtesten Fall als Verursacherin von Brüchen, wie dies Matthias Hamberger anhand von Jugendhilfekarrieren untersucht hat (Hamberger 2008), und im besten Fall als Gestalterin im Sinne einer subjektorientierten Unterstützung, wie dies Larissa von Schwanenflügel anhand der Unterstützung von Partizipationsbiographien in der Jugendarbeit aufzeigen konnte (Schwanenflügel 2013). Schließlich wäre dann bildungstheoretisch zu diskutieren, ob und wie hier soziale Handlungsspielräume entstehen und ein gelingenderer Alltag (Thiersch 1986) ermöglicht wird oder die subjektive Handlungsfähigkeit angesichts sehr unterschiedlicher Bewältigungslagen (vgl. Böhnisch/Schröer 2012) in Übergangskonstellationen gestärkt wird.

Die Beiträge in diesem Band sind hinsichtlich ihrer Ausrichtung auf Entwicklung einer *sozialpädagogischen* Reflexivität erst einmal zurückhaltend. Sie arbeiten heraus, wie Übergänge durch soziale Dienste, Bildungsorganisationen und Betriebe reguliert werden. Es wird ein Reflexionsrahmen aufgespannt, in dem Zuschreibungen und Zuweisungen, Differenzierungs- und Diskriminierungsprozesse offensichtlich werden, die – wie selbstverständlich – als Teil dieser Organisationen passieren. Es wird untersucht, wie Differenzsetzungen manifestiert und bearbeitet werden. Die Beiträge geben also grundlegende Hinweise darauf, wie über die Herstellung sozialer Differenzen eine Bearbeitung sozialer Ungerechtigkeiten reguliert wird. Dieses *„doing difference"* (Fenstermaker/West 1995) geht damit einher, dass Strukturbezüge sozialer Ungleichheit wie etwa hochselektive Bildungsangebote, diskriminierende Strukturen im Schulsystem und auf den Ausbildungs- und Arbeitsmärkten oder das implizite Setzen auf materielle wie soziale Ressourcen zur Unterstützung von Bildungsverläufen de-thematisiert und überdeckt werden.

So gewinnt man den Eindruck, dass die Semantiken der Aktivierung und Individualisierung (im Sinne einer Delegation der Zuständigkeit für gesellschaftliche Problemlagen an das Individuum) in den Organisationen Sozialer Arbeit reproduziert werden. Eine Stärkung biographischer Handlungsfähigkeit oder Hinweise auf einen gelingenderen Alltag lassen sich kaum ablesen. Dies scheint nicht im Mittelpunkt der analysierten Rationalitäten zu stehen.

Jenseits dieser sozialpädagogischen Perspektiven wird deutlich, dass und wie soziale Dienste, Bildungsorganisationen und Betriebe Rationalitäten des Übergangs durch unterschiedliche organisationale Prozesse (mit)herstellen. Dabei wird der Begriff der Rationalitäten eher metaphorisch als eine Kategorie verwandt, über die Gestaltungslogiken auf den unterschiedlichen Ebenen beschrieben werden können. Im Folgenden soll in einem ersten Zugang eine Systematisierung dieser verschiedenen Ebenen vorgenommen werden, um in einem zweiten Zugang machttheoretische Implikationen im Herstellen oder Aktivieren von Rationalitäten aufzuzeigen. Abschließend sollen Herausforderungen für die sozialpädagogische Forschung formuliert werden.

Das Phänomen der Rationalitäten wird in den Beiträgen dieses Bandes auf unterschiedlichen Ebenen lokalisiert – von der Metaperspektive der Wohlfahrtsstaatsentwicklung bei Louisa Peters, Inga Truschkat und Andreas Herz bis hin zu den Interaktionen in konkreten Berufsberatungsgesprächen bei Daniela Böhringer. Diese unterschiedlichen Ebenen und die jeweiligen Beiträge sollen hier anhand der analytischen Unterscheidung zwischen einer *diskursiven* Ebene, die sich auf die Makro-Strukturen der Organisation von Lebenslauf-Übergängen bezieht, einer *institutionellen* Ebene als der Meso-Ebene und einer mikrosozialen Ebene *intersubjektiver* Praktiken sortiert und diskutiert werden.

Diskursive Begründungsformen von Sozialpolitiken des Übergangs

Auf der *diskursiven* Ebene werden Rationalitäten eines sich verschiebenden Zusammenhangs von Bildungs- und Ausbildungssystem, Arbeitsmarkt und sozialen Sicherungssystemen deutlich, insofern es hier darum geht, Zuständigkeiten immer wieder neu zu verhandeln und zu verschieben bzw. die entsprechenden Legitimationen hierfür zu finden. Die strukturellen Verwerfungen im Kontext von Erwerbsarbeit, in den Möglichkeiten der Lebenslaufgestaltung, vor allem im Kontext der Vereinbarkeit von Familie und Beruf (Beckmann/Ebbers/Langanka[1]), in Phasen von (drohender oder bereits eingetretener) Arbeitslosigkeit (Peters/Truschkat/Herz) und in der zunehmenden Prekarisierung des Berufseinstiegs (Reckinger) lassen sich hierbei in den diskursiven Logiken rekonstruieren. Gerade hier bilden sich Normierungen in den Rationalitäten ab, die sich erst im internationalen

---

1   Diese Form der Zitation verweist im Folgenden auf Beiträge in diesem vorliegenden Band.

Vergleich als typisch für Institutionalisierungskontexte von sozialen Diensten beispielsweise in Deutschland konturieren, wie etwa die starke Erwerbszentrierung und eine subsidiäre wohlfahrtsstaatliche Grundidee, die nun mit *workfare*-Prinzipien des liberalistischen Regimetyps (Ludwig-Mayerhofer) versetzt werden. Dieses verweist auf arbeitsmarktpolitische und sozialpolitische Verantwortlichkeiten, durch die Strukturvorgaben gesetzt werden, wie sie im Beitrag von Louisa Peters, Inga Truschkat und Andreas Herz aufgezeigt werden.

Diskutiert werden ebenfalls geschlechtersegmentierte Arbeitsmärkte und über Biologismen abgesicherte „geschlechtsspezifische Arbeitsteilungen", wie sie Ann-Kathrin Beckmann, Ilona Ebbers und Alexander Langanka in wissenschaftlichen Publikationen rekonstruieren können. In diesem Beitrag werden auch übergreifende strukturbezogene Rationalitäten wie etwa die sich durchsetzenden Markt- und Investitionslogiken benannt, die zu Auswahlkriterien für Organisationen werden – entlang der Frage: wo lohnt sich eine Sozialinvestition? Die Rede von der Vermarktlichung macht dabei wiederum nur vor dem Hintergrund einer internationalen Vergleichsfolie Sinn: So nimmt sich gegenüber der bisherigen Normalität der Erwerbsbezogenheit in Ländern wie Deutschland die zunehmende Marktförmigkeit (z.B. in Form von Auslagerungen wohlfahrtsstaatlicher Leistungen) durchaus als ‚Vermarktlichung' aus.

Gleichzeitig scheint die zentrale Bezugsgröße von Sozialpolitiken des Übergangs zum Arbeitsmarkt häufig auch die Region mit ihren eigenen Logiken zu sein. Zu den regionalen Rationalitäten zählen hier u.a. regionale Mythen, so in der von Dirk Kratz und Andreas Oehme untersuchten Region der Mythos, der regionale Arbeitsmarkt bzw. das Übergangssystem funktioniere organisational sehr gut, nur sei gegenwärtig leider ein „Stau" zu beobachten. Dabei wird insbesondere die soziale Segmentierung der regionalen Infrastruktur herausgearbeitet, z.B. die Art und Weise, wie regionale Korridore je nach Zielgruppe, nach deren Bildungsstand und deren zugeschriebenem kulturellen Hintergrund enger oder weiter gefasst werden. Entsprechend herrschen innerhalb einer Region durchaus *unterschiedliche Ermöglichungs*logiken, je nachdem, wen die Akteur/-inn/-en im Blick haben.

Institutionalisierungsprozesse am Übergang

Auf der Ebene von Institutionalisierungsprozessen interessiert vor allem die Frage, nach welchen Prinzipien und Maximen übergangsrelevante Institutionen, z.B. das Jobcenter oder Maßnahmen des Übergangssystems, handeln. Auf diese Ebene gehören auch Vorstellungen von Professionalität im jeweiligen Handlungsfeld. So nehmen Professionelle in sozialen Diensten Zuschreibungen und Zuweisungen beispielsweise von Mitgliedschaft im Hinblick auf die Adressat/-inn/-en ihrer Angebote vor. Sie ordnen durch diese Klassifikationen ‚ihr Feld'. Mit der *membership categorization analysis* können diese Prozesse aufgeschlossen werden. Dieses Vorgehen kann um die Positionen der intersektionalen Analyse erweitert werden (Riegel 2013; Winker/Degele 2011), um hierdurch die vielfältigen wechselseitigen Verschränkungen verschiedener Zuweisungsthemen (etwa nach Geschlecht, nach Ethnizität, nach sozialer Herkunft) in den Blick zu nehmen (vgl. den Beitrag von Angela Rein sowie Karl 2011).

Auch diejenigen Beiträge sind für diese Ebene relevant, die sich mit der Herstellung von Passungen beschäftigen – und die gleichzeitig die Frage aufwerfen, was die Parameter für welche organisationalen Passungen sind? Hier gibt es inzwischen durchaus Doppelbotschaften, zum Beispiel die eines Nachwuchskräftemangels auf dem Ausbildungsmarkt (und damit verbesserten Chancen für die Ausbildungsplatzsuchenden) einerseits versus eines Überangebots an unqualifizierten jungen Leuten andererseits (Kratz/Oehme). Ute Karl untersucht in diesem Zusammenhang die institutionell gerahmten Gesprächslogiken im Jobcenter, in denen Fälle so hergestellt werden, dass sie zu den jeweils verfügbaren oder qua Programm oder Gesetzesvorlage auferlegten Rasterungen des Hilfe- bzw. Sanktionsapparats ‚passen'. Gleichzeitig scheinen überinstitutionell bestimmte Politiken wie der Diskurs um „Ausbildungsreife" oder um „Berufswahlreife" allseits verfügbar zu sein bzw. jederzeit ‚angespielt' werden zu können. Dies wirft die Frage auf, wann und in Bezug auf welche Gruppen diese Diskurse von den Professionellen angespielt werden, und wann und wie sie in den institutionellen Abläufen wirkmächtig werden?

Insbesondere ist auch auf die Beiträge zur *Cooling-out*-Funktion von Institutionen (nicht nur) der Berufshilfe in ihrer Rolle als *Gatekeeper* hinzuweisen. Dabei gibt es durchaus *unterschiedliche* professionelle Rationalitäten, z.B. zwischen Lehrkräften und sozialpädagogischen Fachkräften, wie Dorothee Schaffner in ihrem Beitrag aufweist. Andreas Walther zeigt aber auch, dass innerhalb einer Profession durchaus unterschiedliche Orientierungen existieren können, dass also die pädagogische Rationalität in sich durchaus gebrochen sein kann. Hierbei spielen neben den anzunehmenden professionellen Rationalitäten auch betriebliche und wohlfahrtsstaatlich-institutionelle Rationalitäten eine Rolle. Dabei ist keineswegs davon auszugehen, dass diese verschiedenen Rationalitäten fein säuberlich zu trennen wären. Vielmehr liegen diese in komplizierten, situativ höchst unterschiedlichen Gemengelagen vor. Die Durchsetzung von Rationalitäten ist dabei im Beitrag von Andreas Walther immer als Ergebnis von Kämpfen um Anerkennung zu interpretieren. Mit dieser unabdingbaren machttheoretischen

Ausleuchtung des Themas wird deutlich, dass es nicht nur darum gehen kann, auf der Beziehungsebene (als einer der drei Honneth'schen Anerkennungsdimensionen, der von Liebe) professionell zu handeln, sondern, dass gleichermaßen z.B. die Dimensionen des Rechts und der Solidarität bearbeitet werden müssen.

Intersubjektive Praktiken des Übergangs

Gleichzeitig ist die mikrosoziale Ebene der intersubjektiven Praktiken hochrelevant, auf der die alltäglichen Handlungsrationalitäten der Professionellen in ihrem konkreten Tun und Entscheiden wirksam werden und auf der diese immer wieder mit den Positionierungen der Adressat/-inn/-en sozialer Dienste in Austausch und in Konflikt kommen (können). Dabei ist zunächst zu fragen: Welche Übergänge werden überhaupt thematisch? Was sind die Rationalitäten der Professionellen, was die der Jugendlichen? Wo finden sich widerspenstige Praktiken von Schüler/-innen? Hier wird in den Beiträgen von Angela Rein und von Andreas Walther auch auf die Möglichkeiten des Gegen-den-Strich-Bürstens und des Gegen-Lesens hingewiesen: Nicht immer geht alles in Anpassung auf, im Gegenteil: Viele dieser Praktiken sind bereits aktive Verarbeitungsweisen und Bewältigungsformen von einschlägigen Erfahrungen mit widersprüchlichen Übergängen und institutionellen Zumutungen. Hieraus ergeben sich subjektive Positionierungen, die aber vor dem Hintergrund verweigerter Anerkennung zu lesen sind. So nimmt es nicht Wunder, dass eine junge Frau aus dem Heimkontext angesichts ihrer *broken-home*-Situation der Normalität einer heilen Kleinfamilie anhängt, sich gleichzeitig aber gegen die Stigmatisierung als „Behinderte" wehrt, die sie schlicht aufgrund eines nicht ganz fehlerfreien Schweizerdeutsch erfährt. Ihr Widerstand gegen diese folgenreiche Stigmatisierung, die ihr den Zugang zu einer Beschulung im Regelsystem verwehrt, ist das eine. Die Sehnsucht nach einer Kleinfamilie mit womöglich traditioneller Rollenverteilung ist das andere – beides kann nebeneinanderstehen (Rein). In beiden geht es um soziale Prozesse der Anerkennung (Wiezorek/Grundmann 2013).

Wo lassen sich Adressat/-inn/-en auf dominante Logiken des Ausbildungssystems bzw. auf die Rationalitäten der Beratenden ein, wohl wissend, welch biographische Verzichtsleistung hiermit zunächst einhergeht? Hier sind die im Beitrag von Andreas Walther vorgestellten Fälle vielsagend: in einem Fall der Verzicht, den ein junger Mann im Hinblick auf seinen offenbar nicht realisierbaren Berufswunsch des Industriemechanikers leistet – einen Wunsch den er in seinem Kopf „gelöscht" habe; oder der aktive Umgang mit einer *double-bind*-Situation, mit der eine junge Frau beim scheinbar unausweichlichen Vertragsabschluss zu einer Maßnahme konfrontiert ist, und die sie pointiert benennt: „Dein Herz sagt nein, aber Dein Kopf sagt unterschreib!" Wo entstehen Kompromiss-Rationalitäten und wo sind dies auch geschlechtertypische Kompromisse? Wo ist, wie im Fall von Ella, die sich im weiteren Verlauf erfolgreich gegen die institutionelle Rationalität zu stellen scheint, aber auch eine Eigenwilligkeit im Verfolgen der biographisch relevanten Ziele zu beobachten?

Abschließend ist auf das komplexe Zusammenspiel der verschiedenen Ebenen hinzuweisen, die sich eben nur *analytisch trennen lassen*, und auf die Tatsache, dass sich *auf allen* genannten Ebenen Strukturbezüge finden lassen. Benennung oder De-Thematisierung von unterschiedlichen Ebenen sind dabei Ausdruck unterschiedlicher Formen des Regierens von Übergängen. Interessanterweise haben die Autor/-inn/-en der Beiträge dabei Benennungen überwiegend in Form von individualisierten Defizitzuschreibungen vorgefunden und De-Thematisierungen immer in Form der Ausblendung struktureller Bedingungen für die Gestaltung von Übergängen. Hierin kommen auch machtvolle Verschiebungen von Zuständigkeiten zum Ausdruck, ein Aspekt, der im Folgenden beleuchtet werden soll.

Handeln mit mächtigen Rationalitäten

Deutlich wurde in vielen Beiträgen, wie unterschiedliche Rationalitäten miteinander und mitunter gegeneinander bearbeitet werden müssen, wie beispielsweise auf der Mikroebene dominante Diskurse aufgenommen werden, sich an institutionellen Vorgaben abgearbeitet werden muss, auch: wie Strategien des Unterlaufens und des Zuwiderhandelns entwickelt werden. So lässt sich die Investitionsrationalität nicht ungebrochen umsetzen und wird legitimationsbedürftig – oder durch Verfahrensrationalitäten verdeckt. Ebenso wird deutlich, dass sich professionelle Logiken und Konzepte nicht ungebrochen umsetzen lassen.

Doch wie Macht wirksam wird, wer welche machtvollen Bezugnahmen vornehmen und wer wie mit machtvollen Bezugnahmen umgehen kann, ist eine empirische Frage, die immer wieder kontextbezogen zu untersuchen, nicht aber vorneweg als entschieden zu setzen ist. Das heißt: Auch wenn die dargestellten Kontexte durchweg durchmachtete Kontexte sind – so etwa bei Daniela Böhringer der Kontext der Berufsberatung, in dem es für die Ratsuchenden systematisch erschwert ist, in Beratungsgesprächen selbst Themenwechsel vorzunehmen und auf die eigene subjektive Relevanz in der Berufswahl umzusteuern, oder auch bei Ute Karl der Kontext des Jobcenters –, so ist in manchen Inkonsistenzen des Agierens oder in doppelbödigen Orientierungen der Akteure auch ein Aushandlungsspielraum erkennbar. Hier ist der Verweis auf die Unterscheidungsmacht von Professionellen im Kontext Sozialer Arbeit in Michael Lipskys Konzept der „street level bureaucracy" angemessen (Lipsky 2010). So können die Handlungsstrategien der Professionellen, oder besser: ihre Artikulationen, zum einen als Verweise auf systematische Hilflosigkeit gelesen werden – so etwa im Ausweichen auf Behelfsstrategien wie etwa der Überbetonung der perfekten Bewerbungsmappe – zum anderen aber auch als Versuche, Adressat/-inn/-en in aktive Ko-Produktion (etwa im gemeinsamen Bemühen, den Fall bearbeitbar zu halten) einzubinden. Das Material von Ute Karl zeigt hier auch, wie sich sowohl die Adressat/-inn/-en als auch die Professionellen in ironische Distanz zu den formalen Regularien – in diesem Fall des Jobcenters – bringen können und damit Kritik zu einer im organisationalen Ablauf freigesetzten Ressource werden kann.

Andreas Walther schlägt in seinem Artikel vor, die Herstellung bzw. die Durchsetzung von Rationalitäten mit Axel Honneth als Kampf um Anerkennung zu betrachten und die Machtdimension hierbei durchaus als zentral anzusehen. Dies wird deutlich an den hegemonialen Begriffen von „(mangelnder) Ausbildungsreife" oder „(un-)realistischem Berufswunsch", mit denen den Betroffenen schon vorab die Kompetenz zu und damit die Teilhabe an einem Diskurs der Bedürfnisbefriedigung abgesprochen wird. Diese Rhetorik einer quasi-klinisch-diagnostischen Rationalität („fehlende Ausbildungsreife") verschafft nach Walther gleichzeitig der Pädagogik eine legitime Rolle in der Herstellung „realistischer Berufsperspektiven" – womit deutlich wird, wie Pädagogik hier in das machtvolle Spiel der Deutungen eingebunden ist.

Gleichzeitig ist das Herstellen von Differenz – *doing difference* – in seiner ganzen Komplexität ein machtvolles Geschäft der Zuschreibung von personifizierten oder ethnisierten oder genderisierten Defiziten (was bedeutet, dass es sich eben nicht nur um eine eindimensionale *membership categorization* handelt, sondern, wie Eva Nadai ihrem Beitrag gezeigt hat, um einen „Rucksack" vielfältiger, einander überlagernder Zuschreibungen). Diese können im professionellen Zurechtkommen-Müssen in häufig überfordernden Situationen die Funktion einer Reduktion von Komplexität bekommen, müssen aber aus wissenschaftlicher wie auch gesellschafts- und professionstheoretischer Perspektive de-konstruiert und auf die dahinterstehenden Strukturprobleme rückgeführt werden.

Sozialpädagogische Forschung –
unterschiedliches Betroffen-Sein in Übergängen

In den Friktionen der verschiedenen Rationalitäten liegt für die Sozialpädagogik eine Herausforderung und soziale Spannung. Sie empirisch überhaupt zugänglich gemacht zu haben, ist die Leistung der Beiträge. Die sozialpädagogische Frage nach der sozialen Möglichkeit eines gelingenderen Alltags in Übergängen und der Stärkung der biografischen Handlungsfähigkeit wird hier in die alltägliche Herstellungspraxis von mächtigen Rationalitäten transferiert: Es werden die organisationalen Relationalitäten im sozialpädagogischen Handelns offensichtlich.

Dies ist für die Erforschung von Übergängen weiterführend, denn in diesen Friktionen werden die sozialpädagogischen Perspektiven auf Übergänge oft erst deutlich. Diese Einsicht in den – hochambivalenten – Akteurstatus der sozialen Dienste als Ko-Produzenten von Übergängen (vgl. Hamberger 2008) könnte künftig in der Forschung theoretisch wie auch methodologisch noch stärker ausgeleuchtet und genutzt werden:

Methodologisch weist der Bedeutungszugewinn, den Zugänge wie die dokumentarische Methode, die ethnomethodologische Konversationsanalyse oder auch die Diskursanalyse derzeit für die pädagogische Forschung erfahren, bereits darauf hin, dass und wie die interaktiven Herstellungsprozesse von Übergängen ins Zentrum gerückt und wie auch die mitunter subtilen Rationalitäten von Übergängen empirisch gefasst werden können. Sodann sind diese Praktiken immer situiert und kontextualisiert, es sind also die verschiedenen Ebenen der sozialpädagogischen Intervention, wie sie auch in unserem Beitrag abgebildet sind, zu berücksichtigen. So werden Organisationen Sozialer Arbeit über Rationalitäten hergestellt, die mitunter in Kontrast zu den Rationalitäten auf der interaktiven Ebene stehen können, es haben die einschlägigen fachpolitischen Diskurse ihre Rationalitäten, und freilich auch die Strukturen auf der Meta-Ebene – in unserem Fall die Lebenslauf- und Übergangs-Regimes. Interessant – und eben nicht über Ableitungstheorien vorzuentscheiden – ist hier die Frage, wie diese Ebenen alltäglich miteinander vermittelt werden. Um deren Relationen genauer zu untersuchen, werden derzeit qualitative Mehrebenenanalysen verstärkt diskutiert (Helsper/Hummrich/Kramer 2010; Nohl 2013).

Auch der internationale Vergleich, mit dem nationale Selbstverständlichkeiten und Normalitätsvorstellungen oft überhaupt erst aufgeschlossen werden können, kann sich der Rationalitäten des Übergangs als *Tertium Comparationis* bedienen. Die „Logics of intervention" (Dale/Robertson 2012) dienen hier als Vergleichsperspektive, die dann immer noch einmal vermittelt werden muss mit den jeweiligen Strukturbedingungen und den professionellen Rationalitäten. Auch hierfür bieten sich Mehrebenenanalysen an, die versuchen, die Beziehungen zwischen den genannten Ebenen genauer zu beleuchten. Zwar ist deren Umsetzung ein äußerst anspruchsvolles Unterfangen und bleibt daher notgedrungen lückenhaft, sie sind aber dennoch eine der Komplexität der Thematik angemessene Heuristik, um das Zusammenspiel der verschiedenen genannten Ebenen analytisch im Blick zu behalten.

Damit ist allerdings das ‚Geschäft' einer *theoretischen Vergewisserung* noch nicht erledigt. Auch wenn sich die sozialpädagogische Theoriebildung an der Übergangsforschung schärfen und für die diskutierten empirischen Erkenntnisse offen halten muss, so bleibt der Rückbezug auf eine *Perspektive sozialpädagogischer Rationalität* wichtig, die immer auch eine normative Komponente beinhaltet. Ein zentraler Bezugspunkt ist dabei zunächst das Betroffen-Sein von Akteuren. Die Adressat/-inn/-en der Sozialen Dienste sind diesen organisationalen Prozessen, die sie mit herstellen, ausgesetzt, sie sind in ihrer alltäglichen Lebensbewältigung von diesen betroffen. Ihre Bedürftigkeiten und insgesamt ihre Bewältigungslage werden dadurch mitkonstituiert (vgl. Böhnisch/Schröer 2013). Somit stellt sich die Frage der Erweiterung von biographischen Handlungsspielräumen der Adressat/-inn/-en auch im Kontext der jeweiligen Bewältigungslagen. Dabei gilt es die subjektive Eigenwilligkeit der alltäglichen Lebensbewältigung – als einem durchgängigen Korrektiv professioneller Logiken – anzuerkennen. Dieser Zugang hat Implikationen für die Handlungsperspektiven in Übergängen, können diese doch nicht erst dort ansetzen, wo in den Übergängen umfassende biographische (Wandlungs-)Prozesse gefordert werden, sondern auch schon dort, wo ein gelingenderer Alltag zu ermöglichen ist. Und dies hat Implikationen für den Begriff von Partizipation, der offensichtlich viel stärker die Dialektik von Bewältigungslagen und öffentlichen Anerkennungserfahrungen einbeziehen muss. Hiermit wird eine sozialpädagogische Rationalität doppelt verankert – in einem alltäglichen Kontext, wo es um Fragen der Erweiterung biographischer Handlungsfähigkeit in Übergängen geht, und in einem gesellschaftspolitischen Kontext, in dem das zentrale Moment die Frage bleibt, inwieweit es – mit Foucault gesprochen – gelingen kann, „nicht dermaßen regiert zu werden" (Maurer/Weber 2006). Es geht also in sozialpädagogisch reflektierter Rationalität darum, dass der machtvolle Einbezug (Mecheril 2006) der Adressat/-inn/-en, der mit Partizipationsprozessen einhergeht, durch das In-Bewegung-Kommen von alltäglichen Aushandlungsprozessen balanciert wird, mit sowohl sozialem wie auch biographischem Gewinn.

Literatur

Amos, S. K. (2010): The Morphodynamics of Modern Education Systems: On the Relation between Governance and Governmentality as Analytical Tool in Explaining Current Transformations. In: Amos, S. K. (Hrsg.): International Educational Governance. In: International Perspectives on Education and Society 12, Bingley (UK): Emerald Group Publishing Limited, S. 79–104.

Böhnisch, L./Lenz, K./Schröer, W. (2009): Sozialisation und Bewältigung. Weinheim und München: Juventa.

Böhnisch, L./Schröer, W. (2012): Sozialpolitik und Soziale Arbeit. Weinheim und Basel: Beltz Juventa.

Böhnisch, L./Schröer, W. (2013): Soziale Arbeit. Eine problemorientierte Einführung. Stuttgart: Klinkhardt

Dale, R./Robertson, S. L. (2012): Toward a Critical Grammar of Education Policy Movements (Centre for Globalisation, Education and Societies, University of Bristol, Bristol BS8 1JA). http://susanleerobertson.files.wordpress.com/2012/07/2012-dale-robertson-policy-movement.pdf (Abruf: 22.10.2013).

Fenstermaker, S./West, C. (1995): Doing Difference. In: Gender & Society 1/9, S. 8–37.

Hamberger, M. (2008): Erziehungshilfekarrieren: Belastete Lebensgeschichte und professionelle Weichenstellungen. Frankfurt am Main: IGfH.

Helsper, W./Hummrich, M./Kramer, R.-T. (2010): Qualitative Mehrebenenanalyse. In: Friebertshäuser, B./Langer, A./Prengel, A. (Hrsg.) (2010): Handbuch Qualitative Forschungsmethoden in der Erziehungswissenschaft. 3. überarbeitete Auflage. Weinheim und München: Juventa, S. 119–135

Karl, U. (2011): Gender als interdependenter Kategorisierungsprozess in Gesprächen im Job-Center (U 25). In: Kleinau, E./Maurer, S./Messerschmidt, A. (Hrsg.): Politische Kultur und Geschlecht. Opladen: B. Budrich, S. 221–237.

Lipsky, M. (2010): Street-level Bureaucracy: Dilemmas of the Individual in Public services. New York: Russell Sage Foundation.

Maurer, S./Weber, S. M. (2006): Die Kunst, nicht dermaßen regiert zu werden. Gouvernementalität als Perspektive für die Erziehungswissenschaft. In: Weber, S. M./Maurer, S. (Hrsg.): Gouvernementalität und Erziehungswissenschaft. Wissen – Macht – Transformation. Wiesbaden: VS Verlag für Sozialwissenschaften, S. 9–35.

Mecheril, Paul (2006): Diversity. Die Macht des Einbezugs, http://www.migration-boell.de/web/diversity/48_1012.asp (Abruf: 24.10.2013).

Nohl, A.-M. (2013): Relationale Typenbildung und Mehrebenenvergleich. Neue Wege der dokumentarischen Methode. Wiesbaden: Springer/VS Verlag für Sozialwissenschaften.

Riegel, C. (2013): Intersektionalität und Othering. Zur pluriformen Konstruktion von Anderen im Bildungskontext: Theoretische, methodologische, und empirische Perspektiven auf pädagogische Praxen ihrer Reproduktion und ihrer möglichen Veränderung (unv. Habilitationsschrift).

Schwanenflügel, L. von (2013): Partizipationsbiographien Jugendlicher. Zur subjektiven Bedeutung von Partizipation im Kontext sozialer Ungleichheit. Unv. Dissertation, Universität Tübingen.

Stauber, B./Walther, A./Pohl, A. (2011): Jugendliche AkteurInnen. Handlungstheoretische Vergewisserungen. In: Pohl, A./Stauber, B./Walther, A. (Hrsg.): Jugend als Akteurin sozialen Wandels. Veränderte Übergangsverläufe, strukturelle Barrieren und Bewältigungsstrategien. Weinheim und München: Juventa, S. 21–48.

Stauber, B./Walther, A. (2013): Junge Erwachsene – eine Lebenslage des Übergangs. In: Schröer, W./Stauber, B./Walther, A./Böhnisch, L./Lenz, K. (Hrsg.): Handbuch Übergänge. Weinheim und Basel: Beltz Juventa, S. 270–290.

Thiersch, H. (1986): Die Erfahrung der Wirklichkeit. Perspektiven einer alltagsorientierten Sozialpädagogik. Weinheim und München: Juventa.

Walther, A./Weinhardt, M. (Hrsg.) (2013): Beratung im Übergang. Zur sozialpädagogischen Herstellung von biographischer Reflexivität. Reihe Übergangs-und Bewältigungsforschung. Studien zur Sozialpädagogik und Erwachsenenbildung. Weinheim und Basel: Beltz Juventa.

Wiezorek, C./Grundmann, M. (2013): Bildung und Anerkennung im Kontext sozialer Ungleichheit. In: Ahmed, S./Pohl, A./Schwanenflügel, L. von/Stauber, B. (2013): Bildung und Bewältigung im Zeichen sozialer Ungleichheit: Theoretische und empirische Beiträge zur qualitativen Bildungs-und Übergangsforschung. Weinheim und Basel: Beltz Juventa, S. 17–33.

Winker, G./Degele, N. (2011): Intersectionality as multi-level analysis. Dealing with social inequality. In: International Journal of Women's studies 18, H. 1, S. 51–66. www.tu-harburg.de/agentec/winker/pdf/051-066%20EJW-386084.pdf. (Abruf: 22.10.2013)

Die Autorinnen und Autoren

Ann-Kathrin Beckmann, M. Ed., wissenschaftliche Mitarbeiterin am Internationalen Institut für Management und ökonomische Bildung, Universität Flensburg, Wirtschaftswissenschaften und ihre Didaktik. Arbeitsschwerpunkte: Ökonomische Bildung in Primarstufe und Sekundarstufe I, Gender, Übergangsforschung, Entrepreneurship Education.
E-Mail: Ann-Kathrin.Beckmann@uni-flensburg.de

Daniela Böhringer, Dr. rer. soc. oec., wissenschaftliche Mitarbeiterin am Institut für Sozial- und Organisationspädagogigk Universität Hildesheim. Arbeitsschwerpunkte: qualitative Methoden empirischer Sozialforschung, Organisationen zur Bearbeitung und Verwaltung sozialer Probleme, Gesprächs- und Interaktionsforschung.
E-Mail: boehring@uni-hildesheim.de

Ilona Ebbers, Dr. oek., Professorin für Wirtschaftswissenschaften und ihre Didaktik an der Universität Flensburg, Internationales Institut für Management und ökonomische Bildung. Arbeitsschwerpunkte: Entrepreneurship Education, Diversity Education, Gender als didaktische Kategorie, Übergangsforschung.
E-Mail: ilona.ebbers@uni-flensburg.de

Claude Haas, Lic.Sc., Senior Lecturer für Soziale Arbeit an der Universität Luxemburg, Institute for Research and Innovation in Social Work, Social Pedagogy and Social Welfare (IRISS). Arbeitsschwerpunkte: Geschichte der Sozialen Arbeit, Theorien und Methoden der Sozialen Arbeit, Soziale Arbeit und Armut, Soziale Arbeit und Beschäftigung, Solidarwirtschaft und soziales Unternehmertum, Neo-institutionalistische Organisationsforschung.
E-Mail: claude.haas@uni.lu

Andreas Herz, Dr. phil., Postdoc im DFG-Graduiertenkolleg 1474 „Transnationale Soziale Unterstützung" (Hildesheim/ Mainz). Arbeitsschwerpunkte: Organisationsforschung, soziale Netzwerke und Netzwerkanalyse (insb. ego-zentrierte Netzwerke), soziale Unterstützung, Transnationalisierung und Migration, Methoden der empirischen Sozialforschung, Hochschulforschung.
E-Mail: andreas.herz@uni-hildesheim.de

Ute Karl, Dr. phil., Professorin für Soziale Arbeit an der Universität Luxemburg, Institute for Research and Innovation in Social Work, Social Pedagogy and Social Welfare (IRISS). Arbeitsschwerpunkte: Übergänge in Lebenslauf und Biographie, Soziale Arbeit und Beschäftigung, Soziale Arbeit und Alter(n), Beratungsforschung, sozialpädagogische Theorien, intersektionale Forschungsperspektiven und qualitative Forschungsmethoden.
E-Mail: ute.karl@uni.lu

Dirk Kratz, Dr. phil., wiss. Mitarbeiter an der Universität Hildesheim, Institut für Sozial- und Organisationspädagogik, Arbeitsschwerpunkte: Übergänge in Arbeit und Lebenslagen der Arbeitslosigkeit, Konzepte öffentlich-geförderter Beschäftigung und Inklusion, Biographieanalyse und qualitative Forschungsmethoden, Hilfetheorie in der Sozialen Arbeit, Sucht und Abhängigkeit, Krisenintervention und Bewältigung.
Email: kratzd@uni-hildesheim.de

Alexander Langanka, M. Ed., Wissenschaftlicher Mitarbeiter am Internationalen Institut für Management und ökonomische Bildung an der Universität Flensburg, Wirtschaftswissenschaften und ihre Didaktik. Arbeitsschwerpunkte: Entrepreneurship Education, Gender, ökonomische Bildung in der Primarstufe und Übergangsforschung.
E-Mail: alexander.langanka@uni-flensburg.de

Wolfgang Ludwig-Mayerhofer, Dr. rer. soc., Professor für Empirische Sozialforschung an der Universität Siegen, Philosophische Fakultät. Arbeitsschwerpunkte: Bildung, Arbeitsmarkt (vor allem Arbeitslosigkeit), Arbeitsmarktpolitik, Wandlungsprozesse in der Sozialverwaltung und generell von Staatlichkeit, Paarbeziehungen, Recht und sozialwissenschaftliche Forschungsmethoden.
E-Mail: ludwig-mayerhofer@soziologie.uni-siegen.de

Eva Nadai, Dr. phil., Professorin an der Fachhochschule Nordwestschweiz, Hochschule für Soziale Arbeit. Arbeitsschwerpunkte: Erwerbslosigkeit und berufliche Eingliederung, Gender und Sozialpolitik, Gender und Arbeit, Organisation und Profession, Ethnographie.
E-Mail: eva.nadai@fhnw.ch

Andreas Oehme, Dr. phil., wissenschaftlicher Mitarbeiter am Institut für Sozial- und Organisationspädagogik der Universität Hildesheim. Arbeitsschwerpunkte: Übergänge in Arbeit, Jugendsozialarbeit, Übergangsmanagement und Inklusion.
E-Mail: andreas.oehme@uni-hildesheim.de

Luisa Peters, Studium der Sozial- und Organisationspädagogik an der Stiftung Universität Hildesheim, wissenschaftliche Mitarbeiterin im EFRE gefördertem Projekt „RegioTrans – Regionale Vernetzung von Transferträgern". Arbeitsschwerpunkte: Arbeitsmarktpolitik insbesondere Instrumente der Beschäftigungsförderung, Flexibilisierung von Arbeit und Methoden der qualitativer Sozialforschung.
E-Mail: luisa.peters@uni-hildesheim.de

Gilles Reckinger, Dr. phil., Professor für Interkulturelle Kommunikations- und Risikoforschung an der Universität Innsbruck. Studierte Kulturanthropologie/Europäische Ethnologie. Arbeitsschwerpunkte: Prekarität und Prekarisierungsprozesse, Jugend, Migration, europäisches Grenzregime.
E-Mail: gilles.reckinger@nibk.ac.at

Angela Rein, Dipl.-Päd., Wissenschaftliche Mitarbeiterin an der Fachhochschule Nordwestschweiz (FHNW), Hochschule für Soziale Arbeit, Institut für Kinder und Jugendhilfe. Arbeitsschwerpunkte: Übergänge in Beruf und Erwachsensein, subjektorientierte Übergangsforschung, Gender, Migration und Diversität in der Sozialen Arbeit.
E-Mail: angela.rein@fhnw.ch

Dorothee Schaffner, Dr. phil., Professorin an der Hochschule für Soziale Arbeit, Fachhochschule Nordwestschweiz. Arbeitsschwerpunkte: Übergänge in die Erwerbsarbeit und selbständige Lebensführung unter erschwerten Bedingungen, Berufsbildungs- und Übergangssystem, Professionalisierung im Bereich Berufsintegration und Übergangsbegleitung, subjektorientierte Übergangsforschung, qualitative Forschungsmethoden insb.

Biografieforschung. Co-Leitung Zertifikatslehrgang „Fachlehrperson Berufswahlunterricht" und „Berufsintegrationscoaching".
E-Mail: dorothee.schaffner@fhnw.ch

Wolfgang Schröer, Dr. phil., Professor für Sozialpädagogik am Institut für Sozial- und Organisationspädagogik der Universität Hildsheim. Arbeitsschwerpunkte: Kinder- und Jugendhilfe, Transnationale Soziale Arbeit, Theorie und Geschichte der Sozialpädagogik und Sozialpolitik, Übergänge in Arbeit, Hochschulforschung.
E-Mail: schroeer@uni-hildesheim.de

Barbara Stauber, Dr. rer.soc., Professorin für Erziehungswissenschaft mit dem Schwerpunkt Sozialpädagogik an der Universität Tübingen. Arbeitsschwerpunkte: subjektorientierte Übergangsforschung, Gender und Diversity, Jugend(kultur)forschung, intersektionale Forschungsperspektiven und qualitative Forschungsmethoden.
E-Mail: barbara.stauber@uni-tuebingen.de

Inga Truschkat, Dr. disc. pol., Juniorprofessorin für Sozial- und Organisationspädagogik an der Stiftung Universität Hildesheim, Institut für Sozial- und Organisationspädagogik. Arbeitsschwerpunkte: Übergangsforschung, Arbeits- und Beschäftigungsförderung, Bildungs- und Kompetenzforschung, soziale Ungleichheit, Organisationspädagogik, Methodologien qualitativer Sozialforschung, Methoden der qualitativen Sozialforschung (Diskursanalyse, Organisationsanalyse, Gesprächsanalyse, Biographieanalyse, Netzwerkanalyse).
E-Mail: truschka@uni-hildesheim.de

Andreas Walther, Professor für Erziehungswissenschaft mit dem Schwerpunkt Sozialpädagogik und Jugendhilfe sowie Leiter der Sozialpädagogischen Forschungsstelle „Bildung und Bewältigung im Lebenslauf" an der Goethe-Universität Frankfurt am Main. Arbeitsschwerpunkte: Jugend und junge Erwachsene, Übergänge in Lebenslauf und Biographie, Jugendhilfe und Jugendpolitik, internationaler Vergleich.
E-Mail: A.Walther@em.uni-frankfurt.de